Ralph Kirkpatrick / Domenico Scarlatti

Domenico Scarlatti, Gemälde von Domingo Antonio de Velasco.
(Alpiarça, Portugal, Nachlaß José Relvas)

Ralph Kirkpatrick

Domenico Scarlatti

Erster Band

Leben und Werk

Verlag Heinrich Ellermann

München

Titel der amerikanischen Ausgabe: Domenico Scarlatti
© 1953 Princeton University Press, New Jersey. Das Werk wurde vom Verfasser für die
deutsche Erstausgabe erweitert und von Horst Leuchtmann aus dem Amerikanischen übertragen
© 1972 Verlag Heinrich Ellermann, München, für die erweiterte und vom Verfasser autorisierte Fassung
ISBN 3-7707-7651-8
Der Satz aus der Bembo-Antiqua, der Notenstich, der Buchdruck, die Bildreproduktion
und der Offsetdruck wurden von der Universitätsdruckerei H. Stürtz AG, Würzburg, ausgeführt
Das Papier lieferten die Hannoverschen Papierfabriken, Alfeld-Gronau, vorm. Gebr. Woge
Die Bindearbeit führte die Verlagsbuchbinderei Ladstetter, Hamburg, durch
Druckgraphische Betreuung Richard von Sichowsky, Hamburg

Vorwort

Selten ist ein Komponist von vergleichbarer Bedeutung in der Musikliteratur derartig vernachlässigt worden wie Domenico Scarlatti. Schon lange, ehe man mir im Jahre 1940 nahelegte, ein Buch über ihn zu schreiben, hatte ich die Unzulänglichkeit der vorhandenen Ausgaben und das Fehlen einer für mich als Interpreten seiner Musik äußerst notwendigen Literatur über Domenico Scarlatti besonders schmerzlich empfunden. Ich hatte daher begonnen, mir Notizen über seine verschiedenen Kompositionen zusammenzutragen, wo immer ich sie finden konnte. Bei diesen Bemühungen hatte ich im Jahre 1939 das Glück gehabt, während eines kurzen Aufenthalts in Venedig eine ungefähre Vorstellung vom authentischen Text seiner Sonaten zu bekommen. Aber ich konnte noch nicht ahnen, welch großen Teil meiner Zeit ich dieser Arbeit während der nächsten zwölf Jahre widmen sollte, als ich mich 1941 bereit erklärte, eine Studie über sein Leben und Schaffen zu schreiben. Ich hatte im Sinn, eine lang bestehende Lücke zu schließen, vor allem aber wollte ich mir ein gut fundiertes Wissen und tieferes Verständnis für Scarlattis Musik aneignen.
Als ich 1941 mit der Arbeit begann, wußte ich nicht, ob ich jemals an die europäischen Quellen herankommen könnte. Ich betrachtete mein geplantes Buch eher als eine kritische Kompilation des bereits vorhandenen biographischen Materials und tröstete mich mit dem Gedanken, eine Würdigung und Deutung seiner Musik durch einen erfahrenen Cembalospieler könnte einen gewissen informatorischen Wert haben. Aber schon bei einer ersten Sichtung und Auswertung alles bisher Geschriebenen wurde mir die Dürftigkeit der sachlichen und biographischen Hinweise auf Domenico Scarlatti deutlich. Ich fühlte bei der Lektüre von Sitwells kleinem Buch, daß die einzige Möglichkeit, irgend etwas über seine Persönlichkeit und seinen Lebenslauf auszusagen, abgesehen von seiner Musik selbst, darin lag, ein Bild von ihm zu zeichnen, auf dem die schattenhafte und beinahe unsichtbare Hauptfigur durch ihren historischen Hintergrund und alle jene Personen, die ihm nahegestanden haben, sichtbar gemacht wurde. Ich habe versucht, soweit es anging, diesen Hintergrund und diese Personen mit den Augen eines Zeitgenossen aus dem 18. Jahrhundert zu sehen und mich dabei an sicher belegte Tatsachen zu halten. Zunächst verbrachte ich einen großen Teil des Sommers 1943 damit, mir die unerläßlichen Allgemeinkenntnisse der italienischen, portugiesischen und spanischen Geschichte anzueignen und alle erreichbaren biographischen Unterlagen zu prüfen,

die meines Wissens mit Scarlatti in Verbindung zu bringen sind. Zeitgenössische Tagebücher, Memoiren und Reiseschilderungen, die über Italien, Portugal und Spanien im 18. Jahrhundert berichten, lieferten mir eine Unmenge von Notizen und Exzerpten; aber was davon schließlich in diesem Buch verwendet wurde, ist nur ein kleiner Teil.

Die dann folgenden Jahre waren, abgesehen von den häufigen und langen Unterbrechungen, die meine beträchtlich zunehmende Konzerttätigkeit mit sich brachte, ausgefüllt mit der Anordnung und Gliederung dieses Materials, ganz zu schweigen von der Bemühung um eine literarische und historische Arbeitsmethode, die mir fast gänzlich fehlte. Immerhin konnte ich im Sommer 1946 den biographischen Teil des Buches skizzieren, der auf einem überraschend umfangreichen Material (aber wenig genug über Scarlatti selber!) beruhte, das ich, ohne Zugang zu den europäischen Quellen zu haben, in den Vereinigten Staaten zusammentragen konnte.

Endlich brachte meine Rückkehr nach Europa im Jahre 1947 eine drastische und entscheidende Änderung des biographischen Teils mit sich – nicht so sehr hinsichtlich meiner eigentlichen Absicht als vielmehr in bezug auf Scarlattis Biographie, für die ich nun aus bisher noch unveröffentlichten Quellen schöpfen konnte. Es war mir jetzt möglich, in Bibliotheken und Archiven in London, Paris, Rom, Neapel, Bologna, Parma und Venedig zu arbeiten und einen in Italien verbrachten Sommer zu nutzen. Ausschlaggebend aber war mein Entschluß, nach Spanien zu reisen. Dort habe ich nicht nur eine Menge neuen, wenn auch noch immer nicht ausreichenden Materials gefunden, sondern meine Einstellung zu Scarlattis Musik erfuhr eine grundlegende Wandlung. Aus dieser Zeit stammt auch die vielleicht immer noch unzureichende Einfühlung in seine Musik, die ich als Scarlatti-Interpret gewonnen habe.

In der Zwischenzeit, 1943, hatte ich mit dem chronologischen Studium aller Cembalosonaten begonnen, die als Grundlage für den musikalischen Teil des Buches dienen sollten, den ich im Sommer 1947 abschloß. Den Sommer 1948 verbrachte ich in Rom meistenteils damit, den biographischen Teil umzuarbeiten und in ihn das neue, in Italien und Spanien gefundene Material einzubauen. Eine wiederholte kurze Reise nach Spanien und ein Besuch in Portugal brachten neue Ergebnisse. Den Rest des Jahres saß ich dann zwischen meinen Konzerten in Hotelzimmern und Schlafwagen oder auch daheim in den freien Minuten, die dem Üben und Proben abgespart werden konnten, an der Schreibmaschine, um portugiesische und spanische Dokumente abzuschreiben und um – wie ich damals irrtümlich glaubte – letzte Hand an Scarlattis Biographie zu legen.

Im Sommer 1949 war ich wieder in Rom, wo ich mich mit dem Problem plagte, wie der musikalische Teil zu gestalten und zu gliedern wäre. Wieder, und nicht zum letztenmal, ging ich die ganze chronologische Folge der Sonaten durch, ergänzte meine Notizen und versuchte, mir über die Methode und die Terminologie klar zu werden, mit denen der Grundcharakter und die Gesetze der formalen und harmonischen Struktur der Sonaten zu Papier gebracht werden könnten. Ich machte einen Entwurf für den musikalischen Teil, und wenn er noch existierte, erbrächte er den Beweis, daß alle musikalischen Kenntnisse und die Einfühlungsgabe eines Interpreten nicht davor schützen, einen erschreckenden Unsinn zu schreiben. Die Beziehung zwischen dem biographischen und dem musikalischen Teil stellte mich wieder vor ein schwieriges Problem, und ich schwankte dauernd zwischen dem Versuch, beide Teile zusammenzufassen, und dem Entschluß, sie zu trennen. Allmählich lernte ich begreifen, daß der Versuch, bestimmte Stücke auf poetischer und imaginativer Ebene zu diskutieren, außerordentlich gefährlich ist. Wiederholt habe ich einsehen müssen, daß das, was ich über ein Stück geschrieben hatte, eine Entstellung oder Einengung alles dessen bedeutete, was ich während des Spiels als seinen wesentlichen Gehalt empfunden hatte. (Ich habe mir oft im Stillen eingestehen müssen, daß ich am Instrument die mißverständlichen und ungenügenden Angaben meiner eigenen Anmerkungen widerlegte.)

Im Sommer 1950, den ich wieder in Rom verbrachte, löste ich die Probleme des musikalischen Teils, warf das meiste von dem fort, was ich 1949 geschrieben hatte, und entschloß mich, die ursprünglich beabsichtigte Trennung von Biographie und Werkbetrachtung beizubehalten. Ich sah nämlich ein, daß ich das Bild einer musikalischen Persönlichkeit niemals mit Worten gestalten könnte, selbst wenn ich größere schriftstellerische Gewandtheit besäße oder gewillt wäre, weiterhin einen beträchtlichen Teil meines Lebens mit Ausfeilen und Revidieren zuzubringen. Ich begriff ferner, daß durch Worte nur bestimmte Aspekte in Scarlattis Musik erörtert werden konnten und daß ich nur als Musiker hoffen durfte, sie wieder zusammenzufügen.

Hierin liegt der Grund, warum ich in diesem Buch trotz seines vermeintlich durchdachten Aufbaus nicht ein eigentliches Bild Scarlattis und seiner Musik erblicke, sondern vielmehr eine Reihe von Beiträgen zu seinem Porträt, das nur durch seine Musik vervollständigt werden kann. Genauso wie der biographische Teil die Konturen dieses Bildes durch die Schilderung der Zeitgenossen und der Schauplätze im Leben Scarlattis nachzeichnen soll, so versucht der musikalische Teil durch Daten, Kommentare und Erörterungen der besonderen Eigenheiten von Harmonik, Form und Wiedergabe etwas zu umreißen, was seinem innersten Wesen nach dem gedruckten Wort ebenso fehlen muß, wie historische Zufälligkeiten uns nichts von der unmittelbaren Ausstrahlung der Persönlichkeit Scarlattis vermitteln können.

Für das Material zu diesem Buch schulde ich folgenden Bibliotheken und ihren Mitarbeitern großen Dank: New Haven, Yale University Library; New Haven, Library of the Yale School of Music; Washington, Library of Congress; Cambridge, Harvard College Library; New York, Public Library, Frick Art Reference Library, Hispanic Society; London, British Museum, Library of the Royal College of Music; Cambridge, Fitzwilliam Museum; Paris, Bibliothèque Nationale; Venedig, Biblioteca Nazionale Marciana; Parma, Biblioteca Palatina; Bologna, Biblioteca del Liceo Musicale; Rom, Biblioteca Apostolica Vaticana, Archivio di S. Pietro, Biblioteca Santa Cecilia, Biblioteca Angelica; Neapel, Biblioteca del Conservatorio di S. Pietro a Maiella; Madrid, Biblioteca Nacional, Archivo Histórico Nacional, Biblioteca de Palacio, Archivo de Palacio, Archivo de la Capilla Real, Archivo Historico de Protocolos, Biblioteca Municipal, Hemeroteca, Museo Alba; Lissabon, Biblioteca Nacional, Archivo da Torre do Tombo.

Für wertvolle Hinweise und Hilfe bei meinen Forschungen danke ich meinen Vorgängern, S. A. Luciani in Rom, der bis zu seinem Tode meine Arbeit mit nie versagendem Interesse und großer Hilfsbereitschaft verfolgte, und Luise Bauer, München, die mir ihr gesamtes unveröffentlichtes Material zur Verfügung stellte, so daß vieles, was sie entdeckt hat, nun zum erstenmal hier im Druck erscheint. Bei meinen Vorarbeiten unterstützten mich in England: Vere Pilkington, Frank Walter und Edward J. Dent; in Frankreich: die Herren Adhémar und Heugel; in Italien: Vergilio Mortari, Ferruccio Vignanelli, Conte A. E. Saffi, Padre Arnaldo Furlotti, Ennio Porrini, Doro Levi, Francesco Malipiero, Dr. Ulderico Rolandi, der Servizio Italiano Microfilm, Douglas Allanbrook und das Büro des amerikanischen Kulturattachés; in Spanien: der Herzog von San Lucar, Walter Starkie, Miss Margaret Cole, Miss Leslie Frost, der Marques del Saltillo, Mathilde Lopez Serrano, Federico Navarro Franco, José Subirá, Enrique Barrera und die Familie Scarlatti, besonders Julio Scarlatti, Rosa und Luis Rallo; in Portugal: Santiago Kastner und Mario de Sampayo Ribeiro, der mir einige der portugiesischen Vokalwerke Scarlattis und das Porträt Johanns V. verschaffte; in Wien: Beekman Cannon; und in Amerika halfen mir zu viele Freunde, als daß ich sie hier einzeln anführen könnte.

Für die in diesem Buch enthaltenen Abbildungen bin ich besonders zu Dank verpflichtet: Janos Scholz, der mir aus Turin sämtliche Bühnenentwürfe Juvarras zu Scarlattis Opern besorgte und der mir gestattete, die Zeichnung Ghezzis aus seiner Sammlung zu veröffentlichen; John Thacher, der mir aus Madrid eine Reproduktion des Stiches von Amiconi mit dem vermutlichen Scarlatti-Porträt mitbrachte; John Havemeyer, der Scarlattis Wohnhaus photographierte, und Emanuel Winternitz für die Aufnahmen italienischer Cembali. Wertvolle Ratschläge in bezug auf das Bildmaterial gaben mir Agnes Mongan, Paul Sachs, Edgar Wind, Sanchez Canton, Hyatt Mayor, Albert M. Friend und Edward Croft-Murray.

Wertvolle Hilfe, vor allem für den historischen Teil, verdanke ich Carleton Sprague Smith, der mir als erster die Anregung gab, dieses Buch zu schreiben, Manfred Bukofzer, Leo Schrade, Oliver Strunk, Arthur Mendel und Eva J. O'Meara. Alle oben Erwähnten unterstützten mich großzügig mit ihrer Kritik an verschiedenen Teilen des Buches, als es allmählich Gestalt annahm. Strenge Kritik an den biographischen Kapiteln verdanke ich hauptsächlich Miss O'Meara, John Bryson, Day Thorpe, Thornton Wilder und vielen anderen Freunden, vor allem aber Beecher Hogan, der einer ausführlichen Begutachtung und Korrektur von acht Kapiteln viele Stunden widmete, und Nathan Hale, dessen gründliche Kommentare ihre nachhaltige Wirkung nicht verfehlten.

Bei dem musikalischen Teil, besonders dem Kapitel über Scarlattis Harmonik, standen mir freundlicherweise mit Kritik und Ratschlägen hilfreich zur Seite: Manfred Bukofzer, Roger Sessions, Darius Milhaud, Erich Itor Kahn, Quincy Porter und Paul Hindemith. Das Kapitel über die Interpretation enthält viel von den Gedankengängen und Vorstellungen Diran Alexanians, des einzigen Musikers meiner Bekanntschaft, von dem ich mehr gelernt habe als von jedem anderen.

Während der letzten zehn Jahre habe ich häufig Gastfreundschaft genießen dürfen, die mir ebenso nützlich war wie die vielen direkten Beiträge zu diesem Buch. Oft empfing ich sogar beides. Besonders erwähnenswert in dieser Hinsicht waren die drei herrlichen und arbeitsreichen Sommer, die ich in Rom bei Laurance und Isabel Roberts von der American Academy zubrachte. Mit herzlicher Zuneigung erinnere ich mich auch an jene vierzehn Tage, die ich mit der letzten Vorbereitung des Manuskripts als bettlägeriger, aber verwöhnter Gast bei Lois und Quincy Porter verlebte.

Besonderer Dank gebührt Albert Seay, der fast ein Jahr lang mit mir die Notizen überprüfte, das Manuskript vorbereitete und – unter gelegentlicher Assistenz seiner Frau – den größten Teil des Typoskripts und die Musikbeispiele geschrieben hat. Weiterer Dank gebührt der Princeton University Press, für die gute Ausstattung der amerikanischen Ausgabe. Allen, die ich erwähnt habe, und noch vielen anderen schulde ich bleibenden Dank.

Zur Dankbarkeit bin ich weiterhin verpflichtet: Alfred Kuhn, der das Register der amerikanischen Ausgabe vorbereitete, Dr. Wilhelm Wörmann, der mich liebenswürdig in Münster aufnahm und mir die notwendigen Photographien besorgte, und Charles Buckley, der das bisher fehlende Porträt Farinellis von Amiconi (Abb. 31) ausfindig gemacht hat.

Guilford, Connecticut, Mai 1955

Zur deutschen Ausgabe

Das vorliegende Buch berücksichtigt die Ergänzungen und Berichtigungen der verschiedenen amerikanischen Auflagen und wurde für die deutsche Erstausgabe erweitert auf den neuesten Stand der Forschung gebracht. Das Verzeichnis der Sonaten kann zum ersten Male mit musikalischen Incipits erscheinen. Eine Aufstellung der Sonatennummern nach Ton- und Taktarten geordnet erleichtert das Auffinden einzelner Stücke.

Daß diese deutsche Ausgabe erscheinen kann, ist das Verdienst von Dr. Heinrich Ellermann, der die über Jahre sich hinziehende Arbeit auf großzügigste Weise ermöglichte und keine Kosten scheute, um die Zuverlässigkeit der Übersetzung und die Qualität der Ausstattung zu sichern. Solchem verlegerischen Idealismus und solcher Freundestreue setzt dieses Buch ein Denkmal.

Mit Geduld und Genauigkeit hat Dr. Horst Leuchtmann meinen Text ins Deutsche übersetzt. Ich selbst habe Sorge getragen, daß gewisse Eigenheiten meiner Diktion und Terminologie ihre adäquate Entsprechung finden.

Außer dem unermüdlichen und überaus gewissenhaften Dr. Leuchtmann hatten andere sich um die Übersetzung bemüht: Wolfgang Schede und Dr. Walter Schmiele hatten, unabhängig voneinander, ebenfalls Übersetzungen der biographischen Kapitel vorgelegt.

Die typographische Einrichtung der beiden Bände lag in den bewährten Händen von Prof. Richard von Sichowsky. Ulrich Riemerschmidt als Lektor des Verlags betreute die endgültige Redaktion des Textes, und Anke von Sichowsky war für die technische Seite der Herstellung verantwortlich.

Ihnen allen gebührt mein herzlicher Dank.

Guilford, Connecticut, Frühjahr 1972

Zu den Verweisungen

Ich habe die Scarlatti-Sonaten chronologisch geordnet und numeriert (siehe das Sonaten-Verzeichnis in Band II). Auf diese neue Numerierung verweist ein vorgestelltes K. (=Kirkpatrick), zum Unterschied von der Zählweise in Longos Ausgabe der Scarlatti-Sonaten, die entsprechend mit L. (=Longo) gekennzeichnet ist. Zur Erleichterung der Orientierung habe ich dem Sonaten-Verzeichnis eine Konkordanz der Longo- und der Kirkpatrick-Nummern folgen lassen.

Römische Zahlzeichen bei Scarlatti-Sonaten in Kapitel XI beziehen sich auf meine Auswahl von sechzig Scarlatti-Sonaten, die auch als Musikbeispiele zu diesem Buch gedacht sind (Sixty Sonatas ..., New York 1953). Diese sechzig Sonaten habe ich übrigens auch bei Columbia auf Schallplatten eingespielt; die Aufnahmen sind in den USA durch Odyssey Records und in Europa durch CBS neu veröffentlicht worden. Weitere Scarlatti-Aufnahmen von mir sind inzwischen bei der Deutschen Grammophon-Gesellschaft erschienen.

Die Notenbeispiele geben den Text der jeweils zitierten Hauptquellen wieder. Den Beispielen im Anhang IV jedoch liegt eine vergleichende Revision der Hss Venedig und Parma zugrunde. Wo möglich, entsprechen die Taktzahlen der Beispiele und der Hinweise denen von Longos Ausgabe.

Wenn Chronologie oder Titel einen genauen Anhalt für das Auffinden der Quellen in den Anhängen oder im Literaturnachweis liefern, steht im Text keine Quellenangabe. Alle Titel, die in den Marginalien nur kurz erwähnt werden, lassen sich durch den Literaturnachweis ergänzen.

Dokumente behielten die Orthographie und die Interpunktion ihrer Quellen bei. Nur erlaubt die oft mehrdeutige Praxis des 18. Jahrhunderts keine durchgehende Konsequenz in der Wahl zwischen kleinen und großen Anfangsbuchstaben. Vornamen werden in der Originalsprache wiedergegeben, jedoch mit folgenden Ausnahmen: Christine von Schweden, Johann von Portugal, Karl und Philipp von Spanien.

I. Der Nestling

*Neapel – Geburt – Die Familie Scarlatti – Die Konservatorien
Alessandro als Lehrer – Domenicos erste Anstellung – Politische Unsicherheit
Erste Reise – Rom – Florenz und Ferdinando de' Medici – Cristoforis Instrumente
Domenicos erste Opern – Abschied von Neapel*

Im Jahre 1685 war Neapel schon ebenso dicht bevölkert, ebenso laut und schmutzig wie heute. Selbst damals sah es schon etwas verkommen aus, und von der Höhe der Stadt blickten ihre zerfallenden mittelalterlichen Festungen über den Hafen hin. Vom Strand her den Hügel hinauf drängte sich ein Durcheinander von Pracht und Elend, Großartigkeit und Dreck. Der Gestank der Gossen stieg bis zum Gesims der Paläste, die am Rande der weiten lichtdurchströmten Plätze standen und die engen steilen Gassen verdeckten, die von vornehmeren Bürgern nur selten betreten wurden. Die eigentlichen Bewohner dieser dunklen Gassenhöhlen am neapolitanischen Hügelhang lebten damals, wie heute, auf der Straße. Die Straße diente nicht nur dem Verkehr und dem Spaziergang, sondern auch den natürlichen Funktionen sowie dem gesamten gesellschaftlichen Leben. Dort spielten nackte Bambini in den Müllhaufen, die Geschwister liefen Hunden und Maultieren nach, und die Älteren trieben ihre Liebesspiele. In den engeren Gängen dieses Labyrinths übertönte nur hin und wieder hartes Hufgeklapper den gedämpften Tritt nackter menschlicher Füße. In den Straßen, die breit genug waren, konnte man das Rattern von Karossenrädern hören oder den weichen gutturalen Laut, mit dem der neapolitanische Fuhrknecht sein Pferd aufmuntert, oder wohl eher einen wahren Vesuvausbruch von Flüchen, die sich so farbenbunt auftürmten wie die Melonen- und Paprikaberge an den Straßenecken und so kräftig waren wie der Geruch des nahen Fischmarktes. Nur um die Stunde der Siesta dämpfte sich dann dieser Lärm und wurde in der sinkenden Nacht von Gitarrenklang und schrillen neapolitanischen Stimmen abgelöst, die sich zu Streit oder Liebesklage erhoben. Aber selbst in der relativen Stille der Frühmorgenstunden herrschte in Neapel keine wirkliche Ruhe. Alles war bereit, sich zu bewegen, auszubrechen, wie jener leise rauchende Kegel zur Linken der weiten Bucht. Anstand, Sauberkeit und Würde ließen sich im Gewirr der neapolitanischen Straßen kaum blicken. Sie erschienen nur feierlich im Pomp der vizeköniglichen oder kirchlichen Festzüge. Zum größten Teil

Abb. 1   Neapel, Gemälde von Antonio Jolli (Neapel, Museo di S. Martino)

hielten sich diese Tugenden meist in Palasthöfen oder hinter den fest verschlossenen Fensterläden der oberen Stockwerke verborgen.

Die Familie Domenico Scarlattis genoß vermutlich immer all die Annehmlichkeiten, die mit dem Wohnen in oberen Stockwerken oder mit der Zurückgezogenheit tiefer Höfe in der Strada di Toledo verbunden waren, aber ein wirres Gesumme von der Straße her muß doch fast den ganzen Tag über bis zu Domenicos Wiege gedrungen sein. Und sollte es seiner Kindheit jemals an Lärm und Treiben von draußen gefehlt haben, so dürften die Geschwister das mit Toben und Schreien im Hause wieder wettgemacht haben (1). In seiner frühen Jugend kann Domenico die Einsamkeit kaum gekannt haben.

Domenico Scarlatti wurde am 26. Oktober 1685 geboren (2). Er war das sechste von zehn Kindern des Alessandro Scarlatti und seiner Frau Antonia, geb. Anzalone. (Sie hatten am 12. April 1678 in Rom geheiratet.)

Alessandro Scarlatti hatte bereits im Alter von 25 Jahren seine schöpferische musikalische Begabung unter Beweis gestellt und näherte sich rasch der Höhe seines Ruhms als Opernkomponist. In Palermo am 2. Mai 1660 geboren, schon in jungen Jahren von der Königin Christine von Schweden, der er seit dem Jahre 1680 als Kapellmeister (3) diente, in Rom entdeckt und gefördert, war Alessandro nur wenige Monate vor Domenicos Geburt nach Neapel gekommen, um in gleicher Eigenschaft in den Dienst des spanischen Vizekönigs von Neapel zu treten. Domenicos Taufpapiere bestätigen die Anerkennung seiner Familie durch den hohen neapolitanischen Adel, und so läßt sich sein späteres Leben unter königlicher Protektion bereits voraussahnen.

Der kleine Domenico, nach uralter mittelmeerischer Sitte fest in seine Windeln gewickelt, ›wurde von Signora D. Eleanora del Carpio, Prinzessin von Colobrano [der Vizekönigin von Neapel], und Signor D. Domenico Martio Carafa, Herzog von Maddaloni, über das geweihte Taufbecken gehalten‹.

Domenicos ältere, noch in Rom geborene Geschwister hatten nicht minder vornehme Paten gehabt. Unter ihnen befanden sich Filippo Bernini, der Sohn des Architekten, der Kardinal Pamphili, Flaminia Pamphili e Pallavicini und die Königin Christine selber (4). Wenn auch durch die aristokratischen Beziehungen von der Masse der neapolitanischen Bevölkerung deutlich getrennt, hatte die Familie, oder besser die Sippe der Scarlatti, noch nicht ganz das Dunkel ihrer sizilianischen Herkunft abgestreift. Damals besaß Alessandro noch nicht den Titel eines *Cavaliere* (5), eine Ehrung, die auch Domenico in seinen späteren Jahren erst zuteil werden sollte. Das Jahr-

1 Im Februar 1699 wohnte Alessandro Scarlatti im Hause des Barons Pannone in der Strada di Toledo, der jetzigen Via Roma. (Prota-Giurleo, Seiten 8–10).

2 Wenn in den Marginalien nicht besonders vermerkt, sind alle Quellen zur Biographie Alessandros und seiner Familie in den Anhängen I und II angeführt.

3 Dent, Seiten 25, 34; Tiby, Seite 276; Fienga in: Revue Musicale, X.

4 Fienga, La véritable patrie et la famille d'Alessandro Scarlatti, Seiten 230–235.

5 Berichte über A. S. als *Cavaliere* erscheinen nicht vor 1716 (Dent, Seiten 132, 133). Siehe Kap. VII, Anm. 85.

Der Nestling

hundert aristokratischer Ansprüche Domenicos und seiner Nachkommen war noch nicht angebrochen. Alle Scarlattis, selbst Alessandro und Domenico auf der Höhe ihres Ruhms, waren stets von der Gunst ihrer Vorgesetzten abhängig. Konnten sie sich auch mit Leichtigkeit Zutritt zu den höchsten gesellschaftlichen und künstlerischen Kreisen verschaffen, so blieben sie doch immer zum Dienstpersonal gehörende Musiker.

Domenicos sizilianischer Großvater, Pietro Scarlatti, war in Trapani geboren. Am 5. Mai 1658 heiratete er in Palermo Eleonora d'Amato. Möglicherweise war auch er schon Musiker, denn fünf oder sechs seiner überlebenden Kinder wurden es oder standen zumindest in irgendeiner Beziehung zur Musik. Doch mit der Auflösung des Haushalts der Scarlattis in Palermo im Jahre 1672 brechen die Nachrichten über ihn und seine Frau ab. Wir wissen auch nicht, wann sich die ersten Scarlattis in Neapel niedergelassen haben. Domenicos Onkel, Francesco und Tommaso, beide Musiker, hatten dort schon seit ihrer Kindheit gelebt, seine Tanten dagegen, Melchiorra und Anna Maria, waren erst einige Jahre vorher aus Rom gekommen (6). Anna Maria war Sängerin.

Die erste Zeit nach seiner Ankunft in Neapel war für Alessandro durch Skandale leicht überschattet. Es scheinen böswillige Gerüchte über ihn verbreitet worden zu sein, als er über die Köpfe verschiedener neapolitanischer Musiker, so auch des berühmten Francesco Provencale hinweg in jenen Tagen zum *maestro di cappella* des Vizekönigs ernannt wurde. Zur gleichen Zeit erhielt sein Bruder Francesco Scarlatti eine Stellung als erster Geiger (7).

In einem zeitgenössischen Tagebuch lesen wir: ›Zu Beginn des November entließ und verbannte der Vizekönig den Justizminister… den Majordomus, der zugleich Gouverneur von Pozzuoli war, sowie einen seiner Lieblingspagen, weil sie unerlaubte intime Beziehungen zu mehreren Komödiantinnen unterhalten hatten, von denen die eine die *Scarlati* hieß, deren Bruder vom Vizekönig zum *maestro di cappella* des Palastes ernannt wurde, zum Nachteil anderer einheimischer Virtuosen. Diese hatten ein Triumvirat gebildet, um mit Ämtern und Befugnissen nach Belieben walten zu können, indem sie denjenigen zu Stellungen verhalfen, die ihnen dafür die höchsten Preise boten und zahlten; auch begingen sie andere Gesetzwidrigkeiten, um zu Geld zu kommen und ihren liederlichen Komödiantinnen zu Gefallen zu sein; dies alles ohne Wissen des Vizekönigs, der sie, als er davon erfuhr, ihrer Ämter enthob und davonjagte. Der Scarlati und ihrem Anhang befahl er, die Stadt zu verlassen oder in ein Kloster zu gehen. Daraufhin zogen sie sich in das Kloster S. Antoniello bei der Vicaria zurück‹ (8).

---

6 Prota-Giurleo, Seiten 9, 18, 21–22; Dent, Seite 35.

7 Dent, Seite 34.

8 Prota-Giurleo, Seiten 7–8, aus dem Tagebuch des Domenico Conforto, Neapel, Bibl. Naz.; Walker, (Seiten 190–91) vermutet, daß es sich bei der erwähnten Schwester um Melchiorra, nicht, wie bisher angenommen, um Anna Maria gehandelt hat.

Abb. 2   Alessandro Scarlatti, Gemälde von einem unbekannten Meister
(Bologna, Conservatorio G. B. Martini)

›Aber eine tugendsame Schauspielerin und Sängerin‹, schreibt Dr. Burney einige Jahre später, ›ist in Italien eine noch ungewöhnlichere Erscheinung als in England‹ (9).

Das war nicht das einzige schwarze Schaf der Familie; denn schon Alessandros Debüt in Rom 1679 hing mit einer Skandalaffäre zusammen, in die eine seiner Schwestern verwickelt war (10). Da jedoch in Mittelmeerländern solche Geheimnisse weder ängstlich verborgen noch endlos durchgehechelt werden, scheinen sich die beiden Tanten Domenico Scarlattis, während er heranwuchs, bereits gut verheiratet zu haben und zu Ansehen gekommen zu sein. 1688 heiratete Melchiorra den Kontrabassisten der vizeköniglichen Hofkapelle, Nicolo Pagano (11). Anna Maria, die im Jahre 1699 mit einem reichen neapolitanischen Reeder und gelegentlichen Opern-Impresario, Niccola Barbapiccola, die Ehe schloß, hat es vorgezogen, sich über ihr Alter und ihre Vergangenheit nur sehr unbestimmt zu äußern (12).

Der junge Domenico Scarlatti fand sich im Schoß einer ständig wachsenden Sippe, die nun in Neapel festen Fuß gefaßt hatte. Es ist unbekannt, ob vor dem ersten öffentlichen Auftreten seines Vaters im Jahre 1680 (13) oder vor der Einwanderung seiner Onkel Francesco und Tommaso, die damals noch Kinder waren, bereits andere Mitglieder der Familie dort gelebt haben. Als der Haushalt zu Palermo im Jahre 1672 aufgelöst wurde, haben vermutlich Verwandte der Scarlattis schon in Neapel gelebt. Domenicos Mutter Antonia Anzalone trug, obwohl sie die Tochter eines gebürtigen Römers war (14), den Namen einer neapolitanischen Familie, in welcher, wie in der Scarlatti-Dynastie, viele Musiker erscheinen. (In der ersten Hälfte des 17. Jahrhunderts waren mindestens zehn Musiker mit Namen Anzalone in Neapel tätig) (15). Es wäre daher denkbar, daß Domenicos neapolitanische Abstammung und seine musikalische Ahnenreihe viel verzweigter sind, als man heute annimmt.

Wie schon gesagt, dürfte Domenico in seiner Kindheit kaum die Einsamkeit gekannt haben. Als angehender Musiker, umgeben von musizierenden Verwandten, wird er noch weniger Gelegenheit gehabt haben, sich abzusondern. Sein Onkel Francesco war Geiger und ein Komponist von beträchtlichem Können, wenn auch in späteren Jahren ohne jeden glücklichen Erfolg (16). Onkel Tommaso wurde ein beliebter Tenorbuffo an der neapolitanischen *opera buffa* (17). Domenicos Tante Anna Maria war Sängerin, und der angeheiratete Onkel Nicolo Pagano war gleichfalls Musiker. Fast jeder aus der Generation seines Vaters hatte irgendwie mit Musik zu tun. Aus seiner eigenen Generation wurde sein älterer Bruder Pietro ebenfalls Komponist (18), und von seiner Schwester Flaminia weiß

---

9 Burney, Memoirs of Metastasio, Bd. I, Seite 101.

10 Ademollo, Seiten 157–58; Dent, Seiten 23–24. Keiner dieser Berichte nennt den Namen der betreffenden Schwester.

11 Prota-Giurleo, Seite 18.

12 Ebenda, Seiten 8–10, 16.

13 Alessandros Oper Gli Equivoci wurde im Jahr 1680 in Neapel aufgeführt. (Dent, Seite 34); Croce, I Teatri di Napoli, Anno XV, Seite 179.

14 Fienga, La véritable patrie et la famille d'Alessandro Scarlatti, Seite 229.

15 Giacomo, Il Conservatorio dei Poveri, Seite 167, und Il Conservatorio di S.M. della Pietà dei Turchini, Seiten 299, 311.

16 Dent, Seite 34.

17 Croce, I Teatri di Napoli, Anno XV, Seite 285; Prota-Giurleo, Seite 23.

18 Florimo, Bd. IV, Seite 22. Die Bibliothèque Nationale in Paris besitzt drei Kantaten, die dem Pietro zugeschrieben werden (Vm^7. 7254).

man, daß sie gesungen hat. Die ganze Familie aber stand im Schatten der überwältigenden musikalischen Aktivität Alessandros. Als Domenico elf Jahre alt war, hatte sein Vater bereits etwa sechzig Bühnenwerke (19), unzählige Serenaden, Kantaten und geistliche Werke komponiert.

Das Haus eines so erfolgreichen produktiven Musikers muß natürlich ein Treffpunkt probender Sänger und Instrumentalisten, beratender Librettisten und Bühnenbildner, durchreisender Dichter und Maler gewesen sein. Seit seinen römischen Jugendtagen war Alessandro an den Umgang mit bedeutenden und gebildeten Menschen gewöhnt. Unter den Gästen des Hauses Scarlatti war zum Beispiel der große Maler Francesco Solimena. Seine aufwendigen Fresken, heute zum Teil durch Bomben stark beschädigt, zieren noch immer sehr große Flächen neapolitanischer Kirchen. Solimena, ›ein wahrer Liebhaber der Musik, pflegte abends das Haus des Cavaliere Alessandro Scarlatti zu besuchen, eines vielbewunderten Musikers, auf der Welt nur von wenigen übertroffen in der Kunst, Opern zu komponieren, deren Ausdrucksgewalt und Melodienfülle das Herz bewegen und die Leidenschaften erregen. In Scarlattis Haus fand er Vergnügen daran, Flaminia zu hören, die Tochter des großen Künstlers, die göttlich sang. So innig war ihre Freundschaft, daß er ihr und ihres Vaters Bildnis zu malen wünschte. Eines davon hat er dann wirklich geschaffen, es zeigt sie in einen Spiegel blickend, und es ist in Komposition und Technik so vollendet schön, daß alle Welt es rühmte. Ich selber war einmal Zeuge, wie es von auswärtigen Kunstkennern gelobt wurde, die nicht müde wurden, es zu betrachten‹ (20). Leider ist Flaminias Bild verschollen. Flaminia Scarlatti scheint nie öffentlich aufgetreten zu sein, zu Hause dagegen wird sie viele Kammer-Kantaten Alessandros und vielleicht auch einige von Domenicos frühesten Kompositionen gesungen haben.

Der junge Mimo, wie Domenico zu Hause genannt wurde, konnte sich wohl schwerlich an eine Zeit ohne Musik erinnern, noch an die erste Gelegenheit, wo er selber zu spielen oder zu singen begonnen hat. Es besteht kein Anlaß, anzunehmen, Alessandro Scarlatti habe seinen Sohn mit der gleichen Sorgfalt auf seinen musikalischen Beruf vorbereitet, wie sie Bach auf den ersten Unterricht seiner Söhne Friedemann und Emanuel verwandt hat. Ein großer Teil seines uns erhaltenen pädagogischen Werkes stammt, wie auch seine Berühmtheit als Lehrer, erst aus späterer Zeit. Das Familienleben der Scarlattis spielte sich vermutlich ganz anders ab als das der Familie Bach. Johann Sebastian Bachs Leben verlief in einem relativen Gleichmaß der Aufgaben zwischen Kirchendienst, Unterricht und Aufführungen. Er reiste nur selten und lebte in einiger Ruhe und Sicherheit. Einem Manne

19 Lorenz, Bd. I, Seite 16.

20 Prota-Giurleo, Seite 32, zitiert nach De Dominici, Vite dei pittori, scultori ed architetti napolitani, Bd. IV, Seite 471.

jedoch, der wie Alessandro Scarlatti so eng mit dem Theater verbunden war, waren Regelmäßigkeit, Ruhe und Sicherheit unbekannte Begriffe. Alessandro war ständig zwischen Neapel und Rom unterwegs, er hatte Besprechungen mit seinen Librettisten zu führen, seine fürstlichen Gönner zu beliefern, mit Opernsängern zu proben und sie bei Laune zu halten. Selten wohl lag ein Monat vor ihm, von dem er sagen konnte, was er ihm bringen würde.

Wahrscheinlich erwarb sich Domenico seine musikalischen Grundlagen bei anderen Familienmitgliedern, oder er ahmte ganz einfach nach, was er um sich herum hörte. Schon ehe er Lesen lernte, hat er wohl als Chorknabe gesungen. Irgendwie jedoch lernte er früh Singen, Generalbaß, Klavierspiel und Kontrapunkt. Später wird er höchstwahrscheinlich musikalische Aufgaben aller Art für seinen Vater übernommen haben: Musik arrangieren und kopieren, Instrumente stimmen, bei Proben begleiten – tausend Pflichten, für die ein vielbeschäftigter Komponist und Orchesterleiter Assistenz benötigt. Er muß viel von der musikalischen Atmosphäre um sich herum mit jedem Atemzug in sich aufgenommen haben.

Wir besitzen keinerlei Berichte darüber, daß Domenico jemals regelrechten Unterricht an einem der Konservatorien erhalten hat. Die Konservatorien Neapels erreichten den Höhepunkt ihres Ruhms erst in der Generation nach Domenico; zeitgenössische Berichte über diese ›Musikfabriken‹ spiegeln jedoch die leidenschaftliche Aktivität wider, die in geringerem Maße auch den jungen Domenico umgeben haben muß. Diese Institute waren stets überfüllt und verleugneten ihre ursprüngliche Bestimmung als karitative Einrichtungen noch nicht. Es gab deren vier: die Poveri di Gesù Cristo, Santa Maria di Loreto, S. Onofrio und Santa Maria della Pietà dei Turchini. Dr. Burney hat sie einige Jahre später besucht, als sie bereits in voller Blüte standen.

»31. Oktober [1770]. Heute morgen ging ich mit dem jungen Oliver in sein Conservatorio di S. Onofrio und besichtigte alle Zimmer, in denen die Knaben üben, schlafen und speisen. Auf dem ersten Treppenabsatz war ein Trompeter, der gellend auf seinem Instrument blies, bis ihm fast die Lungen platzten; auf dem zweiten Absatz war ein Waldhornist, der in gleicher Weise lärmte. Im allgemeinen Übungsraum war eine Katzenmusik, sieben oder acht Cembali, noch mehr Geigen und verschiedene Sänger, die alle Verschiedenes in verschiedenen Tonarten übten; andere Knaben schrieben im selben Zimmer; aber da gerade Ferien waren, waren viele, die sonst hier noch in diesem Raum üben oder studieren, gar nicht da. Dies Zusammenpferchen mag für das Institut ganz bequem sein und lehrt die Knaben vielleicht, ihren Part unerschütterlich zu halten, was auch sonst um sie herum vorgehen mag; vielleicht gibt es ihnen auch Kraft, weil sie alle laut sein müssen, um sich selbst zu hören. Aber in solchem Durcheinander und solcher Kakophonie können sie unmöglich lernen, ihrem Vortrag auch nur etwas Feinheit und Vollendung zu geben. Daher kommen die Liederlichkeit und Roheit, wie sie sich bei ihren öffentlichen Aufführungen so bemerkbar macht, und der völlige Mangel an Geschmack, Genauigkeit und Ausdrucksvermögen bei all diesen jungen Musikern, ehe sie das woanders lernen.

Die Betten, die im selben Raum stehen, dienen gleichzeitig als Sitzgelegenheiten zu den Cembali und anderen Instrumenten. Von den 30 bis 40 Knaben, die da übten, konnte ich nur zwei entdecken, die dasselbe Stück spielten; einige von den Geigenschülern schienen eine ziemliche Fertigkeit zu haben. Die Violoncelli übten in einem andern Raum. In einem dritten die Flöten, Oboen und anderen Bläser, mit Ausnahme der Trompeten und Hörner, die sich auf den Treppen oder dem Speicher des Hauses abschinden mußten.

In diesem Internat sind auch 16 junge *castrati*. Sie wohnen im oberen Stockwerk für sich allein und haben wärmere Räume als die anderen Knaben, aus Furcht vor Erkältungen, die nicht nur ihre empfindlichen Stimmen für den Augenblick indisponieren, sondern überhaupt den völligen Stimmverlust zur Folge haben können.

Die einzigen Ferien im Jahre liegen in diesen Schulen im Herbst und dauern nur wenige Tage. Im Winter stehen die Knaben zwei Stunden vor Tagesanbruch auf und üben, eineinhalb Stunden für das Mittagbrot abgerechnet, ununterbrochen bis acht Uhr abends. Diese unermüdliche Ausdauer durch einige Jahre hindurch, verbunden mit Talent und gutem Unterricht, muß große Musiker hervorbringen.« (21)

Alessandros Ansehen als Lehrer beruht größtenteils auf dem legendären Ruhm der neapolitanischen Komponistenschule, der sich im frühen 18. Jahrhundert gebildet hat. Mit etwas verdächtiger Genauigkeit erzählt uns Burney, daß ›sich um 1720 die Schüler von Alexander Scarlatti und Gaetano Greco, die den Konservatorien Neapels vorstanden, hervorzutun begannen; unter ihnen seien Leo, Porpora, Domenico Scarlatti, Vinci, Sarro, Hasse, Feo, Abos, Pergolesi und viele andere große und berühmte Musiker aufgezählt . . . ‹

Burney behauptet auch von Geminiani, daß er bei Alessandro Scarlatti Kontrapunkt studiert habe (22). Es bleibt indessen fraglich, wie viele dieser berühmten Schüler tatsächlich bei ihm studiert haben. Für die kurze Zeitspanne vom 13. Februar bis zum 16. Juli 1689 findet sich Alessandros Name

21 Burney, The Present State of Music in France and Italy. Seiten 324–327.

22 Burney, A General History of Music, Bd. II, Seiten 914, 991. Am 4. November 1770 besuchte Burney ›Don Carlo Contumacci, Lehrer am Konservatorium von St. Onofrio, den ich das Cembalo spielen hörte. Er vermittelte mir eine große Anzahl Anekdoten von der Musik der vergangenen Zeit. Er war im Jahre 1719 Schüler des Cavaliere Scarlatti gewesen und zeigte mir eigenhändig geschriebene Übungsstücke dieses großen Meisters. Er gab mir auch sehr ausführliche Berichte über Scarlatti und dessen Familie.‹ (The Present State of Music in France and Italy, Seite 334).

Der Nestling

jedenfalls im Lehrerverzeichnis des Konservatoriums von S. M. di Loreto (23), aber besonders intensiv kann er damals nicht tätig gewesen sein, da er mindestens die Hälfte dieser Zeit in Rom verbrachte (24). Im übrigen hat sich hierin der offizielle Kontakt Alessandros zu den Musikschulen Neapels anscheinend erschöpft.

Im Unterricht dürfte Alessandro von seinen Schülern viel verlangt haben. Weit mehr als für seine neapolitanischen Nachfolger stellte die Musik für ihn noch eine Wissenschaft dar, ein Handwerk, das nur durch härteste Disziplin zu erlernen war. Kein bloßes Ornament seiner sonst so blumenreichen Sprache war es, wenn er die Musik als ›Tochter der Mathematik‹ bezeichnete (25). Sicher hat er in Domenico zuerst den Grund zur Hochachtung vor dem alten Kirchenkontrapunkt gelegt, der dieser bis zu seinem Lebensende in Wort und Werk Ausdruck verliehen hat. So herb Alessandros Art sonst auch gewesen sein mag, er konnte sich auch liebevoll seiner Schüler annehmen. Hasse erzählte Burney, ›daß Scarlatti, als er ihn zum erstenmal sah, glücklicherweise eine solche Zuneigung zu ihm gewann, daß er ihn immer mit der Herzlichkeit eines Vaters behandelte‹ (26).

Mit Recht darf man annehmen, daß Domenico Scarlattis frühes musikalisches Leben, wenn es auch ruhiger verlief als das in den Konservatorien, doch mindestens ebenso arbeitsreich gewesen sein muß. Gewiß hat Alessandro der musikalischen Ausbildung seines Sohnes bereits vom ersten Augenblick an, als dieser im Alter von ungefähr zehn Jahren zu komponieren begann, die größte Aufmerksamkeit angedeihen lassen. Die wenigen uns erhaltenen Berichte über Alessandros Verhältnis zu seinen Söhnen verraten eine peinliche, beinahe übertriebene Sorgfalt.

Ich habe nun zwar auf gewisse äußere Aspekte Neapels angespielt und auf gewisse Eigenschaften der Neapolitaner, die dem Fremden auffallen. Doch wäre es falsch, den Hintergrund der ersten siebzehn Lebensjahre Domenico Scarlattis ausschließlich von daher zu interpretieren. Wir dürfen die vorherrschende römische Kultur seiner Eltern nicht außer acht lassen und müssen uns daran erinnern, daß die spanische Herrschaft im Neapel des 17. Jahrhunderts, wenigstens was dessen Bewohner angeht, die ernsteren Elemente neapolitanischer Tradition in den Vordergrund gerückt hat. Damals wie heute lagen unter dem aufbrausenden Temperament des Neapolitaners eine Feierlichkeit und ein leidenschaftlicher Ernst des Geistes und der Gefühle, wie sie in überwältigendem Maß in Spanien anzutreffen sind.

Es ist auffallend, daß einige der bedeutendsten italienischen Philosophen, Dichter und Denker, von Thomas von Aquin über Sannazaro, Vico und de Sanctis bis zu Croce von der Küste des Golfs von Neapel stammen. Die

---

23 Giacomo, Il Conservatorio dei Poveri ... e quello di Loreto, Seiten 202–204.

24 Ebenda, Seiten 237–238.

25 In einem Brief an Ferdinando de'Medici vom 1. Mai 1706. (Dent, Seite 204).

26 Burney, The Present State of Music in Germany, Bd. I, Seiten 343–344.

Schilderungen des jungen Domenico Scarlatti und der Stil seiner frühesten Kompositionen legen den Gedanken nahe, daß er bei all seiner Lebenslust und Neigung zur Ausgelassenheit auch die dunkelblickende Feierlichkeit und den lateinischen Anstand besessen haben muß, die den Bewohnern der Mittelmeergebiete ebenso eigen sind wie das sonnige Lachen.

Kurz vor seinem sechzehnten Geburtstag erhielt Domenico seine erste Anstellung als Berufsmusiker. Am 13. September 1701 wurde er zum Organisten und Komponisten der königlichen Hofkapelle ernannt (27). Der königliche Palast zu Neapel hat trotz verschiedener Umgestaltungen, Bombenschäden und Truppeneinquartierungen seinen Charakter seit Scarlattis Tagen nicht wesentlich verändert. Sein von grauem Stein eingefaßter roter Stuckbau beherrscht auch heute noch einen Teil der Wasserseite. Aber in seiner halb ausgebrannten und zur Zeit meines Besuches noch mit einem Behelfsdach versehenen Kapelle reicht nur der mit kostbarem Marmor, Lapis und Achat reich ausgestattete Barockaltar, seine Bronzen durch Bomben leicht verbogen, in jene Zeit zurück, als Domenico oder sein Vater die Kirchenmusik von einem wahrscheinlich ganz bescheidenen Portativ aus geleitet hat. Von den Werken, die der junge Domenico als Komponist zu liefern hatte, scheint nichts mehr vorhanden zu sein.

Als Domenico seine offiziellen Pflichten in der königlichen Kapelle übernahm, wurde es klar, daß Neapel ihm und seinem Vater keinerlei sichere Zukunft bieten konnte. Der Tod Karls II. von Spanien (1. November 1700) hatte den spanischen Erbfolgekrieg ausgelöst, in dem die französischen Bourbonen und die österreichischen Habsburger erbittert um die spanische Krone und um ihre Besitzungen, darunter Neapel, rangen. Im selben Monat, in dem Domenico auf seinen Posten berufen wurde, unternahm die *Congiura di Macchia* mit einer Gruppe von Adligen den Versuch, den Vizekönig zu ermorden, als er sich zu einem nächtlichen Treffen mit einer Sängerin der Oper begab (28). Die Anstifter wurden zwar hart bestraft, aber Unruhen und Komplotte setzten sich fort. Seit einigen Jahren fühlte sich Alessandro Scarlatti am neapolitanischen Hof nicht ganz glücklich. Es gab Schwierigkeiten mit Rivalen, und im Jahre 1688 sah er sich genötigt, zwei Monate lang seine Stellung in der Kapelle des Vizekönigs an Provenzale abzutreten (29). Unregelmäßigkeiten in der Auszahlung seines vom Hof ausgesetzten Gehalts brachten ihn außerdem in solche Geldverlegenheiten, daß er sich im Februar 1699 gezwungen sah, wegen der Zahlung der aufgelaufenen Rückstände eine förmliche Bittschrift einzureichen (30). Daraufhin suchte er nach einer Möglichkeit, Neapel zu verlassen.

Alessandro setzte nun seine ganze Hoffnung für Domenicos und sein eigenes

27 Prota-Giurleo, Seite 33, aus dem Arch. Stat. Nap. Mandatorum, Bd. 317, Seite 4.

28 Croce, I Teatri di Napoli, Anno XV, Seite 259 ff.

29 Giacomo, Il Conservatorio dei Poveri ... e quello di Loreto, Seiten 237–238.

30 Dent, Seite 69.

Der Nestling

Fortkommen auf den ältesten Sohn des Großherzogs von Toskana, Ferdinando de'Medici, mit dem er schon mehrere Jahre lang in Briefwechsel stand (31). Dieser hatte in seiner Villa in Pratolino in der Nähe von Florenz ein Theater für Opernvorstellungen einrichten lassen. Die Bühnenbilder stammten von einem der Bibbienas (32). Hier waren bereits mehrere Werke Alessandros aufgeführt worden.

In der Absicht, die bevorstehende Aufführung seines *Flavio Cuniberto* (33) zu überwachen und zugleich seine Beziehung zu dem Fürsten zu festigen, stellte Alessandro am 2. Januar 1702 das Gesuch für sich und Domenico, mit vollem Gehalt für zehn Monate vom Dienst in Neapel beurlaubt zu werden (34). Diesem Gesuch wurde nicht stattgegeben, und er konnte die Stadt erst nach dem Staatsbesuch des neuen Bourbonen-Königs von Neapel, Philipps V., verlassen, an dessen Hof Domenico später viele Jahre verbringen sollte. Nicht ehe Alessandro mit zwei Serenaden und einer Oper seinen Beitrag zu diesem festlichen Anlaß geliefert hatte, durften er und Domenico am 14. Juni die Stadt für vier Monate verlassen, um ihren aufgeschobenen Besuch in Florenz nachzuholen (35). Es dürfte dies wohl die erste größere Reise in Domenicos Leben gewesen sein. Er war damals sechzehneinhalb Jahre alt.

Auf ihrem Weg nach Florenz hielten sich Alessandro und Domenico wohl zweifellos in Rom auf, vielleicht lange genug, daß Domenico die Bekanntschaft einiger Kollegen seines Vaters machen konnte, deren Zuneigung und Gönnerschaft er später erben sollte. In Gegenwart Älterer mag sich Domenico respektvoll, zurückhaltend und schüchtern betragen haben. Wahrscheinlich hatte sich seiner Familie und seinen Freunden sein wahres Wesen noch kaum erschlossen.

Der erste Eindruck, den Domenico von Rom empfangen hat, kann wohl nicht sonderlich überwältigend gewesen sein. Zwar mögen ihn die großartigen, eben fertiggestellten Leistungen der bedeutenden Barockarchitekten beeindruckt haben sowie die Pracht der Paläste und Kirchen, die sich noch im Bau befanden. Aber ihm ist Rom wohl viel ruhiger und in mancher Hinsicht weniger weltstädtisch erschienen als Neapel. Obgleich die Straßen Roms von Geistlichen und Anhängern der Kirche dicht bevölkert waren, gab es in Rom kaum ein unabhängiges weltliches Leben, abgesehen selbstverständlich von der aufwendigen Weltlichkeit gewisser Kirchenfürsten, die sich keineswegs bemühten, ihre Lebensart irgendwie heuchlerisch zu verbergen. Doch Fremde aus allen Weltteilen gab es zu sehen, Deutsche, Engländer, Franzosen, Neger und sogar Chinesen.

Gleich den nach Rom hingezogenen Fremden muß Domenico auch die un-

---

31 Dent zitiert mehrere Stellen aus diesem Briefwechsel, der sich jetzt im Archivio Mediceo in Florenz befindet.

32 Conti, Seite 106; Streatfeild, Seite 27. Die Villa wurde 1822 zerstört. (Lustig, Per la cronistoria del antico teatro musicale. Il Teatro della Villa Medicea di Pratolino).

33 Lustig, ebenda; Dent, Seite 72.

34 Dent, Seite 71, aus Neapel, R. Archivio di Stato, Mandati dei Vicerè, Bd. 317, fol. 80f.

35 Ebenda, Bd. 318, fol. 60.

geheure Kraft gespürt haben, die sich, am magnetischen Pol der katholischen Welt, in der stolzen Inschrift des für das Christentum gewonnenen heidnischen Obelisks versinnbildlicht, der jeden Gläubigen überwältigt, der die Piazza San Pietro betritt: Ecce Crux Domini, fugite, partes adversae...
Aber in Rom gab es auch viel Verkommenes, schweigende verödete Mahnmale einer großen Vergangenheit. Auf dem Forum weideten Kühe, und Weinreben deckten den Palatin. Vielen der zusammengeflickten Kirchen der Frühchristenheit fehlte noch die prunkvolle Barockeinkleidung, die ihnen später ein Aussehen verlieh wie archaische, strenge Heiligenfiguren, für Festtage mit Edelschmuck und Brokatgewändern aufgeputzt.

An der Bewunderung und der Ehrfurcht, die nördliche Besucher beim Anblick dieser Reste der antiken Kultur erfüllten, wird Domenico Scarlatti kaum teilgenommen haben. Obwohl sein Wesen im Boden klassischer Mythologie wurzelte und im Meer der Homerischen Sage getauft war, kann sich sein Interesse für das Antike wohl nur auf Operntextbücher beschränkt haben.

Es ist nicht bekannt, wie lange Domenico und Alessandro sich bei ihrem Besuch am Hof von Toskana in Florenz und Pratolino aufgehalten haben. Anfang August wirkten sie in Florenz bei der Aufführung der Motetten mit, die Alessandro für die Geburtstagsfeierlichkeiten Cosimos III. und Ferdinandos komponiert hatte (36). Fürst Ferdinando pflegte sich meist den Sommer über in Livorno aufzuhalten (37). Hier scheint auch eine Kantate Domenicos entstanden zu sein, denn eine Abschrift trägt den Vermerk ›fatta in Livorno‹ (38). Dies sind wahrscheinlich die ersten uns bekannten Werke Domenicos. Zwei andere Kantaten, die sich jetzt in Münster befinden, tragen das Datum: Juli 1702. Sie lassen wenig Schlüsse auf seinen späteren Stil zu.

Fürst Ferdinando war nicht nur ein hochbegabter Dilettant auf den Gebieten der Architektur, der Handzeichnung und Malerei, er soll auch ausgezeichnet Cembalo gespielt haben (39). Sowohl in seiner Winter-Residenz im Palazzo Pitti zu Florenz wie auch in Pratolino, wo er den Frühling und Frühherbst zuzubringen pflegte, besaß er mehrere Cembali, wie aus den erhaltenen Berichten seines Instrumentenverwalters hervorgeht. Wenigstens seit dem Jahr 1690 war dieser kein anderer als Bartolomeo Cristofori, dem die Erfindung des Pianoforte zugeschrieben wird (40). Mit ihm kam Domenico zweifelsohne irgendwie in Verbindung. Etwa um 1709 hatte Cristofori das erste ›Cembalo col piano e forte‹ gebaut (41). Viele Jahre später machte sich Domenico, ob er nun Zeuge der ersten Experimente Cristoforis gewesen war oder nicht, mit deren Resultaten vertraut. Die Gönnerin seines späteren Lebens, Königin

36 Dies trifft zum mindesten auf Alessandro zu. (Claudio Sartori in: Alessandro Scarlatti, Primo e Secondo Libro di Toccate, Seite 136).

37 Streatfeild, Seite 28.

38 Parma, Biblioteca Palatina, Sezione Musicale. Quellenangaben für alle handschriftlichen und gedruckten Kompositionen Domenico Scarlattis finden sich in den Anhängen V und VI.

39 Conti, Seiten 102, 104.

40 Casaglia, Seiten 4–5.

41 Harding, The Piano-Forte, zit. Scipione Maffei in: Giornale dei Letterati d'Italia, Bd. V, Seite 144.

Der Nestling

Abb. 3 Italienisches Cembalo (New York, Metropolitan Museum of Art)

Maria Barbara von Spanien, besaß fünf Florentiner Pianofortes, eines davon war das Werk des Cristofori-Schülers Ferrini und stammte aus dem Jahr 1731 (42).

Bahnbrechend im Sinne seiner Pianos waren Cristoforis Cembali keineswegs. Sie bestanden, wie es seit Jahrhunderten üblich war, aus Zypressenholz und besaßen zwei oder drei Register und meist nur ein Manual mit Tasten aus Buchsbaum, manchmal mit Elfenbein verziert. Diese leichtgebauten und deckellosen Cembali wurden meistens in Schutzkästen gesetzt, die mit gemalter und vergoldeter *gesso*-Modellierung reichlich ausgeschmückt waren. Ihr volltönender drahtiger Klang hatte weder die Zartheit mancher französisch-flämischen Ruckers noch die sanfte Weichheit der englischen Kirkmans und Tschudis.

Alessandros Hoffnung auf eine Lebensstellung bei Fürst Ferdinando erfüllte sich nicht. Obschon er bis zum Jahr 1706 alljährlich eine Oper für das Theater in Pratolino schrieb und während dieser ganzen Zeit mit dem Fürsten einen regen Briefwechsel unterhielt, in dem detaillierte Regieanweisungen für die einzelnen Aufführungen mit bombastischen Schmeicheleien abwechseln, gelang es Alessandro nicht, eine offizielle Anstellung zu bekommen (43).

Angesichts des ungewissen Ausgangs der spanisch-österreichischen Auseinandersetzungen um Neapel scheint Alessandro wenig Neigung verspürt zu haben, dorthin zurückzukehren, denn er überschritt seinen auf vier Monate begrenzten Urlaub und nahm schließlich am 31. Dezember 1703 (44) in Rom eine offensichtlich untergeordnete Stellung als Vizekapellmeister unter dem *maestro di cappella* zu Santa Maria Maggiore, Antonio Foggia, an. Am 25. Oktober 1704 wurde sein Posten in Neapel für vakant erklärt (45).

Was Domenico angeht, so kümmerte er sich nicht um die wachsende Unsicherheit in Neapel und scheint noch vor Ablauf seines Urlaubs, also etwa im November 1702, dorthin zurückgekehrt zu sein. Im Jahre darauf wurden dort im königlichen Palast anläßlich der Feier des zwanzigsten Geburtstages Philipps V. von Spanien am 19. Dezember 1703 seine beiden ersten Opern *Ottavia Restituita al Trono* und *Il Giustino* aufgeführt (46). Die Libretti beider Opern stammten von Abbate Giulio Convò. *Il Giustino* war die Bearbeitung eines Schauspiels von Beregani, das mit der Musik von Legrenzi 1683 in Venedig und 1684 in Neapel bereits aufgeführt worden war (47). Domenico übernahm acht Arien von Legrenzi und komponierte im übrigen die Oper neu.

Von der Aufführung der *Ottavia* ist nur wenig bekannt, aber die des *Giustino* wurde von der Familie Scarlatti beinahe allein bestritten. Zwei,

42 Siehe Kapitel IX.

43 Dent, Kap. III und IV.

44 Dent, Seite 72, aus dem Archiv von St. Maria Maggiore.

45 Dent, Seite 73, aus Neapel, R. Archivio di Stato, Mandati dei Vicerè. Bd. 319, fol. 20.

46 Sonst nicht belegbare Nachrichten über Opern und Opernaufführungen sind handschriftlichen und gedruckten Noten oder Librettierstdrucken entnommen. Angaben zu diesen Quellen in Anhang VI.

47 Bereganis Drama wurde später von Albinoni (Bologna 1711), Vivaldi (Rom 1724) und mit Abänderungen von Händel (London 1736) vertont. Wolff, Die venezianische Oper, Seite 84.

vielleicht sogar drei von Domenicos Onkeln wirkten mit (48): Tommaso Scarlatti sang die Partie des Amantio, und Nicola Barbapiccola, Anna Maria Scarlattis Gatte, fungierte als Impresario. (Die Veranstaltung wurde allerdings vom Tod Anna Maria Scarlattis überschattet, der fünf Tage zuvor eingetreten war.) Ein gewisser Giuseppe Scarlatti, höchstwahrscheinlich ein Onkel Domenicos (wenn es auch bei dieser begabten Familie durchaus möglich ist, daß es sich um Domenicos vierzehnjährigen Bruder handelte), hatte die Dekorationen entworfen und die technische Leitung der Aufführung übernommen. So hauste also der junge Adler noch immer im Horst der Familie.

Die uns erhaltenen Arien beider Opern verraten noch wenig eigenen Stil und kranken in Rhythmik und melodischer Struktur an phantasieloser Regelmäßigkeit. Domenicos eher trockene Musik paßt kaum zu der grandiosen Eingangsszene der *Ottavia*, in der Nero und Poppäa Zeugen sind, wie die Statue der Ottavia auf dem römischen Kapitol zerstört und durch die der Poppäa ersetzt wird. Seine Komposition bedient sich konventioneller Mittel: majestätisch punktierte Rhythmen ›alla Francese‹, Tutti der Streicher im Unisono mit den Bässen, Duette für Sopran und Alt in vielen Terzengängen und die übliche tragische Empörungsarie für Sopran mit tremolierenden Streichern. Aber ein paar typische Intervallsprünge und rudimentäre Orgelpunkte in den Mittelstimmen deuten doch schon auf den Stil seiner späteren Opern hin.

Die Libretti dieser Opern sind nicht weniger konventionell als ihre Musik. Liest man die vergilbten Seiten der wenigen noch erhaltenen Exemplare, die der Sitte des 18. Jahrhunderts gemäß zusammen mit Kerzen an die Opernbesucher verkauft wurden, damit diese das Werk während der Vorstellung nachlesen konnten, dann kann man sich eines Lächelns nicht erwehren, und man muß unwillkürlich an die Kommentare Benedetto Marcellos zu diesen literarischen Machwerken denken. Häufig kaum substanzieller als ihre Bühnendekorationen, sind diese Texte durchaus als Vorfahren heutiger Filmdrehbücher anzusehen. Konventionell wie die Vorbemerkungen zur *Ottavia* waren auch die Entschuldigungen des Librettisten wegen Eile und Zeitmangel bei der Verfertigung seines Buches. Marcello gibt in seinem *Teatro alla Moda* zu bedenken, daß ›es für den modernen Dichter durchaus nützlich sei, den Leser wissen zu lassen, daß er die Oper in jüngeren Jahren geschrieben habe, und wenn er noch hinzufügen kann, daß er sie in nur wenig Tagen verfaßt habe (während er vielleicht jahrelang über ihr gebrütet hat), so entspricht das durchaus den Gepflogenheiten eines wirklich Modernen…‹ (49). Auf diese Redensarten folgte gewöhnlich, und so auch bei der *Ottavia,* die nicht immer

48 Sartori, Gli Scarlatti a Napoli, Seiten 374–379.

49 Marcello, Seite 7.

überzeugende Versicherung des Textdichters, daß er bei aller dichterischen Freiheit seines Stoffes persönlich stets nach den Regeln der christlichen Moral lebe.

Marcello bedenkt die Art der Widmung, welche die *Ottavia* einleitet, mit besonderem Spott. (Sie ist an ›Signora D. Catarina de Moscosa, Ossorio, Urtado de Mendoza, Sandoval y Rocas, Contessa di San Stefano de Gormas etc.‹ gerichtet.) Er meint, der Dichter, der ›sein Libretto einer hervorragenden Persönlichkeit widmet, müsse darauf bedacht sein, daß diese (sie oder er – Marcellos Pronomen läßt diese Frage offen) eher reich als gebildet sei und ein gutes Drittel der Dedikation mit irgend einem tüchtigen Vermittler zu teilen habe, sei es nun der Koch oder der Haushofmeister der oder des Betreffenden. Vor allem suche er alle verfügbaren Titel zusammen, um den Namen auf dem Widmungsblatt auszuschmücken, und verlängere diese Liste noch durch unendlich viele Etceteras. Er soll dann die Familie bis hinauf zu den Vorfahren lobpreisen und mit Worten wie Großmütigkeit, Größe, Edelmut auf keinen Fall sparen. Und wenn er keinen Grund findet, die Person selbst zu rühmen (was häufig der Fall ist), dann wird er erklären, daß ihm zwar die Bescheidenheit den Mund versiegle, daß aber die Fama mit ihren hundert schmetternden Posaunen den unsterblichen Namen von einem Pol zum andern trüge. Schließlich wird er damit enden, daß er zum Zeichen seiner tiefen Verehrung die Flohsprünge auf den Pfoten der Hunde Ihrer Excellenz küsse‹ (50). Gönnerschaft war und ist schließlich nicht unbedingt immer durch Aufrichtigkeit zu gewinnen.

50 Marcello, ebend.

Im Jahre 1704 überarbeitete Domenico die *Irene* des Pollaroli. Er schrieb 33 der insgesamt 55 Arien und ein Duett neu. Auch bei der Aufführung dieser Oper waren wieder seine Verwandten beteiligt – Tommaso Scarlatti in der Rolle des Hali und Nicola Barbapiccola als Impresario. Im großen und ganzen wirken Domenicos Arien gewollt und einfallslos, wenn auch ein paar von ihnen interessante Züge aufweisen. Da gibt es zum Beispiel eine außerordentlich lebendige Tenorarie ›Voler cedere il suo bene‹, eine Sopranarie, ›Chi tanto l'alma brama‹ mit obligatem Cello und eine weitere ›Vo' dividere il mio affetto‹, deren Violin- und Baßstimmen den Vermerk ›alla Francese‹ tragen. Wieder eine andere, ›Per gli caro m'è ogni duol‹, ist in der Baßstimme mit der Bezeichnung ›Violoncello e Leuto soli‹ versehen, und die Arie ›Dimmi se avra mai fin‹ fällt auf durch Tempowechsel von einem schwermütigen Adagio zu einem furiosen Presto. Eine merkwürdige Ähnlichkeit mit Bachs ›Ich hatte viel Bekümmernis‹ zeigt die Arie ›Si viva si muora‹, und eine andere, ›Perchè sprezzar‹, verwendet den gleichen Rhythmus wie das Thema einer Bachschen Orgelfuge in G-dur (51).

51 J. S. Bach, Werke, XV, Seite 172.

Der Nestling

1704, im Entstehungsjahr der frühesten datierten Komposition Bachs, waren er, Händel und Scarlatti, die alle im gleichen Jahr geboren sind, stilistisch einander noch sehr nahe, zumindest in ihren Vokalwerken. Den eigenen Weg hat jeder von ihnen erst später gefunden.

Eine Stelle, die Domenico in *Irene* vertont hat, legt trotz ihrer Banalität die Frage nahe, ob ihr Inhalt für den jungen Domenico nicht schon besondere Bedeutung gewonnen hatte.

>Ogni amante hà un bel momento
Se nol coglie è per sua colpa.‹
(Jedem Liebenden wird ein günstiger Augenblick,
der nutzlos nur durch seine Schuld verstreicht.)

Hatte der junge Domenico diese Erfahrung bereits gemacht? Wir haben keine Möglichkeit, dies nachzuprüfen. Domenicos innigste Empfindungen, soweit sie sich nicht in der Musik offenbarten, bleiben uns sein ganzes Leben lang verborgen. Es haben sich weder Briefe noch Anekdoten erhalten, die uns mehr als einen schwachen Widerschein seiner Persönlichkeit vermitteln könnten, und seine Jugend- und Mannesjahre ziehen in seltsam geheimnisvoller Anonymität an uns vorüber. Von Domenicos Abenteuern, Neigungen und Verstrickungen während der 42 Jahre vor seiner Ehe wissen wir gar nichts.

Von Rom aus verfolgte unterdessen Alessandro Scarlatti die Lage in Neapel mit Pessimismus. Die Protektion der spanischen Vizekönige, angesichts der Möglichkeit, daß sie durch eine österreichische Herrschaft abgelöst werden könnten, war höchst fragwürdig. Hatte Alessandro gehofft, Domenico könne trotz seiner Jugend seine eigene Stelle übernehmen, falls er selber den Posten eines vizeköniglichen Kapellmeisters aufgäbe, so mußte er diese Hoffnung begraben, als Gaetano Veneziano am 25. Oktober 1704 auf diesen Posten berufen wurde (52). Von da an tat Alessandro sein Möglichstes, seine Söhne anderswo unterzubringen. Im Februar 1705 gelang es ihm, seinen ältesten Sohn Pietro durch den Kardinal Albani zum Kapellmeister an der Kathedrale von Urbino ernennen zu lassen (53). Im Frühjahr, seine väterlichen Rechte mit allem Nachdruck ausübend, holte ihn Alessandro aus Neapel und schickte ihn in Begleitung des berühmten Kastraten Nicolo Grimaldi, dem erfolgreichsten Interpreten vieler Hauptrollen in Alessandros Werk, nach Venedig. Domenico, der sein 20. Lebensjahr noch nicht erreicht hatte, sollte später nur als Besucher nach Neapel zurückkehren (54). Seine musikalische Zukunft lag in der Ferne.

52 Dent, Seite 116, aus Neapel, R. Archivio di Stato, Mandati dei Vicerè, Bd. 319, fol. 20.

53 Ligi, Seiten 133–134.

54 Cristoforo Caresana trat vorübergehend an Domenico Scarlattis Stelle, als dieser die Erlaubnis erhalten hatte, Neapel im Jahr 1705 zu verlassen. (Giacomo, Il Conservatorio de Sant'Onofrio, Seite 145).

II. Der junge Adler

Alessandros Brief – Venedig – Musik und Maskenfeste – Die Konservatorien Gasparini – Die Venezianische Oper – Erster Bericht über Domenicos Cembalospiel – Roseingrave – Freundschaft mit Händel

Alessandro schickte seinen Sohn über Florenz nach Venedig und gab ihm einen Brief an Ferdinando de'Medici mit.
›Königliche Hoheit‹, schrieb er, ›mein Sohn Domenico legt sich und mein Herz in Anbetracht der tiefen Verehrung und des ergebensten Gehorsams, die wir Euch schulden, demütig zu Euern Füßen. Ich habe ihn mit Gewalt aus Neapel entfernt, das zwar seinem Talent Raum gegeben hätte, nicht aber der Platz für sein Talent gewesen wäre. Ebenso zwinge ich ihn, Rom zu verlassen, wo die Musik kein Obdach hat und ein Bettlerdasein führen muß. Mein Sohn ist ein Adler, dem die Schwingen gewachsen sind. Er darf nicht müßig im Nest verbleiben, und ich darf ihn nicht am Fliegen hindern.
Da der Virtuose Nicolino von Neapel auf seinem Weg nach Venedig hier durchreist, gedachte ich, Domenico mit ihm, und nur mit seiner eigenen Begabung ausgerüstet, zu schicken. Er hat große Fortschritte gemacht, seit er mit mir zusammen vor drei Jahren die Ehre genießen durfte, Eurer Hoheit persönlich dienen zu können. Einem Wanderer gleich macht er sich auf den Weg und sucht nach einer günstigen Gelegenheit, bekannt zu werden, eine Hoffnung, die heute in Rom eitel wäre. Ich möchte, daß er, ehe er auf seiner Suche nach dem Glück weiterreist, sich zu Füßen Eurer Königlichen Hoheit zeige, um die hohen und zutiefst verehrten Befehle seines und meines großen und erhabenen Herrn, unseres allergnädigsten Beschützers und Wohltäters, entgegenzunehmen und auszuführen. Es gereicht ihm wie mir zum Ruhm, zur Ehre und zum Vorteil, wenn die Welt erfährt, daß wir die untertänigsten Diener Eurer Königlichen Hoheit sind. Dieser Gedanke tröstet mein Gemüt und läßt mich auf einen glücklichen Ausgang der Pilgerfahrt meines Sohnes hoffen. Nachdem ich ihn der Vorsehung und dem göttlichen Schutz, diesen Quellen alles Guten, anvertraut habe, unterbreite ich alsobald meine untertänigste Bitte um das hohe und großmächtige Wohlwollen Eurer Königlichen Hoheit, vor der ich mich als ein bescheidener Diener in tiefster Ehrfurcht und Gehorsamkeit mein Leben lang verneige. Eurer Königlichen Hoheit untertänigster, ergebenster und zu tiefstem Dank verpflichteter Diener Alessandro Scarlatti.   Rom, den 30. Mai 1705.‹ (1)

1 Florenz, Archivio Mediceo, Filza 5891, Nr. 502, Faksimile-Reproduktion in: Accademia Musicale Chigiana, Gli Scarlatti, Seiten 51–52.

Alessandros Brief an Fürst Ferdinando spricht es aus, wie wenig Möglichkeiten für eine wirksame Protektion er für seinen Sohn in Rom sah, wo es ihm selber nicht behagte. Das öffentliche Theater, schon lange Gegenstand der Verfolgungen durch den Papst, war zu dieser Zeit fast vollständig unterdrückt (2). Mit Ausnahme der für Pratolino geschaffenen Opern hatte sich Alessandro in Rom weitgehend auf Kirchen- und Kammermusik beschränken müssen, und er hielt offensichtlich mehr von weltlicher als von geistlicher Protektion. Aus diesem Grund strebte er eine Anstellung beim Fürsten an, und zwar nicht nur für sich selber, sondern auch für Domenico. Und selbst wenn sich diese Hoffnung nicht erfüllen sollte – wie es dann auch tatsächlich der Fall war –, hielt Alessandro Venedig für den rechten Ort, an dem der junge Adler seine Schwingen entfalten konnte. Mit seinen zahlreichen Opernhäusern, seiner uneingeschränkten musikalischen Aktivität und seiner Extravaganz bot es dafür von allen Städten Italiens den weitesten Spielraum.

Als Domenico und Nicolino nach Venedig kamen, sahen sie es so, wie es auch heute noch ist: einen Festplatz Europas. Seit jenen Tagen hat es sich kaum sehr verändert. Sein Licht, die Farben seiner Kirchen und Paläste und das bunte Treiben auf den Kanälen – trotz der störenden Dampfer und Motorboote – sind annähernd gleichgeblieben. Aber damals war seine Szenerie, die uns heute so unwirklich anmutet, von einer Bevölkerung belebt, deren bunte Tracht mit den Farben und der Vielgestaltigkeit der Stadt vollkommen übereinstimmte. Es war die Zeit, in der sich der Höhe- und Endpunkt venezianischer Prachtentfaltung und Lebenslust gerade vorbereitete; die Welt der Canaletto, Guardi und Longhi, der Casanova und Goldoni war im Entstehen. Die Piazza San Marco war für Reisende und Einheimische aller Stände wie ein gewaltiger Salon, vor dem sich der Canale Grande und die Lagune als Park- und Gartenanlagen dehnten, während die Gassen der Stadt die Hintertreppe bildeten.

Ein einziges Mal habe ich die Wiedergeburt dieser Welt erlebt, der wir sonst nur noch in den venezianischen Bildern des 18. Jahrhunderts begegnen. Es war anläßlich der Aufführung einer Goldoni-Komödie auf einem der öffentlichen Plätze. Die gemalten Kulissen hoben sich von der wirklichen Stadt kaum deutlicher ab als der venezianische Dialekt der Darsteller von dem Geschnatter der Bevölkerung.

Und als alles zu Ende war, schlenderten die Besucherinnen im Abendkleid durch die engen Gassen und erweckten sie mit ihren schillernden Seiden und Brokaten zu seltsamem Leben. Es fehlten lediglich die Masken (die heute in Venedig durch ihre Nachfahren, die Sonnenbrillen, nur unvollkommen

2 Ademollo, Seiten 195, 207; Dent, Seite 75.

ersetzt werden), und die Herrenbekleidung hätte heller und bunter aussehen sollen als die modernen Abendanzüge.

Zu Domenicos Zeit haben Besucher immer wieder festgestellt, daß ›Maskeraden hier mehr in Mode sind als anderswo. Die Leute tragen Masken, um spazieren zu gehen oder um Bälle und Theater zu besuchen, und das ist das Hauptvergnügen der vornehmen und der niederen Stände. So manches Abenteuer spinnt sich unter der Maske an, und man kann gelegentlich eine Bekanntschaft machen, die vielleicht ohne diese Verkleidung niemals zustande gekommen wäre...‹ (3).

Über Domenicos Abenteuer schweigt die Geschichte.

Die Venezianer badeten förmlich in Musik, angefangen von den gepflegten *Accademie* der Adligen und Reichen bis zu den Volksliedern der Gondolieri und den Wechselgesängen der Fischer auf Texte von Tasso und Ariost (4). Im Jahre 1705 spielten neben den zahlreichen anderen Theatern wenigstens vier Opernhäuser (5), und über die vielen Aufführungen in Theatern und Kirchen, Klöstern und Palästen hinaus erklang in Venedig Musik zu allen Tageszeiten auf Kanälen, Plätzen und in den Gassen.

Ein Reisender, der Venedig einige Jahre zuvor besucht hatte, erzählt von den ›außerordentlich schönen Konzerten, welche die Kavaliere der Stadt in Booten als Ständchen für die Damen und Nonnen darbringen, die an derlei Ergötzlichkeiten viel Gefallen finden ... Die nächtliche Freiheit und die linde Luft verleitet beide Geschlechter dazu, den Abend en déshabillé auf dem Wasser zu verbringen; dabei vermeidet es jeder, erkannt zu werden, und so herrscht eine tiefe Stille in dieser großen Gesellschaft, welche schweigend und ganz der Musik hingegeben die herrliche Frische der kühlen Brise genießt‹ (6).

Baron Pöllnitz schreibt, daß ›nur wenige Nationen die Äußerlichkeiten der Religion besser beachten als die Italiener im allgemeinen und die Venezianer im besonderen, von denen man doch sagen kann, daß sie die eine Hälfte ihres Lebens benutzen, um zu sündigen, und die andere, um Gott dafür um Vergebung zu bitten‹ (7).

Das religiöse Leben war in Venedig mit Musik reich verbunden, besonders in den Klosterkirchen, die mit den Konservatorien oder *Ospedali* verbunden waren. (Es ist sehr bezeichnend, daß die Opernhäuser Venedigs die Namen der Heiligen jener Pfarreien trugen, in denen sie lagen (8).) Unter den venezianischen Kirchen, die ›mehr zum Ohrenschmaus als aus wahrer Frömmigkeit besucht werden‹, stellt Pöllnitz die Kirche *la Pietà* an erste Stelle, ›die den Nonnen gehört, die keinen anderen Vater kennen als die Liebe‹, und die Burney nüchterner ›eine Art Findelheim für uneheliche

3 Pöllnitz, Bd. I, Seite 411.

4 Goethe, Italienische Reise, Bd. I, Seiten 82-83 (7. Oktober 1786); Baretti, An Account of the Manners and Customs of Italy, Bd. II, Seiten 153-154, enthält eine Anmerkung von Giardini über die Lieder der Fischer; Burney, A General History of Music, Bd. II, Seiten 452-453 eine Bemerkung von Tartini.

5 Wiel, Seiten 8-11.

6 Limojon de St. Didier, Erster Teil, Seiten 71-72.

7 Pöllnitz, Bd. I, Seite 411.

8 Goethe, Italienische Reise, Bd. I, Seite 73 (3. Oktober 1786).

Der junge Adler 35

Abb. 4 Antonio Vivaldi, Federzeichnung von Pier Leone Ghezzi
(Rom, Biblioteca Vaticana; Codici Ottoboniani latini 3114, fol. 26)

Kinder unter dem Patronat einiger Adliger, Bürger und Kaufherren‹ nennt, ›welche einen jährlichen Beitrag zu dessen Unterhalt leisten, obgleich die Einkünfte des Hauses beträchtlich sind‹ (9). Pöllnitz schreibt: ›Der Zulauf des Volks zu dieser Kirche ist an Sonn- und Feiertagen außerordentlich groß. Hier treffen sich alle Kokotten Venedigs, und wem der Sinn nach Liebesabenteuern steht, kann hier mit Herz und Hand bei der Sache sein‹ (10). Diese Feststellung findet an einigen Stellen der Memoiren Casanovas eine ausführliche Ergänzung (11).

In heller Begeisterung für die Mädchen der *Pietà*, und nicht ganz ohne Zweideutigkeit, ruft der Präsident de Brosses aus: ›Sie singen wie Engel und spielen Violine, Flöte, Orgel, Oboe, Violoncello und Fagott, kurz, kein Instrument ist so groß, daß es ihnen Angst einflößen könnte ... Ich schwöre Ihnen, es gibt nichts Hübscheres als eine junge, niedliche Nonne, die in ihren weißen Gewändern, ein Sträußchen Granatblüten hinter dem Ohr, das Orchester dirigiert und mit aller denkbaren Anmut und Genauigkeit den Takt schlägt‹ (12). Einige Jahre später beschreibt William Beckford die Musik in der *Pietà* mit übertriebener Ironie: ›Der Anblick dieses Orchesters erweckt mir heute noch ein Lächeln. Sie wissen vermutlich, daß es sich nur aus weiblichen Mitgliedern zusammensetzt und daß es nichts Gewöhnlicheres gibt als eine zarte weiße Hand, die über einen ungeheuren Kontrabaß gleitet, oder ein paar geblähte rosige Backen, die mit aller Kraft in ein Waldhorn blasen. Einige, die schon betagter und amazonenhafter geworden sind und auf Fiedeln und Liebhaber verzichtet haben, machen sich mit aller Gewalt über die Pauken her; und eine arme, hinkende Dame, die Unglück in der Liebe gehabt hat, macht jetzt eine bewundernswerte Figur am Fagott‹ (13).

Antonio Vivaldi wirkte lange Zeit an der *Pietà* (14), und es ist anzunehmen, daß Domenico in jenen Jahren, kurz bevor Bach Vivaldis Konzerte umarbeitete, die *Pietà* häufig besucht hat, um Vivaldi dort zu hören. Vivaldis Einfluß auf Bachs Musik ist ungleich bedeutender, aber in einigen frühen Scarlatti-Sonaten zeigen sich doch Anklänge an dessen Konzerte (siehe zum Beispiel Sonate Nr. 37).

Der eigentliche Grund jedoch für Domenicos häufige Besuche in der *Pietà* könnte wohl die Anwesenheit des dortigen Kapellmeisters Francesco Gasparini (15) gewesen sein, der damals auf der Höhe seines Ruhmes stand und ausserdem ein Freund und Kollege seines Vaters war. Im Jahre 1705 wurden in Venedig nicht weniger als fünf seiner Opern im Teatro San Cassiano aufgeführt (16). Eine davon war der *Ambleto* von Zeno und Pariati, den Domenico später selber noch einmal in Musik gesetzt hat. Im Jahre 1668 in Cama-

9 Pöllnitz, Bd. I, Seiten 414-415; Burney, The Present State of Music in France and Italy, Seite 139.

10 Pöllnitz, Bd. I, Seiten 414-415.

11 Casanova, Mémoires (ed. Garnier), Bde. II und III.

12 De Brosses, Bd. I, Seite 238.

13 Beckford, The Travel-Diaries, Bd. I, Seiten 108-109.

14 Pincherle, Antonio Vivaldi, Bd. I, Seiten 17-27.

15 Celani, Il primo amore di Pietro Metastasio, Seite 243.

16 Wiel, Seiten 8-10.

Abb. 5   Francesco Gasparini, Federzeichnung von Pier Leone Ghezzi
(Rom, Biblioteka Vaticana; Codici Ottoboniani latini 3113, fol. 8)

jore bei Lucca geboren, hatte Gasparini in Rom bei Corelli und Pasquini studiert und war schon früh Alessandro Scarlattis Freund geworden (17). Dr. Burney berichtet:

›Als Scarlatti in Neapel wohnte, hatte er eine derart hohe Meinung von Francesco Gasparini, der damals in Rom großes Ansehen als Komponist und Cembalo-Lehrer genoß, daß er ihm seinen jugendlichen Sohn Domenico als Schüler anvertraute, damit er bei ihm in Rom studiere. Dieser Beweis seines Vertrauens in Gasparinis Rechtschaffenheit und Können ist Anlaß zu einem einzigartigen Briefwechsel zwischen den beiden großen Musikern geworden. Gasparini komponierte eine Kantate in einem eigenartigen und kunstvollen Stil, welche der Beachtung eines so bedeutenden Meisters würdig war, und machte sie Scarlatti zum Geschenk ...
Diesem musikalischen Brief fügte Scarlatti nicht nur eine Arie bei ... sondern er beantwortete ihn auch mit einer anderen Kantate auf den gleichen Text in einem noch subtileren und kunstvolleren Stil ... Diese Antwort hatte wieder eine Antwort Gasparinis zur Folge, in welcher die Modulationen des Rezitativs äußerst gelehrt, ja abstrus sind.
Scheinbar wollte Scarlatti das letzte Wort in dieser Kantaten-Korrespondenz behalten, denn er schickte eine zweite Komposition auf wieder den gleichen Text, in welcher die Modulationen das Sonderbarste und die Notation das Vieldeutigste und Sonderbarste sind, was vielleicht jemals zu Papier gebracht worden ist‹ (18).

(Burney hat hier offenbar die Fakten ohne Rücksicht auf die Daten zusammengeschoben. Tatsächlich hat dieser Kantaten-Tausch erst viel später, nämlich im Jahre 1712 (19) stattgefunden. Falls Alessandro seinen Sohn nicht schon vor 1701 nach Rom geschickt hat, kann die innige Verbindung mit Gasparini erst zustande gekommen sein, als beide zusammen in Venedig waren.)

Mit seinen zwanzig Jahren hatte Domenico wahrscheinlich schon lange keine musikalische Unterweisung mehr nötig gehabt. Man darf annehmen, daß er Gasparini seine Kompositionen zur Beurteilung vorgelegt und eine Art Lehrzeit in Bühnen- und Kirchenmusik bei ihm absolviert hat, durch die er die von seinem Vater übernommenen Kenntnisse erweitert und vertieft hat.

Einer von Gasparinis Schülern der späteren Jahre war Johann Joachim Quantz, der Flötist und Lehrer Friedrichs des Großen. In seiner Autobiographie gedenkt Quantz dankbar dieses ›liebenswerten und redlichen Mannes‹ und des Unterrichts, den er während der sechs Monate seines römischen Aufenthalts im Jahre 1724 bei ihm genossen hat (20). Auch erinnert er sich

17 Celani, Il primo amore di Pietro Metastasio, Seite 243.

18 Burney, A General History of Music, Bd. II, Seite 635.

19 Dent, Seite 140 ff.

20 Marpurg, Historisch-kritische Beiträge, Bd. I, Seiten 223–225.

Der junge Adler

der Großzügigkeit, mit der Gasparini ihm angeboten hatte, alle seine Kompositionen zu prüfen und zu beurteilen, ohne jemals etwas dafür von ihm zu verlangen. ›Ein ungewöhnliches Verhalten bei einem Italiener!‹ sagt er darüber. Zum Schülerkreis Gasparinis in Venedig zählten auch Benedetto Marcello und die große Sängerin Faustina Bordoni, die später Hasses Frau geworden ist (21). Metastasio, der beinahe Gasparinis Tochter geheiratet hätte (22), hat ihm 1719 ein hübsches Sonett gewidmet. Auch in späteren Jahren noch hat Domenico Scarlatti zweifellos die Freundschaft mit seinem alten Lehrer gepflegt.

Als Domenico sich in Venedig aufhielt, arbeitete Gasparini gerade an einem kleinen Handbuch des Generalbaßspiels, *L'Armonico Pratico al Cimbalo*. Es erschien im Jahre 1708, erreichte mehrere Auflagen und galt ein halbes Jahrhundert lang als Musterbeispiel pädagogischer Klarheit. Möglicherweise hat Domenico diese Arbeit mit Gasparini durchgesprochen oder ihm sogar bei der Drucklegung geholfen. Gewisse Einzelheiten dieser Schrift, die freilich für die zeitgenössische italienische Musik kaum etwas Neues boten, erinnern doch an Domenico. Es werden darin z. B. verschiedene Freiheiten bei der Auflösung von Dissonanzen, Cembaloverdoppelungen und verminderte Septimen erwähnt, wie sie ›von modernen Komponisten häufig gebraucht werden‹. Aber besonders das Kapitel über die *Acciaccature*, das in späteren Traktaten vielfach nachgeschrieben worden ist, weist uns auf eine der auffallendsten Eigenheiten der späteren Cembalomusik Domenicos hin.

In der Einleitung zu seiner Schrift zählt Gasparini die Forderungen auf, die er an einen brauchbaren Organisten stellt: ›Es trifft durchaus zu, daß es für denjenigen, welcher ein echter und praktisch erfahrener Organist werden will, nötig ist, die Grundelemente genau zu studieren, und besonders die Toccaten, Fugen, Ricercari etc. von Frescobaldi und von anderen hervorragenden Musikern. Daß man Unterricht bei einem trefflichen und erfahrenen Lehrer nehmen muß, und schließlich, daß man zum Begleiten nicht nur alle Regeln des Kontrapunkts beherrscht, sondern auch guten Geschmack, Natürlichkeit und Freiheit (*franchezza*) besitzen muß, um die Art einer Komposition sofort zu erfassen und um neben dem Konzertieren einen Sänger mit Genauigkeit (*aggiustatezza*) und Zurückhaltung begleiten und ihn anregen, stützen und ihm entgegenkommen zu können, statt ihn in Verwirrung zu bringen.‹

Wir können uns vorstellen, daß Domenico Scarlatti zu all diesem ehrfürchtig ›Amen‹ gesagt hat. Die Erwähnung Frescobaldis ist dabei besonders interessant für uns. Trotz der Verschiedenheit ihrer Stilarten darf man näm-

21 Celani, Il primo amore di Pietro Metastasio, Seite 243.
22 Ebenda, Seite 246.

lich Frescobaldi in mancher Hinsicht als einen geistigen Vorfahren Scarlattis betrachten. Beide respektierten den alten Kontrapunkt, beide experimentierten unermüdlich mit der Chromatik und neuen harmonischen Beziehungen, beide besaßen eine Leidenschaft für bizarre Deklamation, die aber durch einen unfehlbaren Sinn für ausgeglichene Form gemäßigt wurde.

Im Herbst des Jahres 1705 trat Domenicos berühmter Reisegefährte Nicolo Grimaldi in Gasparinis Oper *Antioco* auf (23). Dank seiner freundschaftlichen Beziehungen zu Gasparini und Nicolino wird Domenico wahrscheinlich Gelegenheit gehabt haben, die Proben zu besuchen und dabei Nicolinos vielgerühmte Darstellungskunst zu bewundern. Drei Jahre später schrieb Sir Richard Steele im *Tatler* über sein erstes Auftreten in England und nannte ihn ›einen Darsteller, der durch die Anmut und den Anstand seines Spiels und seiner Gesten das Bild des Menschen verherrlichte … der eine Opernfigur durch sein Spiel ebenso eindringlich gestaltet wie einen Text durch seine Stimme. Jedes Glied, jeder Finger paßt sich seiner Rolle so an, daß sogar ein Tauber ihren Sinn erfassen könnte. Es gibt kaum eine schöne Pose alter Statuen, die er nicht einzusetzen wüßte, wenn die wechselnden Umstände der Handlung ihm Gelegenheit dazu bieten. Selbst die unscheinbarste Handlung führt er in einer Weise aus, welche der Größe des dargestellten Charakters angemessen ist, und er bleibt souverän, selbst wenn er nur einen Brief übergibt oder einen Boten abfertigt‹ (24).

Ganz im Gegensatz zu Sir Richard Steeles Bericht über Nicolinos Würde steht das, was Limojon de St. Didier über das venezianische Publikum schreibt, vor dem Nicolino auftrat. Was uns als übertrieben erscheint, wird auch von anderen Zeitgenossen bestätigt; und wer die Gewohnheiten des heutigen italienischen Opernpublikums kennt, wird dem des 18. Jahrhunderts jedes Maß von Extravaganz zutrauen.

›Wer Opernmusik komponiert, ist doch ohne Zweifel immer bestrebt, den Auftritt der Hauptdarsteller mit einer Arie abzuschließen, welche bezaubert und erhebt, so daß diesen der Beifall der Zuhörer gewiß ist, der so sehr ihren Erwartungen entspricht, daß man nichts mehr hört als tausend Benissimo-Rufe. Aber besonders auffallend sind die freundlichen Segenswünsche und albernen Sprüche, welche die Gondolieri im Stehparkett den Sängerinnen zurufen: Sia tu benedetta, benedetto il padre che te genero! Dabei hält sich diese Zustimmung nicht immer im Rahmen des Anstandes, denn diese schamlosen Burschen sagen alles heraus, was ihnen einfällt, und sind dabei noch überzeugt, daß die Versammlung eher über sie lacht als sich über sie ärgert.

Einige Herren waren bei dem bezaubernden Gesang dieser Mädchen so

23 Wiel, Seiten 8–9.

24 Zitiert in Burney: A General History of Music, Bd. II, Seite 661–662.

entfesselt und hingerissen, daß sie sich aus den Logen beugten und riefen: Ah cara! mi butto, mi butto, um auf diese Art ihre Verzückung über diese göttlichen Stimmen zum Ausdruck zu bringen... Man zahlt vier Lire am Eingang und zwei weitere für einen Sitz im Parterre, was zusammen drei Schillinge und Sixpence englischer Währung macht, nicht inbegriffen das Opernbuch und die Wachskerze, die jedermann kauft, denn ohne diese würden sogar die Einheimischen kaum etwas vom Gang der Handlung oder dem Inhalt der Oper begreifen...‹

›Und dennoch‹, bemerkt unser Autor, ›geht es in der Oper noch viel gesitteter zu als in der Komödie...‹

›Die jungen Adligen besuchen die Komödie nicht so sehr wegen der Buffonerien der Akteure, sondern vor allem, um dort ihre eigenen lächerlichen Rollen zu spielen. Meist bringen sie Kurtisanen in ihre Logen mit, wo dann ein solches Durcheinander herrscht und es zu so groben Verstößen gegen Anstand und Sitte kommt, die man schließlich in der Öffentlichkeit wahren sollte, daß man es nur glaubt, wenn man es mit eigenen Augen gesehen hat. Zu ihren beliebtesten Späßen gehört es, ins Parkett zu spucken oder sogar Dochtreste und Kerzenstummel hinunter zu werfen, und sobald sie jemanden entdecken, der anständig gekleidet ist oder gar eine Feder am Hut trägt, kann man sicher sein, daß sie ihm ganz besonders zusetzen...‹

›Die Freiheiten, die man sich, dem Beispiel der Adligen folgend, im Parkett leistet, treiben schließlich das Durcheinander auf die Spitze. Besonders die Gondolieri applaudieren gewissen Szenen der Buffos auf die unverschämteste Art, die sonst nirgendwo geduldet würde; auch ergeht sich das ganze Haus nicht selten in derartig wilden Schreien gegen diejenigen Akteure, die nicht das Glück haben, zu gefallen, daß sie abtreten und durch andere ersetzt werden müssen; sie schreien nämlich unausgesetzt *fuora buffoni*...‹ (25).

›Aber‹, so meint Burney, ›um dem Geschmack und der Urteilskraft der Italiener gerecht zu werden, muß man zugeben, daß ihre Bewunderung stets nur dem Außerordentlichen gilt, und ferner, daß sie niemals mit halbem Lob verdammen, sondern ihre Hingerissenheit auf die ihnen eigentümliche Weise kundtun. Sie scheinen geradezu in Lustkrämpfe zu verfallen, bis ihnen alle Sinne schmerzen‹ (26).

Domenico Scarlatti hat sich nur zweimal, etwa zehn Jahre später, in Rom vor das Opernpublikum gewagt. Seine übrigen Aufführungen sind auf private Kreise beschränkt geblieben. Er scheint sich im Alltagsleben still und zurückgezogen verhalten zu haben, immer darauf bedacht, nur kein Aufsehen zu erregen, da wir so wenige zeitgenössische Berichte von ihm haben. Wahrscheinlich hat er sich der Öffentlichkeit nie als Cembalist vor-

25 Limojon de St. Didier, III. Teil, Seiten 63–67.

26 Burney, The Present State of Music in France and Italy, Seite 144.

gestellt, und selbst die brillanten Virtuosenstücke seiner späteren Jahre waren nur für einen intimen Kreis bestimmt. Wir wissen nicht, welche Cembalomusik er während seines Aufenthalts in Venedig komponiert hat, aber sein Spiel muß damals schon aufsehenerregend gewesen sein. Die einzigen etwas ausführlicheren Schilderungen darüber stammen auch aus dieser Zeit. Burney erhielt einen in der Rückschau vielleicht etwas gefärbten Bericht von Thomas Roseingrave, einem exzentrischen irischen Musiker, der später der Hauptinitiator des Scarlatti-Kults wurde, welcher gegen Mitte und Ende des 18. Jahrhunderts in England blühte.

›Der Ire‹, sagt Burney, ›galt als ein junger Mann von ungewöhnlicher Begabung auf seinem Gebiet und wurde vom Kapitel von St. Patrick mit einem Stipendium bedacht, damit er zu seiner weiteren Ausbildung reisen könne…‹ (27).

›Als er auf der Durchreise nach Rom in Venedig Aufenthalt machte, erhielt er, so erzählte er mir selber, als Ausländer und Virtuose die Einladung zu einer academia [sic] im Hause eines Adligen, wo man ihn neben anderen aufforderte, sich ans Cembalo zu setzen und als Probe *della sua virtù* die Gesellschaft mit einer Toccata zu beehren. ›Und‹, sagt er, ›da Herz und Finger in besserer Verfassung waren als sonst, strengte ich mich tüchtig an, mein lieber Freund, und glaubte, nach dem Applaus, den ich bekam, daß mein Vortrag einigen Eindruck auf die Gesellschaft gemacht hatte.‹ Nachdem eine Schülerin Gasparinis eine Kantate gesungen hatte, wobei sie der Meister eigenhändig begleitete, bat man einen ernsten jungen Mann in schwarzer Kleidung und schwarzer Perücke, der während Roseingraves Spiel ruhig und aufmerksam in einer Ecke gestanden hatte, an das Cembalo, und als er zu spielen begann, meinte Rosy, tausend T.....l seien an dem Instrument, denn nie zuvor habe er Passagen so vollendet und wirkungsvoll spielen gehört. Dieses Spiel übertraf sein eigenes und jeden möglichen Grad der Vollkommenheit, den zu erreichen er hoffen konnte, so weit, daß er sich die Finger abgeschnitten hätte, wäre nur ein Werkzeug dazu dagewesen. Auf die Frage nach dem Namen dieses außergewöhnlichen Künstlers erfuhr er, es sei Domenico Scarlatti, der Sohn des gefeierten Cavaliere Alessandro Scarlatti. Roseingrave versicherte, er habe danach einen Monat lang keine Taste mehr angerührt, aber nach diesem Zusammentreffen befreundete er sich eng mit dem jungen Scarlatti, folgte ihm nach Rom und Neapel und wich ihm während seines Aufenthalts in Italien, also bis zum Frieden von Utrecht, kaum von der Seite‹ (28).

Roseingrave vergaß diese Begegnung nie, und er war es auch, der im Jahre 1720 die Inszenierung von Scarlattis Oper *Narciso* im Londoner Haymarket

27 Burney, A General History of Music, Bd. II, Seiten 703-704 Hier sagt Burney: ›Und um das Jahr 1710 reiste er ab nach Italien.‹ Falls Domenico Venedig später nicht noch besucht hat, ist diese Zeitangabe falsch, denn zu dieser Zeit war er bereits in Rom angestellt. Wir besitzen keine genauen Daten für Domenicos Aufenthalt oder Aufenthalte in Venedig zwischen dem 30. Mai 1705, dem Datum des Briefes, den Alessandro seinem Sohn bei der Abreise nach Rom mitgegeben hat, und der Fastenzeit 1709, als Domenico bereits *maestro di cappella* bei der Königin von Polen in Rom war.

28 Im Jahre 1714. Um 1718 scheint Roseingrave den Ruhm seines Freundes schon in England verbreitet zu haben (Walker, Seite 195). Vokalwerke des ›berühmten Domenico Scarlatti‹ wurden in London zusammen mit einer Kantate von Roseingrave am 26. März aufgeführt. (*Daily Courant*, 25. März 1718).

Der junge Adler

Theatre überwachte und englische Editionen der Cembalo-Sonaten veranstaltete.

Nachdem er Organist an der St. Georgskirche am Hanover Square in London geworden war, nahm Roseingrave ein unglückliches Ende. ›Als er wenige Jahre nach seiner Berufung seine Neigung einer Dame von nicht gerade taubengleicher Beständigkeit zugewandt hatte‹, schreibt Burney, ›wies diese ihn in eben dem Augenblick ab, als er sich für immer mit ihr verbunden glaubte. Diese Enttäuschung traf den unglücklichen Liebhaber so tief, daß er in eine wunderliche Geistesverwirrung verfiel. Er pflegte zu sagen, die Grausamkeit der Dame habe ihm buchstäblich das Herz gebrochen, daß er dessen Saiten habe zerspringen hören, als er sein Urteil empfing. Und aus diesem Grund nannte er die Verstörung seines Geistes stets seine crepation nach dem italienischen Wort crepare (zerspringen). Seit diesem Unglück ertrug der arme Roseingrave keinerlei Geräusch mehr, ohne in die größte Erregung zu geraten. Wenn er an der Orgel saß und jemand in seiner Nähe hustete, nieste oder sich kräftig die Nase schneuzte, sprang er sofort von seinem Instrument auf, rannte aus der Kirche, schien von Schmerz und Angst erfaßt und schrie, es sei der Leibhaftige, der ihn quäle und mit seiner crepation sein Spiel treibe.

Um das Jahr 1737 wurde er auf Grund seiner Anfälle in seinem Dienst an der St. Georgskirche durch den jüngst verstorbenen Mr. Keeble abgelöst ... der sich, so lange Roseingrave lebte, mit ihm in sein Gehalt teilte. Ich überredete ihn einmal, eine Orgel bei dem Orgelbauer Byfield anzuspielen, aber seine Nerven waren so zerrüttet, daß er nur wenige von den gelehrten Gedanken ausführen konnte, welche ihm seine geistige Verstörtheit übriggelassen hatte...

Das Instrument, auf dem er in den leidenschaftlichen Phasen seines Lebens so viel geübt hatte, trug recht ungewöhnliche Spuren seines Eifers und seiner Ausdauer: der Elfenbeinbelag vieler Tasten war abgewetzt bis aufs nackte Holz‹ (29).

Die wichtigste Freundschaft jedoch, die Domenico Scarlatti in diesen Jahren schloß, war die mit Händel, dem ›caro Sassone‹, dem die Musikwelt Italiens zu Füßen lag. Bekanntlich waren Händel und Scarlatti gleichaltrig. Händel hatte Gian Gastone, den Bruder Ferdinandos de'Medici, 1703-1704 in Hamburg kennengelernt und war von ihm überredet worden, im Jahre 1706 mit nach Italien zu kommen (30). Mainwaring, Händels erster Biograph, berichtet, daß Händel bei seinem ersten Besuch in Venedig auf einem Maskenfest entdeckt wurde, ›als er, mit der Larve vor dem Gesichte, auf einem Flügel spielte. Scarlatti befand sich von ungefähr neben ihm, und sagte den An-

29 Burney, A General History of Music, Bd. II, Seiten 705–706.

30 Streatfeild, Seiten 24 und 26.

wesenden, es könne dieser Spieler kein andrer seyn, als der berühmte Sachse, oder der Teufel selbst ‹ (31). Mainwarings Anekdote ist eine uralte Legende, die mit vielen bekannten Musikern in Verbindung gebracht wird. Hier sind die Zusammenhänge besonders ungenau. Wenn nämlich diese Begegnung, wie man annehmen darf, in Venedig stattgefunden hat, muß es im Winter 1707/08, wahrscheinlich während des Karnevals gewesen sein (32). In einer anderen Geschichte erwähnt Mainwaring aber ein Zusammentreffen von Scarlatti und Händel, das wahrscheinlich im Frühjahr 1709 stattgefunden hat, als sich beide in Rom aufhielten.

› Als Händel zuerst nach Italien kam, galten dort Alessandro Scarlatti, Gasparini und Lotti als die berühmtesten Meister. Mit dem Erstgenannten wurde er beim Kardinal Ottoboni bekannt. Hier begegnete er auch Domenico Scarlatti, der jetzt in Spanien lebt und der Verfasser der berühmten Cembalostücke ist. Da er ein ausgezeichneter Cembalospieler war, hatte der Kardinal sich vorgenommen, ihn und Händel zu einem Wettstreit zusammenzuführen. Der Verlauf dieser Probe wird unterschiedlich geschildert. Es heißt, einige hätten Scarlatti den Vorzug gegeben. Als die beiden jedoch an die Orgel kamen, konnte nicht der geringste Zweifel mehr bestehen, wem der Preis gebührte. Scarlatti selbst bestätigte die Überlegenheit seines Mitstreiters und räumte freimütig ein, daß er bis zu dem Augenblick, da er Händel habe spielen hören, keine Ahnung von der Gewalt dieses Instrumentes gehabt hätte. Von Händels besonderer Spielweise war er so beeindruckt, daß er ihm durch ganz Italien folgte, und niemals war er so glücklich, als wenn er mit ihm zusammensein konnte.

Händel sprach oft und mit viel Freude von ihm und sicher nicht ohne Grund, denn neben seiner großen künstlerischen Begabung war er von heiterstem Naturell und höflichstem Betragen. Und die beiden [Oboisten] Plas berichteten kürzlich, als sie aus Madrid kamen, Scarlatti habe jedesmal, wenn man ihn für sein vorzügliches Spiel lobte, auf Händel hingewiesen und sich zum Zeichen seiner großen Verehrung bekreuzigt.

Obwohl niemals zwei Musiker zu solcher Vollkommenheit auf ihren Instrumenten gelangten, ist es doch bemerkenswert, daß ihre Spielweisen gänzlich verschieden waren. Die besondere Meisterschaft Scarlattis scheint in einer gewissen Eleganz und Delikatesse des Ausdrucks gelegen zu haben. Händels Brillanz und Fingerbeherrschung waren ungewöhnlich; aber was ihn von allen Spielern mit ähnlichen Eigenschaften unterschied, war die erstaunliche Fülle, Kraft und Energie, die er damit verband ‹ (33).

Wie wir bereits im Zusammenhang mit Domenicos frühesten Opern angedeutet haben, waren Händel und Scarlatti sich stilistisch noch sehr ähnlich.

31 Mainwaring, Seiten 51–52.

32 Aus Streatfeild seien hier die folgenden Angaben über Händels Reisen in Italien kurz zusammengefaßt: Florenz, Herbst 1706; Rom, vor dem 4. April 1707; Abreise nach Venedig nach dem 24. Sept., Ankunft dort vor Ende Nov. 1707; Rom vor dem 3. März 1708; Neapel Anfang Juli; Rom Frühjahr 1709; Venedig im Dezember 1709; Hannover im Frühjahr 1710. Wie lange Scarlatti während dieser Zeit Händel begleitete, ist nicht genau bekannt.

33 Mainwaring, Seiten 59–62.

Der junge Adler

Als Domenico später in seinen Cembalo-Sonaten seinen eigenen persönlichen Stil entwickelt hatte, blieb kaum noch etwas Gemeinsames zwischen beiden. Nur wenige Stücke aus relativ früher Zeit erinnern an Händel, und dies auch mehr im Hinblick auf gemeinsame Stilmerkmale als durch eine mögliche persönliche Beeinflussung. (Siehe beispielsweise die Sonaten 35, 63 und 85.) Wir haben jedoch nicht die Möglichkeit, Scarlattis früheste Stücke zu datieren, und folglich wissen wir nicht, wie er während seines italienischen Aufenthalts geschrieben hat oder wie eine gegenseitige Beeinflussung zwischen ihm und Händel sich ausgewirkt haben könnte.

Im Frühjahr 1708 komponierte Händel in Rom seine *Resurrezione* auf einen Text von Carlo Sigismondo Capeci. Ein Jahr darauf war auch Scarlatti in Rom und arbeitete dort an seinem Oratorium *La conversione di Clodoveo Re di Francia* nach einem Text des gleichen Librettisten. Im Herbst 1709 reiste Händel nach Venedig und nach dem Norden weiter. Er sollte seinem Freund und Rivalen nie wieder begegnen. Auch Domenico Scarlatti hatte seine Jugendjahre hinter sich gebracht.

III. Römisches Erbe

*Königin Christine und ihr Kreis – Kardinal Ottoboni – Pasquini – Corelli – Arcadia
Maria Casimira von Polen – Capeci, Juvarra und Domenicos Opern*

Domenicos Jahre in Rom standen völlig unter dem Einfluß einer Herrscherin ohne Reich, die er selber zwar nie kennengelernt hat, die aber, als sie 1689 starb, allen Gebieten der römischen Kunst ein bleibendes Vermächtnis hinterlassen hatte. Es war Christine von Schweden, die erste Gönnerin seines Vaters, der seine frühesten Erfolge ihrer Protektion zu verdanken hatte, und noch auf Domenicos römische Zeit übte sie einen wesentlichen Einfluß aus. Immer noch gab es viele ihrer Freunde und Bewunderer in der Gesellschaft, in der Domenico verkehrte, und seine erste Mäzenin wetteiferte, solange sie in Rom weilte, vergeblich mit ihrer glanzvollen Vorgängerin.

Christine von Schweden hatte im Alter von 28 Jahren auf den Thron verzichtet und war zum Entsetzen der Protestanten, für die ihr Vater Gustav Adolf in den Krieg gezogen war, in aller Form zum Katholizismus übergetreten (1). Zu ihren anregenden Gesellschaften im Palazzo Riario in Trastevere, den die Königin seit 1659 bewohnte (2), drängten sich Dichter, Gelehrte, Diplomaten, Geistliche und Künstler von überall her. Einige von ihnen gründeten später zu ihrem Gedächtnis die Arkadische Akademie. Bernardo Pasquini komponierte mehrere Jahre lang für sie (3), und Arcangelo Corelli widmete ihr das erste Heft seiner Triosonaten. Alessandro Scarlatti hatte als Kapellmeister der Königin Zutritt zu dieser illustren Gesellschaft gefunden, noch ehe er zwanzig war (4).

Von dieser großen *Pallas Nordica*, dem niemals wieder erreichten Vorbild aller römischen Blaustrümpfe, hat ein Reisender folgendes Porträt gezeichnet:

›Ihre M..... ist über die Sechzig hinaus, von sehr kleiner Statur und außerordentlich fett und rundlich. Ihr ganzes Äußere, ihre Stimme und ihr Gesicht wirken durchaus männlich. Ihre Nase ist bedeutend, ihre Augen sind groß und blau und ihre Augenbrauen gelb. Sie hat ein Doppelkinn, auf dem einige lange Barthaare sprießen, und eine leicht vorgeschobene Unterlippe. Ihr Haar ist von leuchtendem Kastanienbraun, etwa eine Handbreit lang, gepudert und hochgebürstet, ohne irgendwelchen Kopfschmuck. Sie hat ein heiteres Wesen und eine freundliche Art des Umgangs.

1 Bain, Kapitel VI und VII.

2 Pincherle, Corelli, Seite 15.

3 Cametti, Cristina di Svezia.

4 Dent, Seite 25.

Man muß sich vorstellen, daß sie einen Männer-*Justaucorps* aus schwarzem Satin trägt, der bis zum Knie reicht und von oben bis unten durchgeknöpft ist; einen sehr kurzen schwarzen Rock, unter dem ihre Männerschuhe vorschauen, eine mächtige schwarze Bandschleife statt einer Krawatte und um den *Justaucorps* einen Gürtel, der den Bauch Ihrer Majestät stützt und seinen Umfang noch betont‹ (5).

<small>5 Misson, Bd. II, 1. Teil, Seite 35. Dieses Porträt entstand etwa 1688.</small>

Königin Christine war eine fanatische Theatermäzenin. Ihrem Sekretär, dem Grafen d'Alibert, war die Leitung des größten öffentlichen Opernhauses in Rom, des Tor di Nona, übertragen worden, das im Jahr 1671 am Tiberufer wieder aufgebaut, aber schon 1697 auf päpstlichen Befehl wieder abgerissen worden war (6). Das Schicksal des römischen Theaters war immer sehr unsicher und Gegenstand stets erneuter Angriffe von Seiten der prüden Geistlichkeit. Aber die Königin haßte die Engstirnigkeit des Klerus und bekämpfte sie leidenschaftlich. Mehr als einmal hat sie mit voller Absicht die Skandaldrohungen ignoriert, die gewisse Theaterleute gefährdeten, und sich sogar noch für die Betroffenen eingesetzt. Als Alessandro Scarlattis erste Oper 1679 im Collegio Clementino aufgeführt wurde, protegierte sie den jungen Komponisten, der ›am Hof des Kardinalvikars wegen der heimlichen Vermählung seiner Schwester mit einem Kleriker in tiefe Ungnade gefallen war, und ließ ihn sogar in ihrer Kutsche abholen, damit er im Orchester mitwirken konnte, obwohl der Kardinalvikar Ihrer Majestät gerade seine Aufwartung machte‹ (7).

<small>6 Ademollo, Kapitel XV.</small>

<small>7 Dent, Seiten 23–24; Ademollo, Seiten 157–158.</small>

In diesem und dem folgenden Jahrhundert war die Musik der römischen Oper von dem Erfolg der Solisten, der Selbstgefälligkeit der Textdichter und der kultischen Verehrung der Bühnenbildner in den Hintergrund gedrängt worden. Richard Lasses erzählt von dem sinnverwirrenden Eindruck, den ›die merkwürdigen *Opera* oder musikalischen *Drammata*‹ auf ihn machten, ›die mit so erstaunlicher Kunstfertigkeit vorgetragen wurden und in so zauberhaften Szenenwechseln abrollten, daß man aus dem Staunen nicht herauskam. Ich habe hier auf den Bühnen schwellende Flüsse gesehen, auf denen sich Boote tummelten, Wasserfluten, die sich über ihre Ufer und die gesamte Szenerie ergossen, durch die Luft sausende Menschen, über den Boden kriechende Schlangen; ich habe Häuser schlagartig einstürzen, Tempel und heilige Haine emporsteigen und ganze Städte, berühmte Städte, plötzlich aus dem Boden wachsen sehen, ihre Straßen erfüllt von Menschen; ich sah die Sonne aufgehen und das Dunkel vertreiben, sah Zuckerstückchen wie Hagelkörner auf die Zuschauer niederprasseln, Bänder blitzartig über die Gesichter der Damen fahren und noch tausenderlei ähnliche Dinge‹ (8).

<small>8 Lasses, II. Teil, Seiten 152–153.</small>

Die öffentlichen Theater Roms hatten unter Papst Clemens IX., der selber Dramen schrieb, eine kurze Periode der Förderung erlebt. Aber Innozenz XI. tat, nicht ganz ohne provozierende Vorfälle, das Seine, um ihnen wieder neue Schwierigkeiten zu bereiten. Es wurde verboten, Eintrittsgelder zu erheben, Frauen durften nicht auf der Bühne auftreten und Opernsänger nicht mehr in der Kirche singen. Der Erfolg seiner Maßnahmen war freilich gering. Als man die Gitter von den Logen einiger kleinerer Theater entfernte, waren damit die skandalösen Vorgänge nicht beseitigt, sie spielten sich nunmehr vor den Augen aller Zuschauer ab. *Papa Minga* oder der ›Neinsager‹, wie Innozenz im Dialekt seiner Heimatstadt Mailand genannt wurde, versuchte seine Reformen auch auf das schwer zu erfassende Gebiet der Damenmode auszudehnen, und er konnte sie nur durchführen, indem er Polizisten in die Wäschereien schickte, wo sie alle kurzärmeligen und tief ausgeschnittenen Kleider beschlagnahmen mußten. Daraufhin kleideten sich Königin Christine und ihr Hofstaat in Gewänder, die in lächerlichster Weise die päpstlichen Modevorschriften, die sogenannten *Innocentianes,* parodierten, und erschienen so zu einem Empfang im Vatikan (9).

Zur Zeit als sich Domenico dort aufhielt, war aber die römische Gesellschaft alles andere als prüde, und die Restriktionen gegen öffentliche Theater und Opernaufführungen waren weitgehend gemildert, was wohl zum Teil auf den Einfluß der theaterfreudigen fürstlichen und kirchlichen Mäzene zurückzuführen war.

Als Königin Christine 1689 starb, hinterließ sie einen Kreis von Freunden, der ihr Andenken in Rom ein halbes Jahrhundert lang lebendig erhielt. Ihr Amt als Mittelpunkt der römischen Gesellschaft und Beschützerin der Künste ging auf Kardinal Ottoboni über. Ihr geistiges und literarisches Vermächtnis wurde von der Arkadischen Akademie verwaltet, die sich ein Jahr nach ihrem Tod aus einer Gruppe von ständigen Gästen in ihren Salons im Palazzo Riario gebildet hatte. Ihre königliche Nachfolgerin war Königin Maria Casimira von Polen, die ebenso ehrgeizig wie unfähig war, die große Tradition der unnachahmlichen Christine fortzuführen. Alessandro Scarlatti stand ihren Nachfolgern ebenso nahe wie der Königin Christine selber. Diese Beziehungen erbte Domenico, als er in Rom an die Stelle seines Vaters trat.

Pietro Ottoboni, Sohn einer venezianischen Patrizierfamilie, erhielt die Kardinalswürde am 7. November 1689, vier Wochen nach der päpstlichen Inthronisation seines Vetters, Alexanders VIII. (1689–1691). Es läßt sich kaum ein treffenderes Beispiel für die geistliche Urbanität im 18. Jahrhundert anführen als die Gestalt Ottobonis. Während des kurzen Pontifikats

9 Die Hinweise in diesem Abschnitt stammen aus Ademollo, Kap. VIII und XVII.

Römisches Erbe 49

Alexanders VIII. waren ihm so viele Pfründen und Einkommen aus kirchlichem Landbesitz zugeschanzt worden, daß er unermeßlich reich wurde. Trotzdem stürzten ihn seine Extravaganzen ständig in Schulden. In seiner Residenz, der Cancelleria (mit seiner Kirche San Lorenzo in Damaso unter einem Dach vereinigt), pflegte er eine erlesene Tafel zu halten, war ein großzügiger Gastgeber und veranstaltete viele musikalische Aufführungen für einen kleinen Kreis. Den beiden Malern Trevisani und Conca hatte er ein regelmäßiges Gehalt ausgesetzt, nur um sich die erste Wahl bei allen ihren Arbeiten zu sichern. Arcangelo Corelli bewohnte eine Zimmerflucht in seinem Palast (10). Man erzählt, der junge Kardinal habe sich bei den langwierigen Verhandlungen während des Konklaves von 1691 derart gelangweilt, daß er sich sein eigenes Orchester kommen ließ, das ihm, sehr zur Verwirrung und zum Ärger der Kardinäle nebenan, vor seiner Zelle aufspielen mußte. Und wenn man dem römischen Klatsch trauen darf, so scheint er es mit dem Keuschheitsgelübde nicht gerade genau genommen zu haben. Seine Mätressen ließ er als Heilige malen, und in dieser Verkleidung schmückten sie die Wände seines Schlafzimmers (11).

Montesquieu schreibt ihm sechzig oder siebzig uneheliche Kinder zu (12). Blainville schildert ihn als ›freigebig, verbindlich und zuvorkommend gegen jedermann, besonders aber gegen Ausländer, die er mit großer Liebenswürdigkeit in seinem Palast empfängt. Was sein Äußeres betrifft, so ist es ebenso gefällig wie sein Geist, und es kann nicht wundernehmen, daß der Kardinal selber die beste Meinung von sich hegt‹ (13).

In seinem Todesjahr 1740 gab de Brosses folgende Beschreibung von ihm: ›Sans moeurs, sans crédit, débauché, ruiné, amateur des arts, grand musicien‹ (14). St. Simon nennt ihn ›un panier percé‹ (15). Tatsächlich scheint mit seiner Jugend und seinen Einkünften auch sein Glanz dahingeschwunden zu sein, aber die Franzosen haben schon immer hart über ihn geurteilt. Die Scarlattis dagegen haben ihn in seiner besten Zeit erlebt. Alle Berichte lassen darauf schließen, daß er einen ungewöhnlich guten Geschmack besaß, und dieser Ruf wird durch die Reihe der Künstler bestätigt, deren Mäzen er war. Nur wenige Musiker von Rang, die nach Rom gekommen sind, scheinen seiner Aufmerksamkeit entgangen zu sein. Der Kardinal stand mit allen römischen Opernhäusern in enger Verbindung, zur gleichen Zeit betreute er auch (nach 1700) die päpstliche Kapelle (16) und die Musik an der Santa Maria Maggiore. Ihm hatte Alessandro Scarlatti seine Anstellung an dieser Kirche zu verdanken, und in seinen Diensten übernahm er auch im Jahr 1707 das Amt eines *maestro di cappella* (17). Das Interesse des theaterfreudigen Kardinals beschränkte sich aber nicht nur auf sein Mäzenatentum und auf sein Privat-

10 Burney, A General History of Music, Bd. II, Seite 438.

11 Diese Angaben stützen sich mit Ausnahme der in der Fußnote 10 angegebenen Quelle auf Ranft, Bd. II, Seiten 268–271.

12 Montesquieu, Bd. I, Seite 701.

13 Blainville, Bd. II, Seite 394.

14 De Brosses, Bd. I, Seite 489. Siehe auch Seite 124.

15 Saint-Simon, Bd. XIX, Seite 21.

16 Adami da Bolsena.

17 Dent, Seiten 72, 74.

theater, das er sich in einen Raum der Cancelleria hatte einbauen lassen (18). Wiederholt betätigte er sich auch als Opernlibrettist (für Alessandro Scarlatti zum Beispiel schrieb er 1690 das Textbuch zu *La Statira*) (19), und unglücklicherweise hat er einmal sogar Text und Musik zu einer Oper, *Colombo*, beigesteuert, die zu einem totalen Mißerfolg wurde (20). ›Ein dermaßen alberner und schlecht erfundener Stoff ist noch nie dagewesen‹, schrieb ein französischer Besucher über dieses Werk. ›Es handelt sich um Christoph Columbus, der sich auf seiner Entdeckungsreise leidenschaftlich in die eigene Frau verliebt‹ (21).

Die wöchentlichen Kammermusikabende bei Ottoboni, auch *Accademie Poetico-Musicali* genannt, waren in ganz Europa berühmt. Bei diesen leitete Corelli die Aufführungen der Sonaten und Instrumentalkonzerte (22), und hier sind auch Alessandro Scarlattis Kantaten häufig zum ersten Mal gesungen worden. ›Bei vielen dieser Kantaten war der Violincellopart so unerhört schwierig, daß man jeden, der ihn zu meistern vermochte, wie ein übernatürliches Wesen bestaunte. Geminiani hat häufig gesagt, daß *Franceschilli* [Franceschiello], ein hervorragender Cellist zu Beginn dieses Jahrhunderts, eine dieser Kantaten mit Scarlatti am Cembalo in Rom so bewundernswert begleitet habe, daß die ganze Gesellschaft, die aus guten Katholiken bestand und in einem Lande lebte, wo Wunder an der Tagesordnung sind, fest davon überzeugt war, nicht Franceschelli [sic] habe das Violoncello gespielt, sondern ein Engel, der vom Himmel herabgestiegen sei und seine Gestalt angenommen habe‹ (23). Sicher war es einer der Engel, wie sie Carlo Maratta in seinen silbrigen Tönen zu malen pflegte.

Blainville schildert eines dieser Konzerte im Haus des Kardinals, und zwar das vom 14. Mai 1707: ›Seine Eminenz ... hält die besten Komponisten und Musiker Roms in seinem Dienst, so unter anderen auch den berühmten Arcangelo Corelli und den jungen Paolucci, der als bester Sänger Europas gilt, und so kann er jeden Mittwoch in seinem Palast ein ausgezeichnetes Konzert veranstalten. Gerade heute haben wir eines davon miterlebt. Es wurden eisgekühlte und andere köstliche Getränke gereicht, wie es die Gepflogenheit ist, wenn Kardinäle oder römische Fürstlichkeiten einander besuchen. Bei all diesen Konzerten und Empfängen ist es aber äußerst unangenehm, daß man ständig von Schwärmen nichtssagender kleiner Abbés belästigt wird, die nur erschienen sind, um sich den Wanst mit Getränken vollaufen zu lassen, und die noch obendrein die Kristallkaraffen samt den Servietten mitgehen lassen‹ (24).

Bei einer dieser *Accademie* also soll der berühmte Wettstreit zwischen Scarlatti und Händel stattgefunden haben (25). Das Instrument, auf dem

18 Filippo Juvarra, I. Bd., Seite 50.

19 Dent, Seite 74.

20 Ademollo, Kap. XX; Dent (Seite 74) nennt als Datum das Jahr 1692, Loewenberg dagegen 1690.

21 Ademollo, Seiten 179–180, zitiert Coulanges, Mémoires (Paris 1820).

22 Streatfeild, Seite 34; Pincherle, Corelli, Seite 15.

23 Burney, A General History of Music, Bd. II, Seite 629.

24 Blainville, Bd. II, Seite 394.

25 Mainwaring, Seiten 59–62.

Händel den Sieg über Scarlatti davongetragen hat, scheint die hübsche, einmanualige und mit mehreren Registern versehene Chororgel gewesen zu sein, die in dem nach dem Tode des Kardinals (1740) angelegten Instrumentenverzeichnis aufgeführt ist (26). Das Cembalo, auf dem Scarlatti gesiegt hat, war eines von den etwa zwölf Instrumenten, die der Kardinal besaß. Sie waren in der traditionellen italienischen Art gebaut, entweder mit zwei Registern in gleicher Tonhöhe oder mit einem dritten, das eine Oktave höher lag, und steckten in kostbar verzierten Gehäusen. Eines dieser Cembali, dessen Gehäuse von Gaspard Dughet Poussin bemalt worden war, könnte wohl ähnlich ausgesehen haben wie das, das jetzt im Metropolitan Museum of Art gezeigt wird (Abb. 3). Das Verzeichnis Ottobonis führt auch ›ein Cembalo mit vollem Umfang und drei Registern‹ auf, ›das in einem abnehmbaren Gehäuse mit Klappdeckel stand, welcher von Gio. Paolo Panini [sic] perspektivisch bemalt war; die Außenseiten dieses Gehäuses waren in Chiaroscuro angelegt und mit Blattgold vergoldet, die Beine mit geschnitzten Girlanden und Amoretten verziert...‹ Man fragt sich, ob vielleicht die beiden Ansichten von Rom, die viele Jahre später in Scarlattis Haus in Madrid hingen, Gemälde Paninis gewesen sind (27).

Außer Händel und den beiden Scarlattis hat wahrscheinlich auch ein anderer, nicht weniger berühmter Musiker häufig auf den Instrumenten des Kardinals gespielt, Bernardo Pasquini, der zu jener Zeit verehrte Altmeister der römischen Musik. Gasparini sagt von ihm: ›Wer das Glück gehabt hat, unter der Anleitung des hochberühmten Sig. Bernardo Pasquini in Rom zu arbeiten oder zu studieren, oder wer ihn auch nur spielen hörte oder sah, hat auf diese Weise den reinsten, schönsten und edelsten Stil des Spielens und Begleitens kennengelernt, so vollendet wird er die wundervolle Harmonie seines Instrumentes gehört haben‹ (28). Domenico Scarlatti hatte dieses Glück gehabt, und ebenso war es seinem Vater in seiner frühesten Zeit in Rom am Hof der Königin Christine zuteil geworden. Einige der besten Musiker der Zeit nannten sich mit Stolz Pasquinis Schüler, allen voran Gasparini selber, dann Giovanni Maria Casini und, aus dem Norden, Georg Muffat und J. P. Krieger. Pasquini wurde 1637 in der Toscana geboren, hatte bei Lorenzo Vittori und später bei Marcantonio Cesti in Rom studiert, stand als *maestro di cappella* im Dienst der Königin Christine und war dann von 1664 an städtischer Organist an den Kirchen Ara Coeli und Santa Maria Maggiore. Er starb am 21. November 1710 (29). Der Charme Pasquinis muß so einzigartig gewesen sein, daß er bis heute den Staub der Memoiren und rühmenden Nachrufe durchdringt. Seine bemerkenswert frische Cembalomusik ist zwar noch in die feier-

---

26 Cametti, I Cembali del Cardinale Ottoboni, Anhang III A.

27 Inventar des Teiles des Nachlasses Domenico Scarlattis, der im September 1757 seiner Tochter Maria zugesprochen wurde, Anhang II.

28 Gasparini, Seite 60 (Ausgabe von 1745).

29 Die biographischen Daten über Pasquini stammen aus Bonaventura, Seiten 27, 31–33, 42–47 und 64. Crescimbeni, Notizie istoriche degli Arcadi morti, Bd. II, Seite 330 enthält eine Biographie Pasquinis.

Abb. 6 Kardinal Ottoboni. Aus: Adami da Bolsena, *Osservazioni per ben regolare il Coro dei Cantori della Cappella Pontificia*, Rom 1711 (F. Trevisanus pinx. I. Freij Sc. Romae Sp.)
(New York, Public Library)

lichen Formen des 17. Jahrhunderts gezwängt, zeigt aber doch bereits die ersten Anzeichen eines neuen galanten Stils in der italienischen Musik. Freilich verraten nur die frühesten Cembalo-Kompositionen Domenicos noch etwas von einer Verwandtschaft mit Pasquini; später hat er dann eine völlig andere Spieltechnik entwickelt und Formen gepflegt, die sich von Pasquinis Vorbild weit entfernt haben. Bei Pasquini war alles *dolcezza*, unbeschreibliche Sanftheit, wie etwa in der entzückenden *Toccata con lo Scherzo del Cuccù*. Hier herrscht freilich Humor, aber keineswegs die beißende Satire und das spröde Gefunkel, die für Scarlatti so typisch sind.

Pasquini teilte Gasparinis Verehrung für Frescobaldi und die Musik vergangener Tage. Domenicos eigener lebenslanger Respekt vor der Kirchenmusik des 16. Jahrhunderts beruhte auf seinen Jugendeindrücken und dem Unterricht, den er von seinem Vater, von Gasparini und Bernardo Pasquini empfangen hatte. Die strengen alten Regeln des italienischen Kontrapunkts hatte keiner von ihnen – wenigstens nicht der Theorie nach – jemals außer Acht gelassen. Bernardo Pasquini hinterließ ein Zeugnis seiner Verehrung für Palestrina. 1690 schrieb er in einem Band spartierter Palestrina-Motetten: ›Wer vorgeben will, ein Musiker oder Organist zu sein und nicht von dem Nektar kostet, die Milch dieser himmlischen Werke Palestrinas nicht genießt, der ist ohne Zweifel ein elender Wicht und wird es allezeit bleiben. Dies ist die Meinung Bernardo Pasquinis, eines erbärmlichen Ignoranten‹ (30).

30 Bonaventura, Seite 32.

Der bedeutendste italienische Musiker, den Domenico Scarlatti nach Pasquini und seinem Vater in Ottobonis Palast hörte, war Arcangelo Corelli. In ganz Europa und sogar in Übersee allgemein bewundert, haben seine Werke die der meisten seiner Zeitgenossen überdauert. Mit seinen Sonaten und Konzerten hat er das Fundament für die Kammermusik des 18. Jahrhunderts geschaffen. Im Gegensatz zu den Geigern der folgenden Generation hat er immer die Reinheit des musikalischen Ausdrucks über die technische Virtuosität gestellt. In einem seiner Begeisterungsausbrüche nennt ihn Gasparini ›den wahren Orpheus unserer Zeit, der mit solcher Kunstfertigkeit, Geschicklichkeit und Anmut seine Baßstimmen führt, moduliert und dabei Bindungen und Dissonanzen so wohl handhabt, auflöst und sie mit einer solchen Vielfalt der Themen durchwebt, daß man wohl sagen kann, er habe die Vollendung einer hinreißenden Harmonie entdeckt‹ (31).

31 Gasparini, Seite 44 (Ausgabe von 1745).

Wenn sich Domenico Scarlatti in seinen späteren Jahren unerhörte künstlerische Freiheiten erlauben konnte, dann nur, weil er die Lehren Gasparinis, Pasquinis, Corellis und seines Vaters vollständig beherrschte, von denen jeder auf seine Weise mit größtem stilistischem Raffinement und zugleich

54 *Römisches Erbe*

Abb. 7 Arcangelo Corelli. Titelbild zu: *XII Solos for a Violin ..., Opera Quinta ...* London, I. Walsh. (H. Howard pinx. V.^dr Gucht Sculp.) (Guilford, R. K.)

streng nach den damals geltenden musikalischen Gesetzen komponierte. Ihrem Beispiel folgend, konnte er seine üppige Phantasie in Schranken halten und seinen Gefühlsreichtum in die richtigen Bahnen lenken. Ähnlich wirkte auch die väterliche Disziplin des Salzburger Konzertmeisters Leopold Mozart auf seinen Sohn Wolfgang Amadeus.

In der Arkadischen Akademie begegnete Domenico Scarlatti dem literarischen Erbe jener römischen Kultur, die seinen Vater so entscheidend und für die Dauer seines Lebens geformt hatte. In den arkadischen Hainen wurde das Andenken an Königin Christine immer wieder feierlich beschworen. Unter Phantasienamen, die man sich zugelegt hatte (Ottoboni hieß hier *Crateo* und die Königin Maria Casimira *Amirisca Telea*), trafen sich die arkadischen Schäfer und Nymphen in den römischen Palästen, ihren ›Hütten‹, und den geometrisch angelegten Gärten, die sie als ›Weideplätze‹ bezeichneten. Schafe wurden hier freilich nicht gehütet, wohl aber die zart parfümierten Erinnerungen an griechische und römische Dichter, an Petrarca und Laura und an Sannazaro. Die Syrinx war ihr Symbol. Im Jahre 1726 konnten sich die Arkadier dank der Großzügigkeit Johanns V. von Portugal, Domenico Scarlattis späterem Gönner, an den Hängen des Gianiculo ihren eigenen *Bosco Parhasio* schaffen (32). Dieser arkadische Hain, eine der bezauberndsten Gartenschöpfungen des 18. Jahrhunderts mit seinem winzigen Amphitheater und seinen kunstvoll verschlungenen Schattenwegen, ist auch heute noch eine zauberhafte Oase, in der das sanfte Geplätscher der Springbrunnen kaum vom wilden Gassenlärm des nahen Trastevere übertönt wird.

Fast die ganze kunstbeflissene römische Gesellschaft, in der Domenico und Alessandro verkehrten, gehörte der Arcadia an (33). Zu den arkadischen Schäfern zählten die Dichter Capeci, Frugoni, Martelli, Rolli, Zeno und viele andere zeitgenössische Librettisten. Giambattista Vico zählte dazu und später auch Metastasio. Sekretär der Akademie war Giovanni Mario Crescimbeni, dessen blumige Berichte über die arkadischen Gesellschaftsspiele an Preziösität einem Sannazaro oder Sir Philip Sidney nicht nachstehen. Auch zwei Mitglieder der Familie Scarlatti aus Florenz gehörten zu den Schäfern, nämlich der Abate Alessandro und der Kanonikus Giulio Alessandro Scarlatti (34). Trotz aller Bemühungen der Nachkommen Domenicos (35) hat sich eine verwandtschaftliche Beziehung zwischen den aristokratischen Scarlattis aus der Toscana und der vergleichsweise obskuren sizilianischen Musikerfamilie nie eindeutig nachweisen lassen.

Alessandro Scarlatti, Arcangelo Corelli und Bernardo Pasquini waren bei den arkadischen ›Musikakademien‹ zwar häufig anwesend und mit den führenden Schäfern eng befreundet, doch die Gründungsstatuten der Ge-

---

32 Morei, Seite 67. Eine Marmortafel mit einer Inschrift zur Erinnerung an diese Stiftung ist noch jetzt am Eingang des Gartens dem Tor gegenüber zu sehen.

33 Berichte über die Arcadia und ihre Mitglieder finden sich in Crescimbeni, L'Arcadia, und Notizie istoriche degli Arcadi morti, bei Carini und Vernon Lee.

34 Crescimbeni, L'Arcadia, Seiten 350, 363, und Notizie istoriche degli Arcadi morti, Seiten 252–254.

35 Siehe Kapitel VII.

sellschaft gewährten nur Dichtern und Adligen den Zutritt. Im Jahr 1706 wurde dieser Punkt der Satzungen eigens geändert, und am 26. April konnten die drei Musiker unter den Namen *Terpandro, Arcomelo* und *Protico* (36) als ordentliche Mitglieder in die Arcadia aufgenommen werden. Einmal hatten sich Scarlatti, Pasquini und Corelli erboten, für die Nymphen und Schäfer eine Abendunterhaltung in der Hütte des Metauro [dem Palast des Abate Rivera] zu veranstalten. Unter blumenreichen Lobreden berichtet Crescimbeni (37), Arcomelo [Corelli] habe zuerst eine seiner Symphonien dirigiert, die er in der Hütte des berühmten Crateo [dem Palast des Kardinals Ottoboni] komponiert hatte. Danach habe Terpandro [Scarlatti] aus seiner ›Hirtentasche‹ einige *canzoni* des Tirsi [Giambattista Zappi] hervorgeholt. Tirsi habe zwar eingewendet, sie seien nicht wert, vor solch einer illustren Gesellschaft vorgetragen zu werden, er habe sie nur für die Vertonung geschrieben, und es sei zudem seine Gewohnheit, sie stets in aller Eile, und meist sogar direkt am Arbeitstisch des Komponisten, niederzuschreiben, wie es Terpandro wohl bemerkt habe, als sie zusammen in der schönen parthenopeischen Landschaft [Neapel] geweilt hätten. Darauf habe Terpandro erwidert, sie seien darum nur um so höher zu schätzen, da Tirsi die Begabung besitze, das zu improvisieren, was andere selbst mit größter Mühe niemals zuwege brächten.

Nachdem nun, abwechselnd von Protico [Pasquini] und Terpandro begleitet, die Kantaten auf diese Verse gesungen und verschiedene Instrumentalwerke gespielt worden waren, habe Terpandro, an seinem Instrument sitzend, bemerkt, wie geistesabwesend Tirsi plötzlich dasaß. ›Wenn ich deine tiefen Gedanken errate, o Tirsi, was bekomme ich dann von dir?‹ Tirsi erwiderte: ›Ich werde dir das geben, was ich eben gedacht habe, aber nur unter der Bedingung, daß du augenblicklich dieser vornehmen Gesellschaft ein Geschenk damit machst‹. Und die Folge war, daß Tirsi das soeben in Gedanken verfaßte Gedicht rezitierte, Terpandro es gleich darauf in Musik setzte und singen ließ. Der Abend schloß mit Improvisationen Terpandros und Tirsis, die so geschwind vor sich gingen, daß der eine kaum die letzte Zeile eines Gedichts niedergeschrieben hatte, als es der andere auch bereits zu Ende komponierte. Mit überwältigendem Beifall für Tirsi, Terpandro und die übrigen Mitwirkenden trennte sich dann die Gesellschaft, um sich für den frühen Aufbruch ins ›Elysium‹ am nächsten Morgen vorzubereiten.

Domenico Scarlatti ist selber niemals Mitglied der Arcadia gewesen, obwohl seine Werke dort aufgeführt wurden. Auch Händel war es nicht, obgleich er die Gesellschaften häufig besuchte. Aber die meisten bedeutenden

36 Dent, Seite 89; Bonaventura, Seiten 30–31.

37 Der gesamte Bericht frei nach Crescimbeni, L'Arcadia, Buch VII, Prosa IV und Prosa V.

Persönlichkeiten während Domenicos Zeit in Rom waren Arkadier. Die Namen und Bräuche dieser Gesellschaft mögen zunächst lächerlich wirken, aber wenn man die Garben dieser Hirtenpoesie aufbindet und die honigsüßen Phantasienamen auf der Zunge zergehen läßt, hat man schon etwas vom Zauber unschuldiger arkadischer Spiele eingefangen.

Domenico Scarlattis direktes Erbe der Jugendwelt seines Vaters und der Königin Christine war die Gönnerschaft ihrer nicht gerade erfolgreichen Nachahmerin, der Königin Maria Casimira von Polen.

Die Historiker sprechen von Maria Casimira keineswegs mit einhelliger Bewunderung. Selbst noch in hohem Alter scheint sie ihren etwas schwierigen Charakter behalten zu haben. In ihrer Jugend soll sie außerordentlich schön gewesen sein, aber sie neigte zu Eifersüchteleien, war egozentrisch und hatte eine unstillbare Lust an kleinlichen Intrigen. 1641 in Frankreich als Maria La Grange d'Arquien geboren, kam sie zunächst als Hofdame der Königin Maria Luisa Gonzaga nach Polen. In zweiter Ehe heiratete sie Jan Sobieski, mit dem sie sich sein Leben lang leidenschaftlich zankte. Er wurde 1674 König von Polen. Als ihr ältester Sohn ihm auf dem Thron nachfolgte, verbannte er seine Mutter vorsichtshalber aus Polen. Sie kam im April 1699 nach Rom, voll Ehrgeiz, hier ebenso prächtig Hof zu halten wie die Königin Christine. Als Witwe eines Mannes, der das Christentum erfolgreich gegen die Türken verteidigt hatte, erhob Maria Casimira den Anspruch, Stütze der Kirche zu sein und mit der gleichen Herzlichkeit in Rom empfangen zu werden wie einst die Schwedin, obgleich (oder vielleicht weil) diese als Tochter eines Vorkämpfers des Protestantismus eine angehende und wertvolle Konvertitin der Kirche darstellte. Maria Casimira besaß zwar wenig von der Würde, noch weniger vom Charme und rein gar nichts vom Geist ihrer Vorgängerin, wurde aber dennoch in Rom willkommen geheißen und am 5. Oktober 1699 in die Arkadische Akademie aufgenommen (38).

Die Römer brauchten natürlich nicht lange, um den Unterschied zwischen diesen beiden Königinnen zu konstatieren, und bald nach Maria Casimiras Ankunft machte ein Spottvers auf sie die Runde (39).

› Vom gallischen Hahn gezeugt,
ein simples Huhn
ward Polens Königin
und kam nach Rom –
mehr Christin als Christine. ‹

Ihr zugleich extravagantes und frömmelndes Leben war von kleinlichem Gezänk mit dem Klerus um Protokollfragen und von Skandalen gekenn-

---

38 Diese Angaben stammen von Waliszewski.

39 Waliszewski, Seite 273 (in dessen Schreibweise): ›Naqui da un Gallo semplice gallina, Vissi tra li Polastri, e poi regina, Venni a Roma, Christiana e non Christina. ‹

zeichnet, die ihre beiden Söhne erregt hatten (40). Von ihnen hätte man sagen können, daß sie als Ausländer nur einen neuerlichen Beweis für die Richtigkeit des Bonmots beibrächten, SPQR bedeute nicht *Senatus Populusque Romanus*, sondern *Sanno puttare, queste Romane* (41).

Domenico Scarlatti scheint seinen Vater unmittelbar im Dienst der Königin abgelöst zu haben. Im Sommer 1708 hatte Alessandro für Maria Casimira noch als ihr *maestro di cappella* eine Serenade geschrieben, *La Vittoria della Fede*, die am 12. September im Palast der Königin zur Erinnerung an den Sieg Jan Sobieskis über die Türken bei der Belagerung von Wien (42) aufgeführt wurde. Aber schon kurz danach entschloß sich Alessandro, nach Neapel und in den Dienst des Kardinals Grimani zurückzukehren, der zu dieser Zeit dort österreichischer Vizekönig war. (Das Textbuch zu Händels Oper *Agrippina* stammt von Grimani.) Alessandro ließ seinen ältesten Sohn Pietro aus Urbino kommen und verschaffte ihm die Stellung eines zusätzlichen Organisten an der königlichen Kapelle zu Neapel (43). Er selber nahm vorläufig am 1. Dezember einen Posten als stellvertretender erster Organist an, trat dann am 9. Januar 1709 (44) wieder sein früheres Amt als *maestro di cappella* an und überließ Domenico seine eigene Stellung bei Maria Casimira, in der dieser für die Dauer ihres römischen Aufenthalts verblieb.

Die Königin war schon Ende sechzig, als Domenico an ihren Hof berufen wurde (45). Mehr ihre Extravaganz und ihre Herrscherwürde als ihr Geist oder ihre Liebenswürdigkeit hatten es vermocht, die Überlebenden des alten Kreises um Christine, die Nymphen und Schäfer Arkadiens, und die Habitués aus dem Salon Ottobonis um sich zu versammeln. 1702 hatte sie einen Palazzo an der Piazza della Trinità de' Monti gemietet, wo die Via Gregoriana und die Via Sistine sich treffen (46). Der Bau stammte von einem Maler des 16. Jahrhunderts, Federigo Zuccari, der auch die merkwürdigen Grotesken entworfen hat, die ihn heute noch schmücken. Aus den oberen Stockwerken hatte man einen herrlichen Rundblick über die Dächer und Kuppeln Roms von San Carlo al Corso bis nach Westen zum Petersdom. Seit den Tagen der Königin haben viele berühmte Gäste in diesem Palazzo gewohnt, unter ihnen der Archäologe Winckelmann und die Maler Reynolds und David (47). Überdies hat Gabriele d'Annunzio ihn zum Schauplatz einiger verschwenderisch parfümierter Szenen in seinem Roman *Il Piacere* gemacht.

Im gleichen Jahr, als sie den Palazzo Zuccari bezog, hatte Maria Casimira beim Papst um die Genehmigung gebeten, in ihrem Hause ›anständige Komödien‹ (48) aufführen zu dürfen. Ihre Hoffnungen auf Theateraufführungen wurden in Taten umgesetzt, als sie 1704 den Dichter und Dramatiker Carlo

40 Waliszewski, Kap. XI.

41 Montesquieu, Bd. I, Seite 671.

42 Cametti, Carlo Sigismondo Capeci.

43 Ligi, Seite 136; Prota Giurleo, Seite 26.

44 Dent, Seiten 113, 116.

45 In der Fastenzeit 1709, als *Clodoveo* aufgeführt wurde.

46 Körte, Seiten 48–52.

47 a.a.O. Seite 53–56.

48 Waliszewski, Seite 274.

Römisches Erbe

Sigismondo Capeci, einen ehemaligen Juristen und Diplomaten (49), zu ihrem Privatsekretär ernannte. Er war 1652 in Rom geboren, dort und in Madrid erzogen worden und seit 1692 unter dem Namen *Metisto Olbiano* Mitglied der Arcadia. Capeci schrieb die Libretti zu allen Aufführungen, die von nun an im Palast der Königin stattfanden. Die ersten Texte waren nur kleine Serenaden für zwei oder drei Singstimmen und Prologe zu Balletten. Im Sommer des Jahres 1708 ließ Maria Casimira im Palazzo Zuccari, offenbar nach Ottobonis Vorbild, eine kleine Privatbühne einbauen. Als erste Oper in diesem neu errichteten Theater wurde Alessandros *Il Figlio delle Selve* am 17. Januar 1709 aufgeführt. Ihr Text beruhte auf einem alten erfolgreichen Drama Capecis, das für diesen Zweck umgearbeitet und als Einleitung und Begleittext eines Balletts verwendet wurde. Entweder ist diese Aufführung bereits vor Domenicos Dienstantritt geplant worden, oder es blieb ihm keine Zeit, selbst eine neue Komposition dafür zu schreiben. Von jetzt ab komponierte Domenico, solange die Königin in Rom weilte, jährlich eine eigene Oper auf einen Text von Capeci.

Vom Thema her sind diese Libretti unbefriedigend, ihre Sprache dagegen ist lebendig, melodisch und von einer Ausdruckskraft, die zur Vertonung reizt. Addison könnte sich auf Capecis Libretti beziehen, wenn er wenige Jahre zuvor über die italienischen Textbücher schreibt: ›Die italienischen Dichter sind nicht nur wegen der berühmten Weichheit ihrer Sprache den Schriftstellern anderer Nationen gegenüber im Vorteil, sondern auch wegen der Verschiedenheit ihrer prosaischen und poetischen Redeweise. Es gibt natürlich in allen Sprachen Wendungen, die der Dichtung vorbehalten bleiben, aber die Italiener kennen darüber hinaus auch eine Vielfalt von speziellen Wörtern, die niemals in der Alltagssprache erscheinen. Sie sind für den poetischen Gebrauch so zugeschliffen und geglättet, daß ihnen dabei einzelne Buchstaben verlorengingen und sie als Vers in gänzlich veränderter Gestalt auftreten. Die italienische Oper verfällt daher nur selten in Spracharmut und behält auch bei den kläglichsten und banalsten Gedanken ihren schönen und wohlklingenden Ausdruck bei. Ohne diesen natürlichen Vorzug müßte die gegenwärtige Dichtung Italiens niedrig und vulgär erscheinen, trotz der vielen gesuchten Allegorien, die bei den Schriftstellern dieser Nation jetzt so sehr in Mode sind‹ (50).

Domenicos erste Komposition für Maria Casimira war ein Oratorium, *La Conversione di Clodoveo Re di Francia*. Es ist vermutlich in der Fastenzeit 1709 aufgeführt worden. Als Beispiel für den von Addison gerügten platten und sogar lächerlichen Gedankengehalt, der jedoch durch die Eleganz der Sprache Capecis veredelt wird, kann der Text der kleinen Arie gelten:

---

49 Die übrigen in diesem Absatz erwähnten Tatsachen stammen aus Cametti, Carlo Sigismondo Capeci. Die Aufführung am 17. Januar 1709 scheint Domenico geleitet zu haben, da Alessandro um diese Zeit schon wieder in Neapel war.

50 Addison, Seite 66.

›Rasserenatevi
Care Pupille;
Ch'io vado a spargere
Di sangue i fiumi
Perché compensino
De vostri lumi
Le vaghe stille.
Rasserenatevi...‹

Ein Künstler von weitaus größerer Begabung als Capeci oder selbst der Domenico der römischen Jahre war der Architekt und Bühnenbildner am Theater der Königin, Filippo Juvarra (51). Erst seine Szenengestaltung verlieh Maria Casimiras Opernaufführungen wirklichen Glanz; davon geben uns die großartigen und unglaublich erfindungsreichen Entwürfe aus seinen Skizzenbüchern noch heute ein Bild. Er war 1678 in Messina zur Welt gekommen und hatte mehrere Jahre lang in Rom bei Carlo Fontana gearbeitet. Obgleich man seine ungewöhnliche Phantasie erkannte und die Sicherheit und Ausdruckskraft seiner Zeichnungen bewunderte, hatte man ihm bisher noch keine für die Dauer bestimmten Bauten anvertraut. Wie alle anderen Architekten seiner Zeit wurde er ständig mit Entwürfen für Feuerwerke, Prozessionen und Triumphbögen, vor allem aber für Bühnenausstattungen beauftragt. Im Jahre 1708 war er in die Dienste des Kardinals Ottoboni getreten, dem er Möbel, Portale, Trionfi, Silberzeug, Kandelaber und Dekorationen für weltliche und kirchliche Feste entwarf. Ihm baute er auch ein kleines Theater zur Aufführung von Kammeropern. Es ist spurlos verschwunden, ebenso wie das Zimmertheater der Königin. Einige der Entwürfe für Ottobonis Theater dagegen existieren noch und vermitteln uns eine Vorstellung von dessen Maßen. Die Bühne war kaum größer als ein sehr kleines Zimmer, aber Juvarras Entwürfe täuschen in ihrer zwingend gestalteten Perspektive eine solche Raumweite vor, daß man sich nur schwer vorstellen kann, wie sie auf Ottobonis Miniaturbühne verwirklicht werden konnten. Weite Barockgewölbe ragen da in phantastischer Kühnheit auf, Gartenprospekte öffnen sich in unermeßliche Fernen, Schiffbruchszenen und Stürme erschüttern den Zuschauer. Es muß für die Sänger und Darsteller geradezu eine Herausforderung gewesen sein, sich gegen diese gewaltige Szenerie zu behaupten.

Das Theater Maria Casimiras war wahrscheinlich noch kleiner als das Ottobonis, denn der Palazzo Zuccari konnte sich keinesfalls mit den riesigen Räumlichkeiten der Cancelleria vergleichen. Es existieren noch elf Entwürfe Juvarras mit der Beschriftung ›Regina di Pollonia‹ (52). Sie waren also

51 Filippo Juvarra, Bd. I.

52 Turin, Biblioteca Nazionale, Ris. 59-4 (Abb. 9-14). Zwei andere Entwürfe sind in Filippo Juvarra, Bd. I, Tafeln 221, 222 reproduziert.

Abb. 8 Filippo Juvarra, Federzeichnung von Pier Leone Ghezzi
(Rom, Biblioteca Vaticana; Codici Ottoboniani latini 3115, fol. 117)

zweifellos für Opern Scarlattis und Capecis bestimmt. Ein paar davon zeigen, daß Einfälle, die Juvarra schon für Ottoboni skizziert hatte, in leicht abgewandelter Form für die Aufführungen der Königin wiederholt worden sind, und tatsächlich steht auf einem Blatt am oberen Rand in Juvarras Handschrift Ottobonis Name, am unteren die Bezeichnung ›Regina di Pollonia‹. Dieser Entwurf scheint ausgeführt worden zu sein, denn er trägt die Ziffern der drei betreffenden Szenenbilder. (Es kann sich entweder um den ›Park oder offenen Garten‹ in *Tetide in Sciro*, II. Akt, 7. Szene, oder den ›Hain beim Tempel der Diana‹ in *Ifigenia in Tauri*, I. Akt (s. Abb. 9) handeln).

Im großen und ganzen sind die erhaltenen Entwürfe für das Theater der Königin weniger großartig, dafür aber lyrischer als die meisten für Ottoboni geschaffenen Entwürfe; sie zeigen mehr Landschaftsbilder als Architekturphantasien. Ein Vergleich mit den Szenenangaben der Original-Libretti gestattet – mit Ausnahme von drei Blättern, auf denen Zelte dargestellt sind – keine sichere Bestimmung ihrer Verwendung. Eines davon könnte das ›Heerlager am Strande‹ aus *Ifigenia in Aulide*, III. Akt (s. Abb. 10) gewesen sein, und ein anderes stellt ohne Zweifel die ›Landschaft mit dem Zelt des Agamemnon‹ aus dem I. Akt der gleichen Oper dar (53).

La Silvia, eine Pastorale in drei Akten und die erste eigene Oper, die Domenico für die Königin geschrieben hat, wurde am 27. Januar 1710 aufgeführt. Capecis Widmung im Libretto mit seinen Entschuldigungen wegen der Hast bei der Ausarbeitung und die diskrete Auswahl schmeichelnder Floskeln erinnern uns wieder an Benedetto Marcellos ironische Empfehlungen für Operndichter.

Im folgenden Jahr komponierte Domenico zwei weitere Opern für das Theater der Königin. Die eine der beiden, *L'Orlando overo la Gelosa Pazzia*, wurde während des Karnevals 1711 aufgeführt. Im Vorwort zu seinem Libretto erwähnt Capeci, was er Ariost und Boiardo verdankt, und rechtfertigt verschiedene Änderungen, die er am Stoff habe vornehmen müssen, um die ›Einheiten der Zeit und Handlung herzustellen, die in der Tragödie noch notwendiger sind als im Epos‹.

Domenicos *Tolomeo ed Alessandro overo La Corona Disprezzata* erlebte am 19. Januar 1711 im Palast der Königin die Uraufführung. Capeci legte seinen Text an als ziemlich weit hergeholtes Kompliment an Maria Casimiras Sohn, Prinz Alessandro Sobieski, der gar keine andere Wahl gehabt hatte, als den polnischen Thron seinem älteren Bruder zu überlassen. Der Fernstehende könnte einwenden, daß der Alessandro der Oper seinem Bruder Tolomeo die Krone mit weit mehr Anstand überließ, als Alessandro Sobieski in Wirklichkeit zur Schau getragen hatte.

53 Eine Variante dieses Entwurfs ist in Filippo Juvarra, Bd. I Tafel 221 zusammen mit einer weiteren abgebildet, die Ottobonis Namen trägt (Tafel 220).

Abb. 9   »Park oder offener Garten«, für *Tetide in Sciro,* II. Akt, 7. Szene; oder »Hain beim Tempel der Diana«, für *Ifigenia in Tauri,* I. Akt (?)
Die Abbildungen 9–11 und 13–15 sind Szenenentwürfe von Filippo Juvarra für das Theater der Königin Maria Casimira, vermutlich für Opern von Domenico Scarlatti (Turin, Biblioteca Nazionale, Ris. 59-4)

Abb. 10 »Großes Heerlager am Strande« für *Ifigenia in Aulide,* III. Akt (?)

Abb. 11 »Landschaft mit Bäumen und Ruinen«, für *L'Orlando,* III. Akt, 6. Szene (?)

Das Drama ist eine verwickelte Verkleidungs- und Verwechslungs-Intrige, die Capeci wie folgt umreißt: ›Tolomeo, von seiner Mutter Cleopatra verbannt, lebt heimlich auf Zypern als einfacher Schäfer unter dem Namen Osmino. Seleuce, sein Weib, das ihm entrissen wurde und von Cleopatra zu Trifone, dem Tyrannen von Syrien, geschickt wird, erleidet unterwegs Schiffbruch. Alle Welt glaubt, sie sei ertrunken. In Wirklichkeit aber rettet sie sich, und da sie ihren Gemahl auf Zypern weiß, begibt sie sich, ebenfalls als Schäferin unter dem Namen Delia, dorthin, um ihn zu suchen. Unterdessen ist Alessandro auf Geheiß seiner Mutter mit einem mächtigen Heer gen Zypern gezogen, um Tolomeo zu fangen. Im Innersten aber ist er entschlossen, seinen Bruder zu retten und ihm die Krone zurückzugeben. Zu dieser Zeit herrscht in Zypern Araspe, der mit seiner Schwester Elisa in einem Lustschloß am Strande lebt. Er verliebt sich in die Schäferin Delia, die eigentliche Seleuce, während Elisa in Liebe zu Osmino, dem wirklichen Tolomeo, entbrennt. Endlich ist auch noch Dorisbe da, die Tochter des Isauro, Fürst von Tyros. Araspe hatte sie einst geliebt und dann verlassen. Sie verkleidet sich als Gärtnerin und nennt sich Clori. Zwischen diesen sechs Personen ereignen sich nun verschiedene Vorfälle, die der historischen Wahrheit nicht zuwiderlaufen.‹

Die vollständige Partitur des ersten Aktes von *Tolomeo* wurde erst vor einiger Zeit bei einem römischen Antiquar entdeckt. Sie trägt den nicht ohne weiteres verständlichen Vermerk ›Dominicus Capece‹ und ›Ad Uso C S‹, was vielleicht bedeutet, daß dieses Exemplar für Capecis eigenen Gebrauch angefertigt worden ist. Sie schreibt vier Sopranstimmen, zwei Altstimmen, Flöte, Oboe, Streicher und Generalbaß vor. Der dritte Satz der Ouvertüre liefert uns das früheste Beispiel der zweiteiligen Form, die Domenico später in fast allen seinen Cembalo-Sonaten angewandt hat. Die ersten beiden Arien sind in ihrem großartig tragischen Stil Juvarras Bühnenbild durchaus ebenbürtig.

Prinz Alessandro Sobieski veranstaltete noch eine weitere Aufführung des *Tolomeo* für die Nymphen und Schäfer der Arcadia auf einer eigens dafür errichteten überdachten Freilichtbühne. Mit zuckersüßen Lobsprüchen beschreibt Crescimbeni diese Vorstellung in seiner Prosaschrift *Arcadia*: ›Von unübertrefflicher Schönheit war das Theater, man hätte es sich nicht besser proportioniert und für diese Gelegenheit angemessener denken können; lieblich die Stimmen, gefällig die Handlung, höchst zauberhaft die Kostüme und wundervoll die Dekorationen, ausgezeichnet die Musik, hervorragend das Orchester, über jedes Lob erhaben die poetische Komposition, so daß jedermann fand, diese Unterhaltung sei des königlichen Genius

Abb. 12 Ouvertüre zu *Tolomeo*, zweiter Satz und Anfang des dritten
(Rom, ehemaliger Besitz des verstorbenen S. A. Luciani)

würdig gewesen, der sie ermöglicht hatte...‹ (54). Und in dem ganzen weitschweifigen Bericht Crescimbenis steht nicht ein einziges Wort über Domenico Scarlatti, der doch wahrscheinlich die Aufführung vom Cembalo aus geleitet hatte. Auch in dem Band mit Huldigungsgedichten, den die Arkadier hinterher für die Königin herausgaben, ist sein Name nicht erwähnt. In siebzehn Sonetten und einem Madrigal rühmen Renda, Martelli, Buonacorsi und andere Arkadier nur die Königin, Prinz Alessandro, den Librettisten Capeci, die beiden Sängerinnen Paola Alari und Maria Giusti und andere Mitwirkende. Es ist doppelt merkwürdig, wie man Domenico hat übergehen können, der doch nicht nur der Komponist des Werkes, sondern auch der Sohn eines angesehenen Arkadiers gewesen ist.

Tetide in Sciro wurde am 10. Januar 1712 aufgeführt. Capeci erläutert einige Abänderungen des Stoffes und erklärt, daß er Odysseus auf der Suche nach Achilles nicht als Bettler, sondern als Gesandten des Agamemnon auftreten lasse, weil er so eine wirkungsvollere Bühnenfigur abgebe. Domenicos Musik für *Tetide in Sciro*, fast vollständig, ist vor kurzem in einem Minoritenkloster in Venedig wieder aufgefunden worden. Erwähnenswert sind hierbei zwei Ensembles, besonders das herrliche Terzett ›Amando, tacendo‹.

Im gleichen Jahr feierten dann Capeci und Scarlatti den Jahrestag der Befreiung Wiens durch Sobieski mit einem *Applauso Devoto al Nome di Maria Santissima*. Darin überhäufen die drei allegorischen Hauptgestalten Zeit, Schlaf und Ewigkeit die Königin Maria Casimira und ihren verstorbenen Gemahl mit tönenden Schmeicheleien.

Im Jahr 1713 lieferten die Tragödien des Euripides Capeci und Scarlatti Stoff zu zwei weiteren Opern. Am 11. Januar wurde *Ifigenia in Aulide* nach einer Übersetzung von Scamacca aufgeführt, und im Februar folgte *Ifigenia in Tauri*, der mit Ausnahme einiger zusätzlich eingefügter Episoden die Fassung des Pier Jacopo Martelli (55) zugrunde liegt.

Die letzte Oper, die Scarlatti im Auftrag der Königin geschrieben hat, war *Amor d'un' ombra e Gelosia d'un 'aura*. Sie wurde im Januar 1714 aufgeführt. Capeci verschmolz hier zwei Fabeln aus Ovids Metamorphosen zu einem Libretto, die von Echo und Narzissus und die von Cephalus und Procris. In seinem Vorwort bemerkt er: ›Ich habe mich nur dafür zu entschuldigen, daß ich den Ausgang ein wenig verändert habe, indem ich Narzissus sich nicht in sich selbst, sondern in Echo verlieben lasse und Cephalus Procris nicht tötet, sondern nur leicht verwundet. Auf diese Weise gedachte ich die Oper mit einem glücklichen statt einem tragischen Ende zu versehen, wie es dem heutigen Geschmack und Gebrauch entspricht. Im übrigen war ich jedoch bestrebt, in nichts von dem abzuweichen, was diese unnachahmliche

54 Crescimbeni, L'Arcadia, VII. Bd., Prosa XIV. Die Königin lud die Arkadier alljährlich zu einer Vorstellung ein (Morei, Seite 238); das gleiche taten der Kardinal Ottoboni und Fürst Ruspoli. (Rom, Biblioteca Angelica, Archiv der Arcadia, ms. Crescimbeni, Il Secondo Volume del Racconto de fatti degli Arcadi...)

55 Capeci erwähnt diese Autoren in den Vorworten der betreffenden Libretti.

Römisches Erbe

Abb. 13   »Berglandschaft und Küste« für *Tetide in Sciro,* I. Akt, 1. Szene (?)

Abb. 14 »Gebüsch, mit Durchblick auf den Hafen von Aulis mit ankernden Kriegsschiffen und einer Trireme am Ufer«, für *Ifigenia in Aulide*, III. Akt (?)

Abb. 15 »Aussicht auf den Tempel von Pan und Cupido«, für *Amor d'un' Ombra*, I. Akt (?)

Feder geschrieben hat.‹ Offenbar völlig zufrieden damit, den ursprünglichen Sinn der Allegorien Ovids bis zur Unkenntlichkeit entstellt zu haben (was bei Librettisten und Drehbuchautoren weiterhin Schule gemacht hat!), fügt Capeci noch eine Rechtfertigung an, die für die Augen der kirchlichen Zensur bestimmt war: ›Die Worte Schicksal, Göttlichkeit, Verhängnis, Anbetung und ähnliche darf man nur als dichterische Einfälle des Autors, nicht aber als die Gesinnung eines Mannes ansehen, der sich getreulich zur Römisch-Katholischen Kirche bekennt.‹ Ähnliche Anmerkungen hatte er auch schon in *Tolomeo* und *Tetide in Sciro* gemacht, um das gläubige Herz des Autors nicht durch die dichterischen Freiheiten seiner Feder zu kompromittieren.

Von allen Kompositionen, die Domenico Scarlatti für Königin Maria Casimira geschaffen hat, sind nur noch erhalten: der ganze erste Akt des *Tolomeo*, *Tetide in Sciro* fast vollständig, *Amor d'un'ombra* in der bearbeiteten Fassung als *Narciso*, und einige Stücke mit den Titeln *Sinfonia* versehen, darunter in aller Wahrscheinlichkeit die Ouvertüren zu den anderen Opern Domenicos. Es war Domenicos Freund Roseingrave, der 1720 in London *Amor d'un'ombra* unter dem Titel *Narciso* aufführen und veröffentlichen ließ. Abgesehen von einigen reizvollen Stellen wie jener Serenade, in der nach Art von Mozarts *Don Giovanni* das Pizzicato der Geigen eine Mandoline nachahmt, läßt uns *Narciso* dem Verlust weiterer dramatischer Musik Domenicos nicht nachtrauern.

Burney sagt von ihr mit gewissem Recht: ›Obgleich viele neuartige und gefällige Passagen und Effekte darin enthalten sind, wird wohl jeder, der mit den originellen und glücklichen Einfällen dieses Komponisten in seinen Cembalo-Sonaten vertraut ist, von der Bescheidenheit und sogar beinahe Langweiligkeit seiner Gesangsstücke überrascht sein. Seine Begabung war noch nicht voll entwickelt, und er war auch längst nicht so gewohnt, für die Singstimme zu schreiben, wie sein Vater, der größte Vokalkomponist seiner Zeit, wohingegen er der begabteste und großartigste Cembalospieler und -komponist geworden ist. Aber es scheint einem Einzelnen unmöglich zu sein, zwei verschiedene, schwer erlernbare Dinge gleichermaßen zu beherrschen‹ (56).

Trotz der Pracht ihrer Opernaufführungen, oder besser gesagt deswegen, ging Maria Casimira allmählich das Geld aus. Sie konnte ihre Gläubiger nicht länger mit fragwürdigen Adelsprädikaten zufriedenstellen (57). Auch Scarlatti hat es vielleicht zu spüren bekommen, daß ihre Zahlungen keineswegs so regelmäßig waren wie ihre Extravaganzen. Die Königin sah sich schließlich gezwungen, ihre Hoffnungen auf ein friedliches Ende, umstrahlt

56 Burney, A General History of Music, Bd. II, Seite 706.

57 Am 1. Juli 1709 hatte sie ihren Hauseigentümer, Giacomo Zuccari, in feierlicher Form zu einem der ›nobili Famigliari attuale della Nostra Corte‹ ernannt. (Körte, Seite 50, 86). In diesem Dokument bezeichnete sie sich als ›Maria Casimira, per grazia di Dio, Regina di Polonia, Granduchessa di Lithuania, Russia, Prussia, Moscovia, Semogizia, Kiovia, Volhinia, Podolia, Podlachia, Livonia, Severia, Smolensckia, Cirnicovia etc‹.

Römisches Erbe 73

von der Glorie des Theaterruhms, aufzugeben. In wenigen europäischen Ländern war sie gern gesehen, doch mußte sie sich ihren neuen Wohnsitz in der Nähe einer verläßlichen Einnahmequelle wählen. Ludwig XIV. gestattete ihr, nach Frankreich zurückzukehren, und er ließ ihr die Wahl zwischen mehreren Königsschlössern an der Loire, unter der Bedingung jedoch, daß sie sich nicht in Versailles blicken lasse (58). So nahm sie Abschied vom Papst und von seinen Kardinälen, von Hof und Oper und bestieg im Juni 1714 in Civitavecchia eine päpstliche Galeere, die mit vergoldeten Skulpturen, rotem Damast und Goldspitzen verziert war (59).

Villars hat sie 1716 in Blois gesehen. ›Sie stand schon in hohem Alter, trug aber dessenungeachtet viele Schönheitspfläserchen und eine Menge Rouge und hatte noch immer viel von der Anziehungskraft, welche ›galante‹ Königinnen länger zu bewahren wissen als andere Frauen‹ (60). Saint-Simon zeichnet ein schonungsloses Bild von ihren letzten Tagen (61). Am 30. Januar 1715 verschied sie in Blois. Ihr Sohn Alessandro Sobieski war schon kurz nach ihrer Abreise in Rom gestorben. Ihre Enkelin Clementina kehrte später als Gattin des englischen Thronprätendenten nach Rom zurück, um die Tradition der Königinnen ohne Reich weiterzuführen (62).

58 Saint-Simon, Bd. XXIV, Seite 320.

59 Labat, Bd. VII, Seiten 29–31.

60 Zitiert in Saint-Simon, Bd. XXIV, Seite 324, Anm.

61 Saint-Simon, Bd. XXIV, Seite 320.

62 Waliszewski, Seiten 282–283.

IV. Kirche und Theater

Der Vatikan – Die portugiesische Botschaft – Römische Theater und Domenicos letzte Opern – Emanzipation – Die angebliche Londoner Reise – Abschied

Im letzten Jahr seiner Anstellung bei der Königin Maria Casimira hatte Domenico Verbindung mit dem Vatikan aufgenommen. Man möchte annehmen, daß er sie, wie alle seine früheren Stellungen, seinem Vater zu verdanken hatte. Alessandro kam häufig nach Rom, seine Kompositionen wurden ständig dort aufgeführt, und der Kontakt mit seinen römischen Freunden und Gönnern ging nie verloren. Während seiner römischen Jahre scheint Domenico ziemlich unbeachtet im Schatten seines Vaters gestanden zu haben. Von seiner Begegnung mit Händel bei Ottoboni, die im Jahre 1709 stattgefunden haben wird, bis zu seinem Abschied zehn Jahre später haben wir keine einzige Anekdote oder einen persönlichen Bericht von ihm und seinem Leben. Lediglich trockene archivalische Belege über seine Anstellung beim Vatikan, ein paar Opernlibretti und ein gelegentlich auftauchendes Dokument – das ist alles, was wir von seiner Tätigkeit wissen, und es läßt keinen Schluß auf sein Privatleben zu.

Paolo Lorenzani, der alte *maestro di cappella* an der Basilica Giulia, war im Oktober 1713 gestorben (1). Im November des gleichen Jahres wurde Tommaso Bai, das älteste Mitglied der Kapelle und dort lange Jahre als Tenor tätig, zum *maestro di cappella* ernannt, und Domenico Scarlatti wurde sein Assistent (2). Am 22. Dezember des folgenden Jahres starb Bai, und Scarlatti wurde sein Nachfolger (3). Bai war offenbar schon in seiner letzten Lebenszeit arbeitsunfähig geworden, denn Domenico hatte für den Vatikan die Weihnachtskantate einstudiert (4). Ihr Text stammte von einem der Arkadier, Francesco Maria Gasparri, und enthält Rollen für die allegorischen und nicht gerade römischen Gestalten Mildtätigkeit, Glauben und Jungfräulichkeit sowie für den Erzengel Gabriel und einen Engelschor. In früheren Jahren hatte Alessandro die Musik zu diesen Feierlichkeiten geschrieben (5), und wahrscheinlich hat auch Corelli sein schönes Weihnachtskonzert zu einem solchen Anlaß komponiert.

Präsident de Brosses entwirft ein erheiterndes Bild von einer solchen vatikanischen Weihnachtsfeier. Nach dem Konzert und der Aufführung eines Oratoriums gab der Papst für seine Kardinäle ein verschwenderisches Mahl.

1 Baini, Bd. II, Seite 280. Aus Colignanis Tagebuch.

2 Arch. Cap. S. Petri in Vat. Diari 33–1700–1714, Seite 298, Original in Diari 30–1658–1726, Anh. II.

3 Ebenda, Seite 307, Anh. II.

4 Cantata da Recitarsi nel Palazzo Apostolico la Notte del SS^{mo} Natale Nell'Anno MDCCXIV…

5 Dent, Seiten 99–102, 211.

›Wir, Lord Stafford und ich, machten Konversation mit Kardinal Acquaviva und Kardinal Tencin. Als der letztere den Kardinalvikar Guadagni in seiner Nähe erblickte, einen guten Mönch und bigotten Karmeliter, das Urbild eines *Sulpizianers,* wie er gerade dabei war, in aller Demut einen Stör zu verschlingen und wie ein Templer zu trinken, wandte er sich zu ihm, betrachtete nachdenklich sein bleiches Gesicht und sagte in einem besorgten und scheinheiligen Ton: ›La sua Eminenza sta poco bene, e mi pare che non mangia.‹ (Eurer Eminenz geht es nicht wohl, mir scheint, Ihr eßt nicht recht.) Nach dem Souper legten die Kardinäle ihre geistlichen Gewänder wieder an und begaben sich in die Sixtinische Kapelle… Der arme Guadagni hatte in solchem Ausmaß gefastet, daß er während der Matutin einen Schwächeanfall erlitt und hinausgetragen werden mußte. Ich hörte, wie Leute hinter mir sagten: ›Ach seht nur diesen heiligen Mann, Buße und Abtötung des Fleisches haben ihn soweit gebracht‹ (6).

Domenico Scarlattis Name erscheint während der Dauer seiner Tätigkeit als Assistent Tommaso Bais nicht in den Zahlbüchern der Cappella Giulia. Erst am 28. Februar 1715 (7) wird er dort aufgeführt; er erhielt am 1. März dreißig Scudi für die vorangegangenen zwei Monate (8). Danach bezog er, solange er sein Amt ausübte, fünfzehn Scudi monatlich. Es war der gleiche Betrag, den man seinem Vorgänger und seinem Nachfolger ebenfalls zahlte. Zur Zeit von Scarlattis Anstellung bestand das ständige Ensemble der Cappella Giulia neben dem Kapellmeister aus sechzehn Sängern, je vier für jede Stimme, einem Organisten und einem *maestro d'organi*. Die Sopranisten erhielten monatlich fünf Scudi, die übrigen Sänger sieben, der Organist sechs, der *maestro d'organi* zwei und die Kapläne vier. Als Domenico den Vatikan verließ, war inzwischen die Zahl der Sopranisten auf sechs erhöht.

Für umfangreichere Aufgaben an St. Peter wurden während Scarlattis Amtszeit andere Chöre herangezogen, so für die alljährlichen Peter- und Paul-Vespern am 30. Juni, für die *Sacra di San Pietro* am 18. November und für besondere Feierlichkeiten, Selig- und Heiligsprechungen (9). Anläßlich des Festes und der Translation des Leichnams des heiligen Leo am 11. April 1715 bewegte sich das gesamte Kapitel von St. Peter mit einer großen Zahl von Sängern und brennenden Fackeln unter dem Gesang des *Iste Confessor* (10) in Prozession durch die Straßen. Es ist nicht unmöglich, daß der schlichte und würdevolle Satz dieses Hymnus, der sich im Archiv der Cappella Giulia befindet, von Scarlatti für diese Gelegenheit geschrieben wurde.

Die Traditionen und Aufgaben des päpstlichen Chors zu Scarlattis Zeit sind von einem alten Freund seines Vaters, dem Arkadier Andrea Adami da Bolsena in einer kleinen, im Jahre 1711 erschienenen Schrift umrissen. Sie

6 De Brosses, Bd. II, Seiten 152–154.

7 Biblioteca Vaticana, Archivio di S. Pietro, Cappella Giulia 203, Del Registro dal 1713 a tt⁰. l'Anno 1750, Filza 14.

8 Biblioteca Vaticana, Archivio di S. Pietro, Cappella Giulia 174, Registro dei Mandati della Cappella Giulia -E- 1713 a tutto 1744. Aus dieser Quelle stammen auch die übrigen Angaben in diesem Kapitel. Anhang II.

9 Biblioteca Vaticana, Archivio di S. Pietro, Cappella Giulia 203, P pagam^{ti}, fatti dall'Esattor, P$\overline{m}$a P^e. dal. 1713. a tt°. 9$\overline{bre}$, 1729. Anhang II.

10 Colignani, Arch. Cap. S. Petri in Vat., Diari – 34, Seite 10.

Abb. 16 Der Petersplatz in Rom, Stich von Giuseppe Vasi. Aus: *Delle Magnificenze di Roma ... Libro Secondo*, Rom 1752. (Guilford, R. K.)

Abb. 17   *Et incarnatus* aus der *Messe* in g-moll (Madrid, Palacio Real, Capilla 102)

trägt den Titel *Osservazioni per ben regolare il Coro dei Cantori della Cappella Pontificia* ... und ist mit einem Bildnis des Kardinals Ottoboni, des Mäzens der Kapelle, geschmückt, und kein anderer als Filippo Juvarra hat sie mit Stichen illustriert.

Man kann sich den Domenico der Cembalo-Sonaten nur schwer als Kapellmeister der Cappella Giulia oder an der Orgel hinter dem mächtigen Altar Berninis in der Peterskirche vorstellen. Aber während seiner Amtszeit im Vatikan hat er eine Musik komponiert, die seiner erhabenen Umgebung würdig war, zwar nicht so überwältigend wie Michelangelos *Jüngstes Gericht*, jedoch sicher sehr viel kirchlicher als die verzückten Heiligen Berninis. Das Archiv der Cappella Giulia bewahrt noch die Handschriften zweier *Miserere* auf, die Domenico im strengen a-cappella-Stil der alten Zeit geschrieben hat. Die Einzelstimmen des *Miserere* in g-moll zeigen Domenicos Handschrift und stellen sein einziges uns bekanntes musikalisches Autograph dar (Abb. 18). Eindrucksvoller ist ein rein vokales, zehnstimmiges *Stabat Mater*, das wahrscheinlich noch während seiner vatikanischen Zeit entstanden ist. Es ist ein echtes Meisterwerk, vielleicht das erste wirklich bedeutende, das wir von Domenico besitzen. Weiträumig in der Anlage, reich an Einfällen und souverän in der Behandlung des Kontrapunkts, wird es in jeder Hinsicht der Ausdruckskraft des Textes gerecht.

Daß die vatikanische Bibliothek außer dem *Iste Confessor* und den beiden *Miserere* keine weiteren Werke von Domenico besitzt, erklärt sich wohl nicht daraus, daß die Noten verschwunden sind (auf unerlaubtes Ausleihen stand die Exkommunikation), sondern eher aus dem Umstand, daß die für den Kapellgebrauch geschriebene Musik häufig das persönliche Eigentum des Komponisten blieb. Vielleicht hat Domenico den größten Teil seiner italienischen Kirchenmusik nach Portugal mitgenommen, wo sie dem Erdbeben von Lissabon im Jahre 1755 zum Opfer gefallen ist, oder nach Spanien, wo sie allmählich abhanden gekommen sein könnte (11).

Inzwischen hatte Domenico, gerade zu der Zeit, als Maria Casimira Rom verließ, eine Stellung als *maestro di cappella* beim portugiesischen Gesandten, dem Marques de Fontes, angenommen. Zur Feier der Geburt des Kronprinzen von Portugal am 6. Juni 1714 hat Domenico einen *Applauso Genetliaco del Signor Infante di Portogallo* komponiert. Das war der Anfang einer langen Reihe von Werken, die Domenico zu Ehren des portugiesischen Hofes geschrieben hat. Er konnte nicht ahnen, daß er fünfzehn Jahre später zur Vermählung desselben Prinzen, die in einem eigens dafür erbauten Palast an der spanisch-portugiesischen Grenze gefeiert wurde, die Hochzeitsmusik liefern sollte.

11 Die Werke, welche Scarlatti im Vatikan hinterlassen hat, waren nicht gänzlich in Vergessenheit geraten. *Iste Confessor* ist eine erst mehrere Jahre später angefertigte Kopie, und das *Miserere* in e-moll scheint für eine Aufführung abgeändert worden zu sein, die erst lange nach Scarlattis Abreise stattgefunden hat.

Abb. 18   Autograph: Tenorstimme des *Miserere* in g-moll, erste Seite
(Rom, Biblioteca Vaticana)

Das Großsprecherische dieser unterwürfigen, mythologisch verbrämten Schmeichelei paßte gut zur Lebensart des portugiesischen Hofes und seiner Gesandten. Nicht weniger aufwendig als Maria Casimira, allerdings dank des Goldes aus Brasilien ungleich zahlungskräftiger, bot das Haus des Marques de Fontes eine Prachtentfaltung, mit der kaum eine andere Gesandtschaft in Rom konkurrieren konnte. Der Pomp, den der Marques bei seiner Mission beim Papst im Jahre 1716 anläßlich der Erhebung Lissabons zum Patriarchat an den Tag legte, spiegelt sich in den drei riesigen vergoldeten Karossen, die eigens hierfür gebaut wurden. Sie haben wunderbarerweise das große Erdbeben überlebt und sind heute noch im Wagenmuseum zu Lissabon zu sehen. Großartige geschnitzte Figuren überragen die Deichseln als allegorische Lakaien, die in ihrer Gestik Operngestalten oder den Brunnenfiguren auf der Piazza Navona gleichen. Vor ihrer pompösen Attitüde sind womöglich die hohen Persönlichkeiten, die sie zu eskortieren hatten, zu bescheidener Bedeutungslosigkeit herabgesunken.

Montesquieu bemerkt, daß ›tout ce qui est spectacle charme les yeux italiens‹ (12). Diese Liebe zur Schaustellung bei kirchlichen Feiern und Bühnenfesten ist wohl eine allgemeine mediterrane Eigenschaft und ganz besonders eine römische. Die immer wieder hervorgekehrte Abneigung des römischen Klerus gegen das Theater dürfte vermutlich ihren Grund in dem Wunsch der Kirche haben, die Konkurrenz des Schauspiels auszuschalten. In Rom gibt es kaum eine Grenzlinie zwischen Theater und Straße. An jeder Straßenecke kann man die leidenschaftliche Deklamation der Bühne hören, und die Gesten der Schauspieler kehren in den Brunnenfiguren der öffentlichen Plätze und den Bewegungen der herumstehenden Menge wieder. Die eindrucksvollen Perspektiven tragischer Szenerien und die volkstümlichen Höfe und Balkone der Komödie findet man überall mit geborenen Komödianten bevölkert. Auch ist der Abstand zwischen weltlicher und kirchlicher Sphäre nicht wesentlich größer als der zwischen Proszenium und Publikum. Die Heiligen gebärden sich wie die allegorischen Brunnenfiguren; Musik, Kerzen, Weihrauch, Kostüm und Farbe unterstreichen noch die barocken Architekturen, und das Benehmen der Gläubigen ist in einer Kirche ebenso auffallend wie vor ihren Portalen.

Im zweiten Jahrzehnt des 18. Jahrhunderts ließ der geistliche Druck nach, und die römischen Theater schöpften neue Lebenszuversicht. Was für Neapel und Venedig gültig ist, konnte man ein wenig später auch vom römischen Theater sagen: ›Dorthin gehen die Abbés, um ihre Theologie zu studieren ... und selbst jeder Schuster und Schneider ist ein Theaterkenner‹ (13).

12 Montesquieu, Bd. I, Seite 681.

13 Montesquieu, Bd. I, Seite 680.

Im Vordergrund des Interesses stand für dieses Publikum die Textdichtung, dann die Szenerie und zuletzt die Musik, abgesehen natürlich von der tyrannischen Vormachtstellung, die man den Sängern und Sängerinnen eingeräumt hatte. Der Text einer italienischen Oper konnte alt und schon mehrmals vertont sein, die Musik hingegen mußte jeweils neu komponiert werden und den besonderen Wünschen und Fähigkeiten der Künstler Rechnung tragen. Ein altes und bewährtes Libretto wurde in Italien hochgeschätzt (vgl. die Werke Metastasios in späterer Zeit), aber alte Musik wurde kaum je wieder aufgeführt.

›Es gibt noch einen weiteren Charakterzug, der allen Italienern unterschiedslos eigen ist: ich meine ihre so unbändige Lust am Theater und überhaupt an jeder Art von öffentlicher Schaustellung oder Unterhaltung. Diese Leidenschaft scheinen sie von den alten Römern geerbt zu haben, und dieses Vermächtnis hat bei ihnen seither nichts eingebüßt. Die elegante Welt verbringt ihren Vormittag in schlampigem Negligé, das ihnen verbietet, auszugehen oder Besucher in größerer Zahl zu empfangen. Um diese Tageszeit wird kaum gelesen oder eine Arbeit verrichtet, und so vergeht sie in lässiger Ungezwungenheit. Bis zum Mittagessen werden diese Leute kaum recht wach. Aber ein paar Stunden später bringt sie der wichtige Akt des Toilettemachens sanft in Bewegung, bis sie dann endlich die Oper völlig zum Leben erweckt. Dabei muß man aber bedenken, daß Schauspiel oder Musik nicht den Hauptgegenstand des Vergnügens bilden. Die Loge einer jeden Dame wird zum Schauplatz für Tee, Kartenspiel, Kavaliere, Diener, Schoßhündchen, Abbés, Skandale und Rendezvous; die Aufmerksamkeit für das Stück, die Szenerie oder die Darsteller, gleichviel ob männlich oder weiblich, kommt erst in zweiter Linie. Tritt irgendein Schauspieler oder eine Schauspielerin auf, deren Verdienste oder Karriere zufällig die von der Mode befohlene Würdigung verdienen, so tritt für eine Weile Ruhe ein, und man hört sich seine Lieblingsarie an. Aber ohne diesen Anlaß oder die Anwesenheit eines fürstlichen Besuchers bringt ein italienisches Publikum nichts als Lärm, Tumult und Durcheinander hervor. Die Stunde des Theaters ist indessen mit all ihrer Pöbelhaftigkeit und ihrem Lärm für jeden Italiener, ganz gleich welchen Standes, der glücklichste Teil des Tages, und selbst der ärmste Besucher würde eher ein Stück seines täglichen Brotes opfern, als auf sie zu verzichten. Aber auch derjenige, der nicht einen einzigen Sou erübrigen kann (denn man zieht immerhin das nackte Leben noch dem Theatervergnügen vor), ist dennoch nicht so schlimm daran, daß er vom Genuß eines Spektakels ausgeschlossen wäre. Er besucht die pompösen Kirchenzeremonien, ergötzt sich an Riten und Mummenschanz zu Ehren der Heiligen und läuft

Abb. 19   Die jährlich im August überflutete Piazza Navona in Rom, Stich von Giuseppe Vasi
Aus: *Delle Magnificenze di Roma ... Libro Secondo,* Rom 1752. (Guilford, R. K.)

14 Beckford, Bd. I, Seiten 251–253, geschrieben im Jahre 1781.

15 Wiel, Seite 9.

16 Filippo Juvarra, Bd. I., Seiten 54, 143.

17 Im Augenblick, als diese Zeilen niedergeschrieben wurden, zeigte das Capranica einen Film mit dem Titel ›La Famiglia Sullivan‹.

auch noch der armseligsten Pfennigkerzen-Prozession hinterher... ‹ (14). Domenico stellte sich dem verwöhnten und launischen römischen Opernpublikum erstmals mit einem altbewährten Drama vor. Bisher hatte er nur Opern für Privataufführungen komponiert. Für dieses öffentliche Debüt hatte man ihm einen Text gegeben, den Gasparini bereits 1705 in Venedig vertont hatte (15), den *Ambleto* von Apostolo Zeno und Pietro Pariati. Gasparini lebte zu dieser Zeit in Rom und war wohl dabei, als Domenicos Fassung 1715 während des Karnevals über die Bühne des Capranica-Theaters ging. Zwei Jahre zuvor hatte Juvarra für dieses Theater ein neues Proszenium entworfen (16). Das Gebäude steht noch heute, aber es zeigt keine Spur mehr von seiner ursprünglichen Bestimmung als Opernbühne. Gegenwärtig dient es als Kino, als *Cinema Capranica*, und es werden dort Filme gezeigt, die ebenso unwahrscheinlich und ausgefallen sind wie die Opern des 18. Jahrhunderts (17).

Der Text von Scarlattis *Ambleto* hat nur wenig mit Shakespeares *Hamlet* zu tun. Das Vorwort des Librettisten verweist auf die alten Quellen des Stoffes, verrät aber nicht die geringste Vertrautheit mit dem Werk des englischen Dichters. Das Drama selber vermeidet streng jede psychologische Mehrdeutigkeit. Hier wird Hamlets Vater, der König von Dänemark, von einem Usurpator umgebracht, der Hamlets Mutter in die Ehe gezwungen hat. Hamlet, der nicht weiß, wie er dem über ihn verhängten Tod entgehen könnte, täuscht Wahnsinn vor, von dessen Echtheit sich der Stiefvater durch drei Proben überzeugen will. Der erste erfolglose Versuch ist die Konfrontation Hamlets mit seiner ehemaligen Braut, die gefangengenommen und als Mätresse des Generals von Dänemark an den Hof gebracht worden ist. Die zweite Konfrontation geschieht mit seiner königlichen Mutter, und zwar in heimlicher Anwesenheit eines vermeintlichen Spions des Tyrannen, der in Wirklichkeit sein Feind ist. Hamlet ahnt nichts davon, entdeckt und tötet ihn, spricht dann aber schließlich offen mit seiner Mutter, und dies in einer Weise, die nicht das mindeste mit dem leidenschaftlichen Dialog zu tun hat, den Shakespeare in dieser Szene verwendet. Die letzte Prüfung Hamlets ist womöglich noch trivialer. Es handelt sich ganz einfach um den Versuch des Tyrannen, Hamlet während eines Banketts betrunken zu machen und ihn dabei zum Sprechen zu bringen. Der Plan mißlingt aber, denn der Tyrann erliegt selber einem Trank, den Hamlet für ihn gemischt hat, und wird auf dessen Befehl abgeführt und hingerichtet. Damit nimmt die Oper ein glückliches Ende.

Die Sänger in *Ambleto* waren Domenico Tempesti (Ambleto), Domenico Genovesi (Veremonda), Giovanni Paita (Gedone), Innocenzo Baldini (Gerilda), Antonio Natilii (Ildegarde), Giovanni Antonio Archi, bekannt unter dem Namen Cortoncina (Valdentaro), und Francesco Vitali (Siffrido), lauter Männer natürlich oder Kastraten.

Von Scarlattis Musik zu dieser Oper ist nur eine Arie, ein Adagio mit Streicherbegleitung, erhalten. Abgesehen von einer ausdrucksvollen chromatischen Passage im Mittelteil, ist es kaum zu bedauern, daß die übrige Musik des *Ambleto* verlorengegangen ist. Domenico Scarlatti hat nie wieder eine vollständige Oper für eine öffentliche Aufführung geschrieben. Es scheint, daß sein erster und einziger Versuch mit dem öffentlichen Theater nicht allzu erfolgreich verlaufen ist.

Vielleicht hätte Domenico mit dem Intermezzo *La Dirindina* mehr Glück gehabt, das zusammen mit *Ambleto* aufgeführt werden sollte, jedoch in letzter Minute vermutlich zurückgezogen und durch *Intermedj Pastorali* ersetzt wurde. *La Dirindina* war eine Satire von Girolamo Gigli auf die Art und das Benehmen der Opernsänger, ein reizendes Gegenstück zu Benedetto Marcellos *Teatro alla Moda*. Die drei Figuren dieses Stückes sind Don Carissimo, ein alter Gesangslehrer, seine Schülerin, die Sängerin Dirindina und Liscione, ein Kastrat. Die erste Szene beginnt am Cembalo, mit dem Gehuste, den Stimmübungen und den Klagen über den Katarrh, dieses ewige Leiden aller Sänger. Don Carissimos Neigung für Dirindina ist so hoffnungslos, daß er geradezu toll vor Eifersucht sogar auf den Kastraten Liscione ist, der gerade zur rechten Zeit kommt, um die Gesangstunde zu stören, indem er Dirindina einen Opernvertrag in Mailand anbietet. Der Dichter läßt sich kaum eine der herkömmlichen Anspielungen entgehen: auf die Mütter der Virtuosinnen, die Gönner, die Gedächtnisfehler, die falsche Intonation, die Unfähigkeit zur Darstellung und die zweifelhafte Ehrbarkeit der Opernsänger im allgemeinen. Der Kastrat darf sich über ›Amor di Platone‹ auslassen, und die Eigentümlichkeiten seiner menschlichen und künstlerischen Situation werden einer eingehenden Prüfung unterzogen. Wahrscheinlich war es der Verlauf der zweiten Szene, der für die klerikalen Kreise untragbar war und deshalb in letzter Minute durch das ›pastorale Zwischenspiel‹ ersetzt wurde. Don Carissimos eifersüchtige Leichtgläubigkeit wird bis zu Mitleid und Vergebungsbereitschaft strapaziert, als er eine Probe mißversteht, in der Liscione die nicht ganz sattelfeste Dirindina wegen des Engagements in Mailand auf Herz und Nieren prüft. Als Don Carissimo die Worte der Dido in höchsten dramatischen Tönen vernimmt, vermeint er, die Dirindina sei in anderen Umständen, sie erwarte ein Kind von Liscione und wolle sich mit einem Theaterschwert entleiben. Das Zwischenspiel endet damit, daß Dirindina und Liscione vor unterdrücktem Gelächter beinahe

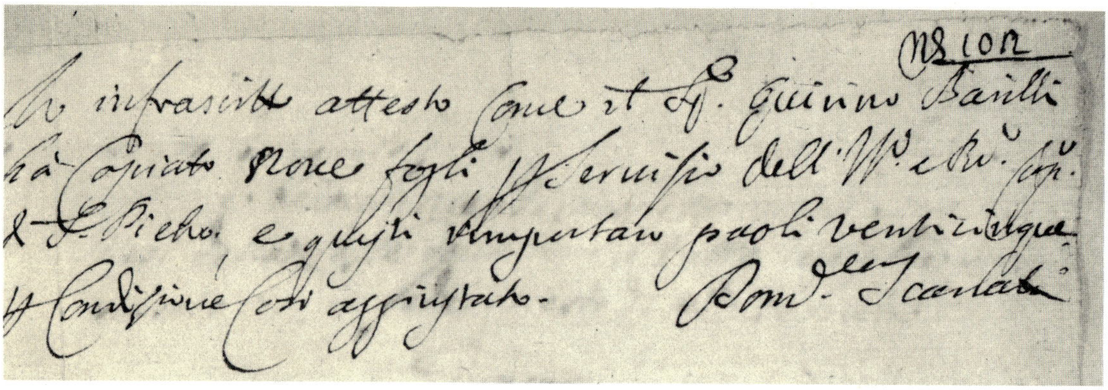
N.o 102

Io infrascritto attesto come il Sig. Quirino Banti hà copiato nove fogli per servizio dell'Ill.mi e Rev.mi Cap.
di S. Pietro e gli si importano paoli venticinque
per condizione così aggiustato. Dom.co Scarlatti

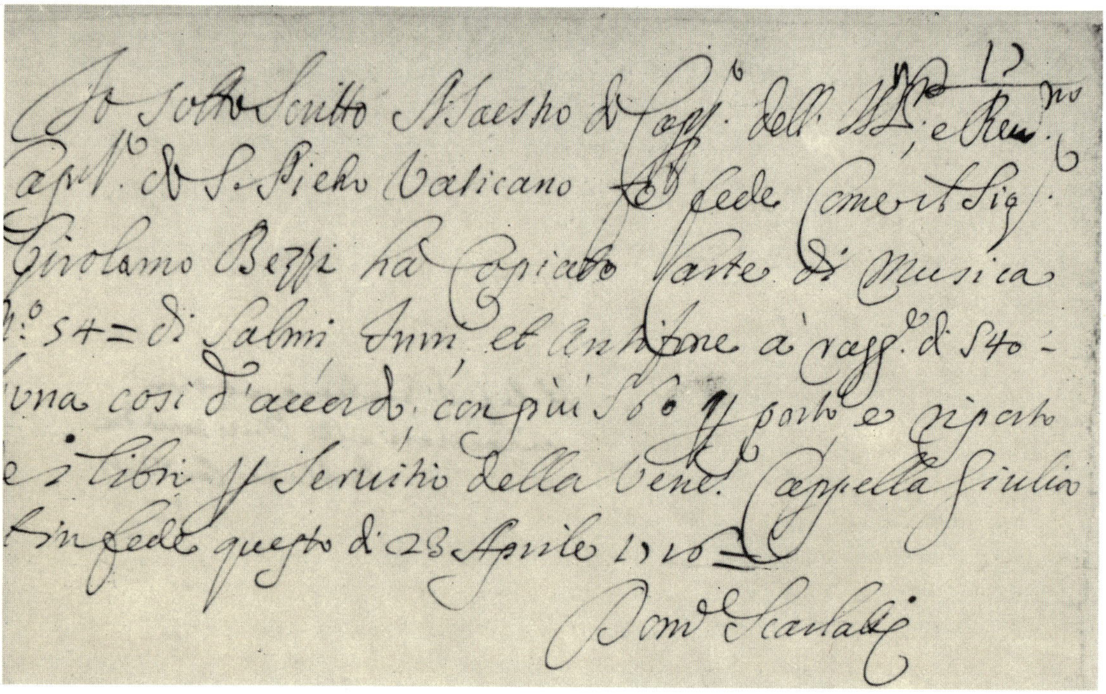
N.o 12

Io sotto scritto Maestro di Capp.a dell'Ill.mi e Rev.mi
Cap.lo di S. Pietro Vaticano fo fede come il Sig.
Girolamo Bezzi ha copiato Parte di Musica
N.o 54 = di Salmi, Inni, et Antifone à rag.e di 540
l'una così d'accordo, con più 560 per porto e riporto
e i libri per servizio della Ven. Cappella Giulia
in fede questo dì 23 Aprile 1716 =

Dom.co Scarlatti

Abb. 20 und 21 Autographen von Domenico Scarlatti vom 5. April 1716 und vom 23. April 1716
(Rom, Biblioteca Vaticana)

platzen, während der gute Don Carissimo sich bemüht, die beiden zu einer rechtsgültigen Ehe zu verbinden.

Ob nun die Aufführung der *Dirindina* tatsächlich verboten oder nur diskreterweise zurückgezogen worden ist, wissen wir nicht. Jedenfalls wurde sie noch im gleichen Jahr in Lucca aufgeführt, und eine Anmerkung in dem gedruckten Textbuch weist das Publikum darauf hin, daß ›die ausgezeichnete Musik dieser Farce von Sig. Domenico Scarlatti stammt, der sich glücklich schätzt, sie der Allgemeinheit zur Verfügung zu stellen‹ (18). Außer Domenicos vor kurzem wiederentdeckter Musik existiert auch eine spätere Vertonung von Padre Martini (19).

Während des ganzen 18. Jahrhunderts waren die unglücklichen Opernkastraten die Zielscheibe des Spottes oder unfreiwillige Teilnehmer solch peinlicher Situationen, wie sie die Memoiren von Casanova schildern. Montesquieu bemerkt: ›In Rom erscheinen keine Frauen, sondern als Frauen kostümierte Kastraten auf der Bühne. Das ist der Moral äußerst abträglich, denn soviel mir bekannt ist, inspiriert die Römer nichts mehr zu ihrer ›philosophischen Liebe‹. Zu meiner Zeit gab es dort am Caprancia-Theater zwei junge Kastraten, Mariotti und Chiostra, die als Frauen auftraten und die schönsten Geschöpfe waren, die ich jemals gesehen habe. Sie hätten sogar gomorrhische Gelüste in Leuten wecken können, die wenigstens in dieser Hinsicht noch unverdorben waren. Ein junger Engländer, welcher glaubte, einer der beiden sei eine Frau, verliebte sich bis zur Tollheit in ihn, und diese Leidenschaft beherrschte ihn länger als einen Monat‹ (20). Zusammen mit Nicolo Porpora komponierte Domenico Scarlatti seine, soweit uns bekannt, letzte Oper, *Berenice, Regina d'Egitto* auf ein Libretto von Antonio Salvi. Sie wurde 1718 im Caprancia aufgeführt. Bühnenbildner war Antonio Canavari, die ›Maschinen und Verwandlungen‹ stammten von Cavaliere Lorenzo Mariani und dem Maler Giovanni Battista Bernabò. Unter den Sängern befanden sich Domenico Gizii und Annibale Pio Fabri, die später an den spanischen Hof kamen, als Domenico dort weilte (21).

Am 28. Januar 1717 wurde in Neapel eine merkwürdige, rechtskräftige Urkunde ausgefertigt, in der Alessandro Scarlatti seinen Sohn Domenico offiziell aus seiner väterlichen Obhut und dem neapolitanischen Bürgerrecht entläßt (22). Domenicos Bruder Raimondo wurde zu seinem Stellvertreter in Rom bestimmt.

Was auch der Sinn dieses Dokuments gewesen sein mag, in gewisser Weise hat es symbolische Bedeutung. Denn trotz aller juristischen Zeugnisse brauchte der 32jährige Domenico noch viele Jahre, um die vollständige Unabhängigkeit von seinem Vater zu erlangen.

18 Luciani, Postilla Scarlattiana, Seite 201.

19 Gaspari, Catalogo della Biblioteca del Liceo Musicale di Bologna, Bd. III, Seite 315.

20 Montesquieu, Bd. I, Seite 679.

21 Siehe Carmena y Millán und Cotarelo.

22 Arch. Not. Nap. Prot. N.r. Gio. Tufarelli, Ann. 1717. fol. 45–46. Prota-Giurleo, Seiten 34–36 gibt sie vollständig wieder.

Kirche und Theater

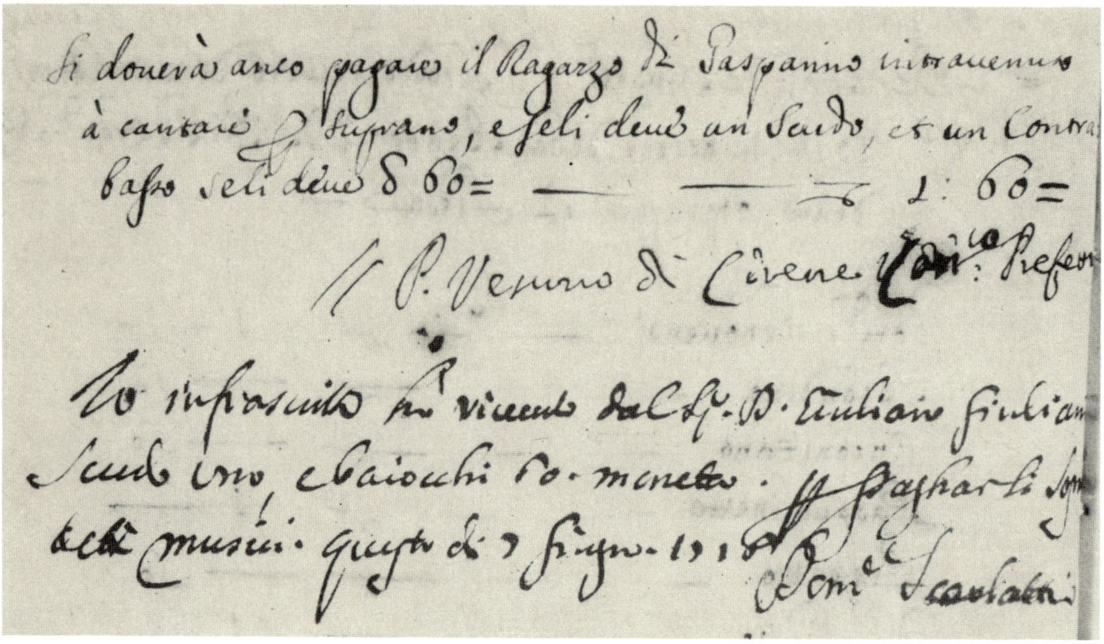

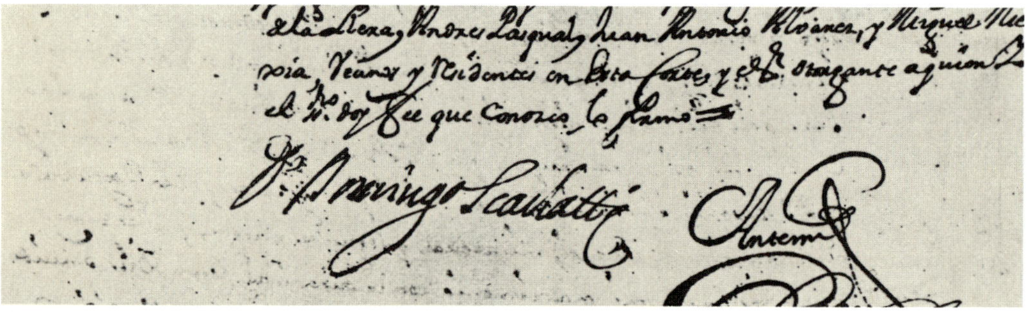

Abb. 22 und 23   Autographen von Domenico Scarlatti vom 7. Juni 1718 und vom 19. Oktober 1749
(22: Rom, Biblioteca Vaticana, 23: Madrid, Archivo Histórico de Protocolos)

Am 18. Oktober 1717 erhielt Alessandro die Erlaubnis, von Neapel nach Rom zurückzukehren (23). Während des Karnevals 1718, als Domenico zum letzten Mal für ein öffentliches Theater arbeitete, brachte Alessandro seinen *Telemaco* im Capranica heraus, zu dem kein anderer als Capeci das Libretto geschrieben hatte (24). Vier weitere Aufführungen im Capranica, darunter seine letzte Oper *Griselda*, die 1721 aufgeführt worden ist (25), brachten die Bühnenwerke Alessandro Scarlattis auf die stattliche Zahl von einhundertvierzehn (26). Domenico wird wohl jeden Ehrgeiz aufgegeben haben, sich mit seinem Vater im Reich der Oper zu messen.

Im August 1719 gab Domenico seine Stellung beim Vatikan auf. Ein Eintrag vom 3. September 1719 im handschriftlichen Tagebuch des Francesco Colignani berichtet, daß ›Sig. Scarlatti nach England abgereist ist und Sig. Ottavio Pitoni, bisher an *S. Giovanni in Laterano*, zum Leiter ernannt worden ist‹ (27). Von diesem Zeitpunkt an bis nach seiner Ankunft in Portugal (das genaue Datum läßt sich nicht mehr bestimmen) verlieren wir von Domenico jede Spur. Colignanis Notiz, auf die Baini seine 1828 (28) veröffentlichten Ausführungen stützt und die er und spätere Schriftsteller zum Ausgangspunkt ihrer Vermutungen nahmen, ist der einzige Beleg für die Annahme, daß Scarlatti jemals Großbritannien besucht hat. Selbst dort findet sich kein einziger Beweis dafür, daß er dieses Land je betreten hat. Jener Scarlatti (›Bruder des berühmten Allessandro [sic] Scarlatti‹), der am 1. September 1720 in London ein Konzert gegeben hat, ist bestimmt nicht Domenico gewesen. Vermutlich handelte es sich um Francesco (29). Überdies wurde Domenicos Serenade zum Geburtstag der Königin Marianna von Portugal am 6. September 1720 in Lissabon, höchstwahrscheinlich unter Domenicos Leitung, aufgeführt.

Unwahrscheinlich, wenn auch den Lissaboner Daten nicht durchaus widersprechend, ist die Annahme, Domenico habe sich zur Aufführung seines *Narciso* am 30. Mai 1720 im Haymarket-Theatre in London aufgehalten. Diese Aufführung wurde von Domenicos ergebenem Freund und Vorkämpfer Thomas Roseingrave geleitet, der für diese Oper selber zwei Arien und zwei Duette beisteuerte. *Narciso* war lediglich eine Neufassung der Oper *Amor d'un'ombra e gelosia d'un'aura*, der letzten Oper, die Domenico im Jahre 1714 für die Königin von Polen geschrieben hatte. Für die Londoner Aufführung war Capecis Originaltext von Paolo Rolli bearbeitet worden. Es fehlt jeder Beweis dafür, daß Domenico bei dieser Aufführung mitwirkte oder neue Einlagen dazu komponiert hat.

Soweit wir heute wissen, bedeutet Roseingraves *Narciso*-Aufführung das letzte Mal, daß ein Werk Domenicos auf einer Bühne gespielt wurde. Die

23 Dent, Seite 156, aus Neapel, R. Archivio di Stato, Mandati dei Vicerè, Bd. 336, fol. 44.

24 Lorenz, Bd. I, Seite 36.

25 Dent, Seite 164.

26 Lorenz, Bd. I, Seite 16.

27 Anhang II.

28 Baini, Bd. II, Seite 280, Fußnote 623.

29 Dent, Seiten 34–35. Durch keinerlei Beweise gestützt ist der phantasievolle Titel eines Artikels von W. H. Grattan Flood ›Domenico Scarlatti's visit to Dublin‹, 1740–1741. Siehe Anhang I A. Der Scarlatti, um den es sich hier handelt, könnte vielleicht Francesco gewesen sein.

Kirche und Theater

Arien der Oper, die Roseingrave neben der Ouvertüre herausgab, stellen die einzige Vokalmusik Domenicos dar, die zu seinen Lebzeiten veröffentlicht wurde. Der Bericht, bei späteren Aufführungen in London seien Arien von Domenico Scarlatti eingelegt worden, beruht auf einer Namensverwechslung mit Guiseppe Scarlatti, der diese Einlagen komponiert hat (30).

30 Anhang VII.

Im Jahre 1721 hatte Domenico genau die Hälfte seines zweiundsiebzigjährigen Lebens erreicht. Bis dahin gab es in seiner Musik noch wenig, was ihn über die begabteren seiner Zeitgenossen herausgehoben hätte. Seinen bleibenden Beitrag zur Musik leistete er erst gegen Ende der zweiten Lebenshälfte, als er fern von Italien lebte, getrennt von seinem liebevollen, aber allzu dominierenden Vater.

V. Das Patriarchat von Lissabon

Lissabon – Johann V. – Die königliche Kapelle – Maria Barbara – Don Antonio – Seixas – Alessandros Tod – Domenicos Heirat – Königliche Hochzeiten

Als Domenico sich zum ersten Mal über die Säulen des Herkules hinauswagte, entdeckte er gewisse östliche Merkmale seiner sizilianischen Herkunft und die Spuren der Sarazenen wieder, die die Umgebung seiner frühen Kindheit bewahrt hatte. Nur war in Portugal der Gesang noch weitschweifiger und rauher und von einer fremdartigen Melancholie erfüllt. Er erinnerte ihn sehr an die altmodischen Kirchengesänge seiner mittelalterlichen Vorfahren, die er als Kapellmeister an St. Peter in die schlichten Tongewänder seiner eigenen Barockzeit einzukleiden gewohnt war. Auch die heftigeren Rhythmen der iberischen Musik drängten sich ihm mit wilder Beharrlichkeit auf, deren ganze Stärke er später in Spanien kennenlernen sollte.

Viele Züge Lissabons waren ihm vertraut genug: das blendende Licht, die hellen leuchtenden Farben der Häuser in Stuck und Stein, die lärmenden Straßen und der fast unüberbrückbare Abstand zwischen dem prächtig gekleideten Adel und dem fetzenbehangenen Volk oder den schmutzstarrenden Bettlern, die mittags auf den Palaststufen schliefen. Auch die steil ansteigenden und abfallenden Gassen und die amphitheatralische Anlage Lissabons kannte er schon von Neapel her, nicht aber die Weiträumigkeit des atlantischen Lichts und die großzügig angelegten Platzflächen, die sich hier in eine breite Flußmündung statt in eine Meeresbucht öffneten. Hierher kamen Schiffe nicht nur aus dem Mittelmeer, sondern auch von Amerika und dem fernen Osten, und sie brachten häufig exotische Inder in ihrer Landestracht, halbnackte Afrikaner und brasilianisches Gold in unermeßlicher Fülle mit (1).

Die Reichtümer der Kolonien hatten geholfen, einen der verschwenderischsten Höfe Europas zu unterhalten, den Hof Johanns V., ›König von Portugal und Algarve, von Afrika diesseits und jenseits der Meere, Beherrscher von Guinea, der Schiffahrt, der Eroberung und des Handels mit Äthiopien, Persien und beider Indien‹ (2). Aufwendig, leidenschaftlich, aber mit verfeinertem Geschmack und hochgebildet wie so viele seiner Vorfahren, verband Johann V. die luxuriöse Sinnlichkeit eines orientalischen Potentaten mit der ostentativen Frömmigkeit eines römischen Prälaten (3).

1 Almeida, Bd. IV, Seite 279.

2 So lautete sein Titel in einer der Urkunden zur Ritterwürde Domenicos (15. Mai 1738, Familienpapiere der Scarlattis).

3 Almeida, Bd. IV, Seiten 278–289.

Abb. 24 Johann V., Gemälde eines unbekannten Meisters
(Lissabon, Privatbesitz Conde de Santiago)

Nicht ohne Bosheit hatte sein Zeitgenosse Friedrich der Große bemerkt, sein höchster Anspruch auf Ruhm beruhe ›auf seiner seltsamen Leidenschaft für kirchliche Zeremonien. Er hatte die päpstliche Genehmigung erwirkt, ein Patriarchat zu errichten, und eine andere, selber die Messe lesen zu dürfen, und ist praktisch ein geweihter Priester geworden. Geistliche Funktionen waren sein Amüsement, Klöster seine Bauten, Mönche seine Heere und Nonnen seine Maitressen‹ (4). Nur wenige Zeugnisse der Hofhaltung Johanns V. haben das Erdbeben von 1755 überlebt, aber die beispiellose Üppigkeit seines Lebensstils wird noch an den königlichen Kutschen, der Ausstattung der St. Johanns-Kapelle in der Kirche São Roque in Lissabon und vor allem in dem gigantischen Komplex von Kloster, Kirche und Palast deutlich, der bei Mafra über den Atlantik hinschaut. (Als Baretti im Jahre 1760 Mafra besuchte, hörte er den Glockenspieler Seiner Majestät Händel und die ›äußerst schwierigen Studien von Scarlatti‹ auf einer Art selbstgebautem Xylophon spielen (5).)

Johann V. hatte beim Papst die Erhebung Lissabons zum Patriarchat erwirkt, wofür er ihn seinerseits 1716 (6) beim Kreuzzug gegen die Türken finanziell stark unterstützte. Von diesem Zeitpunkt an wurden seine Kirchenfeste großartiger ausgestaltet als je zuvor, und ganz besonderes Gewicht wurde auf die Musik gelegt. Der König hatte große Summen aufgewendet, um die im Vatikan gebrauchten Chorbücher kopieren zu lassen, und besondere Schulen für die Pflege des Kirchengesangs waren ins Leben gerufen worden (7). Der sogenannte a-cappella-Stil wurde hier in gleicher Weise gepflegt wie in den päpstlichen Kapellen (8). Eine ganze Reihe von vatikanischen Sängern wurde nach Portugal gelockt (9), und der König betrachtete es zweifellos als seinen höchsten Triumph, daß es ihm gelungen war, in der Person Domenico Scarlattis den Kapellmeister von St. Peter für sich verpflichtet zu haben.

Scarlatti standen dreißig oder vierzig Sänger zur Verfügung und etwa ebenso viele Instrumentalisten, von denen die meisten Italiener waren (10). Wie auch bereits in Rom, komponierte Scarlatti hier für den Kirchendienst pseudo-kontrapunktische Musik, a cappella oder mit Orgelbegleitung, mit alternierenden Solo- und Chorstellen, häufig mit Doppelchören; Musik also, wie sie Alessandro Scarlatti in großen Mengen geschrieben hatte. Von diesen Kompositionen hat sich in Portugal nur wenig erhalten: ein achtstimmiges *Te Deum* und ein vierstimmiges *Te Gloriosus*, die nach dem Erdbeben für das Patriarchat Lissabon kopiert worden sind, und einige weitere Kompositionen, verstreut in die Bibliotheken anderer portugiesischer Städte.

4 Œuvres de Frédéric le Grand, Bd. II, Seite 13.

5 Baretti, A Journey from London to Genoa, Bd. I, Seiten 254–255, 13. September 1760.

6 Almeida, Bd. IV, Seite 268; Lambertini, Seite 2421.

7 Lambertini, Seite 2421.

8 Ebenda.

9 Celani, I Cantori della Cappella Pontifica nei secoli XVI–XVIII, Seite 63. Im Jahre 1717 verließen drei Sänger die päpstliche Kapelle, um in den Dienst des Königs von Portugal zu treten, und am 13. Juni 1719 verließ sie ein weiterer.

10 Walther, Musicalisches Lexicon, Seite 489, bringt ein Verzeichnis der Musiker an der königlich portugiesischen Kapelle im Jahre 1728. Siehe Anhang II.

›Am letzten Tag des Jahres 1721‹, berichtet die *Gazeta de Lisboa,* ›wurde in der Kirche São Roque in unserer Stadt ein Dankgottesdienst für alle Wohltaten abgehalten, welche Gott der Herr während dieses Jahres unserem Reich und dessen Bewohnern hat zukommen lassen, und hierbei wurde der Hymnus *Te Deum Laudamus* angestimmt, welche der berühmte Domingos Scarlatti vortrefflich in Musik gesetzt und auf verschiedene Sängerchöre verteilt hat. Die Messe zelebrierte der erlauchte Erzdiakon der Heiligen Patriarchalischen Kirche, D. Joseph Dionisio Carneiro de Sousa, unterstützt von allen Geistlichen und Zeremoniaren. Die ganze Kirche war prächtig ausgeschmückt und von unzähligen Kerzen erleuchtet, die Musiker saßen auf eigens errichteten dreieckigen Tribünen, die reich mit Wappen verziert waren, alles auf Auftrag und Kosten des Senhor Patriarchen, dessen Großzügigkeit sich in besonderem Maße bei der Feier der Liturgie offenbarte. Alles wurde mit der gleichen Pracht und Feierlichkeit begangen wie in den vorigen Jahren. Der gesamte Hofadel war anwesend, der Zulauf des Volkes ungeheuer‹ (11). Ob sie nun mit dem noch erhaltenen identisch ist oder nicht, zweifellos bewies die Komposition des *Te Deum* eine ähnlich hervorragende Meisterschaft, ließ aber nur wenig von der Phantasie und der bizarren Erfindungskraft der späteren Cembalo-Sonaten Scarlattis ahnen. Ähnlich den kunstvollen, aber oberflächlichen spätbarocken Fresken diente diese Musik in ihrer ausgezeichneten Darbietung nur dazu, den Glanz der religiösen Zeremonie zu steigern, und wurde kaum für sich selber gewertet. Ebenso bilden die schnarrenden Orgeln Spaniens und Portugals, mit den horizontal herausstehenden trompetenähnlichen Pfeifenregistern damals wie heute einen Teil des sinnlichen Ganzen, zu dem der eindringliche Klang der Knaben- und Priesterstimmen, das Rascheln der Fächer, das Scheppern der Altarschellen und der Geruch nach Weihrauch und Knoblauch gehören.

Die Musiker der königlichen Kapelle waren jedoch nicht ausschließlich mit Kirchenmusik beschäftigt. Wie in anderen Ländern auch, musizierten sie bei Hoffestlichkeiten, besonders bei den königlichen Geburts- und Namenstagen.

Mit dem Engagement von Musikern aus Italien wurden auch die musikalischen Veranstaltungen und Serenaden im königlichen Palast häufiger. Am 24. September 1719 gab man in Anwesenheit Ihrer Majestäten und Hoheiten eine Serenade in den Privatgemächern des Königs, welche ›von den neuen und ausgezeichneten Musikern gesungen wurde, die Seine Majestät ... aus Rom hatte kommen lassen‹ (12). Man darf mit sehr großer Wahrscheinlichkeit annehmen, daß auch Scarlatti zugegen war (13). Einen Monat später fand anläßlich des Geburtstags des Königs am 22. Oktober die Aufführung von *Tri-*

11 Gazeta de Lisboa, 1. Januar 1722.

12 Ebenda, 28. September 1719.

13 Falls er nicht tatsächlich nach England gereist ist; siehe Kap. IV und Anhang II.

unfos de Ulysses, & glorias de Portugal (14), einer Serenade mit italienischem Text, statt. Der Komponist ist nicht genannt. Die *Gazeta de Lisboa* berichtet im Laufe des darauffolgenden Jahres noch über eine Reihe weiterer Veranstaltungen, jedoch ohne jemals Scarlattis Namen zu erwähnen. Auch wird er nicht als Komponist ›einer ausgezeichneten Serenade in italienischer Sprache Der Streit der Jahreszeiten‹ genannt, die zur Feier des Geburtstages von Königin Marianna (15) am 6. September 1720 im königlichen Palast aufgeführt worden ist. Es handelt sich bei diesem Werk um kein anderes als die *Serenata* Domenico Scarlattis, die sich jetzt im Besitz der Biblioteca Marciana in Venedig befindet (16).

Solange kein Beweis für das Gegenteil vorliegt, bin ich geneigt zu glauben, daß Domenico im September 1719 nach Lissabon gekommen ist, ohne England überhaupt je besucht zu haben. Zumindest wäre er, falls er wirklich nach England gereist sein sollte, im August 1720 in Portugal gewesen, das heißt zur Zeit, als die Proben der *Serenata* für den Geburtstag der Königin Marianna stattgefunden haben.

Die *Contesa delle Stagioni* (von der nur das Libretto und der erste Teil der Musik erhalten sind) ist ein weitaus reiferes Werk als alle erhaltenen Opern, die Scarlatti in Rom für die polnische Königin geschrieben hat. Sie zeigt einen hochentwickelten Sinn für instrumentale und vokale Wirkungen und die Meisterschaft klar herausgearbeiteter dramatischer Kontraste. Besonders geglückt sind die Trompeten-Fanfaren im Wechsel mit den Streichern, die Doppelchörigkeit, die Flötensoli in einer der Arien und die gesangliche und instrumentale Charakterisierung der Jahreszeiten. Von den Rezitativen sind die meisten bescheiden und nur vom Continuo begleitet. Im Mittelpunkt des Werkes aber, wo es auf die Königin Bezug nimmt, wird die Gesangsstimme von den Streichern wie mit einer Gloriole verklärt, ein weltliches Gegenstück zu der Behandlung, wie sie uns aus Bachs Matthäus-Passion bei den Christusrezitativen so wohlbekannt ist.

Gegen Ende des Jahres feierte man den Namenstag des Königs, den Tag des Evangelisten Johannes, im Palast mit ›einer italienischen Serenade, betitelt *Cantata Pastorale*, dem klugen und harmonischen Werk des Komponisten Scarlatti, welches in den Gemächern der Königin aufgeführt wurde…‹ (17). Von da an berichtet die *Gazeta de Lisboa* über Serenaden, die meist zu den Geburts- oder Namenstagen des Königs und der Königin stattfanden, erwähnt aber nur selten den Namen des Komponisten oder den Titel des Werkes. Der Geburtstag der Königin im Jahre 1722 und in den folgenden Jahren wurde in unnachahmlich blaustrumpfigem Stil durch ein Treffen der *Academia Real da Historia Portuguesa* begangen. ›Am Abend veranstaltete man im Pa-

14 Gazeta de Lisboa, 26. Oktober 1719.

15 Ebenda, 12. September 1720.

16 Anhang VI B 5.

17 Gazeta de Lisboa, 2. Januar 1721.

last eine ausgezeichnete Serenade, deren Musik von dem Abbade Scarlatti stammte‹ (18). Der ›Abbade Scarlatti‹ wird auch als Komponist einer Serenade zum 27. Dezember 1722, dem Namenstag des Königs, genannt, die ›aufs glücklichste von den Musikern in Gegenwart Ihrer Majestäten und Hoheiten aufgeführt wurde‹ (19). Nach 1722 werden die Berichte über Scarlattis Tätigkeit noch spärlicher. Das Erdbeben von 1755 hat, zusammen mit den Gepflogenheiten der mittelmeerischen Archivare, die meisten Berichte über den Hof Johanns V. und seine Musiker verschwinden lassen.

Über seine Pflichten als Kapellmeister hinaus hatte Domenico auch die musikalische Ausbildung Don Antonios, des jüngeren Bruders des Königs, und der Tochter des Königs, Maria Barbara, der späteren Königin von Spanien, übernommen (20). Die Infantin Maria Barbara stammte von musikalisch hervorragenden Vorfahren ab, und alle späteren Berichte stimmen in der Anerkennung ihrer außergewöhnlich hohen Begabung überein. Ihr Urgroßvater war der berühmte musikalische Polemiker Johann IV. von Portugal, der eine legendäre Musikbibliothek gesammelt hat, von der aber nur ihr Katalog das Erdbeben von 1755 überlebte (21). Ihr Großvater mütterlicherseits, Leopold I. von Österreich, hat einige wirklich beachtliche Kompositionen geschaffen (22). Alle Quellen – mit Ausnahme der offiziellen Porträts – sind sich darin einig, daß Maria Barbara durchaus keine Schönheit gewesen sei. Sie muß aber ein ausgeglichenes Wesen besessen haben und die Gabe, sich alle zu Freunden zu machen, die sie näher kannten (23).

Wenn sie wirklich den Cembalo-Sonaten gewachsen war, muß sie für ihre Zeit eine hervorragende Könnerin gewesen sein. Ihr Unterricht beschränkte sich aber nicht auf das Cembalo, sie galt auch als begabte Komponistin (24). Mehr Glaubwürdigkeit, als in solchen Fällen üblich war, kommt den Worten zu, mit denen Padre Martini im Jahre 1757 Maria Barbara den ersten Band seiner *Storia della Musica* gewidmet hat. Darin rühmt er, sie habe vom ›Cavaliere D. Domenico Scarlatti eine höchst genaue Kenntnis der Musik und ihrer geheimsten Künste erlernt‹. In ihren späteren Tagen scheint ihr die Musik zum eigentlichen Lebensinhalt geworden zu sein, zur einzig belebenden Kraft in der täglichen Wiederkehr von Zeremonien und Aufzügen. Scarlatti ist offenbar in einem ständigen persönlichen Kontakt mit ihr geblieben, der wohl über die offizielle Förmlichkeit des Verkehrs mit den anderen königlichen Verwandten hinausging. Ihre Dankbarkeit für diese lebenslange Beziehung hat sie viele Jahre später in ihrem Testament zum Ausdruck gebracht, als sie ›dn. Domingo Escarlati, meinem Musiklehrer, der mir stets mit großem Eifer und Treue diente‹ (25), einen Ring und zweitausend Dublonen vermachte.

18 Ebenda, 10. September 1722.

19 Ebenda, 31. Dezember 1722.

20 Vieira, Bd. II, Seite 286; Lambertini, Seite 2421; Scarlatti, Widmungsvorrede der *Essercizi*.

21 Lambertini, Seiten 2418–2419.

22 Musikalische Werke der Kaiser Ferdinand III., Leopold I. und Joseph I. (herausgeg. v. Guido Adler) Wien (1892).

23 Berichte über Maria Barbara bei Ballesteros, Coxe, Danvila, Flórez und Keene.

24 Lambertini, Seite 2421, bemerkt, ohne das Werk näher zu bezeichnen oder eine Quelle für seinen Bericht anzugeben, daß sie ein *Salve* mit Orchesterbegleitung für die Salesianerinnen in Madrid geschrieben habe.

25 Testament der Maria Barbara von Braganza, Madrid, Bibliothek des königlichen Palastes, VII E 4 305.

Abb. 25 Maria Barbara de Braganza, Verlobungsporträt von Domenico Duprá
(Madrid, Prado)

26 Siehe die Widmung in Domenicos *Essercizi*.

27 Giustini di Pistoja, Twelve Piano-Forte Sonatas... Faksimile-Ausgabe von Rosamond E. H. Harding, Cambridge 1933. Die Widmung ist von D. Giovanni de Seixas unterzeichnet. Sie erwähnt D. Antonios Fertigkeit als Spieler.

28 Mazza, Seite 18.

29 Die biographischen Angaben über Seixas stammen aus Kastner, Carlos de Seixas.

30 Mazza, Seite 32. Meine Übertragung ersetzt die nicht eindeutigen Personalpronomina des Originals durch die Eigennamen.

31 Siehe M. S. Kastner, Cravistas Portuguezes, I und II (Mainz, Schott, 1935, 1950).

32 Quantz sagt in seiner Autobiographie in Marpurg, Historisch-kritische Beiträge, Bd. I, Seiten 223–226, daß er erstmals vom 11. Juni 1724 bis zum 13. Januar 1725 in Rom gewesen sei. Er bemerkt: ›Mimo Scarlatti, der Sohn des alten neapolitanischen Alessandro Scarlatti, ein galanter Clavierspieler

Domenicos zweiter königlicher Schüler war, wie schon erwähnt, der jüngere Bruder des Königs, Don Antonio (26). Er war nur zehn Jahre jünger als Scarlatti und liebte die Musik leidenschaftlich. Lodovico Giustini da Pistoia hat ihm im Jahre 1732 die ersten für Pianoforte gedruckten Sonaten gewidmet (27). Im Archiv der Patriarchenkapelle zu Lissabon soll sich eine Vertonung befunden haben, die Don Antonio auf mehrere Strophen des *Stabat Mater* geschrieben hat (28).

Ein Schützling Don Antonios und neben Domenico der bedeutendste Musiker in Portugal war Carlos Seixas, Organist an der Patriarchenkapelle. Er wurde am 11. Juni 1704 in Coimbra geboren. Schon vor seinem vierzehnten Geburtstag folgte er seinem Vater im Amt eines Organisten an der dortigen Kathedrale. 1720, also etwa um die gleiche Zeit wie Scarlatti, kam er, knapp sechzehnjährig, nach Lissabon und zeigte sich so auffallend begabt, daß er fast unmittelbar darauf zum Organisten der Basilika ernannt wurde (29). Ein Schriftsteller des späten 18. Jahrhunderts berichtet, daß ›der Höchst Durchlauchtige Senhor Infante D. Antonio den großen Escarlate [Scarlatti], der zu jener Zeit in Lissabon weilte, ersucht hat, Seixas einige Stunden zu geben, in dem irrtümlichen Glauben, daß ein Portugiese, was er auch beginnen möchte, sich niemals mit einem Fremden messen könnte, und so schickte er ihn zu Scarlatti. Kaum sah dieser, wie Seixas die Hände auf die Tasten legte, als er in ihm, an den Fingern sozusagen, den Riesen erkannte, und er sagte zu ihm: ›Ihr seid es, welcher mir Unterricht geben könnte.‹ Bei einer Begegnung mit Don Antonio sagte Scarlatti dann zu ihm: ›Eure Hoheit haben mir befohlen, Seixas zu prüfen. Aber ich muß Euch sagen, daß er einer der besten Musiker ist, die ich jemals gehört habe‹ (30).

Die Cembalo-Sonaten von Seixas weisen eine höchst interessante Parallele zu denen Scarlattis auf (31). Die besten Arbeiten stammen nämlich überwiegend aus der Zeit nach Scarlattis Abschied von Portugal; aber Seixas starb im Jahre 1742, lange bevor Scarlatti seinen Stil voll entfaltet hatte. Einige formale Entwicklungen in den Stücken von Seixas nehmen anscheinend bereits diejenigen Scarlattis vorweg. Man könnte versucht sein, an einen wechselseitigen Einfluß zu glauben, aber im Vergleich zu Scarlatti bleibt Seixas ein provinzieller Komponist. Seine Musik ist voll von Lyrismen und glänzenden Einfällen und zeigt viele der iberischen Eigentümlichkeiten, die auch bei Scarlatti festzustellen sind, aber sie erreicht niemals dessen einheitliche Konsistenz. Seixas gelingen nur sehr selten die Formvollendung und die Ausgewogenheit der tonalen Anlage, wie sie bei Scarlatti fast nie ausbleiben.

Im Jahre 1724 kehrte Scarlatti nach Italien zurück. Der Flötist Quantz erinnerte sich, ihn bereits in Rom getroffen zu haben, als er bei Gasparini, Domenicos altem Freund und Berater (32), studierte. Zwischen dem Meister und seinem früheren Schüler fand sicherlich ein äußerst herzliches Wiedersehen statt. Zur selben Zeit muß Domenico die Bekanntschaft jenes Sängers gemacht haben, der später viele Jahre lang sein Freund am spanischen Hof werden sollte: Carlo Broschi, besser unter dem Namen Farinelli bekannt, trat damals gerade in einer Oper Gasparinis in der portugiesischen Gesandtschaft in Rom auf (33). Er stand gerade am Beginn seiner Karriere, die ihm mehr Ruhm und Ansehen einbrachte, als Domenico jemals erreichte oder vielleicht auch zu erreichen gewünscht hat. Hier oder in Neapel könnte Scarlatti auch dem Dichter Metastasio (34) begegnet sein, dem Idol der Opernbühne im 18. Jahrhundert und dem späteren Autor zahlreicher Libretti für Farinellis verschwenderische Opernaufführungen am spanischen Hofe.

Von besonderer Bedeutung war Domenicos Besuch bei seinem alternden Vater. Er fand kurz vor Alessandro Scarlattis Tod statt. Dieser produktive Komponist hatte im Jahre 1721 seine letzte Oper und 1723 seine letzte Serenade geschrieben und sich in relativer Zurückgezogenheit in Neapel niedergelassen (35). Er hatte lange genug gelebt, um als Altmeister der neapolitanischen Musik verehrt zu werden, aber auch lange genug, um schon ein wenig aus der Mode zu sein. Er spielte noch immer Cembalo, und Quantz, der ihn im Winter 1725 hörte, schreibt: ›Scarlatti ließ sich vor mir auf dem Clavicymbel hören: welches er auf eine gelehrte Art zu spielen wußte; ob er gleich nicht so viel Fertigkeit der Ausführung besaß als sein Sohn‹ (36). Johann Adolf Hasse studierte zu dieser Zeit bei Alessandro in Neapel. Hasse sollte die Berühmtheit seiner Zeit werden, der einzige Opernkomponist, dessen Ruhm dem des Librettisten Metastasio beinahe gleichkam. Viele Jahre später in Wien erinnerte sich Hasse während eines Gesprächs mit Dr. Burney daran, Scarlatti spielen gehört zu haben. Er sprach von Domenicos ›wunderbarer Hand, wie auch von seinem Erfindungsreichtum‹ (37).

Alessandro Scarlatti starb am 24. Oktober 1725. Am Fuß des Altars der Heiligen Cäcilie in der Kirche von Montesanto befindet sich eine Marmortafel mit einer vielleicht von Kardinal Ottoboni verfaßten Grabinschrift: ›Hier ruht der Cavaliere Alessandro Scarlatti, ein Mann, der sich durch Mäßigung, Wohltätigkeit und Frömmigkeit ausgezeichnet hat, der Größte unter allen Erneuerern der Musik, welcher, indem er die festen Maße der Alten mit einer neuen und herrlichen Anmut verschmolz, die Ver-

nach damaliger Zeit, welcher in Portugiesischen Diensten stand, nach der Zeit aber in Spanische getreten ist, wo er noch steht, befand sich damals auch in Rom.‹

33 Mendel & Reissmann, Ergänzungsband, Seite 522.

34 Hinweise auf Metastasios Anwesenheit in Neapel finden sich bei Croce, I Teatri di Napoli, Anno XV, Seite 341, und Burney, Memoirs of... Metastasio, Bd. I, Seiten 193–194. Domenico könnte Metastasio in Rom vor dessen Abreise nach Neapel im Mai 1719 begegnet sein. Metastasio war nach dem 6. Februar 1719 eine Zeit lang mit Gasparinis Tochter verlobt. (Celani, Il primo amore di Pietro Metastasio, Seite 246). Die früheste Erwähnung einer sehr wahrscheinlich anzuzweifelnden Aufführung von Metastasios *Didone Abbandonata* mit Musik von ›Scarlatti‹ in Rom 1724 habe ich bei Clement & Larousse, Dictionnaire Lyrique, Seite 214, gefunden. Riemann, Opernhandbuch, schreibt,

Das Patriarchat von Lissabon 99

**Bd. I,
Seite 1384,**
die Komposition
Alessandro und
Brunelli, Tutte le
opere di Pietro
Metastasio,
Domenico zu.

35 Dent,
Seiten 191–192.

36 Marpurg,
Historisch-kritische
Beiträge, Bd. I,
Seiten 228–229.

37 Burney,
The Present State of
Music in Germany,
Bd. I, Seite 347.

38 Dent, Seite 192.
Eine Zeichnung des
Wappens auf Alessandros Grabstein
findet sich in Madrid,
Archivo Histórico
Nacional, Carlos III.,
Nr. 1799, Blatt 66r.
Dieses Wappen ist
jetzt von einer Altarstufe verdeckt, welche
über der oberen
Hälfte des Grabsteins
gebaut wurde. Siehe
Abbildung in Band II.

39 Domenicos
Heiratsurkunde,
siehe Anhang II.
Da ich seine Frau
in keiner italienischen Quelle
erwähnt gefunden
habe, behielt ich die
spanische Form des
Namens Maria
Catalina bei, obwohl
sie wahrscheinlich
auf italienisch
Maria Caterina hieß.

gangenheit ihres Ruhms und die Nachwelt der Hoffnung auf Gleiches beraubte. Wertgeschätzt von allen Adligen und Königen, starb er in seinem sechsundsechzigsten Lebensjahr am 24. Oktober 1725 zu Italiens tiefstem Leid. Der Tod kennt keinen Trost‹ (38).

Alessandros Tod beendete Domenicos Jugend, die sich seit seinem Abschied von Neapel im Jahre 1705 über genau zwanzig Jahre hingezogen hatte. Äußerlich war er, wie natürlich zu erwarten, völlig erwachsen; er war jetzt ein Mann von vierzig Jahren. Darüber hinaus gab es aber nicht einmal in seiner frühesten Musik irgendwelche Symptome des Unfertigen. Sie war ausgeglichen und abgerundet, aber zum größten Teil völlig unpersönlich und nur eine Reflexion der musikalischen Stilarten seiner Zeit und ganz besonders derjenigen seines Vaters. Sehr selten nur ließ sie etwas von der inneren Intensität, Fruchtbarkeit und treibenden Kraft ahnen, die wir genial nennen und die jedem Kunstwerk sein eigenes, unabhängiges Leben verleiht. Ich bin überzeugt, daß beinahe jeder Künstler eine zweite Jugendphase erlebt, die fünfzehn oder zwanzig Jahre nach der ersten eintritt. Das Aufblühen des Talents, die Vervollkommnung oder Frühreife zwischen der ersten und zweiten Jugend lassen nur selten die wirkliche Spannweite oder Begabung eines Künstlers erkennen. Es ist die Aufnahme und Verarbeitung der Lebenserfahrung während dieser Zeit, die die Fähigkeit eines Künstlers bestimmen, immer lebendig und im Zustand des Wachsens zu bleiben, um dann später seine eigene Vitalität in mehr oder minder starkem Maße jedem Werk zu verleihen, das er hervorbringt. Dies wird erst mit dem Ende der zweiten Jugend völlig deutlich. In den Jahren unmittelbar nach Alessandros Tod hat Scarlatti seine erste befriedigende, wenn auch noch nicht das Höchste versprechende Jugendzeit beendet. Er brauchte noch zehn weitere Jahre, bis er seine Reife erlangt hatte, mit anderen Worten, bis zu dem ungewöhnlich späten Zeitpunkt seines fünfzigsten Lebensjahres.

Das Geheimnis, das Domenicos Jugendtage und die unverkennbare Herrschaft seines Vaters in menschlicher und künstlerischer Hinsicht umgibt, könnte zu einer Deutung nach den Begriffen der modernen Psychologie reizen. Aber es genügt wohl, zu sagen, daß drei Jahre nach dem Tod seines Vaters im äußeren Leben Domenicos eine völlige Wandlung eingetreten ist. Am 15. Mai des Jahres 1728 wurde er vor dem Altar der Heiligen Jungfrau von der Himmelfahrt in der St. Pancratiuskirche in einem Außenbezirk Roms mit Maria Catalina Gentili, Tochter des Francesco Maria Gentili und der Margarita Rosetti, beide römischer Herkunft, vermählt (39). Domenico Scarlatti war nahezu dreiundvierzig und seine Braut sechzehn Jahre alt. (Sie war am 13. November 1712 geboren worden.)

Über die näheren Umstände dieser Heirat wissen wir so gut wie nichts. Höchstwahrscheinlich ist sie nach mittelmeerischem Brauch ganz offiziell unter Aufsicht der Familie zustande gekommen und durchaus keine Liebesheirat gewesen. Ob sie nun lange zuvor geplant war oder nicht, jedenfalls hatte die Braut in dieser Angelegenheit vermutlich ebensowenig mitzusprechen wie eine königliche Prinzessin in gleicher Lage. Ganz wie bei einer königlichen Hochzeit wurde auch diese wahrscheinlich durch einen Briefwechsel eingeleitet, denn die Braut dürfte etwa dreizehn Jahre alt gewesen sein, als Domenico sich im Jahre 1725 zuletzt in Rom aufhielt. Sie wird übereinstimmend als sehr schön geschildert. Ihr Haar war kastanienbraun, und sie trug bei den Sitzungen für das Porträt eines unbekannten Malers ein dunkelrotes, dekolletiertes Kleid. Dieses Bild wurde mir von Nachkommen der Braut beschrieben, die es noch gesehen haben, ehe es im Jahre 1912 verkauft wurde, zusammen mit dem Bild Domenicos (40). (Die beiden Bildnisse sind dann verschwunden. Sie sollen über einen Kunsthändler in Madrid, dem sie von der Familie Scarlatti verkauft worden waren, nach Lissabon und später nach London gekommen sein. Das Porträt Domenicos, von Domingo Antonio Velasco, ist wieder aufgefunden worden, aber das Bild Catalinas ist bis jetzt unauffindbar geblieben.)

Die Familie Gentili wohnte im Palazzo Costacuti an der Piazza delle Tartarughe, und die Heirat ist im Kirchensprengel von *Santa Maria in Publicolis* registriert. Fast ein Jahrhundert später hat Domenicos Enkel den Nachweis erbringen können, daß die Familie Gentili adlig gewesen ist (41). Von Domenicos früherer Bekanntschaft mit der Familie ist nichts bekannt. Jedenfalls ist er nach seiner Heirat in enge Verbindung mit ihr gekommen. Gaspar Gentili, sein Schwager (42), und Margarita Rossetti Gentili, seine Schwiegermutter, übersiedelten beide nach Spanien und haben ihn dort überlebt. Margarita Gentili nahm sich einiger der Kinder Domenicos an und blieb noch nach Catalinas Tod und Domenicos zweiter Heirat in engem Kontakt mit der Familie (43).

Eine rätselhafte Notiz und allenfalls mögliche Erklärung für Domenicos späte Heirat findet sich in der *Gazeta de Lisboa,* die ihn zweimal als ›Abbade Scarlatti‹ erwähnt (44). Hatte Domenicos Beschäftigung mit der Kirchenmusik ihn vielleicht veranlaßt, die niederen Weihen zu nehmen, oder handelt es sich hier nur um eine journalistische Ungenauigkeit, die dadurch zustande kam, daß Domenico sich stets schwarz kleidete wie bereits viele Jahre zuvor schon in Venedig? Sicher ist, daß er in späteren Jahren gewöhnlich kein Schwarz mehr trug. Seine Wesensänderung kann sich wohl auch in seiner Kleidung ausgedrückt haben.

40 Carlos Scarlatti, Historia de familia y mi última voluntad, Seite 2. (Siehe Anhang II.) Gespräche des Verfassers mit Luise, Julio und Carmelo Scarlatti sowie mit Señora Encarnacion Scarlatti. Das Porträt der Catalina soll größeren künstlerischen Wert gehabt haben als dasjenige Domenicos. Vor dem Verkauf wurden keine Photographien angefertigt.

41 Siehe Kap. VII und Anhang II in Zusammenhang mit Francisco Scarlattis Adelsnachweis 1817–1820.

42 Anhang II, Taufurkunden der fünf jüngeren Kinder Domenicos (1738–1749); Dokument vom 15. Dezember 1763.

43 Siehe Kap. VII und Anhang II; Dokumente vom September 1757, 1760–1763.

44 Gazeta de Lisboa, 10. September 1722 und 31. Dezember 1722.

Domenicos Entschluß zur Ehe könnte durch die Entwicklung der Verhältnisse am portugiesischen Hof bestimmt worden sein. Als er im Jahre 1724 die letzte Reise zu seinem Vater nach Italien unternahm, war seine Schülerin, Prinzessin Maria Barbara, ins heiratsfähige oder zumindest in ein Alter gekommen, in dem über königliche Ehen verhandelt wurde. Am 9. Oktober 1725 wurde, von zahlreichen *Te Deum* begleitet, in den Kirchen von Lissabon ihre Verlobung mit dem spanischen Kronprinzen Fernando bekanntgegeben (45). Dieser zählte damals elf, Maria Barbara nicht ganz vierzehn Jahre. Die staatspolitischen Vorteile dieser Verbindung werden durch die gleichzeitig angekündigte Verlobung der spanischen Infantin mit dem portugiesischen Kronprinzen Don José deutlich.

Das übliche Zeremoniell, diplomatische Konferenzen und die Übersendung zweckmäßig geschmeichelter Porträts gipfelten in einem Austausch von Gesandten zwischen Spanien und Portugal zur Unterzeichnung der Ehekontrakte (46). Am 11. Januar 1728 wurde in den Gemächern der Königin ein eigens zu diesem Anlaß von Scarlatti komponiertes *Festeggio Armonico* (dessen Musik verschollen ist) aufgeführt, während draußen ein Feuerwerk veranstaltet und die ganze Stadt Lissabon festlich illuminiert wurde (47).

Es ist möglich, daß man Domenico damals nahegelegt hat, der Prinzessin nach Spanien zu folgen. Vermutlich hat es Maria Barbara sogar selber gewünscht. Ihre teils aus ihrem Erbe, teils aus natürlicher Veranlagung stammende Begeisterung für die Musik kann durch ihr Zusammensein mit Domenico Scarlatti während der Jahre, in denen ihre Persönlichkeit geformt wurde, nur vertieft worden sein. Andererseits ist es auch denkbar, daß Domenicos Entwicklung als Cembalo-Komponist durch den ständigen Kontakt mit seiner begabten Schülerin und besonders durch die Notwendigkeit, ihren Fortschritten angemessene Musik zu schreiben, gefördert worden ist. Den Berichten nach sollen seine sämtlichen späteren Kompositionen ausdrücklich für Maria Barbara geschrieben worden sein. Vielleicht haben die Anforderungen und die Aufnahmebereitschaft ihres hochentwickelten Geschmacks ihn als Spieler und Komponist weiter gebracht, als wenn er nur für sich selber oder die allgemeine Öffentlichkeit gearbeitet hätte. Es ist sicher, daß trotz des Standesunterschiedes zwischen der königlichen Prinzessin und ihrem Musiklehrer die Beziehung der beiden die Form gegenseitiger Verehrung angenommen hat und daß die junge Maria Barbara eine Trennung von ihm schmerzlich empfunden hätte. Obgleich Domenico in späterer Zeit ihre Zuneigung mit mehreren anderen teilen mußte, ist es sehr wahrscheinlich, daß Maria Barbara damals ihre ganze musikalische Existenz mit ihm identifiziert hat. Eine Spiegelung seiner eigenen Neigung

---

45 Gazeta de Lisboa, 11. Oktober 1725.

46 Flórez, Bd. II, Seite 1030; Danvila, Seiten 47–49, 74; siehe Abb. 25.

47 Gazeta de Lisboa, 15. Januar 1728.

Abb. 26   Fernando VI. als Knabe, Gemälde von Jean Ranc (Madrid, Prado)

für die königliche Schülerin kann man wohl in dem merkwürdigen Zusammentreffen erblicken, daß seine Braut beinahe gleichaltrig gewesen ist wie Maria Barbara.

Welche äußeren Gründe Domenico zu dieser Heirat auch bestimmt haben mögen, sicher hat die Aussicht auf eine mehr oder weniger beständige und besser fundierte Gönnerschaft als die, die er in allen Jahren vorher genossen hatte, eine Rolle bei diesem Entschluß gespielt. Die Jahre 1725 bis 1729 stellen den Wendepunkt in Domenico Scarlattis Leben dar. Mit dem Tod seines Vaters und seiner Heirat hatte es nicht nur eine andere Richtung genommen; er war nicht nur zu seiner zweiten, seiner künstlerischen Jugend gelangt, die ihn zu dem reifen Künstler machte, den wir kennen und verehren, er hatte darüber hinaus noch eine neue Heimat gefunden und ist in musikalischer Hinsicht vom Italiener zum Spanier geworden. Vielleicht nur darum, weil er nun ein neues Leben mit einer jungen Frau in einem fremden Land beginnen konnte, wurde er fähig, in den folgenden zwanzig Jahren den originellsten musikalischen Stil seines Jahrhunderts zu entwickeln.

Im Januar 1729 trafen sich die königlichen spanischen und portugiesischen Familien zur Feier der Doppelhochzeit am Caya, dem Grenzfluß zwischen beiden Ländern. Der spanische Hof erreichte ›trotz des tiefen Schnees‹ Bajadoz am 16. Januar nach einer neuntägigen Reise, ›sehr ermüdet von dem schlechten Wetter, das seit ihrem Aufbruch herrschte ... und die Straßen trotz aller vorsorglich getroffenen Anstalten nahezu unbefahrbar machte‹ (48). Man kann sich die frierenden katholischen Majestäten vorstellen, wie sie, in Pelze gewickelt, in ihren Kutschen über die vereisten Straßen geschüttelt und aus Schneewehen gezogen wurden, während ihr bejammernswertes Gefolge sich hinter ihnen herquälte.

Bei der Ankunft der Spanier am 19. Januar war der portugiesische Hof am anderen Ufer des Caya mit einem Aufgebot von hundertfünfundachtzig Kutschen und sechs weiteren, in denen je fünfzehn oder zwanzig Diener in reichen Livreen saßen, hundertundfünfzig Chaisen und mindestens sechstausend Soldaten in blendenden neuen Uniformen versammelt (49). Die Spanier waren von einer gleichstarken Anzahl Soldaten begleitet, aber es wird berichtet, ›es sei für die spanischen Granden eine nicht unbeträchtliche Demütigung gewesen, daß der König bei diesem Anlaß das Verbot, Gold an ihren Kleidern zu tragen, nicht aufgehoben hatte, das ihnen das gleiche glänzende Aussehen verliehen hätte wie den Portugiesen‹ (50).

Hier also sahen sich Braut und Bräutigam zum erstenmal. Die besorgte Neugier der Höflinge, die sie beobachteten, konnte nur von ihrer eigenen überboten werden. Diese vier jungen Menschen, die durch rein äußerliche

---

48 The Historical Register ... for the Year 1729, Seite 69.

49 Ebenda, Seiten 73–74.

50 Ebenda, Seite 69.

Umstände zu dieser innigen und unauflösbaren Verbindung bestimmt worden waren, begegneten einander unter dem strengsten Zeremoniell, während die Umstehenden den Atem anhielten. Man kann sich Domenicos Gefühle vorstellen, als er Zeuge dieser über seine königliche Schülerin verhängten Prüfung wurde. Einer der Beteiligten, der Maria Barbara ganz besonders im Auge behielt, war der englische Gesandte am spanischen Hof, Sir Benjamin Keene. Er schrieb am Tag darauf: ›Ich hatte mir einen sehr günstigen Platz gesucht, um die erste Begegnung der beiden Familien zu beobachten, und ich mußte bemerken, daß die Erscheinung der Prinzessin, trotz ihres verschwenderischen Aufgebots von Gold und Diamanten, den Prinzen bestürzte. Er sah aus, als dächte er, man habe ihn hintergangen. Ihr breiter Mund, ihre dicken Lippen, hohen Backenknochen und kleinen Augen waren kein erfreulicher Anblick für ihn. Aber‹, so fügt Sir Benjamin hinzu, ›sie ist schön gebaut, und der Ausdruck ihres Gesichts ist gut‹ (51). Tatsächlich hat Sir Benjamin sie später sehr geschätzt, und Fernandos spätere Verehrung für sie blieb unwandelbar.

Die Begegnung der königlichen Familien fand in einem prächtigen Zelt statt, das eigens für dieses Ereignis über dem Caya errichtet worden war, so daß die spanischen und portugiesischen Könige sich begrüßen konnten, ›ohne ihre eigenen Gebiete zu verlassen, indem sie Schritt für Schritt gleichzeitig eintraten‹. Nach der Unterzeichnung der Ehekontrakte ›wurden die Prinzessinnen nach einem traurigen Abschied auf die andere Seite der Tafel geführt‹ (52). Die beiden Höfe trafen sich dreimal, beim zweiten Mal unter ›einer trefflichen Musikbegleitung, die von den Musikern beider königlichen Kapellen ausgeführt wurde‹ (53).

Nach der letzten Zusammenkunft verließ der spanische Hof Badajoz am 27. Januar und ›nahm den Weg über Andalusien, um Sevilla ... in acht Tagen zu erreichen‹ (54). Auf Befehl Johanns V. (55) folgte Domenico Scarlatti der Prinzessin Maria Barbara nach Spanien. Er sollte dort für den Rest seines Lebens in ihren Diensten bleiben.

51 Zitiert in Coxe, Bd. III, Seiten 231 bis 233.

52 The Historical Register ... for the Year 1729, Seiten 73 bis 74.

53 Ebenda. Der Patriarch von Lissabon wurde als Hauskaplan mit elf Kanonikern, vierzehn Sängern und vielen Instrumentalisten zu dieser Hochzeit beordert (Danvila, Seite 92).

54 The Historical Register ... for the Year 1729, Seite 69 ff.

55 Scarlatti, Widmungsvorrede der *Essercizi*.

VI. Spanische Gegensätze

Sevilla – Philipp V. und Isabel Farnese – Fernando und Maria Barbara – Aranjuez, La Granja, Escorial – Madrid – Juvarra und der königliche Palast – Farinellis Ankunft – Oper in Madrid – Scarlattis Ritterwürde – Essercizi per Gravicembalo – Scarlattis Bildnis – Tod der Catalina Scarlatti – Tod Philipps V.

Mit Domenico Scarlattis Ankunft in Spanien beginnt die Periode seines Lebens, die uns am meisten angeht, die Periode, in der die schon in Portugal einsetzende Verwandlung sich vollzieht, um die außerordentlich späte Entfaltung seines Genies zu ermöglichen, der wir seine Cembalosonaten verdanken. Spanien hat von jeher eine verhängnisvolle Wirkung auf Fremde gehabt, es fasziniert und erschüttert sie zugleich. Es hinterläßt beim Besucher einen unvergeßlichen Eindruck und bewirkt bei längerem Aufenthalt eine drastische und oft katastrophale Veränderung. Auf einige wirkt Spanien anregend, auf andere total vernichtend. Wir werden bald sehen, inwieweit Philipp V. durch seine neue Heimat zerrüttet wurde. Auf den seltsamen Verfall ist hingewiesen worden, der alle französischen Diplomaten heimsuchte, die während der Regierung Philipps V. über die Pyrenäen gekommen sind. Juvarra und Tiepolo sind, vielleicht nicht ganz zufällig, in Spanien gestorben. Dort verfiel der Maler Mengs dem ›Marasmus‹. Dort machte der alternde Casanova die bittersten und düstersten Erfahrungen seines abenteuerlichen Lebens. Scarlatti, dank seiner Kindheit in einem spanisch beherrschten Land, dank seiner früheren Beziehungen zu den halborientalischen Traditionen der Sarazenen, die die der Magna Graecia in Neapel und in den neapolitanischen Provinzen nahezu ausgetilgt hatten, war besser vorbereitet, der explosiven Mischung heidnisch-maurischer Sinnlichkeit und abgöttischer gegenreformatorischer Frömmelei zu begegnen. Spanien ist ein Land der äußersten Gegensätze, erschütternd und erschreckend für einen Menschen maßvoller Lebenshaltung. Dort konnte die Renaissance kaum Wurzeln fassen. Spanien tat, wie seine Architektur, unmittelbar den Schritt von der Gotik zum Barock, vom Mittelalter zur Gegenreformation.

Scarlatti scheint den Bedrohungen entgangen zu sein, die auf den Fremden in Spanien lauern. Für ihn war es eine Anregung. Mit beispielloser Munterkeit und Feinfühligkeit, zeitweilig sogar mit der Behendigkeit eines Seiltänzers, scheint er über die Abgründe von Verzweiflung und Melancholie hinweggeschritten zu sein. Hier in Spanien fand die unverwüstliche Dynamik seiner Natur ihren reinsten Ausdruck.

Scarlatti kam höchstwahrscheinlich zur gleichen Zeit wie Prinzessin Maria Barbara in Spanien an oder doch zumindest kurz nach ihr. Am 3. Februar 1729, so wird berichtet, ›abends, als der Hof in Sevilla eingetroffen war, lustwandelten Ihre Majestäten und Hoheiten im Garten des Alcázar, dem ehemaligen Palast der maurischen Könige …‹ (1). Für die folgenden vier Jahre bewohnte der spanische Hof den Alcázar in Sevilla. Die zahlreichen Hofbeamten, darunter wahrscheinlich auch Scarlatti, wurden in der Nachbarschaft untergebracht.

Im Sinne seiner späteren Musik ist es leicht, sich Scarlatti vorzustellen, wie er unter den maurischen Arkaden des Alcázar spazierte oder abends in den Straßen Sevillas den berauschenden Rhythmen der Kastagnetten und den halborientalischen Melodien des andalusischen Gesanges lauschte. Sie werden ihm das Sarazenische seiner sizilianischen Herkunft und seiner neapolitanischen Kindheit wieder heraufbeschworen haben.

Die Tage seiner Latinisierung als Schüler seines Vaters, Pasquinis und Corellis waren vorüber; er war nun nicht länger der Komponist gefälliger Opern für Maria Casimira und die Klassizisten der Arcadia. Nicht länger war er mehr der Nachfolger Palestrinas am St. Petersdom. Nun, da er der spanischen Volksmusik lauschte und ›die Melodie der Lieder imitierte, welche Fuhrleute, Maultiertreiber und das einfache Volk sangen‹ (2), entfaltete sich seine wirkliche Bestimmung. Von nun an sollte Scarlatti zum spanischen Musiker werden.

Prinzessin Maria Barbara hatte Scarlatti sozusagen als einen Teil ihrer musikalischen Mitgift nach Spanien mitgebracht. Er unterrichtete sie dort weiterhin und wurde auch der Lehrer des Prinzen Fernando (3). Dieser scheint musikalisch nicht besonders begabt gewesen zu sein und besaß offenbar auch nicht den kultivierten Geschmack seiner Frau. Doch lesen wir in späteren Berichten, er habe ihren oder den Gesang eines Hofvirtuosen am Cembalo begleitet (4).

Der spanische Hof hat außer einem dreimonatigen Aufenthalt gegen Ende des Jahres 1729 kaum je länger als ein paar Wochen in Sevilla residiert. Zunächst wurden Reisen in die Sierras, nach Granada, nach Cadiz und anderen Hafenstädten der spanischen Küste unternommen. An allen diesen Exkursionen nahmen der Prinz und die Prinzessin von Asturien teil (5), denn ihre Anwesenheit bei den meisten höfischen Veranstaltungen war obligatorisch. In seiner Eigenschaft als Musiklehrer des prinzlichen

1 The Historical Register … for the Year 1729, Seiten 73 bis 74.

2 Burney, The Present State of Music in Germany, Bd. I, Seiten 247–249.

3 Anhang II, Besoldungslisten von 1723 bis 1733.

4 Siehe Kapitel VII.

5 So berichtet die Gaceta de Madrid. Der Gaceta de Madrid, von der sich eine vollständige Folge in der Biblioteca Nacional zu Madrid befindet, habe ich die wöchentlichen Berichte über die Reisen des spanischen Hofes während der Jahre 1729 bis 1757 entnommen. Sie liegen meinen nachfolgenden Angaben über den jeweiligen Aufenthalt des Hofes zugrunde.

Paares gehörte Scarlatti höchstwahrscheinlich zum königlichen Gefolge, das die Unannehmlichkeiten der ständigen Reisen und Wohnungswechsel geduldig ertrug. So wie die großen Mengen von Lebensmitteln und anderen Vorräten, die der Hof mit sich führte, wurden auch die Cembali der Prinzessin und ihres Musiklehrers auf dem Rücken von Maultieren über die engen Gebirgspfade geschleppt (6). Erst als sich der Hof von Mitte Oktober 1730 bis zum Mai 1733 in Sevilla niedergelassen hatte, wurde das Hofleben und damit wohl auch Domenicos eigener Haushalt einigermaßen beständig.

6 Ein Dokument von San Lorenzo vom 15. November 1767 schildert die Schwierigkeiten, welche Nebra und Sabatini beim Transport der Instrumente mit den Maultieren und Treibern gehabt haben. Sie forderten einen Karren an. (Zitiert in der unveröffentlichten Dissertation von Luise Bauer. Die Quelle ist nicht genannt.)

Domenico und Catalina Scarlattis erster Sohn wurde 1729 (oder 1730) in Sevilla geboren. Seine Eltern gaben ihm zu Ehren der portugiesischen Gönner Domenicos, Johanns V. und Don Antonios, den Namen Juan Antonio. Ihr zweiter Sohn Fernando wurde am 9. März 1731 unter Umständen getauft, die darauf schließen lassen, daß man ihn nicht für lebensfähig hielt. Das Register besagt, daß er bereits zu Hause die Nottaufe erhalten hat. Tatsächlich aber blieb er am Leben und wurde zum Stammhalter der direkten Linie Scarlatti, die heute noch existiert. Offenbar hat er den Namen Fernando zu Ehren des neuen Gönners Domenicos, des Prinzen von Asturien, erhalten. (Erst später ehrte Domenico das Andenken seines Vaters, indem er einen Sohn nach ihm benannte.)

Scarlatti muß wohl ganz zu dem Haushalt des Prinzen und der Prinzessin von Asturien gehört haben und scheint, wenn überhaupt, nur flüchtig in direkten Kontakt mit dem König und der Königin gekommen zu sein. Natürlich bestimmten diese beiden Persönlichkeiten den Charakter des spanischen Hofes. Das Leben dort vollzog sich auf zwei ganz verschiedenen Ebenen, auf der der offiziellen Geschäfte und formalen Routine einerseits und jener anderen, von der in den offiziellen Berichten nur wenig zu spüren ist und die sich nur in den Erinnerungen und vertraulichen Berichten der Gesandten spiegelt. Dem entsprachen natürlich auch die Gespräche bei Hof. Sie bewegten sich auf dem unterschiedlichen Niveau von höflicher Förmlichkeit und Hintertreppenklatsch. Hinter der tristen Gleichmäßigkeit der Berichte in der *Gaceta de Madrid* verbarg sich ein wahrhaft phantastisches und unerfreuliches Schauspiel.

7 Berichte über Philipp V. und seinen Charakter bei Armstrong, Ballesteros, Cabanès, Coxe, Keene, Louville und Saint-Simon.

Mit Philipp V. war eine bedauerliche Veränderung vor sich gegangen, seit Scarlatti ihn zum ersten Mal vor siebenundzwanzig Jahren in Neapel gesehen hatte. Aus dem ansehnlichen, wohlerzogenen Enkel Ludwigs XIV. war eine kümmerliche, vorzeitig gealterte Karikatur geworden, er war einer Apathie verfallen, aus der nur gelegentlich noch ein Schimmer von Intelligenz und Augenblicke von Aktivität aufglänzten (7). Als jüngerer

Sohn in Unterordnung und Abhängigkeit aufgewachsen, als ein ›Prinz, der dazu geschaffen war, um sich einsperren und regieren zu lassen‹ (8), wurde er unerwarteterweise auf den Thron Spaniens gesetzt, obwohl er geradezu bis zur Jämmerlichkeit unvorbereitet war, die Aufgaben eines Herrschers auszuüben. ›Man kann nicht genug betonen, daß schon die geringste Willensanspannung ihn völlig erschöpfte...‹ (9). Nach außen hin ein absoluter Monarch, doch in Wirklichkeit der Sklave all derer, die Einfluß auf ihn gewannen, wurde diese klägliche Mischung aus Majestät und Elend weitgehend von Beichtstuhl und Schlafzimmer beherrscht, und dies in einem Maße, daß sein Minister Alberoni den Ausspruch getan haben soll, alles was sein königlicher Gebieter nötig habe, sei ›un reclinatorio – e le coscie d'una donna‹ (10). Die Befriedigung dieser beiden Notwendigkeiten hielten der königliche Beichtvater und die Königin völlig in der Hand.

In einer Art von perverser passiver Widersetzlichkeit hatte der König die Tagesordnung bei Hof von Grund auf über den Haufen geworfen. Er speiste um drei Uhr morgens, ging um fünf zu Bett, stand auf, um die Messe zu hören und sich um zehn Uhr wieder zurückzuziehen und um sich schließlich erst um fünf Uhr nachmittags wieder zu erheben. Höflinge, die ihre Gewohnheiten dem nicht anpassen konnten, starben fast vor Erschöpfung (11). Doch in den Gemächern des Königs vermieden sie gehorsamst, um drei Uhr von der Nacht oder um die Mittagszeit vom Tage zu sprechen (12). Es gab lange Zeiten, in denen der König überhaupt im Bett blieb und nicht aus seiner melancholischen Lethargie zu reißen war. Jahrelang ließ er sich nicht die Haare schneiden, und es war eine bekannte Tatsache, daß er monatelang nicht gestattete, seine Wäsche zu wechseln. So trug er sogar oft anderthalb Jahre lang immer dieselben Kleider. Aus Besorgnis, ihren Einfluß auf ihn an irgendeinen ehrgeizigen Höfling zu verlieren, ließ ihn die Königin außer bei öffentlichen Audienzen keinen Augenblick allein. Außerdem wachte sie darüber, daß er nie Gelegenheit hatte, eine Feder zur Hand zu nehmen, nur damit er nicht, wie er es einmal in einem Anfall von Depression versucht hatte, seine Abdankung unterzeichnen könnte. Inzwischen war diese Trübsinnigkeit des Königs, teils vom Beichtstuhl durch ein übertriebenes Schuldgefühl, teils durch das genährt, was Saint-Simon ›trop de nourriture et d'exercise conjugal‹ (13) nennt, allmählich in echten Wahnsinn ausgeartet.

In einem anderen Land wäre der König vielleicht durch seine Konkubinen beherrscht worden, aber in Spanien wurden, wenigstens was die königliche Familie betraf, die Grundsätze der Monogamie und ehelichen Treue sowohl theoretisch wie praktisch geachtet, und der Weg zu den Königen führte

8 Saint-Simon, Bd. XI, Seiten 229 bis 230.

9 Louville, Bd. I, Seiten 131–132.

10 Ballesteros, Bd. VI, Seite 524; Duclos, Bd. II, Seite 64.

11 Die Angaben in diesem Abschnitt stammen, soweit nicht besonders vermerkt, aus Armstrong, Seiten 260, 269, 287.

12 Fernan-Nuñez, Bd. I, Seiten 92–93.

13 Saint-Simon, zitiert in Ballesteros, Bd. VI, Seite 528.

eher über ihre Frauen und Beichtväter als über Mätressen und Minister. Daher die uneingeschränkte Herrschaft, die Isabel Farnese über ihren Mann ausüben konnte. Durch geschicktes Manipulieren mit Beichtvätern und Ministern hat sie es verstanden, sich nicht nur beim König selbst, sondern auch bei der kleinsten Regierungsangelegenheit unentbehrlich zu machen (14).

Obwohl bei vielen zeitgenössischen und späteren Historikern unbeliebt, war die Königin eine sehr befähigte Frau. Sie hat es vermocht, die melancholische und irrwitzige Atmosphäre am Hofe durch ihre intelligente Mittelmäßigkeit auszugleichen, so wie später auch ihr Sohn Carlos III. Die Ehe zwischen Isabel Farnese und Philipp V. war unter der Voraussetzung zustande gekommen, sie werde sich ebenso leicht lenken lassen wie er; aber als sie nach Spanien kam, bestand ihre erste Tat darin, daß sie Madame des Ursins, die einflußreichste Beraterin und Vertraute des Königs, über die verschneiten Pyrenäen in ihre Heimat zurückschickte. Von diesem Augenblick an verlor sie bis zum Ende ihrer Regierungszeit niemals die Herrschaft über den König, denn mit Diplomatie und Sinn für Realität verstand sie es, ihren Machthunger und die ehrgeizigen Wünsche für ihre Kinder zu zügeln und zu verbergen. Sie hat es schließlich auch mit außerordentlichem Geschick fertiggebracht, diesen Kindern zu Thronen zu verhelfen. Die Hoffnungen, die sie für sie hegte, machten sie mißtrauisch gegen die Kinder Philipps aus erster Ehe, und sie glaubte, für ihre eigene Stellung fürchten zu müssen, falls Fernando auf den spanischen Thron gelangte. Der Heirat zwischen ihm und Maria Barbara hatte sie wahrscheinlich nur deshalb zugestimmt, weil sie keine Alternative sah. Die Beziehungen zu ihrem Stiefsohn und seiner Prinzessin waren korrekt, aber man konnte sie wohl kaum herzlich nennen.

Wie sein Vater ursprünglich zu einer untergeordneten Rolle bestimmt, war Fernando zwar ein jüngerer Sohn, aber selbst als es deutlich wurde, daß er ihm in der Regierung nachfolgen würde, fand man es am Hof vorteilhaft, die in seiner ohnehin scheuen und fügsamen Natur liegende Passivität, unaufgeklärte Frömmigkeit und Unselbständigkeit zu unterstützen, um ihn wie seinen Vater von Beichtstuhl und Schlafzimmer aus leiten zu können (15).

Die Enttäuschung, die man an Fernando bei seiner ersten Begegnung mit Maria Barbara hatte feststellen können, war schon bald überwunden, und der scharf beobachtende englische Botschafter berichtet, ›er ist der Prinzessin sehr zugetan, welche weiß, wie sie ihn bei Laune halten kann, und deswegen einen großen Einfluß auf ihn ausüben wird, wenn ihm Regierungsgeschäfte anvertraut werden‹ (16). Trotz ihres geschmeichelten Brautporträts war Maria Barbara äußerlich ohne alle Vorzüge der Schönheit. Sie hatte un-

14 Die Tatsachen in diesem und den nächsten Abschnitten sind Armstrong, Ballesteros, Coxe, Danvila und Saint-Simon entnommen.

15 Berichte über Fernando und seinen Charakter finden sich bei Argenson, Ballesteros, Cabanès, Coxe, Danvila, Richelieu und Saint-Simon.

16 Keene, 23. Februar 1732, zitiert bei Armstrong, Seite 278.

gewöhnlich dicke Lippen, und ihr Gesicht war von Pockennarben entstellt. Dazu wurde sie in ihren späteren Lebensjahren außerordentlich dick (17). Aber sie war auf ihre Rolle gut vorbereitet, und die natürliche Anmut ihres Charakters kam ihr zustatten. Schon ein paar Wochen nach ihrer Heirat konnte man von ihr sagen: ›Die Prinzessin von Asturien erwirbt sich durch die Höflichkeit ihres Auftretens die Bewunderung und Achtung aller, welche die Ehre haben, in ihre Nähe kommen zu dürfen. Sie besitzt viel Verstand und spricht sechs Sprachen, Lateinisch, Italienisch, Deutsch, Französisch, Spanisch und Portugiesisch‹ (18). (Selbstverständlich war die Prinzessin, was die Sprachen angeht, auf nahezu jede Heiratsmöglichkeit vorbereitet worden.)

Zum Glück für Fernando besaß Maria Barbara nicht das mindeste von dem brennenden und übertriebenen Ehrgeiz ihrer Schwiegermutter. Sie gab sich durchaus damit zufrieden, seine untergeordnete Rolle mit ihm zu teilen und ihn in seiner liebevollen und herzlichen Natur gegen die von seinem Vater ererbte Neigung zur Melancholie aufzumuntern. Die beiden wurden zu königlichen Beispielen für eheliche Liebe und sind es ihr Leben lang geblieben. Aber trotz ihres Mangels an Initiative war ihr Leben nicht einfach. Als Prinz und Prinzessin von Asturien waren sie völlig von den Wünschen und Launen des Königs und der Königin abhängig und hatten bei allen offiziellen Anlässen zu erscheinen, bei denen sie nur eine passive Rolle spielen konnten. In der Abgeschlossenheit ihrer eigenen Gemächer konnten sie sich offenbar von der verrückten Tageseinteilung des Königs freihalten. Sie vertrieben sich die Zeit mit den üblichen höfischen Vergnügungen, und selbst als sie in späteren Jahren den Thron bestiegen, nahmen Musik, Serenaden, Jagden, Feuerwerke und Schauspiele bei ihnen einen so breiten Raum ein, als führten sie noch ihr Leben als Prinz und Prinzessin von Asturien weiter.

Die Musik war und blieb Maria Barbaras stärkster Trost, beinahe als ob sie dadurch versuchte, der untergründigen Melancholie und dem keimenden Wahnsinn der Atmosphäre, in die sie versetzt worden war, Widerstand zu leisten. Die Musik wurde auch für sie ein Hauptmittel, den Prinzen zu unterhalten und zu zerstreuen. (Seltsam genug ist, daß sein Vater, an dem später der berühmteste Versuch der Weltgeschichte, die Musik als Therapeutikum zu verwenden, vorgenommen werden sollte, sich zu dieser Zeit der Musik gegenüber völlig indifferent verhielt (19).) Vielleicht der aufgeklärteste Zug in Fernandos trägem und im Grunde phantasiearmem Wesen war seine Liebe zur Musik. Nicht ohne Grund werden wir später Fernandos und Maria Barbaras Regierung als die Herrschaft der Melomanen bezeichnen. Wiederholt

17 Ballesteros, Bd. V, Seite 133 ff.

18 The Historical Register ... for the Year 1729, Seiten 73 bis 74.

19 Keene, zitiert bei Armstrong, Seite 338.

Spanische Gegensätze

Abb. 27   Philipp V. und die königliche Familie, Gemälde von L. M. van Loo
(Philipp V. und Isabel Farnese in der Mitte; Fernando VI. und Maria Barbara, links; Carlos III. ganz rechts) (Madrid, Prado)

erwähnen die Hofberichte Musikabende in den Gemächern der Prinzessin (20). An diesen Veranstaltungen hat Scarlatti ohne Zweifel aktiv mitgewirkt. Es ist reizvoll, sich den Klang seines Cembalos unter den maurischen Gewölben des Alcázar auszumalen und darüber nachzudenken, ob seine Musik bereits jene orientalischen Züge und das arabeskenhafte Element besaß, die sie ihrer Umgebung in Sevilla ähnlich machten. Während seiner vier ersten Jahre in Spanien hat Scarlatti nichts von Kastilien gesehen. Aber am 16. Mai 1733 verließ der spanische Hof Sevilla, um sich zum ersten Mal seit der Heirat des Prinzen von Asturien nach Norden zu begeben. Von nun an wurden die üblichen, jahreszeitlich bedingten Reisen zwischen den königlichen Residenzen in Madrid und seiner Umgebung wieder aufgenommen. Solange Scarlatti lebte, ist der Hof nicht wieder nach Andalusien zurückgekehrt.

Der König befand sich noch immer in einer kläglichen Verfassung, obgleich die allwöchentlichen Bulletins der *Gaceta de Madrid* immer wieder versicherten, er erfreue sich der ›besten Gesundheit‹. Der Hof sah sich gezwungen, die großen Städte möglichst zu meiden, um dem Volk die Wahrheit über seinen tatsächlichen physischen und psychischen Zustand zu verbergen (21). Scarlatti lernte in den nun folgenden Monaten der Reihe nach die verschiedenen Milieus kennen, in denen er den Rest seines Lebens verbringen sollte, die Schauplätze, die den Hintergrund für seine ganze spätere Musik bildeten.

Am 12. Juni kam der Hof nach Aranjuez, dem alten, zwischen Madrid und Toledo gelegenen Landsitz Karls V. und Philipps II. Nach einer langen und äußerst beschwerlichen Reise durch die versengte spanische Landschaft müssen ihm die Springbrunnen und schattenspendenden Bäume der königlichen Gärten wie ein Paradies vorgekommen sein. Sie waren von dem eingedämmten und munter dahinströmenden Tajo so völlig eingeschlossen, daß der Palast stets vom Klang fließenden Wassers umrauscht war. Aranjuez ist die heiterste und friedlichste aller spanischen Residenzen, und hier war nichts von düsteren Untertönen zu bemerken, abgesehen von einer zarten poetischen Melancholie. Reisende haben Aranjuez immer mit Entzücken besucht. Madame d'Aulnoy schrieb im Jahre 1679: ›... Als wir ankamen, glaubte ich mich in ein Zauberschloß versetzt. Der Morgen war frisch, Vogelgesang erscholl überall, die Wasser murmelten lieblich, die Spaliere quollen von köstlichen Früchten über und die Beete von duftenden Blumen, und ich befand mich selber in der besten Gesellschaft‹ (22). Dort verbrachte Scarlatti in den nächsten dreizehn Jahren jeden Frühling von April bis Juni (23), und diese Aufenthalte verlängerten sich sogar noch, als Fer-

20 Gaceta de Madrid, Nr. 21, 19. Mai 1729: ›... teniendo algunas noches la Princesa en su Quarto el festejo de una primorosa Música de vozes, y instrumentos.‹ Ähnliche Notizen finden sich auch in den Nummern 49 und 52 des gleichen Jahres.

21 Armstrong, Seite 297.

22 Mme. d'Aulnoy, Seiten 492–493. Es hat sich übrigens herausgestellt, daß Mme. d'Aulnoy ihren farbigen Bericht über das Spanien des 17. Jahrhunderts verfaßt hat, ohne jemals dort gewesen zu sein. (Einführungsartikel ›Mme. d'Aulnoy et l'Espagne‹ von Foulché-Delbosc, Seiten 1–151.)

23 Vorausgesetzt, daß Scarlatti immer am Hofe gegenwärtig war.

Abb. 28 Der Tritonenbrunnen in Aranjuez, Gemälde von Velázquez
(Madrid, Prado)

nando und Maria Barbara auf den Thron gelangt waren, denn Aranjuez war ihre Lieblingsresidenz. Etwas von den Empfindungen der Mme. d'Aulnoy kann man in den zahlreichen späteren Sonaten wiederfinden, die Scarlatti sehr wohl in Aranjuez komponiert haben könnte. (Mir fallen gleich die Sonaten 132 und 260 ein, um nur zwei zu erwähnen.)
Aber als nun der Hof Aranjuez zum ersten Mal wieder besuchte, blieb er nur knapp einen Monat dort, um dann weiterzureisen und nach einer nächtlichen Zwischenstation in Madrid am 9. Juli in der Sommerresidenz San Ildefonso einzutreffen. Dieses Schloß, der Lieblingsaufenthalt der Königin Isabel, war erst einige Jahre zuvor in La Granja erbaut worden, hoch in der Sierra de Guadarrama gegen Segovia. Dieser ungestümen Berglandschaft, dem Gegenteil seiner heimischen Île de France, hatte der König einen der großartigst angelegten Prunkgärten Europas abgezwungen. Seine Fontänen, von Bergströmen gespeist, übertrafen sogar die von Versailles. Mitten in dieser rauhen und widerspenstigen Gegend wurde eine präzis angeordnete Fläche herausgehauen, dem Menschenwillen rigoros unterworfen und in seinen Proportionen und Bestimmungen dem Geschmack eines Hofes des 18. Jahrhunderts angepaßt. Jedoch, um der erstarrten Geometrie der Alleen und Rabatten entgegenzuwirken, winden sich allegorische Figuren in phantastischen Spiralen aufwärts, von einer Architektur unterstützt, die fast so theatralisch wirkt wie die Götterstatuen selber. Nur durch Marmor, Bronze und Stuck, statt bemalter Pappe oder Leinwand, erreichen diese bühnenhaften Kulissen eine gewisse Dauerhaftigkeit. Statt durch flackernde Theaterlampen und Kerzen werden sie durch Sprühregen und Kaskaden sonnenbestrahlten Wassers beleuchtet, belebt und beseelt.
Hier in der frischen Bergluft von La Granja hat Domenico Scarlatti von Juli bis Oktober jeden Sommer während der restlichen dreizehn Jahre der Regierung Philipps V. zugebracht (24). Als Kind eines Zeitalters, das den Naturkult außer in den wohlgeordneten Begriffen einer herkömmlichen Dichtkunst noch nicht erfunden, läßt sich der Städter Domenico in einer solchen Umgebung schwer vorstellen, es sei denn, er habe ganz wie seine königlichen Herren eine Insel in der ungestümen und öden Landschaft um sich geschaffen. Wanderte je seine Phantasie über den Garten und die Kapelle der Collegiata hinauf bis zu den schneebedeckten Bergen? Vielleicht hätte er anstelle dieser wilden und trostlosen Aussicht lieber die Bühnenbilder Juvarras gesehen, in ihren traumbildnerischen Perspektivenfluchten von Schauspielern und Sängern bevölkert.
Domenicos erster Sommeraufenthalt in La Granja ging am 17. Oktober zu Ende, als sich der Hof, wie in allen folgenden Herbstmonaten, wieder in den

24 Vgl. Marginalie 23.

Escorial begab. Auf dem Hang einer einsamen Höhe, die den Blick über die weite Ebene bis Madrid freigab, wurde dieses erhabene Meisterwerk in seiner herben Großartigkeit von Philipp II. und seinem Architekten Juan Herrera entworfen, um das Kloster, die Kirche und den Palast von San Lorenzo zusammenzufassen. Hier verkörperte sich das Wesen des habsburgischen Spanien am reinsten. In einer einfachen Mönchszelle, deren Bett so stand, daß es durch ein besonders angebrachtes Fenster den Blick auf den Hochaltar der Kirche ermöglichte, verbrachte Philipp II. sein Lebensende in trauernder Buße.

Unten, im Pantheon unter dem Chor der Basilika, umgeben von dunkel schimmernden Bronzen und poliertem Marmor, in denkbar düsterer Pracht, waren die sterblichen Überreste der spanischen Könige beigesetzt. Weiter unten, im Pudridero, harrten die Neuverstorbenen auf ihre endgültige Bestattung. Dort hatte 1700 der letzte spanische Habsburger, der kranke und geistesgestörte Karl II. die Särge seiner Ahnen öffnen lassen, um in einer Art entzückten Entsetzens ihre vermodernden Leiber zu betrachten (25).

25 Coxe, Bd. I, Seiten 61–62.

Die bourbonischen Könige besuchten den Escorial einmal im Jahr, aus Ehrfurcht vor der althergebrachten spanischen Sitte. Dieser düstere denkmalartige Bau, mit seinen weiten leeren Höfen und seinen dunkelgrünen, streng beschnittenen Buchsbaumterrassen, die über die winterliche Ebene in die blaue Ferne hinausblickten, war dem Geschmack eines Hofes im 18. Jahrhundert wenig gemäß. Von allen Höflingen verabscheut, weil sie jeden November über Erkältungen klagten, die sie sich in den feuchten Gewölben holten, wurde der Escorial vom britischen Gesandten als eine ›unser aller Gesundheit auferlegte Inquisition‹ bezeichnet (26).

26 Keene, Seiten 189–190, 28. November 1749.

Unter der Regierung Philipps V. hatte die spanische Inquisition viel von ihrer Härte verloren. Ketzer wurden jetzt nicht mehr in Anwesenheit des gesamten Hofes verbrannt (27), wie es unter seinen Vorgängern noch üblich gewesen war. Aber Philipp V. war doch nicht stark genug, um diese Erblast von Düsternis, Krankheit und Terror ganz zu überwinden, die ihm die Habsburger hinterlassen hatten. Tatsächlich ging er selber daran zugrunde. Diese Tradition war zu einem fast untilgbaren Teil des spanischen Charakters geworden, und Domenico Scarlatti mußte sie auf jeder Seite wahrnehmen. Er reagierte mit der heitersten und glücklichsten Musik, die jemals geschrieben wurde!

27 Immerhin wurden unter Philipps Regierung noch neunundsiebzig Menschen in vierundfünfzig autos da fé lebendig verbrannt. (Ballesteros, Bd. VI, Seiten 244 bis 245). An die Statistiken der Terrorakte im 20. Jahrhundert wollen wir lieber nicht denken.

Domenico Scarlatti sollte sehr erfahren werden in der Kunst, die Musik als Gegenmittel zur Melancholie einzusetzen. Er hatte die halbnackten, kapuzenverhüllten Geißler in den Bußprozessionen gesehen und die barbarische

116 *Spanische Gegensätze*

Abb. 29   Der Escorial, Gemälde von Michel-Ange Houasse
(Madrid, Prado)

Musik gehört, die sie begleitete (sie hat sich gelegentlich in seine eigenen Sonaten eingeschlichen); er war Zeuge der zahllosen Qualen gewesen, die aus dem ständigen Zwang der Spanier resultierten, das Leben gegen den Tod und den Tod gegen das Leben auszuspielen; er hat den Konflikt zwischen heidnischer Sinnlichkeit und abgöttischer Angst vor der Verdammnis beobachtet, aber er konnte diese Dinge nicht wie ein Goya bewußt zum Inhalt seines Schaffens machen. Scarlatti kümmerte sich wenig um das Tragische an sich, aber die poetische Sensibilität seiner Sonaten und ihre echte Heiterkeit können nicht ohne ein echtes Gefühl für das Tragische entstanden sein, zumindest nicht ohne ein unbewußtes Verständnis für die seltsame Geistesverwirrung, die Spanien einen solchen zugleich anziehenden und erschreckenden Zauber verleiht.

Am 17. Dezember 1733 kehrte der Hof nach Madrid zu seinem alljährlichen Weihnachtsaufenthalt zurück, dem ersten seit der Hochzeit des Prinzen von Asturien. Die königliche Familie wohnte außerhalb der Stadt im Schloß Buen Retiro, und viele der Höflinge wurden in der nächsten Umgebung oder aber im königlichen Palast selbst einquartiert, den am Weihnachtsabend des folgenden Jahres eine Feuersbrunst zerstörte (28). Am 2. Januar zogen sich König und Königin in den sieben Meilen nördlich von Madrid gelegenen Pardo zurück, um dort bis zum 17. März zu verweilen, während viele Hofbeamten in Madrid zurückblieben.

Das jährliche Reiseprogramm des Hofes wurde nun wieder aufgenommen und hat sich während der Regierungszeit Philipps V. nur unwesentlich geändert. Sehr wahrscheinlich hat Scarlatti diese Reisen zum größten Teil mitgemacht. Der Terminkalender gestaltete sich folgendermaßen: Januar bis Mitte März in dem alten königlichen Jagdschloß El Pardo; Ostern Buen Retiro in Madrid; April bis Juni bukolischer Aufenthalt in Aranjuez; Ende Juni wieder Buen Retiro; Juli bis Oktober die frische Bergluft von La Granja; Ende Oktober bis Anfang Dezember die kalte Festung des Escorial; Ende Dezember Weihnachten in Buen Retiro. In Madrid hielt sich der Hof nur kurz auf, aber die meisten seiner Mitglieder hatten ihre festen Wohnsitze dort.

Um 1738, wenn nicht schon früher, wohnte Scarlatti in der Calle ancha de San Bernardo im Pfarrgebiet von San Martín. Zu dieser Zeit hatte er fünf Kinder. Juan Antonio und Fernando waren in Sevilla zur Welt gekommen, Mariana (zwischen 1732 und 1735 geboren) war nach der Königin von Portugal benannt worden. Diese drei Kinder wurden im beiderseitigen Testament als Erben genannt, das Domenico und Catalina Scarlatti am 12. Februar 1735 in Madrid unterzeichneten. Die beiden

28 Ballesteros, Bd. VI, Seite 435.

jüngeren Kinder waren Alexandro (1736 oder 1737 geboren und offenbar nach Domenicos Vater benannt) und Maria (in Madrid am 9. November 1738 geboren).

Madrid war zu Scarlattis Zeit noch immer eine Stadt des 16. und 17. Jahrhunderts und sah damals viel spanischer aus als heutzutage. Die engen Gassen und spitzen Türme der Habsburger waren von den klassischen Bauten Karls III., den breiten Avenuen des 19. Jahrhunderts und dem anonymen internationalen Baustil, der jetzt breiten Raum einnimmt und der den Charakter weiter Strecken heutiger europäischer wie auch südamerikanischer Städte uniformiert, noch nicht verdrängt worden. In einem Europa der ungepflasterten Straßen und primitiven sanitären Verhältnisse war Madrid wegen seiner mehr als sonst in Spanien üblichen Nachlässigkeit solchen Dingen gegenüber berüchtigt (29). Besucher der Stadt haben sich in wortreichen Kommentaren darüber ausgelassen, es erschienen Spottgedichte mit Titeln wie ›La Merdeide‹, und man erzählte sich unzählige Geschichten von heimwehkranken Spaniern im Ausland, die sich unter einer plötzlichen Woge unaussprechlicher Gerüche schlagartig wieder erholten. Im heutigen Madrid herrschen die Gerüche von ranzigem Olivenöl und Knoblauch vor, aber die Geräusche sind in den Seitengassen noch die gleichen wie im 18. Jahrhundert: Hufgeklapper, Räderrasseln, das scharf rhythmische Geschnatter des Volkes, der lang hinausgezogene Ruf des Straßenhändlers und hin und wieder das Klappern von Kastagnetten. Die Plaza Mayor, der Park von Buen Retiro, ein paar alte Kirchen und ein aufwendiges Barockportal, das aus einer ungeschmückten Palastwand hervorplatzt, sind noch immer sichtbare Überreste der Stadt Scarlattis. Auch das Licht ist das gleiche geblieben, das harte, helle, blendende Licht von Velázquez und auf Goyas Teppichentwürfen, ein Licht, das, anders als in Italien, weniger die Form zur Geltung bringt als den Raum, die umgebenden Weiten der kastilischen Ebene.

Der Königspalast zu Madrid wurde zu Scarlattis Zeit nie von der königlichen Familie bewohnt. Nach der Zerstörung des alten Palastes, des Alcázar, durch eine Feuersbrunst am Weihnachtsabend 1734, wurde Scarlattis alter Freund und Mitarbeiter Filippo Juvarra beauftragt, Pläne für den Wiederaufbau zu liefern. Er traf am 12. April 1735 in Madrid ein (30). Die beiden Zeitgenossen hatten zweifellos Gelegenheit, den Verlauf ihrer beruflichen Schicksale seit ihrer gemeinsamen Arbeit bei der letzten Opernaufführung im Palast der Königin von Polen in Rom zu vergleichen. Johann V. hatte Juvarra 1719 nach Lissabon berufen, um ihn Pläne für das Kloster Mafra entwerfen zu lassen. Er blieb dort bis zum Herbst 1720. Juvarra stand

29 Ballesteros, Bd. VI, Seiten 575 bis 578.

30 Die Angaben über Juvarra und sein Werk in diesem und dem folgenden Abschnitt stammen aus Filippo Juvarar, Volume Primo.

schon lange auf der Höhe seines Könnens und hatte Bauherren gefunden, die die großräumigen, phantasievollen Projekte, von denen seine Skizzenbücher voll waren, in Stein und Ziegel verwirklichten. Dazu zählen auch jene architektonischen Meisterwerke, die das Gesicht der Stadt Turin unter Vittorio Amadeo II. von Savoyen so wesentlich umgeformt haben. Juvarra und Scarlatti sind während ihrer Karriere, die in vieler Hinsicht so merkwürdig parallel verläuft, verschiedentlich mit den gleichen Mäzenen in Verbindung gekommen: mit dem Kardinal Ottoboni, der Königin Maria Casimira von Polen, dem Marques de Fontes, dem Heiligen Stuhl (dem Juvarra einen Entwurf für die Sakristei von St. Peter vorlegte), Johann V. von Portugal und Philipp V. von Spanien.

Ehe aber Juvarra seine Entwürfe für das königliche Schloß ausgearbeitet hatte, starb er am 31. Januar 1736 und hinterließ seinem Schüler Giovanni Battista Sacchetti die Aufgabe, sie zu vollenden. Der Palast konnte zwar erst im Jahre 1764 bezogen werden, und die herrlichen Deckengemälde Tiepolos wurden sogar noch später fertig, und er steht auch noch heute als prachtvolles Denkmal des Geschmacks zu Domenico Scarlattis Zeiten.

Inzwischen hatte sich die Gesundheit des Königs seit seiner Rückkehr aus Sevilla nur wenig gebessert. Er behielt seine verrückte Tageseinteilung bei, versank in immer wiederkehrende Lethargien und weigerte sich häufig sogar strikt, seinen Regierungspflichten nachzukommen. Die Königin hatte vollauf damit zu tun, die Angelegenheiten des Königs zu überwachen und zu verhindern, daß er irgendein Durcheinander anstellte oder durch völlige Apathie die Regierungsgeschäfte lahmlegte (31). Am 18. Januar 1737 berichtet der englische Gesandte: ›Die Königin bemüht sich, Zerstreuungen für den König zu ersinnen, der eine angeborene Abneigung gegen die Musik hat. Wenn sie ihn so weit umstimmen könnte, daß er Freude daran bekäme, würde das für beide eine Ablenkung vom Gedanken an noch turbulentere Zustände mit sich bringen‹ (32). Der Plan der Königin sollte ihre höchsten Erwartungen übertreffen. Im Sommer 1737 in La Granja ereignete sich ein wahres Wunder. Der berühmte Kastrat Carlo Broschi, der unter dem Künstlernamen Farinelli ganz Europa durch seine Stimme erobert hatte, war bewogen worden, nach Spanien zu kommen. ›Er hat durch seine Kunst weit mehr Eindruck auf seine Zuhörerschaft gemacht als irgendein anderer Musiker der heutigen Zeit, und man möchte zweifeln‹, schreibt Burney, ›ob einer der vergötterten Musiker der Antike, Orpheus, Linos oder Amphion, so wunderbar auch ihre Macht über die Herzen der Menschen gewesen ist, jemals ihre Hörer zu solcher verschwenderischen und wertbeständigen Freigebigkeit bewegt hat‹ (33).

31 Armstrong, Seiten 340–341.

32 Keene, zitiert in Armstrong, Seite 338.

33 Burney, Memoirs of ... Metastasio, Bd. III, Seiten 284 bis 288.

Abb. 30 Farinelli in einer Frauenrolle, Rom 1724, Federzeichnung von Pier Leone Ghezzi
(New York, Privatbesitz Janos Scholz)

Abb. 31 Farinelli, Stich von Wagner nach einem Gemälde von Jacopo Amiconi (Guilford, R. K.)

›...In Neapel im Jahre 1705 geboren (34), erhielt er die erste musikalische Unterweisung von seinem Vater, Signor Broschi, und später von Porpora, der ihn auf Reisen begleitete. Er war siebzehn, als er seine Vaterstadt verließ, um nach Rom zu gehen, wo allabendlich während einer Opernaufführung zwischen ihm und einem berühmten Trompetenbläser, der seinen Gesang auf diesem Instrument begleitete, ein Wettstreit stattfand. Bei bestimmten Noten, die beide anschwellen ließen, um die Kraft ihrer Lungen zu zeigen und einander in Brillanz und Stärke zu überbieten, trillerten und steigerten sie in Terzen so lange miteinander, daß die Zuhörer begierig auf den Augenblick warteten, wo beide erschöpft wären; tatsächlich gab der Trompeter völlig ermattet auf, da er glaubte, sein Gegner müsse ebenso müde sein wie er selber und die Schlacht sei unentschieden, als Farinelli mit einem Lächeln auf dem Gesicht zeigte, daß er die ganze Zeit über nur seinen Spaß mit dem anderen getrieben habe, und mit dem gleichen Atem und unverminderter Kraft seinen Triller nicht nur weiter anschwellen ließ, sondern sich darüber hinaus noch in den künstlichsten und schnellsten Koloraturen erging und erst vom Beifallsgeschrei des Publikums zum Schweigen gebracht wurde. Von dieser Zeit stammt wohl die Überlegenheit her, die er über alle seine Zeitgenossen behalten hat...

Von Rom begab er sich nach Bologna, wo er den Vorzug hatte, Bernacchi zu hören (einen Schüler des berühmten Pistocco aus dieser Stadt), welcher, was Geschmack und Können betraf, der erste Sänger Italiens war und dessen Schüler später die Bologneser Schule berühmt gemacht haben.

Von dort wandte er sich nach Venedig und von Venedig nach Wien; in allen diesen Städten pries man sein Talent als wunderbar, aber er erzählte mir, daß in Wien, wo er dreimal geweilt hatte und wo er von Kaiser Karl VI. hoch geehrt worden war, ein Wort dieses Fürsten ihn weiter gefördert habe als alle Lehren seiner Meister oder das Beispiel seiner Rivalen: Seine Kaiserliche Majestät habe sich herabgelassen, ihm eines Tages mit großer Güte und Leutseligkeit zu sagen, in seinem Gesang spüre man weder Bewegung noch Stillstand, wie doch sonst bei allen Sterblichen, und daß das als übernatürlich anzusehen sei.‹ Aber solche Riesenschritte (so drückte er sich aus), solche nicht endenwollenden Noten und Passagen (*ces notes qui ne finissent jamais*) können lediglich in Erstaunen setzen, und es ist nun an der Zeit, daß Sie Gefallen erregen. Sie sind allzu verschwenderisch mit den Gaben, die die Natur Ihnen geschenkt hat, und wenn Sie zum Herzen gelangen wollen, müssen Sie einen schlichteren und einfacheren Weg einschlagen.‹ Diese wenigen Worte verursachten einen völligen Wandel in seiner Art, zu singen, und von diesem Augenblick an verband er das Patheti-

34 Tatsächlich in Andria, Taufurkunde zitiert bei Cotarelo, Seite 102.

sche mit dem Beseelten, das Einfache mit dem Erhabenen und entzückte auf diese Weise nun jeden Hörer ebensosehr, wie er ihn in Erstaunen setzte.

Im Jahre 1734 kam er nach England, wo jeder, der ihn gehört oder von ihm gehört hat, weiß, welchen Eindruck sein überraschendes Talent auf die Zuhörer machte: es war Ekstase, Hingerissenheit, Verzauberung! In der berühmten Arie *Son qual Nave*, einer Komposition seines Bruders, setzte er den ersten Ton mit solcher Zartheit an und ließ ihn ganz allmählich zu einer solch erstaunlichen Tonfülle anschwellen, um ihn danach in der gleichen Weise wieder verhauchen zu lassen, daß man ihm fünf Minuten lang applaudierte. Danach fuhr er mit solcher Brillanz und Schnelligkeit in seinem Vortrag fort, daß die Violinen der damaligen Zeit Mühe hatten, Schritt mit ihm zu halten ... In seiner Stimme Kraft, Süße und Umfang, in seinem Stil Empfindung, Anmut und Schnelligkeit. Er besaß solche Kräfte, wie man sie niemals und auch seitdem nicht bei einem menschlichen Wesen angetroffen hat, Kräfte, die unwiderstehlich waren und jeden Hörer überwältigen mußten, den Kenner wie den Ignoranten, Freund und Feind‹ (35).

William Coxe berichtet: ›Er kam 1737 nach Versailles und wurde von Elisabeth Farnese nach Madrid geholt, welche die Kraft der Musik erproben wollte, um die Melancholie ihres Gatten zu lindern. Kurz nach seiner Ankunft veranstaltete sie ein Konzert [in La Granja] in einem Raum neben dem, in welchem der König zu Bett lag und wo er schon beträchtlich lange gelegen hatte und aus dem sich zu erheben man ihn nicht bewegen konnte. Philipp war gleich von der ersten Arie betroffen, welche Farinelli sang, und nach der zweiten ließ er ihn kommen, überschüttete ihn mit Lob und versprach, ihm jeden Wunsch zu erfüllen. Der Musiker, von der Königin instruiert, überredete ihn, das Bett zu verlassen, zu gestatten, daß man ihn rasierte und anzog, und seine Räte zu empfangen. Philipp willigte ein, und von diesem Augenblick an nahm seine Verwirrtheit eine günstige Wendung‹ (36).

Burney fährt fort: ›...Man hatte beschlossen, ihn in den Dienst bei Hof aufzunehmen, dem er danach für immer angehörte, wobei man ihm nicht erlaubte, auch nur ein einziges Mal für die Öffentlichkeit zu singen. Man bewilligte ihm eine Pension von mehr als 2000 Pfund Sterling im Jahr.

Er hat mir erzählt, daß er während der ersten zehn Jahre seines Aufenthalts am spanischen Hof, solange Philipp V. lebte, dem Herrscher allabendlich immer die gleichen vier Arien vorgesungen habe. Zwei davon hatte Hasse komponiert, *Pallido il sole* und *Per questo dolce Amplesso*. Die beiden anderen habe ich vergessen, aber bei der einen handelte es sich um ein Menuett, das er nach Belieben immer wieder zu variieren pflegte‹ (37). Sein Einfluß auf

---

35 Burney, The Present State of Music in France and Italy, Seite 204 ff.

36 Coxe, Bd. IV, Seite 31.

37 Burney, The Present State of Music in France and Italy, Seite 204 ff. In seinen Memoirs of ... Metastasio, Bd. I, Seite 206 Fußnote, erwähnt Burney dieselben beiden Arien von Hasse und fügt seiner Aufzählung der von Farinelli gesungenen Arien noch eine weitere von Hasse hinzu: Ah, non lasciarmi, no. Haböck erwähnt in ›Die Gesangskunst der Kastraten‹, S. XLIV, diese letzte Arie nicht. Indem er lediglich Burneys Angabe ergänzt, schreibt er, die beiden übrigen Arien seien Fortunate passate mie pene von Ariosti gewesen, die in der Londoner Aufführung des Artaserse von Hasse eingefügt worden war, und Quell usignuolo che innamorato von Giacomelli-Farinelli.

den König war ebenso groß, wenn nicht größer als der der Königin, aber er hat diese enorme Macht, die er so plötzlich erlangt hatte und während der ganzen Dauer seines Aufenthalts in Spanien behielt, nicht ein einziges Mal mißbraucht. Burney sagt: ›In meiner Jugend, als ich in meiner brennenden Neugier alles zu erfahren suchte, was das Leben dieses außergewöhnlichen Künstlers betraf, hörte ich zuverlässige Berichte über seine Bescheidenheit, Demut und gütige Hilfsbereitschaft während seines glanzvollen Aufenthalts in Madrid, wo ihm im Meridian der königlichen Gunst Reichtum, Ehren und Einfluß zuteil wurden, die genügt hätten, jede Art von Neid, Haß und Übelwollen in allen Rängen der Gesellschaft zu erregen. Aber so gesund war sein Verstand, so weise und wohlüberlegt sein Benehmen, daß man nicht einfach sagen kann, er sei den Pfeilen des Neides ausgewichen, sondern er hat es zu verhüten gewußt, daß sie auf ihn zielten. Von fast allen großen Sängern wissen wir, daß ihnen Ruhm und Reichtum irgendwann zu Kopf gestiegen sind und sie schließlich launenhaft, anmaßend und albern wurden; aber von Farinelli, ihnen allen überlegen an Begabung, Ruhm und Glück, weiß die chronique scandaleuse der verzogenen Kinder Apolls keine einzige schimpfliche Anekdote zu berichten‹ (38).

Obwohl er fast völlig vom König und von der Königin in Anspruch genommen wurde, hat Farinelli bald eine enge und herzliche Verbindung mit dem Prinzen und der Prinzessin von Asturien angeknüpft (39). So wie er die übrigen Fallgruben am spanischen Hof zu umgehen wußte, scheint er auch die heimliche Eifersucht zwischen Isabel Farnese und Maria Barbara mit außerordentlichem Takt und Gleichmut behandelt zu haben. ›Als der verstorbene König Ferdinand noch Prinz von Asturien war, sandte sie [Isabel Farnese] Farinelli aus irgendeiner Verärgerung heraus eine Botschaft zu, er dürfe die Gemächer des Prinzen und der Prinzessin nicht mehr betreten, um dort zu singen oder zu spielen. Die verstorbene Königin Barbara aber liebte die Musik nicht nur, sondern sie war auch eine hervorragende Kennerin derselben. Aber Farinellis Antwort machte ihm unsterbliche Ehre. ›Geht‹, sagte er, ›und sagt der Königin, ich schulde dem Prinzen und der Prinzessin von Asturien den größten Respekt, und ehe ich nicht einen solchen Befehl aus dem Mund Ihrer Majestät oder des Königs selber empfange, werde ich ihm nicht Folge leisten‹ (40). Daß Domenico Scarlatti im Vergleich mit Farinelli auf diesen Seiten kaum erwähnt wird, entspricht dem Unterschied an Ruhm und Anerkennung zwischen beiden. Während Farinelli, bis er aus dem Dienst zurücktrat, sich stets auf der einmal erreichten Höhe seines meteorgleichen Aufstiegs hielt, scheint sich Scarlatti mit der relativen Unbekannt-

38 Burney, Memoirs of ... Metastasio, Bd. III, Seiten 284–288.

39 Coxe, Bd. IV, Seite 32.

40 Clarke, Seite 329.

heit in seiner Stellung als königlicher Musiklehrer begnügt zu haben, ganz zufrieden damit, nur Musik zu privaten Aufführungen zu komponieren. Farinelli dagegen konnte auf den Pomp und Aufwand der Oper nicht verzichten, obwohl er selber nie wieder öffentlich auftrat.

Seit seinem Eintreffen in Madrid im Jahre 1737 hatte die italienische Oper einen ungeheuren Aufschwung genommen. Schon von 1703 an hatten periodische Aufführungen italienischer Opern im Coliseo des Buen Retiro und an den öffentlichen Theatern von Madrid stattgefunden, und sie hatten durch die Ankunft des Marquis Scotti, des bevollmächtigten Gesandten von Parma im Jahre 1719 (41), eine wirksame Unterstützung erfahren. Im Jahre 1737 wurde das Teatro de los Canos del Peral dank der Förderung des Marquis Scotti und dem Bemühen der Königin, ihren Mann für Musik zu interessieren, im prächtigsten Stil wiederaufgebaut. Vielleicht hat auch der Vergleich mit dem glänzenden Teatro San Carlo, das Don Carlos im selben Jahr in Neapel baute (42), den spanischen Hof zu diesem Unternehmen angeregt.

Am Karnevalssonntag des Jahres 1738 wurde das Theater mit einer Aufführung des *Demetrio* von Metastasio mit Rezitativen von Hasse und Arien verschiedener Komponisten eröffnet. Metastasios *Artaserse* folgte noch im gleichen Jahr, und 1739 wurden unter anderem seine *Clemenza di Tito* und *Siroe*, beide mit Musik von Hasse, aufgeführt. Diese Auswahl läßt einen Schluß auf Farinellis Geschmack zu. Andere Opern, für die er sich eingesetzt hat, folgten in Buen Retiro. Wahrscheinlich ist es auch Farinellis Einfluß zuzuschreiben, daß im Sommer 1738 das alte königliche Theater dort umgebaut wurde. Von diesem Zeitpunkt an datiert die lange Reihe von Opernaufführungen, die sich unter Mitwirkung der besten Sänger der Zeit immer glänzender gestalteten und die Madrider Oper unter der Regierung Philipps und später Fernandos VI. vor allen anderen in Europa auszeichneten. Viele der Libretti stammten von Metastasio. Farinelli, der zwar selber nicht mehr auftrat, wurde die treibende Kraft und später Impresario der Oper. Sein umfangreicher Briefwechsel mit Metastasio beweist die Umsicht und Tüchtigkeit, mit der er diese Aufführungen vorbereitet hat (43). Was die Komponisten angeht, so erscheinen immer wieder die drei selben Namen. Es waren die italienischen Musiker, die sich schon vor Farinelli in Spanien niedergelassen hatten. Außerhalb von Madrid waren sie kaum bekannt, aber dem spanischen Hof lieferten sie regelmäßig die neuen Kompositionen, die er benötigte. Man könnte sagen, daß sie eine Monopolstellung in der Madrider Theatermusik innehatten. Sie komponierten nicht nur für die italienischen Opern, sondern schrieben auch die Musik für viele Vorstellungen

41 Cotarelo, Seite 55.

42 Cotarelo, Seiten 79–86. Zur Geschichte der italienischen Oper in Madrid siehe Carmena y Millan, Cotarelo, Haböck, Hamilton.

43 Englische Übersetzungen der Briefe Metastasios in Burney, Memoirs of ... Metastasio. Die übrigen Angaben in diesem Abschnitt stammen von Cotarelo.

der öffentlichen spanischen Theater, sehr zum Nachteil der einheimischen Komponisten. Diese drei waren Francesco Coradini, der 1731 nach Madrid gekommen war, Giovanni Battista Mele, der 1736 dort eintraf, und Francesco Corselli aus Parma, der 1736 zum außerplanmäßigen Kapellmeister ernannt wurde und zwei Jahre später an die erste Stelle aufrückte. Er wurde auch zugleich Musiklehrer der königlichen Kinder. Heute ist Corselli so gut wie vergessen, aber seinerzeit genoß er am spanischen Hof weit mehr Ansehen als Scarlatti. Alle aber, Corselli wie seine Kollegen, standen im Schatten des Einflusses, den Farinelli gleich nach seiner Ankunft gewonnen hatte und den er behielt, solange er in Spanien tätig war. Scarlatti scheint mit keiner dieser Aufführungen etwas zu tun gehabt zu haben. Man kann nicht annehmen, daß er bei Farinellis neuer Mäzenin, Isabel Farnese, in sonderlicher Gunst gestanden hat, denn sie betrachtete Fernando und Maria Barbara und deren Anhang mit schlecht verhehlter Abneigung. Aber angesichts der Ehren und Reichtümer, mit denen der Neuankömmling Farinelli überschüttet wurde, und des offensichtlichen Vorzugs, den er als unmittelbar in Diensten des Königs und der Königin stehender Musiker genoß, wäre es denkbar, daß Maria Barbara und Fernando Scarlatti gern auf ähnliche Weise geehrt gesehen hätten.

Maria Barbara, die nicht in der Lage war, Scarlatti zu höheren Ehren am spanischen Hof zu verhelfen, hat wahrscheinlich bei ihrem Vater ein Wort für seinen ehemaligen Kapellmeister eingelegt. Am 8. März 1739 dekretierte Johann V. Scarlatti des portugiesischen Ordens von Santiago für würdig (44). ›In Anbetracht gewisser besonderer Gründe, die mir dargelegt worden sind‹, erklärte der König von Portugal, ›erachte ich es als angemessen, Domingos Escarlati den Mantel des Ordens von Santiago zu verleihen.‹ Auf das übliche Novizenjahr wurde verzichtet, Scarlatti wurde der Verpflichtung enthoben, seine Ahnenreihe nachzuweisen, und erhielt die besondere Genehmigung (im Widerspruch zu den ursprünglichen Bestimmungen des Ordens), ›Kleider aus Samt und Seide jeder Farbe, Ringe, Juwelen, Ketten und Goldstoffe zu tragen, sofern die Kopfbedeckung aus Samt ist‹.

Es wurden Vorbereitungen für die Aufnahmezeremonie in Madrid getroffen und die Richtlinien für ihre Form und Vollziehung vom Notar des Königs in Lissabon festgelegt. Catalina Scarlatti erschien in Aranjuez vor einem Notar, um die erforderliche Zustimmung zur Aufnahme ihres Gatten in den Orden zu geben.

Am 21. April 1738, zwischen vier und fünf Uhr nachmittags, trat Scarlatti vor den Hochaltar des Kapuzinerklosters San Antonio de el Prado zu

44 Die erhaltengebliebenen Dokumente über Domenicos Ritterwürde sind im Anhang II aufgeführt.

Madrid, um sein Gelübde als Ritter von Santiago abzulegen. Der Zeremonie gemäß wurde Scarlatti gefragt, ob er gewillt sei, mit seiner Kleidung auch sein ganzes Leben zu wechseln und sogar anders zu essen, zu trinken und zu schlafen als zuvor. Auf Scarlattis bejahende Antwort befragte ihn der Priester weiter: ›Du weißt, daß der Orden dir weder Pferd noch Waffen verspricht, keine andere Nahrung als Brot und Wasser, dich aber dafür seiner Gnade versichert, welche groß ist. Darüber hinaus fragen wir dich, ob du bereit bist, die Tore gegen die Mauren zu verteidigen und dich solcher Demut und solchen Gehorsams zu befleißigen, daß, selbst wenn wir dich ausschickten, die Schweine zu hüten, du es tun würdest?‹ Scarlatti antwortete: ›Ich gelobe es.‹

Die nächsten Fragen dienten der Feststellung, ob Scarlatti die Zustimmung seiner Frau erhalten habe, ob er keines Sakrilegs oder Verbrechens schuldig und seine Abstammung frei vom Makel maurischen Blutes sei. Nach Ablegung der Beichte und Empfang der Kommunion kehrte Scarlatti zurück, um sein Gelübde des Glaubens, des Gehorsams und der ehelichen Keuschheit abzulegen und sich in den weißen Mantel des vollgültigen Ritters zu kleiden. Die meisten der Dokumente, Berichte und Aufzeichnungen zur Geschichte des Ordens, die im Zusammenhang mit dieser Zeremonie verfaßt worden sind, befinden sich noch im Besitz der Nachkommen Scarlattis in Madrid.

Domenicos Erhebung in den Ritterstand war in vieler Hinsicht der Glanz- und Gipfelpunkt des Geschicks seiner Familie und seines eigenen Lebens unter fürstlichem Patronat. Der Vater trug in seinen späteren Jahren bekanntlich den Titel eines Cavaliere (45) und war mit Ehren aller Art überhäuft worden, die aber niemals aus solch einer mächtigen Quelle geflossen waren. Aus der Niedrigkeit ihrer sizilianischen Herkunft war die Familie Scarlatti nun über Alessandros wohlhabende und kultivierte Gönner zu höchsten Ehren an den Höfen Portugals und Spaniens aufgestiegen. Und Domenicos Nachkommen, die seine handschriftlichen Kompositionen verschwinden ließen, hüteten eifersüchtig die Dokumente des ehrenhalber verliehenen Adels, den sie Domenico und Alessandro verdankten und der ihnen ihre Stellung in Spanien begründet hat. Nach einer zeitweiligen Verfinsterung in der Generation der Kinder Domenicos ging der Glücksstern der Familie im 19. Jahrhundert wieder auf, als Domenicos Enkel Francisco durch Fernando VII. in den Orden Karls III. aufgenommen wurde, und er stieg noch einmal unter seinem Urenkel Dionisio, dem einzigen Nachkommen Domenicos, der als Musiker zu einigem Ansehen gekommen ist, zu Wohlstand und Einfluß empor. Von dieser Höhe ist die Familie durch

---

45 Seit 1716 (Dent, Seiten 132–133).

das Versetzen von Silber und Familienbildern wieder zu der gegenwärtigen bescheidenen Existenz der heute noch lebenden Scarlattis herabgesunken (46).

Bald nach seiner Erhebung in den Ritterstand widmete Scarlatti im Jahre 1738 aus Dankbarkeit Johann V. seine erste im Druck erschienene Sammlung von Cembalostücken, die *Essercizi per Gravicembalo di Don Domenico Scarlatti Cavaliero di S. Giacomo e Maestro dè Serenissimi Prencipe e Prencipessa delle Asturie* etc. (Übungsstücke für das Cembalo von Don Domenico Scarlatti Ritter von St. Jakob und Lehrer Ihrer Höchsten Durchlauchten Prinz und Prinzessin von Asturien etc.). Dieser Band wurde von Fortier in ungewöhnlich großem Format sorgfältig gestochen und scheint nach einer spanischen Handschrift hergestellt zu sein. Burney sagt zwar, diese Ausgabe sei in Venedig erschienen (47), aber es ist nun mit ziemlicher Sicherheit nachgewiesen, daß sie in London verlegt worden ist, wo sie von Adamo Scola (48) am 3. Februar 1739 zum Verkauf angezeigt wurde. In der Barockvignette auf dem Titelblatt erscheint ein kostbar verziertes Cembalo (durch ein Versehen des Stechers seitenverkehrt dargestellt) mit der Devise ›Curarum Levamen‹. Das prachtvolle allegorische Vorsatzblatt wurde nach einer Zeichnung des international tätigen venezianischen Malers Jacopo Amiconi gestochen, eines späteren Mitarbeiters Scarlattis am spanischen Hof. Nicht weniger pompös als Amiconis Titelblatt ist Scarlattis Widmung gehalten: ›Seiner Heiligen Königlichen Majestät Johann V. dem Gerechten, König von Portugal, der Algarven, von Brasilien etc. etc. etc. der zutiefst ergebene Diener Domenico Scarlatti.‹

›Sire, die Großherzigkeit Eurer Majestät in den Werken der Tugend, Eurer Majestät Edelmut gegen andere, die Kenntnis von Kunst und Wissenschaft und die Freigebigkeit in deren Belohnung sind höchste Gaben Eurer großen Natur. Vergebens trachtet Eure hohe Bescheidenheit, sie zu verbergen. Die Zungen aller Welt reden von ihnen, die gegenwärtige Geschichte berichtet über sie, die Zukunft wird sie bewundern und zweifeln, ob sie Eure Majestät den Beherrscher der Königreiche oder den liebenden Vater der Völker nennen soll. Aber dies alles sind nur wenige Einzelheiten eines Ganzen, welches wie ein neuer und leuchtender Stern die wissenden Blicke des Universums auf Euch zieht. Der Beifall des letzteren nennt Sie den Gerechten, ein Titel, welcher alle anderen ruhmreichen Namen einschließt, da alle Werke der Wohltätigkeit im wahren Sinne nichts anderes sind als Akte der Gerechtigkeit vor dem eigenen Charakter und dem der anderen. Wer nun unter den geringsten Eurer Diener kann es sich als Eitelkeit zuschreiben, als ein solcher zu gelten? Musik, die Trösterin erhabener Seelen, gab mir dieses

46 Das Vorstehende beruht auf den erhaltenen Familienpapieren und meinen eigenen Gesprächen mit den Scarlatti-Nachkommen in Madrid.

47 Burney, The Present State of Music in France and Italy, Seite 203.

48 Anhang V C I, Faksimiles siehe Abb. 32–34.

Spanische Gegensätze

Abb. 32 Titelbild zu Scarlattis *Essercizi,* nach einem Entwurf von Jacopo Amiconi (Washington, Library of Congress)

beneidenswerte Los und machte mich so glücklich, mit ihr dem erlesenen Kunstsinn Eurer Majestät zu gefallen und sie Eurer Königlichen Majestät Nachkommen lehren zu dürfen, welche sie nun so geschickt und meisterhaft beherrschen. Dankbarkeit im Verein mit der süßen Schmeichelei eines so ehrenwerten Stolzes zwingen mich dazu, öffentlich Zeugnis davon im Druck abzulegen. Möchten Sie, mein Höchst Gnädiger König, einen Tribut wie diesen eines unterwürfigen Dieners nicht verschmähen. Es sind Compositionen, die unter dem Schutz Eurer Majestät geboren sind, im Dienste Eurer verdientermaßen vom Glück begünstigten Tochter, der Prinzessin von Asturien, und Ihres Höchst Würdigen Königlichen Bruders, des Infanten Don Antonio. Aber welche Worte des Dankes vermöchte ich wohl zu finden für die unsterbliche Ehre, die mir durch Euren Königlichen Befehl zuteil geworden ist, dieser unvergleichlichen Prinzessin zu folgen. Der Ruhm ihrer Vollkommenheit, ihrer königlichen Abkunft und fürstlichen Erziehung vermehrt den des Großen Monarchen, ihres Vaters. Jedoch Euer untertänigster Diener hat daran teil durch die Meisterschaft in Gesang, Spiel und Composition, durch welche sie die staunende Überraschung der hervorragendsten Meister auslöst, die Fürsten und Herrscher entzückt.‹

Wesentlich bescheidener ist Scarlattis Stil im Vorwort zu den *Essercizi*. Wie der Widmungstext ist es eine der sehr wenigen schriftlichen Äußerungen, die uns von Scarlatti erhalten sind. Zudem stellt es den einzigen Fall dar, in dem er sich in einer eigenwilligen und blumenreichen Sprache, die mit seiner Musik deutlich verwandt ist, direkt an uns wendet.

›Leser, seiest du nun Dilettant oder Musiker von Beruf, erwarte in diesen Kompositionen keine tiefgründige Gelehrsamkeit, sondern eher ein sinnreiches Spiel mit der Kunst, das dich der Meisterschaft des Cembalospieles näherbringen soll. Weder die Erwägung meines eigenen Interesses noch ehrgeizige Träumereien, sondern nur der Gehorsam haben mich bewogen, sie zu veröffentlichen. Vielleicht werden sie dir Vergnügen bereiten; dann werde ich mich nur um so glücklicher schätzen, anderen Weisungen zu folgen, um dich mit einem leichteren und abwechslungsreicheren Stil zu erfreuen. Zeige dich nunmehr eher menschlich als kritisch und vermehre dadurch dein Vergnügen. Um die Stellung der Hände zu bezeichnen, laß dir sagen, daß mit einem D die rechte, mit einem M die linke gemeint ist. Lebe wohl.‹

Mit den *Essercizi*, die in Domenico Scarlattis dreiundfünfzigstem Lebensjahr erschienen sind, machen wir zum ersten Mal die Bekanntschaft mit einem eigenartigen Cembalostil, der kaum noch etwas von seiner Herkunft verrät. Was Domenico noch zu Lebzeiten seines Vaters schrieb, läßt seltsamerweise zum größten Teil jene Überschwenglichkeit und Vitalität vermissen, die

Spanische Gegensätze

man bei einem musikalischen Wunderkind erwarten könnte. Diese Frühwerke sind knapp, und ihnen fehlt größtenteils die Frische, als stammten sie von irgendeinem alterslosen Epigonen. Solche Werke haben viele weniger bedeutende Komponisten ihr Leben lang geschrieben.

Domenicos eigentlicher musikalischer Aufstieg begann mit den *Essercizi,* gleichsam als ob ein vollständiger Bruch mit dem Bisherigen und ein geheimnisvoller Regenerationsprozeß in seinem Leben stattgefunden hätte. Es ist, als ob er mit der äußerlichen Emanzipation von seinem Vater im Jahre 1717 erst geboren worden sei und als ob es sich eher um die ersten ausgereiften Werke eines Zwanzigjährigen handle (man denke an Purcells Phantasien für Streichinstrumente!) als um die ersten Veröffentlichungen eines Mannes von dreiundfünfzig Jahren. Wenn Domenico eine fertige, seinem Temperament gemäße Tonsprache vorgefunden hätte, würde er wohl schon viel früher zu seinem eigenen Ausdruck gelangt sein. Statt dessen mußte er sich seine eigene Sprache erst schaffen. Mit den *Essercizi* offenbart sich zum ersten Mal seine ganz persönliche Eigenart. Domenico Scarlatti war nicht wie Purcell, Mozart oder Schubert ein Frühgereifter, er entdeckte wie Rameau, Haydn oder Verdi die reichsten Quellen der Inspiration erst im höheren Alter.

›In den Charakteren des jüngeren Scarlatti und Emanuel Bach gibt es viele Züge, die eine seltsame Ähnlichkeit aufweisen‹, bemerkt Burney. ›Beide waren sie Söhne großer und bekannter Komponisten, die von allen Zeitgenossen – mit Ausnahme ihrer eigenen Kinder, welche eigene Wege zum Ruhm einzuschlagen wagten – als Maßstäbe der Vollkommenheit angesehen wurden. Domenico Scarlatti wagte schon ein halbes Jahrhundert eher Klänge von einer Eigenart und Wirkung, bei denen die übrigen Musiker erst jetzt angekommen sind und mit denen sich das Ohr des Publikums erst viel später aussöhnen konnte. Emanuel Bach hat in ganz ähnlicher Weise sein Zeitalter überholt‹ (49).

Wenn wir aber Domenicos spätere Werke überblicken, erscheinen uns die *Essercizi* wie Jugendwerke. Bei all ihrer Vielgestaltigkeit offenbaren sie doch nur einen Teil seines Temperaments und zeigen sogar hin und wieder Spuren der Trockenheit wie in seinen frühen Kompositionen. Da finden wir wohl den Humor des *pince sans rire* und eines unverfrorenen Lächelns und eine schier unerschöpfliche Phantasie, aber die echte lyrische Ader seiner späteren Zeit ist noch nicht angeschlagen. Die wahren langsamen Sätze fehlen noch. ›Erwarte‹, sagt er, ›keine tiefgründige Gelehrsamkeit, sondern eher ein sinnreiches Spiel mit der Kunst.‹

Aber bereits in diesem sinnreichen Spiel mit der Kunst entdecken wir alle

49 Burney, The Present State of Music in Germany, Bd. II, Seiten 271 bis 272.

Abb. 33   Domenico Scarlatti, Lithographie von Alfred Lemoine.
Aus: Amédée Mereaux, *Les clavicinistes* … Paris 1867.
(Yale School of Music)

Grundelemente von Domenicos Stil. In diesen *Essercizi* gibt es nichts, was nicht unverwechselbar Domenico Scarlatti wäre. Seine ›originellen und heiteren Einfälle‹ (50) sind bereits in vollem Schwung.

›Scarlatti sagte öfter zu Herrn L'Augier‹, berichtete Burney, ›er wisse recht gut, daß er in seinen Clavierstücken alle Regeln der Komposition bey Seite gesetzt habe, fragte aber, ob seine Abweichung von diesen Regeln das Ohr beleidigte? und auf die verneinende Antwort fuhr er fort, er glaube, ›es gäbe fast keine andre Regel, worauf ein Mann von Genie zu achten habe, als diese, dem einzigen Sinne, dessen Gegenstand die Musik ist, nicht zu mißfallen‹ (51).

Das meistveröffentlichte Bild Domenico Scarlattis stammt wahrscheinlich aus dieser Periode. Bis vor kurzem war es nur durch eine Lithographie von Alfred Lemoine bekannt, die 1867 in Paris in *Les Clavecinistes* von Méreaux veröffentlicht wurde und nur Kopf und Schultern zeigt. Sogar das Gemälde im Konservatorium von Neapel wurde nach dieser Lithographie gefertigt. Das vollständige Originalporträt, das von einem Nachkommen Domenicos 1912 verkauft wurde, ist jetzt in Portugal wieder aufgetaucht (Abb. Frontispiz). Laut einem begleitenden Zettel wurde es von Domingo Antonio de Velasco gemalt. Es zeigt Domenico im reichen Galakleid. Seine rechte Hand ruht auf einem einmanualigen Cembalo spanischer oder italienischer Art. Seine Linke hält einen Brief mit der Anschrift ›Sig. D^n. Domingo Scarlatti‹. Dieses schöne repräsentative Porträt scheint aus der Zeit nach Scarlattis Erhebung 1738 in den Ritterstand zu stammen.

50 Burney, A General History of Music, Bd. II, Seite 706.

51 Burney, The Present State of Music in Germany, Bd. I, Seite 248; Ebeling II, Seite 184.

Mitglieder der Familie Scarlatti hatten mir das im Jahre 1912 verkaufte Porträt als der ovalen Lithographie Alfred Lemoines sehr ähnlich beschrieben, von der sich ein Abdruck unter den Familienpapieren befindet. Es war jedoch rechteckig und nach der Aussage einiger Familienmitglieder ein Kniestück, etwas oberhalb der Knie die Hände zeigend, von denen die eine auf einem Cembalo lag und die andere ein Notenblatt hielt. Es wurde noch erwähnt, Scarlatti habe blaue (?) Augen gehabt und Diamantknöpfe sowie eine weiße Perücke mit Mittelscheitel getragen. Diese Beschreibung wurde mir nach etwas mehr als fünfunddreißig Jahren geliefert, nachdem Familienmitglieder das Bild noch selber gesehen hatten. Die Genauigkeit dieser Beschreibung bestätigte sich, als Reynaldo dos Santos das Porträt 1956 wiederentdeckte. Es wurde 1912 in Madrid aus dem Besitz eines Dr. Hernando für 3000 Peseten von José Relvas erworben, der damals portugiesischer Botschafter in Spanien war. Er vermachte es seiner Heimatstadt Alpiarça in Portugal. Ein dem Porträt beigefügtes Blatt trägt die Zuschreibung an Domingo Antonio de Velasco. Das Bild, das 1 m x 70 cm mißt, wurde zum erstenmal in der London Illustrated News am 6. Oktober 1956 veröffentlicht. Für Photographien und Auskunft bin ich Dr. dos Santos und Vere Pilkington sehr zu Dank verpflichtet. Der aus dem 18. Jahrhundert stammende satirische französische Stich eines ›Concert Italien‹ (reproduziert in Accademia Musicale Chigiana, Gli Scarlatti, Seite 61), der die Namen Scarlatti,

Tartini, Martini, Locatelli, Lanzetta und Caffarelli aufweist, steht offenbar in keiner Beziehung zu einem Originalbildnis Scarlattis. Das einzige weitere Scarlattibildnis, das aus seiner Lebenszeit stammt, gibt ein Kupferstich nach einem Gemälde von Amiconi aus dem Jahre 1752 wieder (Abb. 34, 36).

In diesem Bild sehen wir Scarlatti auf dem Höhepunkt seiner besten Jahre. Schon über die Fünfzig, hat er das Ende der Periode erreicht, das wir im vorigen Kapitel etwas paradox als seine zweite Jugend bezeichnet haben. Im Laufe dieser Periode spüren wir das lang hinausgezögerte Reifen im Zusammenhang mit der Befreiung vom Einfluß seines Vaters, eine vollständige Umstellung seiner Lebensführung, die sich in den elf Jahren seiner ersten Ehe und den fünf Kindern aus dieser Verbindung ausdrückt, sein Einleben in ein neues Land und schließlich die erste Manifestation seines ganz persönlichen Stils im Druck der *Essercizi*. Mit Catalina Scarlattis Tod – sie starb am 6. Mai 1739 in Aranjuez – war diese Periode abgeschlossen. Catalina wurde in der Iglesia de la Buena Esperanza zu Ocaña beerdigt, und die Pflege der fünf unmündigen Kinder (das älteste war knapp zehnjährig) fiel ihrer Mutter Margarita Gentili zu, die von da an eine wichtige Rolle in den Familienangelegenheiten der Scarlattis spielt (52). Domenico aber stand noch immer erst auf der Schwelle seiner wahren Karriere.

52 Anh. II, Dokumente, 1760–1763.

Inzwischen hatte Farinellis erstaunlicher Aufstieg am spanischen Hof eine Verwandlung im dortigen musikalischen Leben bewirkt, und sein Einfluß auf den König hatte der Königin und den Ministern die Regierungsgeschäfte erleichtert. Wenn Farinelli zwar dem König auch, wie David vor Saul, Zerstreuung bieten und die Leiden seiner Melancholie lindern konnte, so vermochte er doch nicht, seinen unerbittlichen körperlichen und geistigen Verfall aufzuhalten.

Jene Leidenschaft für die Musik, die der berühmte Kastrat so plötzlich im König geweckt hatte, nahm eine groteske Wendung. Ein Jahr nach Farinellis Ankunft berichtete der englische Gesandte über den König: ›Wenn er sich zum Speisen zurückzieht, stimmt er ein schreckliches Geheul an, vor dem anfänglich jedermann erschrak und das seine Getreuen zwingt, alle Gemächer zu räumen, sobald er sich zu Tisch setzt ... Sein nächtlicher Zeitvertreib besteht darin, von Farinelli immer wieder die selben fünf italienischen Arien zu hören, welche jener beim ersten Mal vor ihm gesungen hat und die er nun jeden Abend seit nahezu zwölf Monaten singt. Aber Euer Gnaden werden lächeln, wenn ich berichte, daß der König selber Farinelli nachahmt, manchmal Arie für Arie, sobald die Darbietung beendet ist, und sich dann in einen solchen Wahn und ein derartiges Gebrüll hineinsteigert, daß alles nur Erdenkliche versucht wird, um zu ver-

Spanische Gegensätze

hüten, daß irgendjemand Zeuge seiner Tollheit werde. Diese Woche hatte er wieder einen dieser Anfälle, und er dauerte von Mitternacht bis zwei Uhr früh. Man hat davon gesprochen, ihn ins Bad zu stecken‹, eine Anspielung auf die allgemein bekannten Gewohnheiten des Königs, ›aber man fürchtete, daß er nicht zu bewegen sein würde, dieses Heilmittel zu gebrauchen‹ (53). Philipp V. starb am 9. Juli 1746 in Buen Retiro (54). ›Nachdem er ein solch elendes Leben hingeschleppt hatte, diesen kläglichen Kontrast zwischen menschlicher Erbärmlichkeit und königlicher Pracht, erlitt er einen plötzlichen Anfall von Apoplexie und verschied in den Armen der Königin, die ständig um ihn war, noch ehe er ärztlichen oder geistlichen Beistand empfangen konnte‹ (55). Noch am gleichen Tage wurde Fernando zum König proklamiert.

53 Keene, 2. August 1738, zitiert in Armstrong, Seite 344.

54 Ballesteros, Bd. V, Seite 107.

55 Coxe, Bd. III, Seite 382.

VII. Die Herrschaft der Melomanen

Thronbesteigung Fernandos und Maria Barbaras – Scarlatti und Farinelli – Schloßoper – Embarquements in Aranjuez – Cembalo-Sonaten – Scarlattis zweite Ehe und Familie – Amiconis Porträt – Der einzige von Scarlatti erhaltene Brief – Die königliche Kapelle – Soler – Scarlattis Ansehen außerhalb Spaniens – Vorboten des Endes – Scarlattis Testament und Tod – Tod Maria Barbaras und Fernandos VI. – Neues Regime und Farinellis Abreise – Die Nachwelt

Am 10. Oktober 1746 hielten Fernando VI. und Königin Maria Barbara mit außerordentlichem Prunk, Paraden, Stierkämpfen und Feuerwerk ihren feierlichen Einzug in Madrid (1). Die lange Zurückgezogenheit, in der sie bisher hatten leben müssen, und die Gewohnheit, sich den Wünschen Philipps V. oder, besser gesagt, der Isabel Farnese unterzuordnen, hatten sie für die Verantwortung, die sie nur allmählich zu übernehmen begannen, schlecht vorbereitet. Zunächst wurden nur kleinere Änderungen im Kabinett vorgenommen, und sie gestatteten der Königinmutter, weiterhin am Hofe zu bleiben. Aber deren Intrigen erschöpften schon bald die Geduld des königlichen Paares, und sie erhielt im Juli 1747 die Aufforderung, Madrid zu verlassen (2). Sie ließ sich in San Ildefonso in La Granja nieder und behielt dort die exzentrische Tagesordnung Philipps V. bei, an die sie sich mit der Zeit so gewöhnt hatte, daß sie für den Rest ihres Lebens nicht mehr davon abließ (3). Der spanische Hof besuchte während Fernandos Regierungszeit La Granja nicht mehr, und der alljährliche Reiseweg umfaßte nun nur noch Buen Retiro, den Pardo, Aranjuez und den Escorial (4).

Fernando und Maria Barbara fuhren mit ihrem Zeitvertreib fort wie in ihren Tagen als Prinz und Prinzessin von Asturien. Entscheidungen, die das Schicksal des Landes einschneidend verändert hätten, trafen die beiden nur wenige, so daß bei den späteren Historikern der übertriebene Eindruck entstehen konnte, ihre Regierung verdiene nur deshalb Erwähnung, weil sie von Musikern und Opernsängern ausgeübt wurde.

Von Fernando ist gesagt worden, er sei ›der gleichen Hypochondrie verfallen gewesen wie sein Vater; hilflos und von mangelnder Aktivität, versank er bei der leichtesten Unpäßlichkeit oder der geringsten Sorge in Depressionen und Todesangst. Von Natur aus noch unentschlossener als sein

1 Flórez, Bd. II, Seite 1030 ff.; Danvila, Seiten 242–245.

2 Armstrong, Seite 390.

3 Fernan-Nuñez, Bd. I, Seiten 92–93.

4 Nach Berichten der Gaceta de Madrid aus diesen Jahren.

Vater, bildete er sich ein, seine Pflichten schon erfüllt zu haben, wenn er seinen Ministern die ganze Last der Staatsgeschäfte aufgebürdet hatte. Allen Einzelheiten der Administration durchaus abhold und aus Gewohnheit und Anlage zu jeder ernsten Arbeit unfähig, waren die Jagd und die Musik seine einzigen Zerstreuungen oder besser gesagt Beschäftigungen. Er war sich seines Unvermögens derart bewußt, daß er jemandem, der ihn wegen seiner Geschicklichkeit im Schießen lobte, zur Antwort gab: ›Es wäre doch ganz ungewöhnlich, wenn ich nicht wenigstens etwas richtig könnte!‹ Diese Überzeugung und diese Defekte machten ihn zum Werkzeug in den Händen derer, denen er die Regierung anvertraut hatte‹ (5).

Wie sein Vater, war auch er gänzlich von seiner Gemahlin abhängig. Maria Barbara war aber weniger aggressiv und ehrgeizig als Isabel Farnese. William Coxe schildert sie in der Zeit ihrer Thronbesteigung als ›eine Frau von angenehmem Umgang, lebendigem Geist und ungewöhnlicher Höflichkeit des Betragens‹. Sie war heiter in der Öffentlichkeit und hatte ein außerordentliches Vergnügen an Tanz und Musik, aber sie besaß auch etwas von der melancholischen Veranlagung ihres Mannes. In den Stunden der Einsamkeit quälte sie sich mit zwei einander widersprechenden Sorgen ab: der Furcht vor der Armut, dem gewöhnlichen Los aller spanischen Königinnen, falls sie ihren Mann überleben sollten, und der Angst vor einem plötzlichen Tod, den ihr asthmatisches Leiden und ihre vollblütige Konstitution nicht unwahrscheinlich machten (6). Sie war zwar vielen Verleumdungen ausgesetzt und in vielen Kreisen unbeliebt, doch besaß sie die Gabe, sich Zuneigung und Vertrauen zu erwerben. Der gleiche englische Gesandte, der sie vor vielen Jahren anläßlich ihrer Hochzeit so kritisch betrachtet hatte, mußte nun von ihr sagen: ›Niemand war je zuvor so freimütig, so offen für den leisesten Wink und so vollkommen leutselig wie sie ... Aus Herzensgrund versichere ich Ihnen, daß wir auf ihr ganzes Betragen anwenden könnten, was wir über ihren Tanz zu sagen pflegten, nämlich daß sie ihr Glück auch gemacht hätte, wenn sie als Privatperson auf die Welt gekommen wäre. Auf mein Wort, ihre vornehmen Eigenschaften, so groß sie sein mögen, sind durchaus ihre eigenen, und sie ist ihrer königlichen Abstammung weniger verpflichtet, als es je eine Prinzessin gewesen ist‹ (7).

Länger vielleicht als wegen ihrer persönlichen Eigenschaften wird sich die Nachwelt Maria Barbaras erinnern, weil sie Scarlatti zu seinen großen Sonaten inspiriert hat. Scarlattis Stellung während ihrer Regierungszeit ist dank seinem fast unfehlbaren Geschick, sich der Erwähnung in zeitgenössischen Briefen und Erinnerungen zu entziehen, in das uns nun schon

5 Coxe, Bd. IV, Seiten 16–21. Etwas übertriebene Berichte über Fernando VI. liefern Richelieu, Bd. VI, Seiten 358–360, Gleichen, Seiten 1–3, und Cabanès, Seiten 250–255.

6 Coxe, Bd. IV, Seiten 16–21.

7 Keene, Seite 121 (1. Mai 1749); Seite 137 (16. Juni 1749).

vertraute Dunkel gehüllt. Den Hauptbeweis seiner Tätigkeit liefern die Sonaten, die für die Königin geschrieben wurden. Höchstwahrscheinlich in aller Stille und im vertrauten Kreis komponiert und gespielt, haben sie alle jene glanzvollen und blendenden Hoffeste und Opernaufführungen überlebt, die einen vergänglichen Schimmer auf die Regierungszeit der Königin geworfen haben.

Unmittelbar nach der Thronbesteigung Fernandos und Maria Barbaras taucht Scarlatti einmal aus seiner sonstigen Anonymität auf: er wird in einem diplomatischen Dokument erwähnt. Der französische Gesandte bemerkt in einem Schreiben vom 7. September 1746 nach Paris, worin er über den spanischen Hof Bericht erstattet: ›Die einzigen Italiener hier, welche Beachtung verdienen, sind zwei Musiker, der eine ein Cembalospieler namens *Scarlati* und der andere ein Sänger namens *Farinello*. Ich glaube, ich habe Ihnen schon einmal erzählt, daß der erstere der Günstling des Prinzen von Asturien und der zweite derjenige der Prinzessin gewesen ist. Seit dem Thronwechsel hat der letztere die Oberhand über seinen Kollegen gewonnen‹ (8).

Obgleich Scarlatti wohl den ersten Platz in der Gunst Maria Barbaras an Farinelli überlassen hatte, verlor er nie ihre Zuneigung und ihre Treue. Aber Farinelli war es, der nun der erste Tröster des königlichen Paares wurde und ihm mit seinen bevorzugten Zerstreuungen aufwartete. Sein Einfluß auf die Königin, wie der ihrige auf den König, war ungeheuer. Tatsächlich murrte man, von der eifersüchtigen Königinmutter angestachelt, in den Kreisen unzufriedener Spanier, das Land werde nun von Musikern und Portugiesen regiert (9). Farinellis Macht war so groß, daß ihm von ausländischen Ministern und sogar vom König Ludwig XV. von Frankreich Bestechungsgelder angeboten worden sind (10). Er hat sie jedoch niemals angenommen und galt sogar bei seinen Gegnern bald als unbestechlich. ›Stets bescheiden und anspruchslos, betrug er sich umgänglich zu allen, die tiefer standen als er, und voller Respekt gegen die Höheren. Nicht selten neckte er diejenigen, die ihren Rang vergaßen, um ihm den Hof zu machen, und er zeigte eine Uneigennützigkeit und Unabhängigkeit, die einer höheren Stellung würdig gewesen wäre‹ (11).

Es gibt nicht den mindesten Beweis dafür, daß Scarlatti dem berühmten Kastraten seinen Aufstieg geneidet hätte. Andererseits war es Farinelli, der ihn in Geldnöten unterstützt und in späteren Jahren mit Anhänglichkeit von ihm gesprochen hat. Burney bemerkt mit Recht, Farinelli scheine unfähig gewesen zu sein, in anderen Eifersucht zu erwecken. Selten ist ein Mensch so einstimmig wegen seiner Kunst und seines Charakters gerühmt

8 Paris, Archives du Ministère des Affaires Étrangères, Quai d'Orsay, Correspondance d'Espagne, Bd. 491, Blatt 46. Danvila kommentiert diesen Bericht auf Seite 246. Ich übersetze aus dem Original.

9 Ballesteros, Bd. V, Seite 140.

10 Danvila, Seite 285.

11 Coxe, Bd. IV, Seite 31 ff.

Die Herrschaft der Melomanen

Abb. 34   Fernando VI., Maria Barbara und der spanische Hof im Jahre 1752,
Stich von Joseph Flipart nach einem Gemälde von Jacopo Amiconi
(Auf der Empore: der Geiger Joseph Herrando, Farinelli und rechts, mit Notenblättern, Scarlatti (?))
(Guilford, R. K., Abdruck von der originalen Kupferplatte, die jetzt im Besitz der Calcografia Nacional in Madrid ist.)

worden. Burney sagt: ›... es scheint, daß der unfreiwillige Verlust des gewöhnlichsten animalischen Triebes der einzige erniedrigende Umstand seines Lebens gewesen ist‹ (12).

Nachdem Fernando und Maria Barbara den Thron bestiegen hatten und Marquis Scotti mit der Königinmutter nach La Granja übergesiedelt war, übernahm Farinelli die gesamte Leitung der Hofoper. Er engagierte die besten Sänger Europas, gab neue Kompositionen und verschiedentlich auch Libretti in Auftrag und sparte keine Kosten bei der Ausstattung. Neben den Werken der ansässigen Komponisten Corselli und Corradini, Mele, der Madrid 1752 verließ, und Conforto, der 1755 dorthin kam, führte Farinelli Opern mit Musik von Hasse, Galuppi, Jomelli und anderen auf. Im Auftrag Farinellis hat Metastasio zahlreiche Libretti geschrieben, einige davon speziell für den spanischen Hof. Mit seinem lieben Zwillingsbruder, so nannte er Farinelli, erörterte Metastasio in einem lebhaften und herzlichen Briefwechsel viele Einzelheiten der spanischen Inszenierungen (13). Für den Entwurf der Bühnenbilder wurde Amiconi 1747 nach Madrid berufen, und als er im Jahre 1752 starb, folgten ihm Antonio Jolli und Francisco Bataglioli, der 1754 nach Madrid kam. Die Bühnenmaschinerie und die Beleuchtung waren überaus kompliziert. Für Massenszenen wurden Statisten aus den Reihen der beim Wiederaufbau des königlichen Schlosses beschäftigten Arbeiter rekrutiert. In Buen Retiro war das Coliseo oder Theater so konstruiert, daß der Bühnenhintergrund geöffnet werden konnte, um eine weitgestreckte, strahlend erleuchtete Perspektive in die Gärten freizugeben (14).

Heute sind von Buen Retiro nichts übriggeblieben als die Außenmauern einiger Trakte des Baues, die Gärten, die jetzt eine öffentliche Anlage sind, und die Decke des Cason, des Vorraums zum Coliseo mit einem prächtigen Fresko von Luca Giordano. Dieses Fresko spannt jetzt seine Herrlichkeiten über eine öde Sammlung von Gipsabgüssen, die dem *Museo de las Reproducciones Artísticas* gehören.

Farinellis Opernaufführungen erreichten ihren Höhepunkt bei den Hochzeitsfeierlichkeiten für die Infantin Maria Antonia im Jahre 1750 (15). Am Abend des 8. April fand eine Serenade, *L'Asilo d'Amore*, mit Musik von Corselli auf einen Text des Metastasio in der Ausstattung von Jolli statt, und zwar ›in zwei großen Salons des Retiro, die so prächtig ausgeschmückt waren‹, sagt der englische Gesandte, ›daß es *un Paradiso* war‹ (16). Am Abend des 12. April wurde im Coliseo die Oper *Armida Aplacata* gegeben, deren Textbuch von Migliavacca, frei nach Metastasio, und deren Musik von Mele stammte. Zwei der Bühnenbilder hatte Amiconi, die übrigen Jolli

12 Burney, Memoirs of ... Metastasio, Bd. III, Seiten 284–288.

13 Es ist nicht bekannt, ob Farinellis Briefe noch erhalten sind. Metastasios Briefe sind mehrfach veröffentlicht worden.

14 Die vorstehenden Angaben in diesem Abschnitt stammen aus Cotarelo. Zeitgenössische Beschreibungen aus dem 18. Jahrhundert vom Schloß und Theater Buen Retiro finden sich bei Townsend, Bd. I, Seite 256–257, und Caimo, Bd. I, Seiten 144–151.

15 Einen Bericht darüber gibt Cotarelo, Seiten 144–152.

16 Keene, Seite 221.

Die Herrschaft der Melomanen

entworfen. Die *Gaceta de Madrid* vom 21. April gibt eine ausführliche und anschauliche Beschreibung der beiden Aufführungen.

Für die Vorstellung der Oper war das Theater mit mehr als zweihundert Kristallkronleuchtern verschiedener Größe erhellt, und das Orchester war vollständig neu in Scharlach und Silber eingekleidet. Der erste Akt spielte in einer lieblichen Landschaft, und in Käfigen auf der Bühne zwitscherten Vögel. Aus acht Springbrunnen schossen Fontänen, und die beiden mittleren waren so hoch, daß sie die Kerzen eines in sechzig Fuß Höhe angebrachten Kronleuchters auslöschten. Die Dekoration des letzten Bildes stellte den Sonnentempel dar. Hohe rote und weiße Kristallsäulen waren mit transparenten Figuren aus Gold und Silber verziert, und das ganze Bühnenbild war vorherrschend in Rosa gehalten. In der Höhe des Bühnenraums hingen mehrere kristalline Himmelsgloben in verschiedenen Farben sowie zweihundert silberne Sterne, die sich alle gleichzeitig drehten. Darüber standen die durchschimmernden Zeichen des Tierkreises. In der Mitte der Szene befand sich das achteckige Haus der Sonne, dessen grün und weiße Kristallsäulen sich prächtig gegen das Rot und Rosa der übrigen Dekorationen abhoben. Darin stand der Sonnenwagen aus Gold und Kristall. Apollon, von den Wissenschaften begleitet, lenkte seine Rosse, die sich über geballte Wolken bewegten. Hinter dem Hause drehte sich das kristallne Sonnenrad. Es maß fünf Fuß im Durchmesser und hatte zwei spiralige Strahlenreihen, die ebenfalls aus Kristall bestanden, sich gegenläufig bewegten und dabei einen Umfang von einundzwanzig Fuß erreichten. Sein Glanz, verstärkt durch die Reflexion der übrigen Bühnenbeleuchtung, war derartig grell, daß er die Augen blendete. Ein verborgener Mechanismus hob das Haus mit dem Sonnenwagen langsam empor, so daß der Blick auf den von Feuerwerk und vielfarbigen Lichtern erhellten Park von Buen Retiro frei wurde. (Der von Elektrizität, Scheinwerfern und farbigen Spotlights verwöhnte Regisseur möge hier einen Augenblick innehalten, um sich zu vergegenwärtigen, daß dieser ganze Zauber von Lampen, Kerzen und handbetriebenen Maschinen bewirkt worden ist, wobei noch ständig die Gefahr eines Unfalls und damit der königlichen Ungnade bestand. Das Brandrisiko wäre für eine heutige Versicherungsgesellschaft nahezu unberechenbar gewesen.) Kein Wunder, daß Farinelli bei dieser Gelegenheit das Kreuz des Ordens von Calatrava, einen der höchsten spanischen Ritterorden, erhielt!

Das Orchester dieser Aufführungen bestand aus sechzehn Violinen, vier Bratschen, vier Violoncelli, vier Kontrabässen, fünf Oboen, zwei Hörnern, zwei Trompeten, zwei Fagotten und zwei Pauken. Es wurde von drei Cembalisten geleitet, darunter José de Nebra. Häufig dirigierten auch Corselli, Corradini, Mele oder Conforto vom Cembalo aus. Unter den Geigern war José Herrando, der Verfasser eines Traktats über das Geigenspiel (17), und einer der ersten Bläser war Luis Misón. Unter den Sängern in den Aufführungen dieser Jahre in Buen Retiro finden wir Namen wie Peruzzi, Uttini, Minigotti, Elisi, Raaff, Caffarelli, Manzuoli und Panzacchi (18).

Als der Hof in Aranjuez weilte, achtete Farinelli darauf, daß die Opern, Serenaden und sonstigen Musikveranstaltungen mit den übrigen königlichen Lustbarkeiten abwechselten (19). Aber nicht zufrieden mit den reichen Möglichkeiten, die ihm das Schloß und die königlichen Gärten gaben, bot er im Jahr 1752 seinen Herrschern auf dem Tajo eine Miniaturflotte mit Fregatten für die königliche Familie, jede mit eigenem Orchester und kleineren Booten für den übrigen Hof. Die Einschiffungen fanden an Frühlings- und Frühsommerabenden unter den Fanfaren der königlichen Kapelle, Salutschüssen und, wenn die Dunkelheit gekommen war, unter kunstvollen Feuerwerken statt. Das Embarcadero, von dem aus diese prächtigen Ausflüge unternommen wurden, besteht noch heute und liegt nicht weit von einem entzückenden kleinen Gartenhaus, das jetzt allmählich an den Schilfufern des Tajo dem Verfall entgegenbröckelt.

Mitunter sang Farinelli, am Cembalo von der Königin oder gelegentlich auch vom König begleitet, und manchmal sang er auch Duette mit der Königin. Manchmal wurde auch gefischt, und die Jagdpartien gingen so vor sich, daß der König von seinem Boot aus das Wild erlegen konnte, das an die Ufer des Tajo getrieben wurde.

Farinelli hat sein Porträt von Amiconi malen lassen; im Hintergrund des Bildes sieht man ein paar Schiffe der stolzen Miniaturflotte. Im Jahre 1758 fügte er einem Bericht über seine Opernaufführungen eine ausführliche Beschreibung der königlichen Einschiffungen bei, die aufs schönste abgeschrieben und mit Aquarellen geschmückt wurde, auf denen die königliche Flottille in allen Einzelheiten dargestellt wird (20). In diesem Band, der sich jetzt in der Bibliothek des königlichen Palasts zu Madrid befindet, führt Farinelli die mitwirkenden Musiker auf und schildert die Feuerwerke und die Jagdleistungen des Königs. Er vergißt auch solche vertraulichen Einzelheiten nicht wie die unglückliche Einwirkung der kühlen Nachtluft und der feuchten Wasserdünste auf seine eigene Stimme oder die der Königin oder die Angst einiger berühmter Kastraten, wenn die Wildschweine einmal der königlichen Jagd zu nahe kamen. Scarlatti wird indessen mit keinem Wort erwähnt. Es wäre aber ganz natürlich gewesen, über das Wasser und über die Abgründe der Stille zwischen Feuerwerken und Artilleriesalven den funkelnden Glanz der Scarlattisonaten zu vernehmen.

17 Arte, y puntual Explicacion del modo de Tocar el Violin con perfeccion, y facilidad [Madrid, 1756–57]. Das gestochene Porträt in Herrandos Traktat gestattet, ihn in dem Violinisten auf der Musikertribüne auf dem Stich nach Amiconis Bildnis Fernandos und Maria Barbaras zu erkennen, von dem später in diesem Kapitel die Rede sein wird (Abb. 34).

18 Cotarelo, Kap. V und VI. Die vorstehenden Angaben über die Instrumentalisten stammen aus Cotarelo, Seite 127.

19 Das Theater in Aranjuez wurde im Jahr 1754 wieder aufgebaut. Cotarelo, Seite 161.

20 Madrid, Bibliothek des königlichen Schlosses, I. 412, Descripcion del estado actual del Real Theatro del Buen Retiro de las funciones hechas en él desde el año de 1747, hasta el presente: de sus y individuos, sueldos, y encargos, segun se expresa in este Primer Libro. En el segundo se manifiestan las diversiones, que annualmente tienen los Reyes Nr̃s Señ̃s en el Real sitio de Aran-

Die Herrschaft der Melomanen

juez Dispuesto por D^n. Carlos Broschi Farine^{lo} Criado familiar de S^s. M^s. Año de 1758. Sacchi, Seite 23, gibt an, daß Farinelli drei Kopien dieses Bandes herstellen ließ, eine für den König, eine für den Direktor des Theaters und eine für sich selbst, die er mitgenommen hat, als er sich nach Bologna zurückzog. Cotarelo, Seite 125, gestützt auf Leandro Fernandez de Moratin, Obras póstumas, Bd. II, Seite 55, gibt an, daß sich eine Kopie in der Biblioteca di San Clemente zu Bologna befindet. Diese Kopie ist dort nicht mehr vorhanden. Die einzige vom Verfasser festgestellte ist diejenige im königlichen Schloß zu Madrid.

21 Siehe Kapitel VIII; Anhang V A, 1 und 2; und Abb. 43–44.

Es ist gegenwärtig nicht möglich, Scarlattis Fehlen bei diesen Festlichkeiten hinlänglich zu erklären. Er selbst war in dieser Zeit keineswegs untätig. Im Jahre 1752 begann die Abschrift der großen abschließenden Reihen seiner Sonaten. Innerhalb der nächsten fünf Jahre wurden dreizehn Bände mit je dreißig Sonaten (ausgenommen Band X, der vierunddreißig enthält) zum Gebrauch der Königin kopiert. Scarlattis Handschriften sind verschwunden. Die Sonaten dieser Reihe scheinen bis auf einige frühere Stücke ungefähr in chronologischer Ordnung gesammelt worden zu sein, und alles spricht dafür, daß die meisten auch in dieser Zeit komponiert worden sind. Eine gleichlaufende Serie, die jedoch mehr die früheren Stücke und die letzten zwölf Sonaten enthält, wurde ebenfalls in diesen Jahren vorbereitet und zum großen Teil von der gleichen Hand kopiert (21).

In diesen Stücken zeigt nun Scarlatti den ganzen Umfang seines Genies und beweist endlich seine volle Reife. Er war siebenundsechzig Jahre alt. Doch eine weitere Entwicklung macht sich aber auch hier noch bemerkbar, ein weiter fortschreitender Reifeprozeß kennzeichnet seine letzten Sonaten. Das ›sinnreiche Spiel mit der Kunst‹, die ›launigen Einfälle‹ der *Essercizi* und der Sonaten aus der Zwischenzeit sind nun einem Stil gewichen, durch den die Cembalosonate die volle Persönlichkeit Scarlattis zum Ausdruck bringt und seinen ganzen Bestand an Empfindungen und Lebenserfahrungen vergeistigt.

Diese Musik reicht vom Höfischen bis zum Barbarischen, von einer beinahe süßlichen Artigkeit bis zu rücksichtslosem Ungestüm. Ihre Heiterkeit wird durch einen Unterton von Tragik nur gesteigert. Augenblicke kontemplativer Melancholie werden bisweilen von einer Aufwallung opernhaft extrovertierter Leidenschaft überströmt. Hier findet der in Spanien verbrachte Teil seines Lebens seinen ganz besonderen Ausdruck. Kaum ein Zug des spanischen Lebens, der spanischen Volks- und Tanzmusik, der nicht seinen Platz in dem Mikrokosmos gefunden hätte, den Scarlatti in seinen Sonaten erschaffen hat. Kein spanischer Komponist, nicht einmal Manuel de Falla, hat das Wesen seiner Heimat so vollkommen ausgedrückt wie der Ausländer Scarlatti. Er hat das Knacken der Kastagnetten, das Klimpern der Gitarren, das Dröhnen der gedämpften Trommeln, den herben Schmerzausbruch der Zigeunerklagen und die hinreißende Fröhlichkeit der Dorfmusiken, vor allem aber die drahtige Gespanntheit des spanischen Tanzes eingefangen.

Dies alles aber findet seinen Ausdruck nicht bloß in einer lose verknüpften impressionistischen Programmusik, es ist vielmehr assimiliert und destilliert durch die Strenge der Handhabung, die Scarlatti von den sakralen Meistern des 16. Jahrhunderts erlernt und die sich bei ihm zu einer rein musikalischen

Abb. 35   Farinelli, im Hintergrund die Flotte von Aranjuez, Gemälde von Jacopo Amiconi
(London, 1971 im Kunsthandel)

Sprache weiterentwickelt hat, die weit über den Bereich bloßer Cembalovirtuosität hinausreicht. Beim späten Scarlatti gibt es keine Zufälligkeiten und keine Pedanterie, alles ist durch seinen untrüglichen Sinn für den großen Zusammenhang miteinander verschmolzen.

Als er in diesen fünf Jahren Sonate um Sonate niederschrieb, durchlebte er sein ganzes Leben noch einmal, erlebte es intensiver als zuvor und brachte es zu letzter Reife.

Über den äußeren Anlaß zu einer so außerordentlich späten und reichen Ernte seines Genies können wir nur Vermutungen anstellen. Die spanischen Archive haben sich im Hinblick auf Scarlattis Leben und Charakter als ebenso unergiebig erwiesen wie die italienischen. Es wäre denkbar, daß die reiche Produktivität in Scarlattis letzten Lebensjahren nur die natürliche Ausströmung lang gestauter Kräfte gewesen ist, die sich bis dahin nur teilweise hatten auswirken können. Wir haben jedoch Anzeichen dafür, daß Scarlatti im Jahre 1752 krank und ans Haus gefesselt war (22). Vielleicht hat er in längerer Abwesenheit von seinem Hofdienst dem Papier mehr von dem anvertrauen können, was er in früheren Jahren zu improvisieren gewohnt war. Auch könnte die Königin ihn gedrängt haben, die bereits existierenden Sonaten zu sammeln und neue zu komponieren.

Es bleibt noch ein Grund zu erwägen – die finanzielle Notlage. Burney erzählt uns, daß ›dieser originelle Komponist und große Interpret, wie so viele talentierte und geniale Naturen, den Dingen des Alltags zu wenig Aufmerksamkeit geschenkt hat und der Spielleidenschaft so verfallen war, daß er nur zu häufig in mißliche Lagen geriet, aus denen ihn nur die Großzügigkeit seiner königlichen Herrin reißen konnte, welche, wie mir Farinelli versicherte, nicht nur öfters seine Schulden bezahlte, sondern auf Scarlattis Bitten hin seiner Witwe und seinen drei Kindern eine Pension von viertausend Kronen aussetzte, als sie bei seinem Tode mittellos dastanden‹ (23). Sollte es aber möglich gewesen sein, daß die Königin Scarlatti die späten Sonaten abgerungen hat, um ihm als Gegenleistung seine Spielschulden zu bezahlen? Von außen her gesehen scheint Scarlatti ein Leben geführt zu haben, wie es der Würde eines *Cavaliere di San Giacomo* entsprach. Burneys Bericht über die Notlage, in der sich die Familie bei Scarlattis Tod befunden habe, scheint angesichts der uns überkommenen Teile des Inventars seines Nachlasses denn doch leicht übertrieben zu sein. Scarlattis Haushalt war mit den vergoldeten, für den lateinischen Adel charakteristischen Marmortischen, mit Silbergeschirr, Gemälden und vielen Geschenken seiner königlichen Gönner reich versehen. Bei der Teilung des Nachlasses erhielt sogar der zweitjüngste Sohn eine Kutsche als Erbanteil (24).

---

22 Sein Brief an den Herzog von Alba, Seite 121.

23 Burney, Memoirs of ... Metastasio, Bd. II, Seiten 205–206, Fußnote. In seinem Artikel über Domenico Scarlatti in Rees' Cyclopoedia schreibt Burney: ›Farinelli berichtete uns, daß Domenico Scarlatti, ein angenehmer Gesellschafter, so sehr dem Spiel ergeben war, daß er häufig vor dem Ruin stand und dann Hilfe in seiner Notlage von seiner königlichen Gönnerin, der Königin von Spanien, erhielt, die in ihrer Bewunderung seiner unvergleichlichen Talente und seines Genies beständig blieb. Er starb 76jährig im Jahre 1758 [Burneys Daten sind ersichtlich unkorrekt] in schlechten Verhältnissen und hinterließ eine Frau und zwei Töchter ohne alle Mittel zum Lebensunterhalt; aber die Königin dehnte ihre Freigebigkeit auch auf die Familie ihres alten Meisters aus und setzte ihr eine Pension etwa in der gleichen Höhe des Gehaltes aus, das Scarlatti während seines

Domenicos zweite Frau, die er zwischen 1740 und 1742 geheiratet hat (die Heiratsurkunde ist noch nicht zum Vorschein gekommen), stammte aus Cadiz (25) und hieß Anastasia Ximenes (oder Anastasia Macarti, Maxarti oder Anastasia Ximenes Parrado, wie sie gelegentlich in Urkunden genannt wird). Bis heute weiß man fast nichts von ihr. Immerhin liegt der Gedanke nahe, daß Scarlatti mit der Wahl einer Spanierin den letzten Schritt zu seiner ›Hispanisierung‹ getan hat. Mit Catalina Scarlatti wird er selbstverständlich italienisch gesprochen haben, seine Kinder dagegen scheinen ganz als Spanier erzogen worden zu sein. Man fragt sich, welcher Sprache sich Scarlatti am häufigsten bedient haben mag. Jede unmittelbare Äußerung, die wir kennen, ist italienisch geschrieben, aber bei der Unterzeichnung offizieller Dokumente gebrauchte er die spanische Form seines Vornamens ›Domingo Scarlatti‹. Ganz sicher aber wurde nach der Vermählung mit Anastasia in seinem Hause italienisch und spanisch gesprochen.

Anastasia Scarlattis erstes Kind, ein Mädchen, wurde am 12. Januar 1743 geboren und zu Ehren der Prinzessin Maria Barbara getauft. Auch das zweite war ein Mädchen, es wurde am 29. März 1745 geboren und erhielt die Namen Rosa Christina Anasthasia Ramona. Das dritte, Domingo Pio Narciso Christoval Ramon Alexandro Genaro Scarlatti, wurde am 11. Juli 1747 geboren. Wenn wir alle Taufurkunden der neun Kinder Scarlattis durchgehen wollten, würden wir ähnlich lange Namensreihen finden. Wie in diesem Fall weisen sie die Namen der Heiligen, Vorfahren, Verwandten, Gönner und Freunde auf, wie sie den Eltern eben geläufig waren. Die letzten vier Vornamen des Knaben Domingo sind leicht nachzuweisen. Christoval bezieht sich auf Don Cristoval Romero de Torres, den Testamentsvollstrecker Scarlattis und alten Freund der Familie. Er hat schon Fernando Scarlatti 1731 in Sevilla getauft. Ramon, wie Ramona, bezieht sich auf den Bruder Domenicos, der 1717 in Rom gelebt hat (26), Alexandro auf seinen Vater, und Genaro schließlich ist der Name des Schutzheiligen von Neapel. Das letzte Kind der Familie, Antonio, wurde am 8. Mai 1749 geboren.

Auch nach Domenicos Wiederverheiratung scheint Margarita Rossetti Gentili, die Mutter Catalina Scarlattis, in engster Verbindung mit der Familie geblieben zu sein und eine wichtige Rolle in der Erziehung ihrer Enkelkinder gespielt zu haben. Sie hat offenbar Anastasias Kinder ebenso lieb gehabt wie die ihrer Tochter. Viele Jahre später hat sie unumwunden zu verstehen gegeben, daß sie lieber bei Maria Barbara Scarlatti, der ältesten Tochter aus zweiter Ehe, leben wollte als bei ihrem eigenen Enkel Fernando (27).

Hofdienstes erhalten hatte.‹

Sacchi, Seiten 29–30, sagt von Farinelli: ›Er half seinen Freunden nicht nur bei Lebzeiten, sondern auch nach deren Tod ihren Familien. So tat er es bei Amiconi und bei Domenico Scarlatti. Der erstere lebte nicht lange genug, um den Seinen ein Vermögen hinterlassen zu können, und der letztere hatte unseligerweise die Früchte seines Talents und die Gaben der königlichen Großherzigkeit im Spiel verschleudert.‹

24 Anh. II die Aufstellungen, die für Maria und Domingo Scarlatti im September 1757 ausgefertigt wurden.

25 Anh. II, Taufeintragungen für Maria Barbara, Domingo und Antonio Scarlatti. In Rosas Taufeintrag wird sie als in Sevilla geboren angegeben.

26 Anh. II, Dokument vom 28. Januar 1717.

27 Anh. II, Dokument vom 15. Juli 1762.

Die Herrschaft der Melomanen

Abb. 36   Domenico Scarlatti (?), Stich von Joseph Flipart nach einem Gemälde von Jacopo Amiconi. Ausschnitt aus Abb. 34.

Keines von Domenicos Kindern, weder aus erster noch aus zweiter Ehe, ist Musiker geworden. Dieses Abweichen von der Familientradition, in der Domenico erzogen worden war, ist bemerkenswert. Sollten sich seine Kinder auf seinen Wunsch hin der Musik ferngehalten haben?

Der älteste Sohn, Juan Antonio, hat 1746 als *clerigo de prima tonsura* die Universität von Alcalá bezogen. Er widmete dort sein erstes Jahr der Fakultät der Summa des Heiligen Thomas von Aquin und das folgende dem Studium der Logik. Am 31. Dezember 1749 erhielt er eine Pfründe im Pfarrbezirk von Alijar im Erzbistum Sevilla. Er starb bereits vor dem Jahr 1752, und sein Bruder Fernando, der die niederen Weihen empfangen hatte (28), folgte ihm im Amt nach.

Seit Maria Barbaras Geburt 1743, und höchstwahrscheinlich schon seit Domenicos zweiter Eheschließung, lebte die Familie in den *casas de administración* in der Calle de Leganitos (29). Sinnigerweise zweigt sie von der seinem Namensheiligen gewidmeten Plaza San Domingo ab. Das Haus Scarlattis war höchstwahrscheinlich das mit dem schönen Barockportal, das 1948 die Nummer 35 trug und die Auktionsräume eines Altmöbel-Händlers beherbergte (Abb. 39). Das Haus wurde bedauerlicherweise vor kurzem abgerissen.

Ein Bildnis Domenicos wurde kurz vor Beginn der letzten großen Sonatensammlung von Jacopo Amiconi gezeichnet. Wir kennen es als Teil eines großen Kupferstichs von Joseph Flipart nach einem Bild von Amiconi, das Fernando VI., Maria Barbara und ihren Hof darstellt. Über Wellen von Hermelin und Seide schwebt in allegorischen Huldigungswolken ein trompetenschwingender Engel. Auf einer Musikertribüne rechts im Bildhintergrund steht neben Farinelli, ein Notenblatt in der Hand, vorn eine Gestalt, bei der es sich höchstwahrscheinlich um Scarlatti handelt, denn sie weist eine große Ähnlichkeit mit dem Porträt Velascos und den noch erhaltenen Bildnissen seines Vaters Alessandro auf. Dieser Stich wurde kurz nach Amiconis Tod im Jahre 1752 von Farinelli mit einigen Gedenkversen veröffentlicht, aus denen wir erfahren, daß Amiconis Bild, eine seiner letzten Arbeiten, unvollendet geblieben ist (30) (Abb. 34, 36).

Im Jahre 1675 in Venedig geboren, zeit seines Lebens ein Freund Farinellis und Maler zahlreicher Bildnisse von ihm, kam Amiconi 1747 nach Spanien, um die Bühnenentwürfe für Farinellis Opernaufführungen zu schaffen und in den Schlössern Buen Retiro und Aranjuez zu malen (31).

Bereits vor seiner Ankunft in Spanien hatte er, vielleicht durch Farinellis Vermittlung, Beziehungen zu Scarlatti angeknüpft. Im Jahr 1738 hat er das Titelblatt für Scarlattis *Essercizi* entworfen (Abb. 32).

28 Anh. II, Dokumente vom 2. März 1747 und 3. März 1752.

29 In den Taufeintragungen der Maria Barbara und der Rosa Scarlatti wird die Wohnung der Familie in der Calle de Leganitos als ›Casas de Dn Joseph Borgoña‹, in der des Domingo als ›Casas de administración‹ und schließlich in der des Antonio als ›Casas de la Diputación de San Sebastián‹ bezeichnet. Zur Zeit seines Todes wohnte Domenico in den ›Casas de administración‹ in der Calle de Leganitos. Ich habe diese Wohnung noch nicht endgültig nachweisen können. Von den Häusern, die noch in der Calle de Leganitos standen, könnte dasjenige Domenicos wahrscheinlich Nr. 35 oder möglicherweise auch Nr. 41 oder 37 gewesen sein. Bereits Oktober 1967 standen neue, seit 1948 errichtete Gebäude auf den Stellen der früheren Nummern 9–13, 35, 37 und 41 Calle de Leganitos. Luise Bauer jedoch (Seite 20) gibt an, daß Scarlatti und seine Familie von Beginn des Jahres 1750

Die Herrschaft der Melomanen

an in der ›Calle de San Marcos anejo in casas de D. Sebastian Espinosa‹ gewohnt hätten, und zwar nach der Matricula de San Marcos anejo de San Martín del año 1751, fol. 34/36/54. In Madrid habe ich im Oktober 1948 dieses Dokument nicht feststellen können.

30 Es ist nicht bekannt, ob Amiconis Bild noch existiert. Die Calcografía Nacional in Madrid besitzt jedoch noch die Original-Kupferplatte zu Fliparts Stich. Auf dieser Platte fehlen jedoch die Wappen von Spanien und Portugal am unteren Rande und die zu beiden Seiten stehenden Erinnerungsverse mit dem Nachsatz ›Esegue la mente dell'Autore nel comprimento di quest' opera il suo buon amico Cavallier Carlo Broschi Farinello ‹, die Barcia, Seite 316, bei der Beschreibung des Abzugs erwähnt, der sich damals in der Biblioteca Nacional in Madrid befand, im Spanischen Bürgerkriege jedoch verloren ging. 1967 erwarb ich bei Paul Prouté in Paris einen anderen Abzug

Amiconi malte die Decke eines entzückenden ovalen Raums in Aranjuez, der offenbar als Musikraum gedacht war. In den Marmorfußboden, der noch nicht gänzlich von den scheußlichen Empiremöbeln verunstaltet war, die Fernando VII. dort aufgestellt hat, sind Vignetten von Musikinstrumenten eingelassen, von Violinen, Hörnern und Oboen. In bunten Marmorintarsien ist der Tonsatz eines ganzen Menuetts aufs genaueste reproduziert und zwar für jedes Instrument die zugehörige Stimme in nachgebildeter Handschrift. In diesem Raum können wohl Scarlatti oder die Königin die Sonaten auf einem Instrument gespielt haben, das so prunkvoll verziert war wie das Cembalo auf dem Titelblatt der *Essercizi*.

Ein Vergleich Scarlattis mit den drei größten Hofmalern der spanischen Bourbonen, Amiconi, Tiepolo und Goya, drängt sich auf. Amiconi ist der Hofmaler par excellence; seine immerhin großen Gaben verschwinden hinter der Rhetorik des Gelegenheitsauftrags. Tiepolo gibt bei aller Urbanität niemals seine Persönlichkeit auf, niemals bringt er seine Begabung für das lebendige Detail zum Opfer. Goya ist nur in seinem frühesten Werk als eigentlicher Hofmaler anzusprechen. Später läßt er sich von der Kraft seiner Persönlichkeit, vom Sturzbach seiner eigenen Gefühle fortreißen und fügt sich keiner äußerlichen Unterordnung mehr. Scarlatti liegt irgendwo in der Mitte zwischen diesen dreien. Seine höfische Art ähnelt der Amiconis, sein Witz und seine Leichtigkeit erinnern an Tiepolo und seine echte Bindung an volkstümliche Quellen an Goyas Teppichentwürfe. Ich glaube nicht, daß Scarlatti jemals bewußt in Vorstellungen gelebt hat, die denen des späteren Goya verwandt waren. Seine bewußt gewahrten künstlerischen Konventionen waren zweifellos diejenigen Amiconis.

Für einen Künstler am spanischen Hof des 18. Jahrhunderts war das, was er bewußt und offiziell sehen wollte, von dem, was er als Privatmensch von hoher Empfindsamkeit und Beobachtungsgabe nicht übersehen konnte, durch Abgründe geschieden. Der gleiche Abgrund klafft zwischen der offiziellen Zeremonie und dem Privatleben der königlichen Persönlichkeiten, zwischen öffentlichen Verlautbarungen und privaten Vertraulichkeiten. Die Themen der späten Bilder Goyas, die Schrecklichkeiten der Napoleonischen Kriege vielleicht ausgenommen, waren auch Amiconi, Tiepolo und Scarlatti im gleichen Maß gegenwärtig, aber diese zogen es vor, nur das darzustellen, was sich in bewußt geordnete Formen bringen ließ, in eine Welt, die so geregelt und überwacht war wie das Leben in Buen Retiro und Aranjuez und so fern von dem Schmutz und Elend, die sich jenseits der Schloßportale breit machten. Leiden, Schwermut, Wahnsinn wurden nur insoweit geduldet, als man sie in die klassischen Tragödien und Opernstoffe einbauen konnte, in die dichterische Tradition eines Petrarca, Ariost oder Metastasio, und nur dann, wenn sie sich der Ordnung fügten, die die Musik im höchsten Maße verkörpert. Musik war das Heilmittel gegen Melancholie und Wahnsinn, ein über sie Hinaussteigen, wenn auch auf höchst künstliche Weise, und nicht deren Ausdruck oder treibende Kraft, wie sie das später zu werden drohte. Die Herrschaft der Melomanen war wie ein Schauspiel, das auf zwei verschiedenen Ebenen abrollt, bewegt zwar und bedroht durch die Aufwallung untergründiger Kräfte, aber immer bestrebt, sie zu übersehen. Erst beim späteren Goya stürzt sich mit Bewußtheit dieses glänzende und geordnete Leben der Schloßwelt, der Opernbühne in das kriechende Elend der Gefängnisse hinunter.

Zu Beginn des Jahres 1752 hatte Scarlatti den Auftrag erhalten, zwei Hymnen zu spartieren, die ursprünglich zu Ehren zweier Vorfahren des königlichen Majordomus geschrieben wurden. Dieser war Don Fernando de Silva y Alvarez de Toledo, der damals Herzog von Huescar war und später zwölfter Herzog von Alba wurde (32). Diese sogenannten ›Heroischen Panegyrici‹, von dem Niederländer Pierre du Hotz, wurden 1569 in Brüssel aufgeführt und zwar zu Ehren des damaligen Herzogs von Alba, des berüchtigten Statthalters der Niederlande unter Philipp II., und seines Sohnes Hernando, Großpriors des Malteserordens (33). Scarlatti schickte dem Herzog die Einzelstimmen des Originals sowie die bestellte Partitur mit dem nachstehenden Brief (34) zurück, der bis vor kurzem das einzige uns bekannte Beispiel seiner Handschrift gewesen ist (35). Der ehrerbietige, zugleich aber vertrauliche Ton dieses Schriftstücks kann als Beweis für Scarlattis behagliche und vergleichsweise hohe Stellung am Hofe gelten.

›Höchst vortrefflicher Herr,
es schien mir geraten, Ihre willkommene Rückkehr abzuwarten, um Ihnen den Tribut meines Gehorsams zu zollen, nicht nur durch diese Blätter, welche ich beifüge, sondern auch durch alles andere, was mir zu befehlen Sie geruhen würden. Die Worte zu entziffern, die, obzwar lateinisch, jedoch in dem abgekürzten gothischen Stile geschrieben sind, hat mich mehr Anstrengung gekostet als irgend etwas sonst.
Eure Exzellenz sollten die alten Einzelstimmen ebenso aufbewahren wie die Partituren, die ich danach angefertigt, nicht nur damit sie ihr eigenes Verdienst lobsingen, sondern auch, damit viele moderne Theater-Komponisten die wahre Art und die rechten Gesetze des Kontrapunkts sehen und (sofern sie gewillt sind) aus ihnen Gewinn ziehen können, einer Kunst, die ich heute nur mehr bei wenigen finde und die ich dennoch rühmen höre.

von diesem Stich, der dem von Barcia beschriebenen ähnlich ist.

31 Ballesteros, Bd. VI, Seite 461; Cotarelo, Seiten 127–128; Thieme-Becker.

32 Ein Bericht über ihn findet sich bei Ballesteros, Bd. VI, Seite 562.

33 Subirá, Seiten 46–48, Tafeln V–VIII. Die erste Hymne ist als Partitur veröffentlicht in Krebs, Die Privatkapellen des Herzogs von Alba.

34 Anh. II, Dokument vom Frühjahr 1752. Siehe Faksimile-Abb. 39.

35 Die anderen sind das Miserere in g-moll, die drei Zahlungsgenehmigungen in der Vatikanischen Bibliothek und die Unterschriften auf den drei Vollmachten (1748, 1752, 1754) sowie auf seinem Testament. Vgl. Anh. II und Abb. 17 bis 21.

Die Herrschaft der Melomanen

Ecc.mo Sig.r

Mi è paruto bene aspettare il suo qui felice ritorno per tributarle l'obbedienza mia, in questi fogli che includo non solo, ma in ogni altro che si degnerà V.E. Comandarmi.

L'elogio delle parole, che per essere in Latino, ma scritte di gotico stile abbreviato, à cagionato maggior applicazione che ogn'altra.

Deve V.E. servar qualm.te Le antiche parti vecchie, come l'estratto da me cavatone e poste in partitura, per non solo celebrarsi una lode a tal merito, ma perche molti moderni Scarlatisti Compositori, osservino, e si approfittino (se però vogliono) del vero modo e della vera legge di Scrivere in contrapunto, cioè in pochi Oggi io osservo, e per Lodarli sento.

Io non posso uscir di casa. V.E. è grande, è forte, è Magnanimo, e pieno di salute perche dunque non viene a consolarmi con la sua vista? perche forse non ne son degno? è vero, ma di tale virtù d'animo Lor vede Se non nel Sr. de Grandi?

Altro non dico. Prego l'Altis.o l'assista e Benedica a par del suo e mio desio. Amen.

Scarlatti

Ich kann mein Haus nicht verlassen. Eure Exzellenz sind groß, stark und hochherzig und von bestem Wohlbefinden; weshalb kommen Sie nicht, mich mit Ihrer Gegenwart zu trösten? Vielleicht, weil ich derselben unwert bin? Dies trifft zu. Aber wo haben die Tugenden ihren Sitz, wenn nicht in den Herzen der Großen?
Ich sage nichts weiter. Ich bitte Gott, daß er Ihnen beistehe und Sie segne nach Ihrem und meinem Wunsche. Amen. Scarlatti. ‹

Daß Scarlatti Schwierigkeiten mit der Wortunterlegung bei der Hymne gehabt hat, kann man heute noch an den Strichen sehen, die er als Merkzeichen für den Kopisten in den Originalstimmen angebracht hat. Wie seine frühe Kirchenmusik bezeugt auch die Bemerkung über die Komposition des Pierre du Hotz seinen tiefen Respekt vor dem Kontrapunkt des 16. Jahrhunderts. (Was er da über die Unzulänglichkeit der damaligen Bühnenkomponisten in der Behandlung des Kontrapunkts sagt, erinnert an ähnliche scharfe Kommentare, die Johann Sebastian Bach zugeschrieben werden.)
Nach seinem Abschied von Portugal scheint Scarlatti nur noch wenig Kirchenmusik geschrieben zu haben. Das einzige bekannte, datierbare Werk ist das *Salve Regina* in A-dur, angeblich seine letzte Arbeit. Wir werden noch kurz darauf zurückkommen. Immerhin wurde 1754 eine vierstimmige *a cappella*-Messe von ihm in eines der Chorbücher der königlichen Kapelle übertragen (36). Derselbe Band enthält eine Messe von Tomás Luis de Victoria und Kompositionen von Antonio Literes und von Joseph Torres, der bis zu seinem Tod im Jahre 1738 (37) erster Organist der Kapelle gewesen war. Es läßt sich nicht feststellen, ob Scarlatti diese Messe ausdrücklich für die königlich spanische Kapelle komponiert hat oder ob es sich um die Abschrift eines Werkes handelt, das bereits in Rom oder Lissabon entstanden war. Es zeigt einen ausgereiften, rhythmisch reichen Stil in der strengen Manier des 16. Jahrhunderts, der jedoch mit den harmonischen Vorstellungen der späteren Epoche des *basso continuo* durchsetzt ist. Die Notation ist eine Nachahmung Victorias und Palestrinas im Sinne des 18. Jahrhunderts. Die Stimmen sind einzeln ausgeschrieben und weisen nur hin und wieder Taktstriche auf. Angesichts der Verehrung, die Domenico und sein Vater dieser Musik entgegengebracht haben, scheint es nicht einmal unangemessen, daß eine Messe von Domenico Scarlatti Seite an Seite mit einer Messe von Victoria stehen sollte.
Wir besitzen keinen Anhaltspunkt dafür, daß Domenico offizielle Beziehungen zur königlich spanischen Kapelle unterhielt. Mit seinem Fortgang

36 Anh. VI D 11, Faksimile-Abb. 23.

37 Mitjana, Seite 2145.

von Portugal scheint er jede derartige Tätigkeit aufgegeben zu haben. Auch wissen wir nichts über seine Beziehungen zu den Kapellmusikern, mit der einzigen Ausnahme, daß ein Band seiner Sonaten eigens für Sebastian Albero, einen der Organisten, kopiert worden ist (38). Dieser Band gelangte später in den Besitz von Dr. John Worgan und befindet sich jetzt im Britischen Museum. Von 1738 an war Francesco Corselli Kapellmeister, aber seine Tätigkeit an der Oper und als Musiklehrer der königlichen Kinder hat ihm wohl kaum Zeit für etwas anderes gelassen, und José de Nebra hat die meisten Aufgaben als Kapellmeister und erster Organist übernommen (39). Im Jahre 1749 waren drei Organisten an der Kapelle angestellt: Nebra, Sebastian Albero und Joaquín Oxinaga (40). 1756 wurden diese gleichen Ämter von Nebra, Antonio Literes und Miguel Rabaxa ausgeübt (41). Literes und Nebra wurden damit beauftragt, die Bibliothek der königlichen Kapelle wieder zu ersetzen, die beim Brand des Schlosses in Madrid 1734 völlig zerstört worden war (42). Der Chor der königlichen Kapelle bestand im Jahre 1756 aus vier Sopranisten (Kastraten), vier Altisten, vier Tenoristen und drei Bassisten und das Orchester aus zwölf Violinen, vier Bratschen, drei Violoncelli, drei Kontrabässen, vier Oboen und Flöten, zwei Hörnern, zwei Trompeten, drei ›bassonistas‹ und zwei ›fagotes‹ (43).

Um diese Zeit kam Scarlatti in Berührung mit dem Padre Antonio Soler. Soler soll bei ihm studiert haben und zeigt jedenfalls mehr von einem direkten Einfluß Scarlattis als jeder andere Komponist. Er war am 3. Dezember 1729 in Olot de Porrera in der Provinz Gerona geboren. Schon früh trat er in die Escolana de Montserrat ein und studierte Musik, Orgel und Komposition. Als der Bischof von Urgel ihn fragte, ob er irgend einen jungen Organisten kenne, der die notwendige Befähigung besäße, in den Dienst des Escorial-Klosters einzutreten, schlug Soler sich selber vor. Er trat dort am 25. September 1752 als Novize ein und legte im folgenden Jahr die Gelübde ab (44). Zweifellos boten ihm die Herbstaufenthalte des spanischen Hofes im Escorial in den Jahren von 1752–1756 Gelegenheit für den Umgang mit Scarlatti (45).

Ist es schon seltsam genug, sich Domenico Scarlatti in diesem feierlichen und wuchtigen Gebäude vorzustellen – die unter Solers Mönchshänden entstandenen Sonaten und Quintette sind noch seltsamer. Etwas Lüsterneres oder Frivoleres ist kaum vorstellbar. Man ist ja gewohnt, in den Kirchen des 18. Jahrhunderts vergnügte, rosige Putten zu sehen, von den schmachtenden Heiligen gar nicht zu reden, aber diese Musik im Escorial ist beinahe so, als ob das Kardinalskollegium sich in eine Gigue stürzen wollte! 1762 veröffentlichte Soler in Madrid seine *Llave de la Modulacion*, einen Trak-

---

38 Anh. V A 5.

39 Mitjana, Seiten 2145, 2147 bis 2148.

40 Archivo de Palacio, Madrid, Grefier. R. Ordenes y del Patriarca, de 1749 a 1759. R. Capilla.

41 Ebenda. Die selbe Liste von 1756 findet sich auch im Archivo de Palacio, Madrid, Contralor R. Ordenes y del Patriarca, 1749 a 1757, I.

42 Mitjana, Seite 2148.

43 Siehe Anm. 41 und 42.

44 Die vorstehenden Angaben aus Anglès, Vorrede zu Soler, Sis Quintets, S. VI–VII.

45 Es sei denn, Soler wäre nach Madrid gereist.

tat, der an Interesse gewinnt durch seine Auslegung der theoretischen Methode, die den extravaganten Modulationen seiner und Scarlattis Sonaten zugrunde liegen.

Wie Scarlatti, so greift auch Soler auf die streng orthodoxen Lehren der Kontrapunktiker des 16. Jahrhunderts zurück, aber er greift auch vor bis zum erweiterten Gebrauch der Modulationsmöglichkeiten des tonalen Systems.

Im Jahre 1772 besuchte Lord Fitzwilliam Soler im Escorial und erhielt von ihm siebenundzwanzig seiner Sonaten, die später in London veröffentlicht worden sind (46). Soler starb am 20. Dezember 1783 im Escorial (47). Fitzwilliam hatte auch zwei handgeschriebene Bände Scarlatti-Sonaten mit nach London genommen (48). Es war zuerst in England, daß Scarlattis Cembalosonaten über Spanien hinaus anerkannt wurden. Auch nur in England hat sich sein Ruhm erhalten und über den Rest des 18. Jahrhunderts hinaus gesteigert. Der Begründer des englischen Scarlatti-Kults war der unermüdliche Roseingrave, Domenicos Jugendfreund, der eine vermehrte Auflage der *Essercizi* im Jahre 1739 und einen späteren Ergänzungsband herausgegeben hat. Auf Roseingraves Erstveröffentlichung und ihre Nachdrucke folgten Charles Avisons Bearbeitungen für Streichorchester und danach zwölf Sonaten, die Dr. John Worgan 1752 nach dem spanischen Manuskript veröffentlicht hat, das einst im Besitz des Organisten der königlich spanischen Kapelle in Madrid, Sebastian Albero, gewesen war. In seiner Jugend war Worgan ›durch den Bericht des alten Roseingrave über Scarlattis großartiges Cembalospiel wie auch von seinen Übungsstücken mit Bewunderung für diesen erfüllt worden; er wurde später ein eifriger Sammler seiner Stücke, worunter sich einige befanden, mit denen ihn der Autor selber in Madrid beehrt hatte. Er war der Herausgeber einer Reihe von zwölf und einer anderen von sechs Stücken, die alle bewundernswert sind, obwohl nur wenige die Ausdauer besitzen werden, die besonderen Schwierigkeiten ihrer Ausführung hinlänglich zu meistern. Er besitzt noch mehrere davon, die er hütet wie sibyllinische Blätter‹ (49).

Von England aus verbreitete sich Scarlattis Ansehen sogar bis nach Amerika. 1771 schrieb ein junger Mann aus Virginia über den Ozean an seinen Bruder und bat ihn, ihm unter anderen Noten ›Scarlatti für das Cembalo‹ zu schicken (50).

Worgans Nachfolger als ›Haupt der Scarlatti-Sekte‹ war Joseph Kelway, ›der Scarlattis vorzüglichste Übungsstücke ständig in Gebrauch hatte‹ (51). Auch Charles Wesley war ein begeisterter Scarlattispieler (52). Um die Jahrhundertwende wurden etwas entstellte Ausgaben der Sonaten Scar-

46 XXVII Sonatas para Clave por el Padre Fray Antonio Soler que ha impreso Roberto Birchall ... Die Kopie Lord Fitzwilliams, jetzt im Fitzwilliam-Museum in Cambridge, ist 1796 datiert und trägt die englische Aufschrift: ›Die Originale dieser Cembalo-Leçons wurden mir am 14. Februar 1772 im Escorial von Pater Soler übergeben. Fitz^m. Pater Soler wurde von Scarlatti unterrichtet.‹ Nirgend in der Llave de la Modulacion erwähnt Soler, daß Scarlatti sein Lehrer gewesen sei. Dahingegen sagt Joseph Nebra in seinen einleitenden Anerkennungsworten zu dem Werk, er sei eine Zeitlang Solers Lehrer gewesen.

47 Anglès, in Soler, Sis Quintets, S. VI.

48 Anh. V A 6 und Anh. V B.

49 Burney, A General History of Music, Bd. II, Seite 1009. Burney erinnert auf Seite 1008 daran, daß in seiner Jugend ›die Stücke Scarlattis nicht nur jedem jungen Spieler Gelegenheit boten, sein Können zu entfalten, sondern Ver-

lattis von Pitman und Clementi besorgt; sie sind die Vorläufer der im 19. Jahrhundert erschienenen noch unglücklicheren Ausgaben von Tausig und Bülow.

Für Italien bedeutete Scarlatti kaum mehr als ein Name. Von seinen Kompositionen waren dort nur sehr wenige handschriftlich in Umlauf, und während des ganzen 18. Jahrhunderts wurde in Italien nichts von ihm veröffentlicht. Trotz seiner Erneuerung des Cembalostils und der Schöpfung seiner eigenen Sonatenform kann Domenico Scarlatti nur wenig unmittelbaren Einfluß auf die Musik seines Heimatlandes gehabt haben.

In Frankreich wurde er lediglich durch die dürftigen Publikationen von Boivin und Venier und später durch eine kurze Erwähnung in den enzyklopädischen Werken von Laborde und Choron bekannt. In Holland wurden die *Essercizi* von Witvogel in Amsterdam nachgedruckt.

In Deutschland wurden ein paar Sonaten von Haffner in Nürnberg nachgedruckt; außerdem haben Musiktheoretiker und Lexikographen wie Heinichen, Walther, Quantz, Mizler, Marpurg, Kirnberger und Gerber ihm kurze Artikel gewidmet. Was Philipp Emanuel Bach, Mozart, Haydn oder Beethoven von Scarlatti gekannt haben, können allenfalls frühe Werke aus der Periode der *Essercizi* oder kurz nach ihr entstandene gewesen sein. Im übrigen widerlegt das Erscheinungsjahr der *Essercizi* (1738), der ersten Cembalomusik Scarlattis, die überhaupt allgemein bekannt wurde, die oft wiederholte Ansicht, in bestimmten Cembalostücken von J. S. Bach lasse sich der Einfluß Scarlattis nachweisen. Die meisten Elemente in der Wiener klassischen Musik, in denen man Scarlattis Einfluß sehen könnte, stammen aus anderen Quellen.

Während Scarlatti Sonate auf Sonate türmte, folgten die königlichen Opern, Serenaden und Einschiffungen einander in immer großartigerer Steigerung. An seinen ›Zwillingsbruder‹ Farinelli schrieb Metastasio von Wien aus mit Bezug auf eine Aufführung der *Isola Disabitata*: ›Ich fühlte mich beim Lesen Ihres Briefes die ganze Zeit nach Aranjuez versetzt ... ich sah das Theater vor mir, die Schiffe, die Einschiffungen und das Zauberschloß; ich hörte immer noch die Triller meines unvergleichlichen Gemello, und ich habe den königlichen Erscheinungen Ihrer Gottheiten meine Verehrung dargebracht. Diese herzliche Aufmerksamkeit, mich als Gast zu behandeln, soweit das bei der Entfernung möglich ist, und diese entzückende iberische Großzügigkeit, die mit so vielen Umständen für Sie verbunden war, ruft in mir liebevolle Gedanken an die Stetigkeit Ihrer unvergleichlichen Freundschaft wach und bindet Sie mir mit stärkerem Anspruch als je zuvor ans Herz‹ (53).

wunderung und Entzücken in jedem Hörer erweckten, der nur einen Funken von Begeisterungsfähigkeit besaß und die neuen, kühnen Effekte nachempfinden konnte, die sich aus dem Bruch mit fast allen althergebrachten Kompositionsregeln ergaben.‹

50 Virginia Historical Society, Richmond, Virginia, Lee-Ludwell-Papiere, Philip Ludwell Lee an William Lee, 25. Juli 1771. (Nach freundlicher Mitteilung von Edward Canby.)

51 Burney, A General History of Music, Bd. II, Seite 1009.

52 Newton, Seiten 152–153.

53 Burney, Memoirs of ... Metastasio, Bd. II, Seiten 64–65.

Am spanischen Hof wurde so viel Musik getrieben, daß der englische Gesandte Sir Benjamin Keene erklärte, davon übersättigt zu sein. ›Das Schlimmste von allem ist, daß hier eine zu große *copia* an Harmonie herrscht. Der Grund, weshalb wir nicht diejenige der Sphären hören können, liegt darin, daß sie uns ständig im Ohre liegt. Hier gibt es zuviel Unterbrechung, um in den Genuß der Unempfindlichkeit zu kommen, und doch zu wenig, um denjenigen der Neuartigkeit zu empfinden‹ (54).

Aber bei diesen Festlichkeiten fehlten kaum einige düstere Vorahnungen. Maria Barbaras Vater, Johann V. von Portugal, war 1750 gestorben, nachdem er sechs Jahre lang gelähmt gewesen war (55). Im November 1755 ereignete sich in Lissabon das Erdbeben, und die Katastrophennachrichten aus Portugal versetzten den spanischen Hof in Schrecken. Sänger der Lissaboner Oper suchten in solcher Zahl Zuflucht in Madrid, daß Sir Benjamin Keene am 23. November schrieb: ›Ihre Musiker brechen hier tagtäglich nackt über uns herein‹ (56). Und im Laufe der Zeit wurde es immer klarer, daß der König die Melancholie seines Vaters geerbt hatte (57).

Die Königin, die mit ihm umzugehen wußte, begann ihr eigenes Alter zu spüren und für ihre Gesundheit zu fürchten (58). Sie war außerordentlich korpulent geworden und litt zunehmend unter ihrem Asthma. Als Todesgedanken sich in ihr regten, war die quälendste ihrer Befürchtungen die, daß sie den König überleben, das traurige Los einer kinderlosen Witwe erleiden und wieder in die Gewalt der Isabel Farnese und ihrer Kinder geraten könnte.

Auch der nun siebzigjährige Scarlatti muß gefühlt haben, daß ihm nur noch wenig Zeit blieb. Schon im Jahre 1752, wie wir aus seinem Brief an den Herzog von Alba erfahren haben, war er krank und ans Haus gefesselt. Die Produktivität seiner letzten fünf Jahre ist die eines Mannes, der erst spät zu sich selber gefunden hat und nun mit der Zeit um die Wette läuft. Vielleicht war es die ständige Sorge um seine Gesundheit oder der verstärkte Gedanke an sein Seelenheil, was ihn bewogen hat, von Benedikt XIII. einen vollkommenen Ablaß für sich und seine Familie zu erbitten, der ihm am 3. Oktober 1753 gewährt wurde. Was für einen störenden Einfluß sein Hang zum Spiel auch auf seine Lebensführung gehabt haben mag oder welches seine Jugendverirrungen gewesen sein mögen, von denen wir nichts wissen – Scarlatti hat anscheinend seine letzten Lebensjahre in vorbildlicher Frömmigkeit zugebracht. Daß sein Erstgeborener Juan Antonio, der gerade jetzt gestorben war, einst einem geistlichen Orden beigetreten war, war vielleicht nicht so sehr dessen eigener Wille als der Wunsch des Vaters, etwas vom Glanz der Heiligkeit auf seine Familie überstrahlen zu sehen.

54 Keene, Seite 402, 11. April 1755.

55 Ballesteros, Bd. V, Seite 111.

56 Keene, Seite 437.

57 Coxe, Bd. IV, Seiten 16–18.

58 Der Rest dieses Abschnittes stützt sich auf Coxe, Bd. IV, Seiten 18–21, und Garcia Rives, Seiten 59, 71.

Die Herrschaft der Melomanen

1749 hatte Scarlatti seinen letzten Willen aufgesetzt. Wenn die einleitenden Sätze auch nur die Standardformulierung der Testamente des 18. Jahrhunderts wiederholen, so durchzieht sie doch die Sorge um sein Seelenheil wie der Klang einer Totenglocke.

›Testament Dn. Domingo Scarlati   19. Oktober

Im Namen des Allmächtigen Gottes Amen: Durch dieses öffentliche Dokument meines letzten und endgültigen Willens sei kundgetan, daß ich, Dn. Domingo Scarlati, Ritter des Ordens von Santiago, diesem Hofe zugehörig, ehelicher Sohn durch rechtmäßige Ehe des Dn. Alexandro Scarlati und der Da. Antonia Ansaloni, seines Eheweibes, beide verstorben und zuletzt Bewohner der Stadt Neapel, in der ich geboren bin, durch die erste Heirat mit Da. Cathalina Gentil getraut und nunmehr Ehemann der Da. Anastasia Maxarti, bei guter Gesundheit durch die unendliche Güte Gottes Unseres Herrn, im Besitze meiner vollen Urteilskraft und meines natürlichen Verstandes, den mir zu geben es Seiner Göttlichen Macht gefallen hat, im unerschütterlichen Glauben an das heilige Mysterium der Allerheiligsten Dreifaltigkeit, des Vaters, des Sohnes und des Heiligen Geistes, drei Wesen in einem wahren Gott, und im Glauben an die Menschwerdung und Auferstehung unseres Herrn Jesu Christi, des wahren Gottes und Menschen, und an alles, was die Heilige Mutter, die Katholische Apostolische Römische Kirche glaubt und bekennt, in deren Glauben und Bekenntnis ich gelebt habe und zu leben und zu sterben gedenke als ihr unwürdiger Sohn, und nachdem ich zu der verzagten Überlegung gelangt bin, der Tod möchte mein Leben durch ein unvorhergesehenes Unglück beenden, und im Verlangen, daß mich in meinem letzten Augenblick keine zeitweilige Bangnis überkommen möchte, die mich daran hindern könnte, Gott unseren Wahren Herrn um Vergebung für meine Sünden zu bitten, unterschreibe ich, daß ich mein Testament in der folgenden Form aufgesetzt und bestimmt habe:

Zunächst befehle ich meine Seele Gott Unserem Herrn, der sie geschaffen und erlöst hat durch das unendlich kostbare Blut Seines Sohnes Unseres Herrn Jesus Christus, und daß mein Leib zur Erde zurückkehre, aus der er gemacht ist. Es ist mein letzter Wille, daß dieser mein Leib, wenn es Gottes Wille ist, mich aus diesem gegenwärtigen Leben zu nehmen, in den Kapitularmantel des genannten Ordens von Santiago gekleidet oder gehüllt und in einer Kirche, einem Distrikt oder an einer Stätte begraben werde, die meinen Testamentsvollstreckern (oder wen ich noch in einer Denkschrift, welche ich gesondert hinterlassen werde, dazu bestimme) passend erscheint und deren Gutdünken ich Form und Regelung meines Leichenbegängnisses und Begräbnisses überlasse. An diesem Tage, wenn es zu einer passenden Stunde ist, oder wenn nicht, am nächsten, soll eine Requiem-Messe mit Diakonen, Vigilien und Responsorien gesungen werden, und darüber hinaus fünfzig Messen, für deren jede drei Kronen als milde Gabe bezahlt werden und von denen wenigstens der vierte Teil dem Pfarrbezirk zusteht; die übrigen sollen zelebriert werden, wo und durch wen es meinen Testamentsvollstreckern richtig erscheint.

Für die unerläßlichen und üblichen Vermächtnisse und für die heiligen Stätten zu Jerusalem hinterlasse ich Almosen von je sechs Kronen, mit denen ich alle Forderungen oder Klagen, die gegen meinen Besitz erhoben werden können, aus dem Weg räume und zurückziehe‹ (59).

Er fährt fort, indem er zum Testamentsvollstrecker seinen alten Freund Don Cristoval Romero de Torres bestimmt, der seinen Sohn Fernando 1731 in Sevilla getauft hatte. Als zweiten Testamentsvollstrecker bezeichnet er seine Frau. Als Erben setzt er seine neun Kinder ein und hinterläßt ihnen seinen Segen und empfiehlt die jüngeren der gesetzlichen Vormundschaft ihrer Mutter.

Einige Jahre lang war eine Legende im Umlauf, Scarlatti sei 1754 nach Neapel zurückgekehrt. Dieses Mißverständnis ist wahrscheinlich durch einen Aufenthalt Giuseppe Scarlattis 1755 in Neapel (60) entstanden. Nach seiner Heirat in Rom 1728 scheint Scarlatti jedenfalls nicht mehr nach Italien gekommen zu sein. Wohl aber führten ihn seine Erinnerungen bisweilen nach Neapel und in die Tage seiner Jugend zurück, was wir aus der exquisiten kleinen Weihnachtspastorale schließen können, die 1756 (Sonate 513) abgeschrieben wurde. Da hören wir die Dudelsäcke der *zampognari,* wie sie heute noch um die Weihnachtszeit in den Provinzen Süditaliens erklingen. Dieses Stück bietet eine der wenigen Ausnahmen zum überwiegend spanischen Charakter Scarlattis späterer Sonaten.

Kurz darauf, wahrscheinlich zum ersten Mal seit Jahren, wandte sich Scarlatti vom Cembalo ab, um sein letztes Werk, ein schönes *Salve Regina* für Sopran und Streicher zu komponieren. Vielleicht hat er es nicht einmal nötig gehabt, nach Spanien zu kommen, um den Sinn der Worte ›in hac lacrymarum valle‹ zu erfassen, die er so überzeugend vertont hat. Aber sicher hat er reichlich Gelegenheit gehabt, sie sich zu eigen zu machen. Das ganze Rasen und Rauschen des Cembalos ist auf einmal verstummt, und wir vernehmen sein Gebet an die Himmelskönigin: ›Ad te, ad te clamamus‹.

Am 23. Juli 1757 starb Scarlatti in dem Hause in der Calle de Leganitos, nachdem er die Sakramente der Kirche empfangen hatte. Er wurde ›de

59 Anhang II.

60 Croce, I Teatri di Napoli, Anno XVI, Seite 41. Zur Zeit der Aufführung seines Caio Mario in Neapel im Januar 1755 heißt es von Giuseppe Scarlatti, ›er sei einige Tage zuvor aus Wien eingetroffen‹. Zu der Verwechslung zwischen Giuseppe und Domenico siehe ferner Anh. I A und VII C.

secreto‹ im Convento de San Norberto beigesetzt (Abb. 38). Dieses Kloster in der Nähe der heutigen Universität wurde 1845 aufgelöst, und es existiert keine Spur von Scarlattis Grabstätte mehr (61). Die Notiz über seinen Tod und die fünfzig Messen, die für sein Seelenheil gelesen werden sollten, wurde ins Kirchenregister von San Martín eingetragen, der Kirche, die poetischerweise an der Kreuzung der *Calle de la Luna* (Straße des Mondes) und der *Calle del Desengaño* (Straße der Enttäuschung) steht.

Domenicos Witwe Anastasia war die Vormundschaft über ihre vier Kinder anvertraut worden. Sie hat noch 1766 gelebt, muß aber vor 1799 gestorben sein. Mindestens zwei Kinder aus Domenicos erster Ehe haben bei seinem Tod noch gelebt, Fernando und Maria (62). Drei andere waren zwischen 1749 und 1757 gestorben, nämlich Juan Antonio, Mariana und Alexandro. Dieser hinterließ einen unmündigen Sohn, der die berühmten Namen der Familie trug: Alexandro Domingo. Im September 1757 bewilligten Ihre Katholischen Majestäten, um ›la buena memoria de Dn. Domingo Scarlatti‹ zu ehren, jedem der fünf jüngeren Kinder eine jährliche Pension von dreihundert Dukaten (63).

Fernando Scarlatti übernahm die Pflichten und Vorrechte des älteren Sohnes, und durch ihn setzte sich die direkte Linie der Scarlatti-Nachkommen bis auf den heutigen Tag fort. Er war Beamter in der *Contaduria general de Salinas* und starb im Jahre 1794 in einem jetzt abgerissenen Hause, in Nr. 13 der Calle de Leganitos. Er hinterließ zwei Kinder, Francisco und Antonia.

Maria Scarlatti starb kurz nach ihrem Vater und vermachte ihren Anteil an dem mütterlichen Erbgut ihrem Vormund, nämlich ihrer Großmutter Margarit Rossetti Gentili, die im Alter von dreiundachtzig Jahren im Hause ihrer Stiefenkelin Barbara Scarlatti gestorben ist.

Barbara Scarlatti, Anastasias älteste Tochter, heiratete vor dem Jahre 1762 einen Beamten der *Contaduria general de la distribucion de la Real Hacienda*, Eugenio Cachurro. Über ihre jüngere Schwester Rosa ist nichts bekannt. Der junge Domingo Scarlatti arbeitete zunächst von 1761 bis 1763 in der *Secretaria de la Nueva España* (64) und wurde 1768 dann Kadett in der *Infanteria de Soria*. Er überlebte seine Frau, die 1801 starb, und scheint der Verfasser der vier Sonette ›zur Verehrung des Heiligen Mysteriums der Unbefleckten Empfängnis der Hochheiligen Jungfrau Maria‹ zu sein, die 1815 im *Diario de Madrid* abgedruckt wurden (65). Sein jüngerer Bruder Antonio bewarb sich 1766 um Aufnahme in das Kadettencorps der Infanteria de Soria und erwähnte dabei die königliche Pension, die er erhielt. Er lebte noch im Jahre 1799. Von keinem der Kinder Domenicos aus zweiter Ehe wissen wir, ob sie Nachkommen hinterlassen haben.

61 Mündliche Mitteilung des Marques del Saltillo.

62 Die Liste der überlebenden Erben Scarlattis erscheint in der für Maria und Domingo geschriebenen Aufstellung vom September 1757, Anh. II.

63 Anh. II, Aufstellung vom September 1757.

64 Anh. II, Dokument vom 12. Juni 1777.

65 Ausgabe vom 8. Dezember (Madrid, Biblioteca Municipal, L-318-23, Caja 105).

Vista de la fachada de la Yglesia de San Norberto de Madrid. *Vue de la façade de l'Eglise de S.ᵗ Norberto à Madrid.*

Abb. 38 Die Kirche von San Norberto in Madrid, Stich von Sanz nach Gomez
(Guilford, R. K.)

Abb. 39   Scarlattis Haus (?), Madrid, Calle de Leganitos No. 35, inzwischen abgerissen.

Nach Scarlattis Tod nahmen die Hoffestlichkeiten ihren gewohnten Fortgang. Er wird kaum eine Lücke hinterlassen haben, außer bei der Königin und seinem engeren Freundeskreis. Die Königin aber erkrankte zu schwer, um für etwas anderes Interesse zu haben als für die schrecklichen Schmerzen, die sie fast ein Jahr lang quälten (66).

Im Sommer 1758 erhielt Metastasio einen beunruhigenden Brief seines ›caro gemello‹ Farinelli. Die Königin befand sich in einem gefährlichen Zustand, und der König benahm sich sonderbar.

›Ihr kleiner, kurzer und rätselhafter Brief, datiert vom 17. des vergangenen Juli aus *Aranjuez*, zusammen mit den Neuigkeiten, welche man hier bei Hofe empfing und die sich unter uns verbreitet haben, berichtet mir nur allzu deutlich von Ihrem seelischen Zustand und der Angst aller Wohlgesinnten um die Gesundheit Ihres verehrten Souveräns. Möge der Himmel diesen Sturm vorbeiziehen lassen, trotz aller schrecklichen Schilderungen, welche von allen Seiten hier einlaufen‹ (67).

Indem er das Beste hoffte, fuhr Farinelli in den Vorbereitungen für die Opernvorstellungen der nächsten Saison fort, aber die Aufführung im Mai sollte die letzte gewesen sein (68). Nach monatelanger Agonie starb die Königin am 27. August 1758 (69). Scarlatti, ›meinem Musiklehrer, der mir mit großer Sorgfalt und Verehrung anhing‹, hinterließ sie zweitausend Dublonen und einen Ring (70) – aber dazu war es nun zu spät. Sie vermachte ihre besten Cembali und alle Sonaten Scarlattis Farinelli (71). Farinelli jedoch hatte keine Zeit, über diese Geschenke nachzudenken, denn der König verlor vor Kummer den Verstand und mußte nach Villa-viciosa gebracht werden.

›...Vom Augenblick ihres Todes an kannte sein Wahnsinn keine Grenzen mehr. Es wurde notwendig, ihn nach Casa del Campo zu schaffen, wo er sich bei der Ankunft derart an den aufwartenden Kammerherrn klammerte, daß er diesen zu Boden riß; er mußte mit Gewalt von ihm losgezerrt werden. Der Monarch ging ständig allein umher, verweigerte über eine Woche lang jede Speise, aß dann acht Tage lang unmäßig und zwang sich, nichts von sich zu geben, indem er auf den spitzen Knäufen der antiken Sessel seines Zimmers hockte, die er als Tampons benutzte. Dieser circulus vitiosus von Fasten, Völlern und krampfhafter Konstipation hielt mehrere Monate an, und er verschied, nachdem er sein Reich in einen Zustand der Anarchie versetzt hatte, den zu beenden das brüderliche Mitgefühl Karls III. trotz aller dringenden Bitten der spanischen Minister, zu kommen und die Regierungsgewalt in die Hand zu nehmen, sich sträubte‹ (72). Fernando starb am 10. August 1759 (73).

66 Florez, Seiten 1030 ff.; Garcia Rives, Seiten 71 ff.

67 Burney, Memoirs of ... Metastasio, Bd. II, Seiten 202–203.

68 Cotarelo, Kap. VI.

69 Florez, Seiten 1030 ff.

70 Madrid, Bibliothek des Königlichen Schlosses, VII E 4 305, Testament der Maria Barbara von Braganza, fol. 20 r.

71 Ebenda; Scarlattis Sonaten befanden sich unter ihren Noten, die sie sämtlich Farinelli vermachte.

72 Gleichen, Seiten 1–3. Mit der Aufmerksamkeit, die für viele französische Memoiren so charakteristisch ist, berichtet Gleichen, daß ›Ferdinand VI avait hérité de son père la maladie du dieu des jardins...‹

73 Florez, Seiten 1030 ff. Weitere Berichte über die letzten Lebenstage Fernandos und Maria Barbaras finden sich bei Cabanès, Garcia Rives, Seiten 80 ff., und im Bericht ihres Arztes, D. Andrés Piquer, veröffentlicht in Rávago, Seiten 359–421.

Die Herrschaft der Melomanen

Am 13. Juli 1760 hielt der neue König, Karl III., seinen triumphalen Einzug in Madrid (74). Farinelli wurde mit kühler Höflichkeit behandelt und erhielt sein übliches Gehalt (75). Die große Zeit der Musik und der italienischen Oper war vorüber. Wurde Farinelli erwähnt, so meinte der König, Kapaune seien nur nütze, um gegessen zu werden, und wenn man ihn nach der italienischen Oper fragte, gab er zur Antwort: ›Weder jetzt noch jemals‹ (76). Président de Brosses hatte bereits einige Jahre vorher in Neapel in Bezug auf den König Molière zitiert: ›Cet homme assurément n'aime pas la musique‹ (77). Das stimmte durchaus. Obgleich Don Carlos die Verantwortung für die bedeutendste europäische Oper, das Theater San Carlo in Neapel, trug, hatte er sich absichtlich eine Loge ausgesucht, in der er am wenigsten von der Musik belästigt werden konnte (78).

Der neue Herrscher war in auffallendem Gegensatz zu seinen Vorgängern peinlich ordentlich und tüchtig (79). Obwohl auch er der ererbten Melancholie unterworfen war, gelang es ihm doch, sie durch spartanische Härte zu überwinden und Spanien die Regierung zu geben, die es schon lange brauchte. Die alten Geister hatten sich verflüchtigt, die Herrschaft der Opernsänger war zu Ende gegangen, die Schrecken der Inquisition verblaßten. Im Jahre 1767 wurden die Jesuiten aus Spanien vertrieben, und die kühle klare Brise der Aufklärung begann über die Pyrenäen zu wehen. Sogar der vielbesungene Gestank von Madrid war verschwunden, von dem die Reisenden erzählt hatten. Eine neue Ära dämmerte herauf.

Farinelli fühlte wohl, daß seine Anwesenheit in Madrid nicht länger erwünscht war. So diskret und liebenswürdig er sich auch benommen hatte, seine Macht war doch allzu groß und wohl oder übel ein gefährlicher Brennpunkt des öffentlichen Interesses. Er zog sich nach Bologna zurück, wo er sich ein prächtiges Haus baute, das er mit den kostbaren Möbeln, die man ihm überlassen hatte, ausstattete und mit den Porträts der königlichen Familie und den Bildern schmückte, die Amiconi zu seinen Inszenierungen geschaffen hatte. Dort hat ihn Burney im Jahre 1770 besucht. ›Ich fand ihn an seinem Raphael [einem seiner Pianoforte] und bewog ihn, mir vielerlei vorzuspielen: er *singt* dazu mit unendlichem Geschmack und Ausdruck‹ (80). ›Er lieferte mir alle Einzelheiten über Domenico Scarlatti, die ich wünschte, und diktierte sie mir äußerst zuvorkommend, während ich sie in mein Taschenbuch eintrug‹ (81).

Von diesem Besuch Burneys bei Farinelli stammen die meisten direkten Nachrichten über Scarlatti, die bis heute überliefert sind. Mit Beginn des 19. Jahrhunderts etwa war Scarlatti im ersten Stadium der dubiosen Kanonisationsprozesse angelangt, wie sie Heiligen und Künstlern widerfahren. Er

74 Ballesteros, Bd. V, Seite 154.

75 Burney, The Present State of Music in France and Italy, Seite 211.

76 Baretti, A Journey from London to Genoa, Bd. III, Seiten 131–133.

77 De Brosses, Bd. I, Seite 428. Aus Molières ›Amphitryon‹.

78 Fernan-Nuñez, Bd. I, Seiten 104–105.

79 Dieser Abschnitt stützt sich auf Ballesteros, Bd. VI, Seiten 236, 536ff. und 578–579.

80 Burney, The Present State of Music in France and Italy, Seite 221.

81 Ebenda, Seiten 215, 216. Das Taschenbuch ist verschwunden (Walker, Seite 201).

war aus der Welt der Tatsachen in die der Legende vorgeschritten, und es wurde nichts über ihn geschrieben, was nicht eine Wiederholung älterer, nur mit neuen Irrtümern und Fiktionen angereicherter Berichte gewesen wäre (82).

Aber zwischen 1817 und 1820 wurde von einem gewissen Francisco Scarlatti y Robles, ›Contador General de la Real Casa y Patrimonio‹, ein kleiner Manuskriptband zusammengetragen, der sich jetzt im Archivo Histórico Nacional zu Madrid befindet. Der Verfasser präsentiert darin seinen Adelsnachweis zwecks Aufnahme in den Orden der Ritterschaft Karls III. Es stellt sich heraus, daß er der Sohn des Fernando Scarlatti ist, der am 24. Juli 1769 im Hause Nr. 8 der Calle de Leganitos geboren wurde.

›Es ist bekannt‹, versichert er, ›daß Don Fernando und Don Domingo Scarlati, mein Vater und mein Großvater, nach Gesetz und Sitte Spaniens ohne den Makel oder Fehler einer niederen Geburt allgemein als Personen von adligem Blut angesehen und anerkannt gewesen sind‹. Er fährt fort: ›Es ist bekannt, daß ich, meine Eltern, Großeltern und Urgroßeltern als reine orthodoxe Christen ohne Makel und Fehler des Judentums, des Maurentums oder der Konversion, oder was auch immer im entferntesten Grade, angesehen und anerkannt worden sind.‹ Sicher sollten diese Sätze jeden möglichen Zweifel an der Hispanisierung der Familie Scarlatti zerstreuen. Darüber hinaus erklärt Francisco Scarlatti: ›Es ist bekannt, daß weder ich noch meine Eltern, Großeltern oder Urgroßeltern jemals Ketzer gewesen sind, verurteilt waren oder der Strafe durch die Heilige Institution der Inquisition anheimgefallen sind oder jemals am wahren Glauben gezweifelt haben‹ (83).

Nach bestem Vermögen hat Francisco Scarlatti den gesamten Stammbaum der Scarlatti-Familie und auch den seiner mütterlichen Vorfahren gesammelt. Er hatte nach Neapel um eine Abschrift der Taufeintragung Domenicos und nach Rom um die Zeugnisse seiner Eheschließung und die Abstammung der Familie seiner Frau geschrieben. Aus Lissabon erhielt er die Abschriften der Protokolle über Domingos Ernennung zum Ritter des Ordens von Santiago. Mit Alessandro Scarlatti hatte er einige Schwierigkeiten und konnte (oder wollte) keine Urkunden über dessen Taufe und Eheschließung auftreiben. Entweder wußte er wirklich nichts von Alessandros bescheidener sizilianischer Herkunft oder zog es vor, nichts davon zu wissen. Er begnügte sich damit, einige hochtönende Namen aus der Florentiner Scarlatti-Familie anzuführen, ohne sich zu bemühen, eine tatsächliche Verwandtschaft nachzuweisen (84). Seine Versuche, Alessandros Zugehörigkeit zum Orden Gesu Cristo dokumentarisch zu sichern, hatten keinen Er-

82 Erst seit der 1905 erschienenen Veröffentlichung von E. J. Dents ›Alessandro Scarlatti‹ haben sich neue Kenntnisse über die Scarlatti-Familie gegen die alten Irrtümer durchzusetzen begonnen, die immer noch ihren Weg in die Lexika finden. Bis vor kurzem war der einzige ernstzunehmende Bericht über Domenico Scarlattis Leben der Artikel von S. A. Luciani in der Enciclopedia Italiana. Dank der Arbeiten von Fachleuten wie Fienga, Gerstenberg, Luciani, Newton, Prota-Giurleo, Rolandi, Sartori, Tiby und Walker sind inzwischen Informationen zusammengetragen worden, die den Tatsachen entsprechen.

83 Madrid, Archivo Histórico Nacional, Carlos III. Nr. 1799, fol. IV.

84 In Wirklichkeit sind sie nicht in dem erwähnten Band enthalten, sondern befinden sich noch unter den Familienpapieren. Anh. II, Notiz über den Adelsnachweis Francisco Scarlattis.

Die Herrschaft der Melomanen

folg: man schrieb ihm aus Neapel, daß dort keine diesbezüglichen Schriftstücke zu finden seien. Immerhin schickten ihm seine Korrespondenten eine notariell beglaubigte Bestätigung, daß das Ordenskreuz zusammen mit seinem Wappen auf Alessandros Grabstein eingemeißelt sei, und fügten die Zeichnung bei, die zu Anfang des Zweiten Bandes abgebildet ist (siehe Band II, S. 4) (85).

Mit diesen Hinweisen versehen, die, wären sie vorher bekannt gewesen, die Bemühungen vieler Wissenschaftler erspart hätten, begann ich im Sommer 1947 in Bibliotheken, Kirchenbüchern und Notariatsarchiven in allen Winkeln Madrids zu suchen. Bis zu diesem Zeitpunkt war nichts von Domenicos Ehen und seinem Familienleben bekannt außer einem Bericht von Sacchi (86) über seine Familie und Burneys Erwähnung seiner Witwe und seiner drei Töchter (87). Einiges von diesem Material hatte Luise Bauer bereits fünfzehn Jahre zuvor entdeckt, aber infolge des spanischen Bürgerkrieges sind ihre Untersuchungen bis auf eine Notiz über die Existenz der Todesnachricht Scarlattis, in der sein Testament, seine beiden Ehen und seine neun Kinder erwähnt sind, unveröffentlicht geblieben (88). Aber es ergaben sich ganz unerwartet neue Entdeckungen.

Eines Nachmittags schaute ich zufällig in das Madrider Fernsprechbuch und blätterte es halb gedankenlos bis zu dem Namen Scarlatti durch. Ein darauffolgender Anruf ergab, daß der hier aufgeführte Scarlatti ein direkter Nachkomme Domenicos war. Kurz darauf machte ich die Bekanntschaft mit drei Generationen der Familie und erhielt eine Menge von Hinweisen und Erinnerungen an die Familiengeschichte seit dem 19. Jahrhundert sowie an die Porträts Domenico und Catalina Scarlattis, die bis 1912 im Familienbesitz gewesen waren. Besonders zuvorkommend zeigten sich Señor Julio Scarlatti y Guillen, Señora Encarnacion Scarlatti Camareo und ihre Nichte Señora Rosa Rallo. Man gestattete mir, die noch vorhandenen Familienpapiere zu photographieren, die leider seit 1936 stark reduziert waren. Unter diesen befanden sich aber nicht nur die Originale oder die Kopien vieler Dokumente, die zuvor schon irgendwo entdeckt worden waren, sondern auch zusätzliche Papiere wie die Bestandsaufnahme von Domenicos Besitz und seine Bittschrift an Benedikt XIII.

Das einzige Notenmaterial indessen, das in der Familie aufbewahrt wurde, stammte nicht von Domenico, sondern von seinem Urenkel. Dionisio Scarlatti y Aldama (1812–1880) war der Sohn Francisco Scarlattis, ein außerordentlich begabter, wohlhabender und leidenschaftlicher Kunstliebhaber, der literarisch, musikalisch und diplomatisch geschult war. Er war Verfasser einer umfangreichen Geschichte Spaniens und bekannter Komponist leichter

---

85 Madrid, Arch. Hist. Nac., Carlos III., Nr. 1799, fol. 58r bis 74r. Solar Quintes, Seiten 139–140. Alessandros Adelspatent ist bis auf die heutige Zeit nicht zum Vorschein gekommen (Walker Seite 201). Burney berichtet jedoch in seinem Artikel über Alessandro Scarlatti in der Cyclopoedia von Rees: ›Einer seiner Söhne [es wird nicht gesagt, welcher], den wir in Rom in großer Dürftigkeit ausfindig machten, bemerkte, daß wir in bezug auf seinen Vater und seinen Bruder Domenico sehr neugierig waren, und gab uns das Adelspatent seines Vaters.‹

86 Sacchi, Seiten 29–30.

87 Burney, Memoirs of ... Metastasio, Bd. II, Seiten 205–206, Fußnote (u.).

88 Anglès, Das spanische Volkslied, Seite 335, und eine Fußnote von Anglès bei Wolf, Historia de la Música, Seite 429. Dr. Bauers Dissertation ›Die Tätigkeit Domenico Scarlattis und der italienischen Meister in der ersten Hälfte des 18. Jahrhunderts in Spanien‹,

Opern. Sein Sohn nennt ihn ›den wahren Begründer der spanischen Oper‹. Mit ihm erreichte der Wohlstand der Familie seinen Gipfel und überschritt ihn. Seine künstlerische wie auch finanzielle Unterstützung der spanischen Oper in Madrid soll das meiste Geld der Familie verschlungen haben. Einen eloquenten Bericht über die Notlage der folgenden Generation hinterließ sein Sohn Carlos Scarlatti in seiner handschriftlichen *Historia de familia y mi ultima voluntad* (89), die sie 1933 für die Universität München geschrieben hat, ist noch unveröffentlicht, aber sie lieh sie mir sehr entgegenkommenderweise und ermöglichte es mir, einiges Material zu verwenden, das meinen Nachforschungen in Madrid bisher entgangen war.

Während der Lebenszeit Carlos Scarlattis (1838–1914) und seines Sohnes Orencio Scarlatti (1867–1937) wurde der größte Teil des Familienbesitzes samt den beiden Porträts in alle Winde zerstreut. Es besteht keine Hoffnung, in der Familie noch Notenmanuskripte Domenicos oder weitere Dokumente zu finden. Die derzeitigen Angehörigen der Familie Scarlatti leben in bescheidenen Verhältnissen, gar nicht weit von dem Viertel entfernt, in dem einst ihr berühmter Vorfahre gewohnt hat; und mit dem zur Zeit meines Besuches dreijährigen Julito Scarlatti beginnt die neunte Generation seit Pietro Scarlatti aus Trapani.

89 Im Besitz von Señora Rosa Camarero Rallo, Madrid.

Die Herrschaft der Melomanen

VIII. Die königlichen Sonaten

*Die Handschriften – Die verschollenen Autographen – Die Bezeichnung Sonate
Die paarweise Anordnung – Die Chronologie der Sonaten – Frühe Werke,
Scarlattis Klavierstil in historischer Sicht – Die frühesten Stücke – Die Fugen
Frühe Sonaten – Die Essercizi – Die ›glanzreiche‹ Periode und die leichten
Stücke – Die mittlere Periode – Die späten Sonaten*

Die Handschriften

›Es sind Compositionen, die unter dem Schutz Eurer Majestät geboren sind, im Dienste Eurer verdientermaßen vom Glück begünstigten Tochter…‹ Mit diesen Worten widmete Domenico Scarlatti im Jahre 1738 dem König Johann V. von Portugal die *Essercizi per Gravicembalo*. Er wollte nur seinen königlichen Gönnern schmeicheln, aber eine Nachwelt, die vergessen haben mag, daß Maria Barbara von Braganza Königin von Spanien war, kann sich ihrer wohl entsinnen als der Glücklichen, für die Scarlatti die meisten seiner Sonaten schrieb.

Domenicos Behauptung, die *Essercizi* seien unter den Auspizien des Königs von Portugal entstanden, läßt sich verschieden deuten. Entweder kann es heißen, daß diese Stücke tatsächlich vor 1729 in Portugal komponiert wurden. Es kann aber auch bedeuten, daß Domenico sich in Spanien noch unter dem Schutz Johanns V. glaubte, weil er im Dienste von dessen Tochter Barbara stand. Der Umstand, daß Domenico 1738 von Johann V. zum Ritter geschlagen wurde, neun Jahre, nachdem er Portugal verlassen hatte, und daß eine deutliche Beziehung besteht zwischen diesem Ritterschlag und der Widmung der *Essercizi*, könnte die zweite Vermutung stützen. Zur Zeit läßt sich wohl nicht mit Bestimmtheit sagen, wann die *Essercizi* genau geschrieben wurden. Abgesehen von den ungefähr 40 Stücken, die ihnen anscheinend vorausgehen, bilden die *Essercizi* selbst die erste datierbare Kompositionsgruppe in der langen Reihe von Sonaten, die Scarlatti zur Unterhaltung und Freude der Königin schrieb.

Von 1752 bis 1757 wurden dreizehn Bände von Scarlatti-Sonaten für den Gebrauch der Königin Maria Barbara geschrieben. Sie wurden sorgsam, weiträumig und in einem ziemlich großen Format, ähnlich dem der *Essercizi*, übertragen und mit farbigen Verzierungen geschmückt. Dieser Reihe wurden zwei frühere Bände angehängt, schon 1742 bzw. 1749 geschrieben, gleicherweise mit Farben geschmückt. Der Band von 1749 ist sogar noch mit Überschriften, Tempoangaben und Handbezeichnungen in Gold verziert. Alle fünfzehn Bände wurden sodann in roten Maroquin gebunden, und auf die Deckel wurde mit Gold das vereinigte Wappen Spaniens und Portugals geprägt. Das Exemplar der *Essercizi*, das die Königin besaß, hatte denselben Einband. Diese Bände und überhaupt alle ihre Noten vermachte die Königin Farinelli, der sie mit nach Bologna nahm, als er sich dort zur Ruhe setzte. Irgendwann nach seinem Tode wurde entgegen den ausdrücklichen Anordnungen seines Testamentes seine gesamte Musik- und Instrumentensammlung in alle Winde zerstreut. Die Bände der Königin gerieten 1835 in die Biblioteca Marciana in Venedig.

Die fünfzehn handgeschriebenen Bände (die ich als die Handschrift (Hs) Venedig bezeichne) enthalten insgesamt 496 Sonaten. Die jetzt als XIV und XV numerierten Bände sind wie gesagt die frühesten. Sie wurden 1742 bzw. 1749 geschrieben und gingen den 13 Bänden der eigentlichen Reihe voraus. Weitere fünfzehn Bände, zum größten Teil die genaue Kopie der Hs der Königin, wurden 1752 bis 1757 abgeschrieben, zum Teil sogar von der Hand desselben Kopisten. Hier finden sich keine farbigen Verzierungen, und der Einband ist einfaches Leder. Diese Handschrift befindet sich jetzt in der Sezione Musicale der Biblioteca Palatina im Conservatorio Arrigo Boito zu Parma. Ich bezeichne sie im folgenden immer nur kurz als die Hs Parma. Diese Handschrift, vielleicht einst in Farinellis Besitz, wurde im April 1908 aus Bologna erworben. Sie enthält 463 Sonaten. In ein paar Fällen datiert sie Stücke früher als die Hs Venedig und enthält auch einige Sonaten, die in der Hs Venedig fehlen, so besonders die zwölf Sonaten, die als Scarlattis letzte gelten.

Obwohl die Handschriften Venedig und Parma nahezu gleiche Bedeutung haben und wohl größtenteils einer gemeinsamen Quelle folgen, habe ich das Manuskript Venedig als Grundlage meiner Ausführungen gewählt, weil es die offizielle, für die Königin bestimmte Fassung darstellt und weil es höchstwahrscheinlich mit Scarlattis Wissen und Billigung angefertigt wurde.

Zusammen mit den *Essercizi* bilden diese beiden Handschriften die Hauptquellen für fast alle 555 Kompositionen, die in dem Werkkatalog des Anhangs aufgeführt sind (1). (Faksimiles siehe Abb. 41 und 42.)

Von zweitrangiger Bedeutung sind die beiden Handschriften, die sich einst im Besitz von Abbé Santini, dem eifrigen Sammler von Musik des 18. Jahrhunderts, befanden. Die erste Sammlung von 349 Sonaten trägt Datierungen aus den fünfziger Jahren des 18. Jahrhunderts und wird jetzt

1 Durch die Numerierungsdiskrepanz zwischen den beiden Handschriftenquellen kann auch das Ergebnis meiner Zählweise nicht der genauen Anzahl der erhaltenen Scarlatti-Sonaten entsprechen. Betrachtet man jedoch die beiden Menuette (K. 80 und K. 94) als Teile einer mehrsätzigen Sonate und die beiden Sonaten K. 204 a und 204 b als selbständige Stücke, was sie ja auch sind, dann ergeben sich 554 Sonaten.

Die königlichen Sonaten

in der Universitätsbibliothek Münster aufbewahrt. Die Hs Münster, wie ich sie nenne, ist die Hauptquelle für drei Sonaten, von denen zwei sich in keiner anderen Handschrift finden.

Santinis zweite Sammlung von Scarlatti-Sonaten, die er zum größten Teil selbst abgeschrieben hat, gelangte in Johannes Brahms' Besitz und gehört jetzt der Gesellschaft der Musikfreunde in Wien. Diese Sammlung, die ich die Hs Wien nenne, enthält 308 Sonaten, die alle aus früheren und wichtigeren Handschriften bekannt sind.

Das Worgan-Manuskript des Britischen Museums London ist die einzige Quelle für drei Sonaten und die Handschrift im Fitzwilliam-Museum in Cambridge für zwei andere. Die Drucke, die Roseingrave und Boivin im 18. Jahrhundert herausgaben, bilden einige wenige weitere Quellen. In verschiedenen europäischen Bibliotheken befinden sich noch andere handschriftliche Sammlungen von Scarlatti-Sonaten; sie enthalten jedoch wahrscheinlich nur Werke, die wir aus früheren Quellen bereits kennen. Allerdings sind viele dieser Handschriften nur unvollständig katalogisiert, und so besteht immer noch die Möglichkeit, daß hier und da ein paar bisher unbekannte Sonaten von Scarlatti auftauchen können. Die Wahrscheinlichkeit indes, daß durch solche Neufunde das Werk Domenico Scarlattis um wesentliche Kompositionen bereichert wird, ist nicht sehr groß, da die bekannten Quellen den Eindruck einer ziemlichen Vollständigkeit machen.

Die verschollenen Autographen

Scarlattis eigene Sonatenurschriften sind leider verschollen. Soweit wir es wissen, existiert keine einzige seiner Klavierkompositionen mehr in ihrer eigenen Urschrift. Die bekannten Beispiele seiner Handschrift sind übrigens äußerst rar, so daß sie kaum zu Vergleichs- oder Identifikationszwecken genügen. (Siehe Abb. 18, 20-23, 37.)

Im Jahre 1765 verweist Scarlattis bedeutendster Schüler, der Padre Antonio Soler, auf ›Scarlattis dreizehn Bände fürs Cembalo‹ (2). Höchstwahrscheinlich bezieht er sich dabei auf die dreizehn eigentlichen Bände der Königin (die Hs Venedig). Er könnte aber natürlich diese Manuskripte nur vor Farinellis Abreise aus Spanien im Jahre 1760 gesehen haben. Es besteht also eine gewisse Möglichkeit, daß er sich auf eine andere, heute unbekannte Handschrift bezieht, vielleicht sogar auf die Urschriften selbst.

Eine rätselhafte Stelle findet sich in Solers *Llave de la Modulacion*: Soler hat die Notierung der Tonartvorzeichnung und der Akzidentien erörtert und dabei die Nutzlosigkeit des Doppelkreuzes vor Augen führen wollen. Er

2 Soler, *Satisfaccion a los* »Reparos precisos echos por Don Antonio Roel del Rio a la ›Llave de la Modulacion‹« (Madrid, 1765), vgl. Anglès in: Soler, Sis Quintets, Seite VIII.

fährt jedoch fort, indem er zugibt, er habe es selbst gebraucht. ›Ich bekenne, dies Kreuz [das Doppelkreuz] benutzt zu haben (aus keinem anderen Grund als deshalb, weil ich es gesehen habe) in einigen Sonaten von Don Domingo Scarlatti und auch in einem Psalm *Dixit Dominus*, beim Vers *Juravit Dominus*, und in dem Psalm *Lauda Jerusalem* beim Vers *Quis sustinebit?* Ich bekenne meinen Fehler, damit nicht ein Unschuldiger getadelt werde; und überdies sage ich, daß es nicht als Beispiel benutzt werden solle, weil es nicht gut ist, wie allbereits bewiesen; und wenn sich solch ein Zeichen in den Werken Scarlattis findet, betrachtet es nicht als seine Notationsart, sondern als die meine‹ (3). Soll das heißen, daß Soler eine Reihe von Scarlattis Sonaten abschrieb, vielleicht die dreizehn Bände, die er vorhin erwähnte? Eigene Bemühungen, in Spanien musikalische Autographen Scarlattis zu entdecken, sind völlig fehlgeschlagen. Doppelt eigenartig berührt das Fehlen jeglicher Beispiele aus einer so reichen Produktion. Ich möchte die Vermutung wagen, daß Scarlatti seine Manuskripte sorgfältig aufbewahrte und daß sie entweder noch existieren oder en masse vernichtet wurden. Wären sie zerstreut worden, hätten auf jeden Fall im Laufe der Zeit ein paar Bruchstücke ans Licht kommen müssen. Leider blieb nicht die Spur seiner Noten im Besitze seiner Nachkommen, und die Nachlaßaufstellungen, die seine Noten erwähnt haben könnten, sind verschollen (wenn auch Noten selten in Aufstellungen des 18. Jahrhunderts berücksichtigt wurden). Es bleibt bloß noch eine schwache Möglichkeit: daß sich Scarlatti vielleicht von den Sonaten, die so prächtig für die Königin abgeschrieben wurden, nur Skizzen angefertigt hatte, die später vernichtet wurden.

3 Soler, Llave de la Modulacion, Seite 115.

Die Bezeichnung Sonate

Scarlatti scheint diese Bezeichnung gern für Stücke in zweiteiliger Form verwendet zu haben. Den einzelnen Stücken in den *Essercizi* wie auch in den anderen Handschriften wird immer der Titel Sonate gegeben. In Parma I wird allerdings Toccata als gleichbedeutend mit Sonate gebraucht (4). Das einzige Stück, bei dem die Bezeichnung Toccata eine von der Sonate abweichende Form bezeichnet, ist seine frühe ›Tocata‹ aus dem Manuskript Coimbra 58. Dieses mehrsätzige Werk besteht aus zwei nicht zweiteiligen Allegro-Sätzen, die später jeder einzeln in der Hs Venedig XIV als Sonaten bezeichnet werden (K. 85 und 82). Der zweite Satz wird in anderen Quellen auch als Fuge bezeichnet. Weiter schließen sich eine Gigue an (K. 78) und ein bisher unveröffentlichtes Menuett (K. 94). Andere Bezeichnungen, die Scarlatti außer dem Namen Sonate verwendet, sind: Fuga, Pastorale, Aria, Capriccio, Minuet oder Minuetto, Gavotta und Giga.

4 Sonate 141, die in Longos Ausgabe (Longo 422) als Toccata bezeichnet wird, erscheint im Worgan-Manuskript als Sonata, in den Hss Münster und Wien jedoch als Toccata. Longo legte seiner Edition die Hs Wien zugrunde. (Sonate 211 trägt in der Hs Münster den Titel Toccata ebenso wie Sonate 104 in Hss Münster und Wien.)

Die königlichen Sonaten   171

Bei einer so großen Anzahl von Sonaten überrascht es, daß Scarlatti sich so wenig wiederholt. Gelegentlich erscheint allerdings dasselbe thematische Material deutlich erkennbar in zwei verschiedenen Sonaten. Man vergleiche zum Beispiel den Anfang der Sonaten 348 und 445, ebenso die letzte Schlußgruppe der Sonaten 545 und 547 oder bestimmte Teile der Sonaten 44 und 50 sowie 55 und 96.

Die paarweise Anordnung

Die meisten Sonaten nach dem XIV. Band der Hs Venedig sind in den Hss Venedig und Parma übereinstimmend paarweise angeordnet. In einigen wenigen Fällen erscheint die Reihenfolge zufällig, aber für mindestens 388 aller Sonaten ist die paarweise Anordnung in den Hss Venedig, Parma und Münster so konsequent durchgeführt, daß dahinter eine Absicht deutlich zutage tritt. Man wird sich erinnern, daß es bei den italienischen Klaviersonaten der Zeit – zum Beispiel bei denen von Alberti, Durante und Paradies – gemeinhin üblich war, zwei Sätze zusammenzukoppeln. Wir haben keinen Grund, anzunehmen, daß einzelne Sätze nicht auch einzeln gespielt wurden, ein einzelnes Präludium oder eine einzelne Fuge von Bach, ein einzelner Satz einer Beethoven- oder Mozart-Sonate. Aber die Mehrzahl der Scarlatti-Sonaten war anscheinend paarweise entworfen. Die eine Sonate kann in Moll stehen und die andere in Dur, aber beide Sonaten haben immer die gleiche Haupttonart. Diese paarweise Anordnung erscheint zuerst unmißverständlich in der Hs Venedig XV (1749). Auf Venedig XV 2 (K. 99) in c-moll folgt ohne neue Nummer und nach dem Hinweis ›volti subito‹ die Sonate in C-dur (K. 100) wie ein zweiter Teil. (Longo und Gerstenberg haben beide diese Sonate in Venedig XV übersehen. Diese beiden Sonaten sind in den Hss Parma, Münster und Wien auseinandergerissen, folgen aber im Worgan-Manuskript aufeinander als Nr. 31 und 32.)
Die Sonaten 22 und 23 aus der Hs Venedig VII (K. 347 und 348) verraten ebenfalls deutlich Scarlattis Absicht, sie zusammen aufgeführt zu wissen. In der Hs Venedig deutet eine gemalte Hand am Schluß der Sonate 22 auf den Anfang der folgenden, und der Hinweis ›Al Cader dell'ultimo termino di questa sonata, atacca subbito la seguente, Come avisa la Mano‹ zeigt an, daß sie hintereinander, ohne Pause zu spielen sind.
Weitere Bestätigung dieser Absicht, die Sonaten paarweise zu spielen, findet sich in den Sonaten Hs Venedig XIII 13 und 14 (K. 526 und 527), in c-moll bzw. C-dur: am Anfang der zweiten Sonate werden die Vorzeichen der vorhergehenden einfach aufgelöst.
In der Hs Parma XV sind die Sonaten K. 516 und K. 517 versehentlich in ver-

kehrter Reihenfolge (zur Anordnung in der Hs Venedig) abgeschrieben worden, aber ein Hinweis vor K. 517 zeigt an, daß K. 516 zuerst zu spielen sei (La que sigue se debe tañer primero).

Häufig erfordern beide Sonaten ungefähr den gleichen Tonumfang oder dieselben instrumentalen Charakteristika (vgl. Sonaten 109 und 110, beide augenscheinlich für zwei Manuale; oder Sonaten 287 und 288, beide für Orgel). Manchmal ist die Tonalstruktur so angelegt, daß sie beide Sonaten umfaßt (vgl. Sonaten 518 und 519).

Mindestens zwölf Sonaten scheinen in Dreier-Gruppen angeordnet zu sein in der Absicht, Triptychen zu schaffen (5). Zählt man sie den 388 Sonaten zu, die zweifellos paarweise angeordnet sind, so ergeben sich insgesamt mindestens 400 Sonaten, die nicht notwendigerweise gemeint waren, einzeln und für sich gespielt zu werden.

Fast ausnahmslos ist diese paarweise Sonatenanordnung von den modernen Herausgebern übersehen worden, und fast immer wurden die beiden Teile eines Sonatenpaares auseinandergerissen. Dies und dazu die Tatsache, daß in allen modernen Ausgaben die chronologische Reihenfolge, und damit die stilistische Zusammengehörigkeit, völlig zerrissen wurde, bildete für das Verständnis von Scarlattis Musik ein ernstes Hindernis. Longo spürte das Bedürfnis nach einer größeren musikalischen Zusammenfassung über die Grenzen der einzelnen Sonaten hinaus und arrangierte die Sonaten zu Suiten. Er übersah dabei aber völlig, daß Scarlatti durch seine paarweise Anordnung einem solchen Zusammenfassungsbedürfnis bereits Rechnung getragen hatte. Die eigentliche Aussage mancher Scarlatti-Sonate wird erst durch die Verbindung mit ihrem Pendant ermöglicht. Die Beziehung zwischen den beiden Sonaten eines Paares beruht entweder auf dem Kontrast oder der Ergänzung. Die sich ergänzenden Sonaten können dabei eine gewisse durchgängige Einheitlichkeit des Stiles oder der instrumentalen Haltung aufweisen. Oder die harmonische Farbigkeit ist sehr ähnlich. (Man vergleiche zum Beispiel die Sonaten 106 und 107, die beide in F-dur stehen und trotzdem um f-moll und dessen Parallelen kreisen.)

Bei den kontrastierenden Sonatenpaaren kann ein schneller Satz auf einen langsamen folgen (Sonaten 544 und 545), oder ein einfacher, meist langsamer Satz dient als Einleitung zu einem komplizierteren (Sonaten 208 und 209). Oder nach einem kunstvolleren, konzentrierten Satz kommt ein einfacher, leichter Satz, zum Beispiel ein Menuett, das wie eine Art Nachtanz wirkt (Sonaten 470 und 471).

Es ist sehr gut möglich, daß einzelne Sonaten erst nach ihrer Entstehung zu Paaren zusammengestellt oder umgestellt wurden, aber im großen und

5 Sonaten 274–276, 434–436, 485–487, 490–492. Ein Blick in mein Sonatenverzeichnis im Anhang beweist die Konsequenz der Anordnung in den verschiedenen Quellen. Darauf beruht meine Schätzung, daß es sich um mindestens 194 Sonatenpaare handelt. Es gibt 76 in allen vier Hauptquellen, 41 in drei und 71 in zwei Quellen gemeinsam. Ich habe mindestens vier weitere Paare in der Hs Venedig und je eins in der Hs Parma und der Hs Münster annehmen können.

ganzen herrscht die paarweise Ordnung vor und muß deshalb als Bedingung für eine vernünftige und zulängliche Beschäftigung mit Scarlatti akzeptiert werden.

Die Chronologie der Sonaten

Die Eintragung in die königliche Handschrift wird ungefähr den Entstehungszeiten der einzelnen Sonaten entsprechen. Diese Annahme bestärken gewisse stilistische Wandlungen (wie zum Beispiel das Überschlagen der Hände, das Scarlatti allmählich aufgibt) wie auch Änderungen in Bezug auf den geforderten Tonumfang. (Nach 1754 wird in einigen Sonaten der Umfang von fünf vollen Oktaven gefordert.) Bis jetzt gibt es noch keinen sicheren Beweis gegen die erstaunliche Hypothese, daß die meisten Sonaten aus Scarlattis allerletzten Lebensjahren stammen, größtenteils aus der Zeit nach 1752. Nur ungefähr vierzig Sonaten (einige davon wurden 1742 in die Hs Venedig XIV aufgenommen) sind wohl vor den *Essercizi* entstanden, die bekanntlich 1738 veröffentlicht wurden (6).

6 Sonaten 31–42; 58–64; 70–83; 85; 88–91; 93; 94. Das sind allerdings lediglich Vermutungen auf Grund stilistischer Eigenheiten. Diese Reihe ließe sich wohl vergrößern oder verkürzen. Deshalb habe ich in meinem Verzeichnis darauf verzichtet, die Sonaten vor den Essercizi in eine exakte chronologische Folge bringen zu wollen. Mein Verzeichnis folgt eher der Chronologie der Quellen als der der stilistischen Beweisbarkeiten.

Wie wir gesehen haben, begann die wirklich systematische Abschrift der Cembalowerke Scarlattis im Jahre 1752 und dauerte bis zu seinem Tode. Es läßt sich heute nicht mehr feststellen, in welchem Ausmaß dabei schon früher entstandene Werke gesammelt wurden oder ob man aus irgendeinem uns unbekannten Grunde Scarlatti vielleicht anregte, regelmäßig neue Sonaten zu liefern. Ein paar alte Sonaten tauchen in späteren Bänden auf (siehe das Sonaten-Verzeichnis), und die ersten beiden Bände der königlichen Handschrift (Venedig I und II, 1752) enthalten eine Anzahl relativ unbedeutender Werke. Es erscheint mir jedoch wahrscheinlich, daß die eigentliche Produktion neuer Sonaten im Jahre 1752 mit den Sonaten der Hs Parma einsetzte (Band IV), die erst 1753 in die Hs der Königin (Venedig III) übertragen wurden. (Die ersten drei Bände der Hs Parma enthalten hauptsächlich Werke aus früherer Zeit. Die ersten Bände beider Hss haben denselben Inhalt.) Nach Parma IV laufen die beiden Hss inhaltlich wieder ungefähr parallel. In Venedig X (1755) ist die Anzahl von gewöhnlich dreißig Sonaten pro Band auf vierunddreißig erweitert worden, offensichtlich um den Anschluß an Parma XII zu gewinnen und damit Parma XIII denselben Inhalt wie Venedig XI erhält. Nach 1756 (Venedig XI und Parma XIII) ist der Inhalt der entsprechenden Bände beider Hss wieder identisch, außer daß Parma XV die letzten zwölf Sonaten enthält, die nicht mehr in die Hs Venedig aufgenommen wurden. Die Entstehungsdaten der früheren Sonaten sind keineswegs gesichert, aber auf Grund der plötzlichen und konsequenten Erweiterung des Tonumfangs neige ich zu der Ansicht, daß nach 1754 die Entstehungszeit nicht wesentlich vor der Eintragung in die Hss Venedig und Parma liegen wird. Von den *Essercizi* ab beginnt eine auffällige stilistische Entwicklung. Sie läßt sich verfolgen durch die brillanten und vergleichsweise jugendlichen Sonaten von 1749 (Venedig XV) und von 1742 (Venedig XIV) über die Werke der mittleren Periode mit ihrem poetischen Reichtum (Venedig III und IV von 1752 und 1753) zu der letzten vollendeten Reife der späten Sonaten von 1754 bis 1757 (Venedig VIII bis XIII; Parma XV). Spätere Forschungen können vielleicht nachweisen, daß diese Entwicklung längere Zeit beanspruchte und daß man die *Essercizi* und die direkt folgenden Werke erheblich vor 1738 ansetzen muß. Aber im Augenblick sind wir zu der Annahme gezwungen, daß das, was wie die Entwicklung eines ganzen Lebens aussieht, erst um Scarlattis fünfzigstes, ja zu einem großen Teil sogar erst nach seinem siebenundsechzigsten Lebensjahr vor sich ging.

Frühe Werke. Scarlattis Klavierstil in historischer Sicht

Verglichen mit der Fülle und offensichtlichen Vollständigkeit der Sonaten, welche die Kopisten der Königin nach 1752 gesammelt haben, ist die Anzahl der überkommenen frühen Klavierwerke Scarlattis sehr gering. Die meisten der erhaltenen Sonaten, die wohl vor den *Essercizi* liegen, finden sich unter den verschiedenen Stücken des Bandes XIV der Hs Venedig, der 1742 für die Königin kopiert wurde. Fünf dieser Sonaten und die Fuge der Hs Parma III 30 hatte Roseingrave bereits 1739 gedruckt, zusammen mit sechs weiteren Sonaten, offenbar frühen Werken, die nicht in die Hs der Königin aufgenommen wurden. Roseingraves Quelle ist uns nicht mehr bekannt. Außer diesen Stücken, die sich bereits in anderen Abschriften in Umlauf befanden, und ein paar frühen Sätzen, die Avison 1744 für seine Transkriptionen benutzte oder die Roseingrave 1739 und Boivin vor 1746 veröffentlichten, scheinen die meisten frühen Klavierwerke Scarlattis alle vernichtet oder verloren gegangen zu sein. Diese wenigen Stücke geben nur kärglichen Aufschluß über die Entwicklung seines Stils, von dem man sonst glauben müßte, er sei plötzlich in voller Reife mit den *Essercizi* zutage getreten.
Der Versuch, diese Frühwerke in eine strenge chronologische Ordnung bringen zu wollen, ist riskant. Wir wissen heute auch nicht, ob einige Sätze noch bis in Domenicos italienische Zeit zurückgehen. Dennoch aber tragen diese Frühwerke gewisse Züge, aus denen man ungefähr auf die Vorläufer des Scarlattischen Klavierstils schließen kann. Wir wollen deshalb, bevor wir Scarlattis Frühwerke selbst eingehend betrachten, einen kurzen Blick werfen auf die italienische Tradition der Klaviermusik, in welcher der junge Domenico aufgewachsen war.

Um 1700 hatte sich die italienische Cembalomusik noch kaum von der Vorherrschaft der Orgel befreit. Seitdem 1670 Chambonnières Cembalostücke im Druck erschienen waren, blühte in Frankreich neben der spezifischen Orgelmusik eine eigenständige Schule des Cembalospieles. England hatte ein Jahrhundert zuvor mit den lebendigen, klavieristisch gedachten Kompositionen seiner Virginalisten der gesamten europäischen Tastenmusik vorgegriffen. Die deutsche Klaviermusik wurde gerade durch die französischen Einflüsse befruchtet und stellte bald neben die unerhört entwickelte Technik der norddeutschen Organisten einen eigenen, höchst verfeinerten Cembalostil.

Nach Frescobaldi wurde in Italien sehr wenig Musik für Tasteninstrumente veröffentlicht. Die meisten Klavierkomponisten ließen ihre Stücke nur in Handschriften zirkulieren. Erst nach der Abwanderung vieler italienischer Musiker nach England im zweiten Viertel des 18. Jahrhunderts erschienen viele Drucke italienischer Tastenmusik und zwar überwiegend bei englischen Verlegern.

Die englische und deutsche Tastenmusik des 17. und 18. Jahrhunderts lebte in großem Maße von französischen und italienischen Einflüssen. Aber seit dem großen Aufblühen der venezianischen Klaviermusik aus der francoflämischen Vokalpolyphonie, am Ende des 16. Jahrhunderts, nahm die italienische Tastenmusik eine nahezu isolierte, abgeschlossene Entwicklung, die bis zu Clementis Zeit anhielt. Französische Einflüsse zeigen sich nur sehr selten, bei Domenico Scarlatti überhaupt nicht. Der französische und norddeutsche Klavierstil, den der junge Händel bei seinem Treffen mit Scarlatti ins Feld führte und der sich auch in den Werken anderer reisender deutscher Komponisten zeigte, hinterließ anscheinend keine Spuren in Scarlattis Musik. Allgemeinere Züge, wie sie sich überall finden lassen, kann man nur als Teil seines italienischen Erbes ansprechen.

Domenico Scarlattis frühe Klavierwerke stehen also auf rein italienischem Boden. In späterer Zeit kommen wesentliche Einflüsse, die zur Entwicklung seines eigenen Stils beitragen, von außerklavieristischen Quellen, aus der portugiesischen und spanischen Volksmusik und, in gewissem Maße, von dem internationalen, wenn auch deutlich italienisch beherrschten Stil der Madrider Oper.

Von Anfang an wurde in Italien viele Orgelmusik auch auf dem Cembalo gespielt (die Pedalstimmen waren überhaupt wenig ausgebildet); und die meisten Drucke bezeichneten diese Werke auch als für beide Instrumente geeignet. Nur die weltlichen Tanzstücke blieben ausschließlich dem Cembalo oder Spinett vorbehalten. Der Stil dieser frühen Tänze, zum Beispiel in

Picchis *Intavolatura di Balli d'Arpicordo* (Venedig 1620), verrät dieselbe Unbekümmertheit gegenüber glatter und konsequenter Stimmführung, wie sie sich in Scarlattis Cembalomusik zeigt. Der Unterschied zwischen Cembalo- und Orgelspiel wurde zuerst von Girolamo Diruta in seinem *Il Transsilvano* (1597) formuliert, dem frühesten und viele Jahre lang einzigen italienischen Lehrtraktat über das Spiel auf Tasteninstrumenten. Dieses Werk faßt die Tradition der großen venezianischen Organisten Claudio Merulo und Andrea und Giovanni Gabrieli zusammen und bereitet den Weg für Frescobaldi. Es sei noch nebenbei darauf hingewiesen, daß abgesehen von der allgemeinen Praxis des 16. Jahrhunderts, polyphone Vokalwerke für Laute oder Tasteninstrumente zu transkribieren, der Lautenstil, auf dem die gesamte frühe französische Cembalomusik beruht, in der italienischen Tastenmusik wenig Spuren hinterlassen hat.

Die vielleicht größte Gestalt in der Tastenmusik des 17. Jahrhunderts war Girolamo Frescobaldi, ein Vorgänger Domenicos als Organist am Petersdom. Noch in Domenicos Jugend wurde er verehrt, und wir können wohl mit Sicherheit annehmen, daß Domenico mit seinen Kompositionen sehr vertraut war. Frescobaldi setzte die kontrapunktische Tradition der venezianischen Organisten fort, bereicherte sie aber um neue harmonische und chromatische Experimente. Wie Merulo und die beiden Gabrieli veröffentlichte er die Werke seiner Tastenmusik, die dem strengen Stil der vokalen Stimmführung folgten, wie die Ricercari, Capricci und Canzone, in Partitur, so daß sie am Tasteninstrument entweder aus der Partitur gespielt oder auf eine Anzahl Instrumentalisten verteilt werden konnten. Die übrige Tastenmusik, die in einem freieren und mehr vom Instrument bestimmten Stil geschrieben ist – die Toccaten, die Variationen oder ›Partite‹ und die Tanzsätze –, veröffentlichte er in ›intavolatura d'organo‹, also in Klavierpartitur. Hier finden sich die Anfänge einer klaren Trennung zwischen Cembalo- und Orgelstil. Die Tanzstücke und sicherlich die meisten Variationen waren in erster Linie für das Cembalo gedacht.

Frescobaldi und Domenico Scarlatti hatten eine gründliche Schulung im Palestrinasatz gemeinsam, ein virtuoses Temperament und die Liebe zum Experiment. Frescobaldis Experimente mit chromatischen und harmonischen Kühnheiten gründen sich auf die Kirchentonarten; aber der gleiche wissensdurstige und abenteuernde Geist, der die Tonalität zu erweitern trachtete, herrscht in Scarlattis Musik. Obwohl Frescobaldis Variationen einen gewissen Sinn für Cembalo-Klangeffekte verraten, deuten doch seine Vorworte und die zu seiner Zeit übliche Freiheit der improvisierten Verzierung (die Italiener notierten ihre Verzierungen fast nie vollständig) an, daß nur einige seiner wirklich idiomatischen Cembaloeffekte in der Notation festgelegt waren und beim Spiel improvisiert werden mußten.

Im Vergleich mit Frescobaldis Klaviertechnik konnten die chromatischen Neuerungen seines Schülers Michelangelo Rossi und die gefälligen, zunehmend tonalen Harmonien Bernardo Pasquinis kaum wirklich Neues bringen. Ungefähr sechzig Jahre lang war Pasquini der anerkannte Meister der italienischen Tastenmusik. Er trug wenig zur Virtuosität auf dem Klavier bei, aber er lockerte den dichtgewebten, komplizierten Stil Frescobaldis und machte ihn durch die weitere Loslösung der Tastenmusik von der Herrschaft der streng vokalen Linie durchsichtig und geschmeidig. Harmonische Figurationen und gebrochene Akkorde, wie sie Frescobaldi selten notierte, tauchen in Pasquinis Musik auf und bereiten den Boden für das Zeitalter des Alberti-Basses. Je weiter sich die Cembalomusik vom kontrapunktisch-polyphonen Orgelstil befreit, der noch immer seine vokale Abkunft nicht verleugnet, desto mehr tendiert sie zu den homophonen Konfigurationen des ausgezierten Generalbasses, und desto mehr reduziert sich ihre Polyphonie auf zwei Hauptstimmen, auf Unter- und Oberstimme mit freien Füllstimmen dazwischen. Abgesehen von vollständigen Akkorden oder arpeggierten Continuoharmonien läßt sich fast alle Cembalomusik des 18. Jahrhunderts auf ein zweistimmiges Grundgerüst zurückführen. Selbst in den Klavierauszügen von Orchesterpartituren werden zu Ende des Jahrhunderts die Nebenstimmen eliminiert oder von der vorherrschenden zweistimmigen Struktur aufgesogen.

Alessandro Scarlattis Beitrag zur Entwicklung des Klavierstiles seines Sohnes ist schwer abzuschätzen, besonders da die meisten erhaltenen Klavierwerke Alessandros aus seinen letzten Lebensjahren stammen. Sie zeigen eine völlig homophone Auffassung, ein vorherrschendes Tonalitätsgefühl, selbst wenn er der Kirchentonart treu bleiben will. Die zweistimmige Textur seiner Toccaten ist von einem Übermaß an schnellen Sechzehntelfiguren beherrscht. Alles wird einer unerhörten Brillanz geopfert. Die Figurationen sind weit brillanter als bei Pasquini, aber vieles davon ist nur belebte Continuoharmonie. Es fehlen der Erfindungsreichtum und die starke Charakterisierung Domenicos späterer Klaviermusik. Sollte man Alessandro Scarlatti nur nach seinen Toccaten beurteilen, würde man ihn für keinen großen Meister halten. Nur ab und zu in einem langsamen Satz oder in den Fugen finden sich Spuren des lyrischen und erfinderischen Opern- und Kantatenkomponisten. Es ist der Beginn eines Zeitalters, in dem viele große Komponisten ihre ernsten und besten Einfälle dem Gesang und dem Orchester vorbehielten, während sie das Cembalo nur zur banalen Unterhaltung der Dilettanten benutzten. Domenico Scarlatti, Couperin, Rameau, Bach und seine Söhne und die Wiener Sonatenkomponisten sind glückliche Ausnahmen in der trivialen Klaviermusik, die sich im ausgehenden 18. Jahrhundert über ganz Europa breitmachte.

Die frühesten Stücke

Die Stücke, die wir ausgewählt haben als Beispiel für Domenicos frühesten Stil, sind bemerkenswert zurückhaltend in ihren Figurationen. Es fehlt ihnen an Ausdruckseigenart und allem, was sie über eine gewisse handwerkliche Sauberkeit hervorhöbe. Sie sind wie die meisten Vokalwerke auch, die Domenico zu Lebzeiten seines Vaters schrieb. Nichts läßt sie über das Niveau der Pollaroli, Greco und Zipoli hinaustreten.

In Sonate 61 findet sich das einzige überlieferte Scarlattische Beispiel eines Stückes in Variationsform. Wir würden es kaum als Scarlatti erkennen, wenn es nicht als solches bezeichnet wäre. Es ist für uns eines der wenigen Glieder zwischen Scarlatti und der Gemeinplätzigkeit der durchschnittlichen Klaviermusik des frühen 18. Jahrhunderts, die kaum von der Routine des umspielten basso continuo loskommt. Nur ein paar Oktavverdopplungen und Quintparallelen, eine oder zwei Acciaccaturen und ein unfehlbarer Sinn für den Cembaloklang verraten etwas von Scarlatti und seinen Freiheiten. Fast alles in diesem Stück führt uns zu den allerersten Anfängen Scarlattis als Cembalist, zu dem jugendlichen Bewunderer Corellis und Pasquinis zurück.

Etwas von Domenicos frühester Klaviermusik findet sich in einer portugiesischen Hs (Coimbra Manuskript 58), die größtenteils Stücke von Seixas enthält. ›Tocata 10‹ in dieser Hs ist ein viersätziges Stück, das aus den Sonaten K. 85 und K. 82 besteht, die im XIV. Band der Hs Venedig enthalten sind, dem Giga-Teil von K. 78, und einem bisher unveröffentlichten Menuett (Beispiel 1). Diese Sätze könnten aus Domenicos portugiesischer Zeit stammen.

Im Gegensatz zu fast allen späteren Stücken Scarlattis haben die ersten zwei Sätze seiner ›Tocata‹ (K. 85 und 82) keinen Doppelstrich. Der erste könnte leicht Musik etwa der Art sein, wie sie Scarlatti beim Wettstreit mit Händel bei Kardinal Ottoboni in Rom spielte. Er liefert ein ausgezeichnetes Beispiel für das Ausmaß virtuoser Klaviertechnik, in der er – und Händel übrigens auch – ausgebildet war. Man könnte dies Stück tatsächlich leicht mit einer von Händels Kompositionen verwechseln. Der zweite Satz (K. 82) nennt sich ›Fuga‹ im Manuskript Coimbra. Wie in ähnlichen Werken von Benedetto Marcello und J. S. Bach hat diese brillante Imitation eines Streich-

Beispiel 1 Vierter Satz der ›Tocata 10 del Sig. Doming. Escarlati‹. Biblioteca da Universidade de Coimbra: MS 58. K. 94. * f im Original, ** d im Original.

Beispiel 2 Venedig XIV 45 b. K. 80. Das Manuskript läßt die Frage offen, wo genau die Bindebögen anzubringen sind.

orchesters auf dem Cembalo vieles gemeinsam mit dem internationalen Stil des frühen 18. Jahrhunderts, der von Vivaldis Konzerten herrührt. In diesen beiden Stücken löst sich der zweistimmige Satz Scarlattis bei den Kadenzen in brillante Brechungen auf, die bereits die *Essercizi* vorwegzunehmen scheinen.

Im Menuett der ›Tocata‹ und in den Menuetten und kleinen Stücken, die Roseingrave herausgab (K. 32, 34, 40, 42), verrät sich Scarlattis neapolitanische Abkunft im plötzlichen Wechsel zwischen Dur- und Mollterzen und in den chromatischen Alterationen gewisser Intervalle. In dieser Hinsicht besteht übrigens kein großer Unterschied zwischen den Roseingraveschen Stücken und der Musik, die Scarlatti in Rom zwischen 1708 und 1714 für die Königin von Polen schrieb.

Ein weiteres Zeugnis für die Verwandtschaft des jungen Scarlatti mit Händel findet sich im Capriccio G-dur (K. 63)(7). Es könnte ein Händelsches Stück sein, besäße es nicht eine gewisse Herbheit, die in den Acciaccaturen der d-moll Gavotte (K. 64) noch deutlicher wird. Diese beiden Stücke erweitern schon etwas den Klavierstil des einfachen Tanzsatzes, wie wir ihn in den Ausgaben Roseingraves sahen. Unter den frühen Werken Scarlattis sind sie die elementarsten Prototypen der Sonate. Eine stärkere Erweiterung des zweiteiligen Tanzes ist der Allemande-Satz in g-moll aus der Sonate 35. Dieses Stück könnte übrigens leicht jedem beliebigen Komponisten des frühen 18. Jahrhunderts zugeschrieben werden.

Alle diese Stücke sind stark vom Generalbaß-Satz beeinflußt, zum Teil scheinen sie die Komposition für Soloinstrument und Generalbaß imitieren zu wollen. Das spürt man noch in den zweisätzigen Sonaten K. 77 und 83 und im teilweise bezifferten Baß des zweiten Menuetts aus Sonate 73. Es tritt jedoch deutlich zutage in den fünf mehrsätzigen Sonaten für eine Oberstimme und bezifferten Baß (K. 81, 88, 89, 90, 91); die Bezifferung ist in der Longoschen Ausgabe ausgelassen worden. Die Oberstimme könnte – wenn sie auch nicht so bezeichnet ist – für ein Soloinstrument, vielleicht eine Geige, gedacht sein, zu der eine Continuo-Begleitung tritt. Diese Annahme verdichtet sich noch durch die Tatsache, daß – im Gegensatz zu den meisten Klavierstücken – diese Stücke dieselbe Satzzahl und -charakteristik aufweisen wie die üblichen begleiteten Instrumentalsoli des 18. Jahrhunderts. Andererseits sind sie vielleicht nur gedacht – wie ähnliche Stücke oder Stellen von Pasquini, Alessandro Scarlatti, Marcello, Rutini, Telemann und J. S. Bach – als einfache zweistimmige Klavierstücke, deren Akkorde der Spieler zu ergänzen hatte (8). Diese Sonaten können jedenfalls weder für Klavier allein noch für ein begleitetes Soloinstrument als typisch gelten.

7 Das Capriccio (K. 63) erscheint mit nur wenigen Varianten als dritter Satz der Sonate IV in ›Solos for a German Flute or Violin with a Thorough Bass for the Harpsichord or Violoncello compos'd by Signor Giovanni Adolfo Hasse‹. Opera Seconda. London, ... John Walsh ... (c. 1740). Für diese Auskunft bin ich John Parkinson zu Dank verpflichtet.

8 Vgl. Gerstenberg, Seite 96 f.

Die königlichen Sonaten

Das umstehende Stück, das Longo entgangen ist, findet sich in der Hs Venedig XIV, wo es den zweiten Satz der Sonate 45 (K. 79) bildet (Beispiel 2). Ohne Bezifferung wurde es zuerst 1939 veröffentlicht (Sonate Italiane, herausgegeben von Domenico de Paoli, London, Chester).

Alle bisher besprochenen Stücke sind lediglich in der Rückschau aufschlußreich. Größtenteils verraten sie Tendenzen, die Scarlatti später aufgab oder die in seinen späteren Werken bis zur Unkenntlichkeit zurücktraten. Bloß die Stücke in zweiteiliger Sonatenform können als aufschlußreich gelten für Scarlattis Entwicklung. Bevor wir uns ihnen zuwenden, wollen wir zunächst die wenigen erhaltenen Beispiele seiner Klavierfugen untersuchen, eine Form, die Scarlatti später auf der Höhe seiner meisterlichen Reife als Cembalokomponist fast überhaupt nicht mehr pflegte.

Die Fugen

Drei von Domenicos fünf Fugen (K. 58 und 93; K. 41 – letztere wurde von Longo nicht ediert) scheinen vor der ›Katzenfuge‹ der *Essercizi* (K. 30) zu liegen. Trotz ihrer Unregelmäßigkeiten in der Stimmführung und trotz der Tonwiederholungen, wie sie beim Cembalo notwendig sind, um die Baßtöne in den abschließenden Orgelpunkten halten zu können, könnten sie alle drei gut für die Orgel komponiert worden sein. Sie stehen in der orthodoxen Tradition der italienischen Orgelfuge des 18. Jahrhunderts, wie sie sich in den Sammeldrucken Arestis bis zu den Fugen in Clementis *Practical Harmony* zeigen, die fälschlich Frescobaldi zugeschrieben werden.

Für Scarlattis italienische Zeitgenossen bedeutete die Klavierfuge meist eine Stilmanier, kein Strukturprinzip. Abgesehen von ein paar hervortretenden Stellen bleibt die melodische Struktur des Kontrapunkts ungenutzt und dient bloß als eine Art belebten Continuos, das das harmonische Gerüst ausfüllt und Akkorde oder die zweistimmige Bewegung von Baß und Sopran ausziert. Man spürt nichts von der dynamischen Kraft, von der Formkraft, die im Thema selbst liegen, der Kraft, die jeder Fuge von Bach, Frescobaldi oder Froberger einen individuellen Charakter verleiht. Dort treten Harmonik und Kontrapunkt in ein volles und organisches Zusammenwirken. Hier kann das melodische Themenmaterial konventionell ohne Rücksicht auf seine organische Zugehörigkeit zur Struktur behandelt werden. Für einen italienischen Architekten ist eine Säulenreihe nicht notwendig ein Strukturelement – sie ist eine Oberflächenverzierung.

Nicht so sehr die Stimmführung in diesen Fugen oder in der angedeuteten Polyphonie der Sonaten ist so wichtig, sondern es sind die momentanen Zusammenstöße der Durchgangs- und Wechselnoten mit der einfachen Grund-

harmonie und die Klangabstufungen dieser Harmonien durch Verdopplung, Ausfüllung oder Verdünnung, wobei im letzten Fall Töne, die im zweistimmigen Grundgerüst unwichtig sind, ausgelassen werden können.
Die *Essercizi* enden mit einer Fuge in g-moll (K. 30), die seit dem Anfang des vorigen Jahrhunderts – ein genaues Datum läßt sich nicht geben – unter dem Namen ›Katzenfuge‹ bekannt ist. (Longo verfolgt die Anspielung bis zu Clementis *Practical Harmony* zurück. Eine andere Spur führt zum Titelblatt der Ausgabe von W. H. Calcott, das vier Katzen zeigt, die sich an einem Klavier zu schaffen machen.) (9)

9 Vgl. Newton, Seite 156 f.

Es darf darauf hingewiesen werden, daß es nur eine leichtfüßige und recht sorgsame Katze, womöglich überhaupt ein kleines Kätzchen fertigbrächte, das Thema zu treffen, ohne unfreiwillig benachbarte Töne mitanzuschlagen. Wie dem nun auch sei, Scarlattis bizarre Intervall-Wahl liegt gänzlich in der Frescobaldischen Tradition, wenn auch die Behandlung des Materials bei ihm anders ist. Scarlattis Fugen beherrscht die vertikale Harmonie des basso continuo, und darüber ist – wie die Stuckfassade über den nackten Ziegeln einer italienischen Kirche – eine oberflächliche Auszierung im Fugenstil gelegt. Das zeigt sich bei der ›Katzenfuge‹ weniger deutlich, weil das Groteske des Fugenthemas die Konventionalität der harmonischen Grundfortschreitungen oberflächlich verdeckt. Das Thema der ›Katzenfuge‹ ist übrigens nicht für eine kontrapunktisch-melodische Behandlung geschaffen; es dient nur dazu, die Grundharmonien zu umreissen, auf denen mit verschiedenen Modulationen das Stück aufgebaut ist (nämlich I, IV, V, IV der V, V der V, V). Über diese Grundharmonien legt sich ein großartiges Gewirr von Durchgangsnoten, Vorhalten, Synkopen, bizarren Intervallen und melodischen Richtungswechseln, das weit über den eigentlichen kontrapunktischen Bestand hinaus den Eindruck einer großen Vielfalt und Reichhaltigkeit weckt. Häufig kommt Scarlatti auf die Zweistimmigkeit zurück, selten sind mehr als drei wirkliche Stimmen beteiligt. Wo eine vierte Stimme dazutritt, wird sie kaum in herkömmlicher Weise behandelt, sondern zumeist unregelmäßig und unerwartet, ja unberechenbar eingeführt und wieder fallengelassen. Obwohl der Satz reich und vielfältig erscheint, erfaßt der rhythmische Schwung selten mehr als die beiden Hauptstimmen.

Nach der ›Katzenfuge‹ der *Essercizi* scheint Scarlatti nur noch eine weitere Klavierfuge geschrieben zu haben (K. 417). Den früheren Fugen gegenüber bietet sie nichts Neues, ja, sie kehrt sogar zu den gebrochenen Bässen in der Manier der Alberti-Bässe zurück, wie sie sein Vater in seinen Fugen anwandte. Für Domenico Scarlatti war die Fuge im wesentlichen nur eine altmodische, archaische Form. Er sah in ihr keine der Möglichkeiten, die sie J. S. Bach zur Hauptform werden ließen, derer er sich bei der Erweiterung der tonalen Sprache bediente.

Frühe Sonaten

Die meisten der frühen zweiteiligen Stücke, die als echte Sonaten angesehen werden können und nicht bloß als Tanzsätze, sind unverwechselbar Scarlatti. Stilistisch gehören sie in die unmittelbare Nachbarschaft der *Essercizi*. Für sich betrachtet scheinen sie reif, blättern wir aber in der Longo-Ausgabe zu späteren Sonaten, wo jeder Ton mit Leben und Elastizität erfüllt ist, so wirken sie vergleichsweise starr und leblos. Solch ein Stück ist – bei aller seiner Phantasie und Vitalität – Sonate 31. Hier finden sich Züge aus den *Essercizi* wie Phrasenwiederholungen, kontrastierende Figurationen, springende Arpeggien, Intervallerweiterungen und -verkürzungen und Oktavverdopplungen. Aber der Tonumfang ist merkwürdig eingeengt. Die Arpeggien kehren in sich zurück (T. 12; 28), und die Skalenläufe werden durch Oktavversetzungen gebrochen (T. 1–4; 6–8) (10). Das thematische Material ist abgewandelt und auf ein offensichtlich einmanualiges Instrument mit nur vier Oktaven Umfang von C bis c^3 (vgl. T. 1–2 mit T. 54–55) zurechtgestutzt.

Aber nur wenige Scarlattisonaten zeigen ihre musikalische Herkunft so deutlich wie diese. In den schweren Akkorden klingt noch der Continuo-Stil mit seinen ausgeschriebenen Akkordfüllungen nach (T. 1–24). In späteren Sonaten verschwindet der Continuo-Stil, Akkorde werden nur mehr als Farbeffekt benutzt. Manche Figurationen verraten Spuren des Pasquinischen oder väterlichen Klaviersatzes (vgl. zum Beispiel die ›batterie‹ T. 43–47 mit gewissen Toccaten von Alessandro). Die einfache akkordische Satzweise (T. 48–52) setzt die Tradition von Dirutas ›sonatori di ballo‹ fort, aber die ausgeschriebenen diminuendo-Schlüsse an beiden Sonatenhälften deuten auf eine ähnliche Behandlung in späteren Sonaten.

Ungefähr aus der gleichen Zeit stammt wohl die Sonate K. 39. Sie sieht aus wie ein Prototyp der Sonate 24 der *Essercizi* (K. 24). Obwohl Scarlatti hier Ganzschlüsse (T. 49–50) und vollständige Akkorde mit der Terz benutzt (T. 25–26), wie sie in den späteren Sonaten allgemein durch Unisono-Schlüsse ersetzt werden, werden hier bereits die Phrasenenden durch Tonauslassungen in den Akkorden klanglich verdünnt. Diese Sonate könnte gut für ein zweimanualiges Instrument geschrieben sein, wenn auch die ›batteries‹ mehr der Art sind, wie sie häufig auf einem Manual gespielt wurden.

10 Das gilt für die Notierungsart in Venedig XIV 57, aber Roseingrave erweitert diese Figurationen und läßt die Tonleiter T. 2 abwärts bis T. 4 laufen und versetzt die letzte Hälfte von T. 12 eine Oktave höher, usw.

Einige wenige Sonaten scheinen noch vor den *Essercizi* zu liegen oder jedenfalls Scarlattis frühesten Stil darzustellen. Wenn man sie im Lichte ihrer wahrscheinlichen Chronologie betrachtet und sich nicht durch die Zusammenstellung mit späteren Sonaten – wie in Longos Ausgabe – verwirren läßt, werden ihre stilistischen Eigenheiten musikalisch so offenbar, daß jede weitere Erörterung hier unnötig erscheinen muß.

Die Essercizi

In den dreißig Sonaten der *Essercizi per Gravicembalo* (1738) gibt es nicht viel, was sich auf die Tradition zurückführen ließe. Alle stilistischen Eigenheiten Scarlattis sind derartig zu einer eigenen konsequenten musikalischen Sprache verschmolzen, daß Vergleiche mit früherer oder zeitgenössischer Musik nur dazu führen können, daß man Scarlattis Originalität um so höher einschätzen muß.

Überall in den *Essercizi* wird Scarlattis eigenartig scharfer Sinn für das Räumliche klar erkennbar. Kleine Intervalle wechseln mit großen; Schritten stehen Sprünge gegenüber; gegen Töne, die statisch bleiben – Tonwiederholungen oder Orgelpunkte –, setzt sich deutlich die melodische Bewegung anderer Stimmen ab. Plötzliche Sprünge oder Lagenwechsel dehnen das Ausdrucksintervall über die Grenzen der Stimme ins Reich des imaginären Tanzes.

Eines seiner melodischen Lieblingsmittel, das er mehr noch als seine Zeitgenossen anwendet, ist die allmähliche Erweiterung der Intervalle, die eine Stimme plötzlich in zwei aufspaltet. Im allgemeinen bleibt die eine Hälfte liegen, während die andere sich wie ein Tänzer weiterbewegt, der den Bühnenraum ausmißt, wogegen der Partner sich fast bewegungslos in der Mitte dreht. Dieses dauernde Abspalten von ein oder zwei Stimmen in die Konturen anderer Stimmen hinein ergibt oft eine Identitätsverwirrung. Die Stimmen verwandeln sich andauernd, wie in einem Traum. Sie verlassen ihre Ebene, um andere zu umreißen, um gleichsam auf das Dasein anderer Personen aufmerksam zu machen. Sie zeigen Tiefe und Umriß des Raumes in einer dauernd wechselnden Perspektive, in der sie plötzlich auftauchen und ebenso plötzlich wieder verschwinden. Die Gedanken der Personen im Drama werden so wirklich wie die Personen selbst.

Scarlattis harmonische Struktur verbindet sich mit seinem Sinn für Intervallräume, besonders in der Bewegung des Basses. Die Kadenzformeln, die bereits gesicherte Tonalitätsfelder umreißen, sind mit vielen Quart- und Quintschritten durchsetzt. Wenn die Tonart zu schwanken beginnt, bei Modulationen oder Übergängen, bewegt sich der Baß oft vorsichtig in schrittweisen Fortschreitungen wie ein tänzelnder Fechter, klammert sich an einen Orgelpunkt wie eine Katze vor dem Sprung oder schwingt um eine Dominante wie ein Tänzer in einem engbegrenzten Raum.

Auf einer anderen Ebene wirkt, kaum wahrnehmbar in der Bewegung oder in melodischen Intervallen, die unerbittlich magnetische Kraft der Tonalität, die die größten Bewegungen und entferntesten Modulationen in Beziehung setzt. Es ist der Richtungssinn eines Tänzers, der sich dem Zuschauer mitteilt, der unsichtbare Zug harmonischer Spannungen, der die Reaktion der inneren Organe bewirkt und Karte und Kompaß überflüssig macht.

Auf melodischer und harmonischer Ebene hat Scarlatti noch ein anderes Kunstmittel, sein Material zu gliedern: die Wiederholung der Phrase. Wie ein barocker Architekt stellt er zwei oder mehr Säulen hin, wo eine ausgereicht hätte, um dadurch ein Gefühl der Einheit in der Vielheit aufkommen zu lassen und um durch die Abstufungen der Perspektive und des Lichteinfalls das Gefühl der Fülle, der Reichhaltigkeit zu schaffen. Manchmal wird die Wiederholung auf eine andere Ebene reflektiert, wie ein Echo, oder ihre Abwandlung läßt sie in einem anderen Lichte erscheinen. Oft jedoch schließt sich eine Gruppe solcher Wiederholungen zu einem Ganzen zusammen. In einem solchen Falle wäre nichts verderblicher beim Spiel als die rücksichtslose Echodynamik. Manches repetierte zweitaktige Bruchstück bekommt weit größere Bedeutung als letzte Hälfte einer viertaktigen Phrase, als wenn es lediglich als Wiederholung einer zweitaktigen Phrase aufgefaßt wird.

Mit den wiederholten Phrasen, aber auch mit den nicht wiederholten, erreicht Scarlatti häufig einen ziemlich starken Kontrast zwischen dem – im weiteren Sinne – Ruhenden und dem Bewegten. Durch ihre Herkunft vom Tanz erklärt es sich, daß die Phrase gern den üblichen regelmäßigen Periodenbau der abendländischen Tradition sprengt, wie zum Beispiel in Sonate 6 der *Essercizi* (K.6). Eine viertaktige Phrase wird mit einer fünftaktigen beantwortet, es folgt dann eine Fünf- und eine Dreitaktigkeit und schließlich eine zwölftaktige Phrase (erste Hälfte, nach T. 8). Dann wird eine Reihe von viertaktigen Phrasen mit einer siebentaktigen beantwortet (T. 54–60). Indem viele kurze Phrasen mit einer ausgedehnten kontrastiert werden, durch die asymmetrische Aneinanderreihung unregelmäßiger Phrasen, durch Erweiterungen und Zusammenziehungen erreicht Scarlatti kühne rhythmische Wirkungen.

Scarlattis melodische Linien lösen sich gern in impressionistische Andeutungen vielfacher Ebenen auf. Ebenso beweglich sind seine harmonischen Bauteile, sie dehnen sich, ziehen sich zusammen und verschwimmen wie die

Figuren eines sich drehenden Kaleidoskops. Durakkorde schrumpfen zu Mollakkorden, Moll dehnt sich zu Dur, gewöhnliche Konsonanzen können in unberechenbarer Weise plötzlich durch chromatische Alterationen, diatonische Wechseltöne oder Nebentöne angereichert und gespannt werden. Sie werden übereinandergestellt und bilden Dissonanzen, die sich auf gänzlich unorthodoxe Weise in Konsonanzen auflösen. Töne eines Akkords oder einer Funktion können sich mit dem nächsten überschneiden oder Orgelpunkte bilden. An bestimmten Kreuzwegen der Tonalität können alle Grundakkorde gleichzeitig erklingen. Bei Kadenzen kann die klare Auflösung der Dominante in die Tonika verwischt werden durch dominantische Elemente, die als Triller oder Vorschläge weiterklingen. Kadenzen können gedehnt werden durch lange Vorbereitungen und wiederholte Auflösungen, oder sie werden gepreßt, indem Subdominante und Dominante zusammengedrängt werden. Kadenzen werden manchmal um ihre Schlußwirkung gebracht, indem einfach Dominante und Tonika aufeinandergetürmt sind.

Für Scarlattis neuen Stil paßt das feste Schema der Generalbaßharmonie nicht mehr. Die Grundelemente der harmonischen Sprache müssen unendlich elastisch gemacht werden; größere Konstruktionen lassen sich nicht mehr durch einfache harmonische oder modale Formeln zusammenhalten. Thematische Beziehungen und kontrapunktischer Aufbau genügen nicht länger. Die einheitstiftende, ordnende Grundkraft muß eine völlig entwickelte Tonalität sein. Scarlattis Harmonien sind nicht Zusammenklänge oder Treffpunkte kombinierter Melodien: sie sind Stufen der Tonalität. Daher entwickeln sie ein ganz eigenes Verhalten. Natürlicherweise sind diese Harmonien in Scarlattis leichtem, luftigem Satz nicht denselben ›Schwerkraftgesetzen‹ unterworfen wie bei Bach und Rameau, seine Baßstimmen verhalten sich auch bei der Versetzung in die Oberstimme als Unterstimmen und nicht wie Oberstimmen, die sie doch zu sein scheinen. (Man vergleiche zum Beispiel Scarlattis Gewohnheit, die dominantische Sept eine Quarte abwärts aufzulösen wie die Baßbewegung von Subdominante zur Tonika.) In Scarlattis Architektur braucht nicht mehr Stein auf Stein geschichtet zu werden, ebensowenig wie in Juvarras Szenenentwürfen. Betonung und Spannung, Gleichgewicht und Gegengewicht halten die Struktur zusammen.

Keine Generalbaßlehre des 18. Jahrhunderts und auch keine Harmonielehre des 19. Jahrhunderts können jemals eine Scarlatti-Sonate eigentlich ›erklären‹ oder die ›original and happy freaks‹ begründen (11), die in Wirklichkeit gar keine ›Grillen‹ sind, sondern Teil einer völlig konsequenten, einheitlichen musikalischen Sprache.

11 Burney, A General History of Music, Bd. II, Seite 706.

Abb. 40 Eine Seite aus Scarlattis *Essercizi*
(Venedig, Biblioteca Marciana)

Wenn sein Klaviersatz im Vergleich zu den späteren Sonaten auch noch rudimentär und der Formbau vergleichsweise einfach ist, so hat Scarlatti doch in den *Essercizi* eine vorher nie gekannte Elastizität erreicht. Und zwar nicht nur in der Behandlung des Cembaloklanges, sondern auch in der Formbehandlung, indem er der gewöhnlich statischen zweiteiligen Form Vielfältigkeit und Leichtigkeit verlieh. Die Klaviermusik des frühen 18. Jahrhunderts drückt in einem einzigen Satz fast nie mehr als eine einheitliche Stimmung oder einen Stimmungscharakter aus, besonders nicht in Tänzen oder aus zweiteiligen Tanzformen abgeleiteten Sätzen. Nur die freie Phantasie, die Toccata und Sätze mit kontrastierenden Teilen wie die französische Ouvertüre wechseln in Stimmung und Charakter. Der Ausdrucksgehalt des ganzen Stückes liegt schon in den ersten Takten oder den ersten Seiten bei den Hauptformen des 18. Jahrhunderts, dem Konzert, der Sonate und dem Tanzsatz. Das übrige ergänzt nur. Ist der Charakter einmal aufgestellt, erfährt er nur wenig Entwicklung oder Änderung. Die Stimmungen innerhalb der einzelnen Sätze einer Suite, einer Sonate oder eines Konzertes sind in sich abgeschlossen. Wie allegorische Figuren in einzelnen Nischen stehen sie in ihr eigenes, unveränderliches Wesen vertieft. In Scarlattis *Essercizi* spielt sich eine Entwicklung ab, wie immer reichhaltiger werdende Nuancierungsmöglichkeiten den Ausdrucksgehalt eines einzelnen Satzes modifizieren. Manche Stücke sind völlig einheitlich, andere enthalten scharfe, dramatische Kontraste, wieder andere wechseln von Heiterkeit zu Traurigkeit und leiten lyrische Cantabiles ein, die plötzlich lachend wegtrippeln. Iberische und italienische Elemente halten sich in den *Essercizi* fast die Waage. Einige Stücke sind so hart und so trocken wie sonnengedörrte Mittelmeerlandschaften. In anderen wechseln lyrische Anklänge an die italienische Oper und falsche Tränen in absteigender Chromatik mit Scherzando-Sprüngen und Arpeggien. Manchmal werden die spröden, gespannten, berauschenden Rhythmen des spanischen Volkstanzes durch die rauhe klagende Flamencostimme zu Gitarre und Kastagnetten gesteigert und durch Olé-Rufe und die Gegenrhythmen der stampfenden Füße gegliedert. Eine Sonate wie Nr. 20 der *Essercizi* (K. 20) erinnert an die Kapellen spanischer Kleinstädte, mit schrillen Blasinstrumenten, überhauchten und überblasenen Flöten, quäkenden Provinz-Oboen und Schlagbässen, die wie scharf gespannte Trommeln oder fast wie Kanonenschüsse knallen. Zuweilen in anderen Sonaten unterbricht das Klirren der Tamburine ein donnernder Schlag auf den Bauch der Gitarre.
Essercizio 24 (K. 24) ist eine wahre Klangorgie. Hier gibt sich Scarlatti ganz ungezügelt, rauh, mit unleugbarer Meisterschaft trotz des Jugendlichen,

was dieser Sonate im Vergleich zu den maßvollen und ausdrucksstarken späteren Sonaten anhaftet. Im Lichte der Cembalomusik bis 1738 ist diese Sonate ein Wunder an nirgends sonst anzutreffenden Klangwirkungen. Das Cembalo, wenn es auch ganz es selber bleibt, imitiert das ganze Orchester eines spanischen Jahrmarktes. Es ist nicht mehr ein einzelnes Instrument, es ist zu einer ganzen Vielzahl von Instrumenten geworden.

Die Vorstellungen, die Scarlatti mit seinen Klängen weckt, lassen sich kaum abgrenzen. Viele Klänge überschreiten die Grenze des Instruments, um auf impressionistische Weise die Geräusche des täglichen Lebens wiederzugeben. Straßenrufe, Kirchenglocken, das Klappern tanzender Füße, Feuerwerk, Artillerie, das alles kommt so mannigfaltig und so vielfältig und reich vor, daß jeder Versuch, hier mit genauen Beschreibungen arbeiten zu wollen, zu farbigem, peinlichem Unsinn führen würde. Für mich haben fast alle Sonaten Scarlattis etwas mit den Erfahrungen und Eindrücken des Lebens oder der Phantasie der Traumwelt zu tun, aber in einer Art, die letztlich nur in Musik ausgesagt werden kann. Die Vorstellungen und äußerlich lächerlich anmutenden Deutungen, die ich mir oder einem Schüler gebe, um den Sinn für den Charakter eines Stückes zu schärfen, haben zum Spiel dieselbe Beziehung wie das damalige wirkliche Leben als Anreiz zu Scarlattis Komposition. Wenn sie ihren Zweck erfüllt haben, müssen sie vergessen werden zu Gunsten der wahren Musik. Auf dem Papier niedergeschrieben werden sie zu traurigen und gefährlich irreführenden Zerrbildern.

Scarlattis Sonaten erzählen keine Begebenheiten, jedenfalls nicht im Sinne einer Erzählung; denn sonst würden sie alles zweimal sagen, einmal in jeder Hälfte. Sie haben auch keine exakten bildlichen oder wörtlichen Äquivalente, sondern sie sind eine unendlich variierte Erlebnisübermittlung auf den dauernd veränderlichen Ebenen der Gestik, des Tanzes, der Deklamation und der Klangerinnerung. Sie spotten der Übertragung in Worte, aber mit all ihrer Vitalität, die ihnen eigen ist, wehren sie sich gegen jegliche Abstraktion.

Unter den kleineren Stücken, die 1742 in die Hs der Königin eingetragen wurden (Venedig XIV), befindet sich eine Reihe von Sonaten, die wahrscheinlich zeitlich zu den *Essercizi* gehören. Sie haben wenigstens ähnliche Züge. Darunter sind allerdings vier Andante-Sätze (Sonaten Nr. 52, 69, 87, 92), die frühesten langsamen Sätze, die wir in den Cembalowerken besitzen, außer denen in den Continuo-Sonaten. (Abgesehen von der Katzenfuge, die mit Moderato bezeichnet ist, tragen alle Stücke der *Essercizi* die Bezeichnung Allegro oder Presto; nur Nr. 11 ist unbezeichnet.) Sie weisen einen vollen, unregelmäßigen drei- und vierstimmigen Satz auf, auf den nur Sonate 8 aus den *Essercizi* (K. 8) hindeutet. T. 48–52 in Sonate 52 gemahnt fast an Brahms. Ähnliche Orgelpunkte gibt es in Sonate 84 in c-moll, T. 52–60. Diese Sonaten könnten gut den Übergang von den vollen, beinahe ›fleischigen‹ Generalbaßaussetzungen zu dem mageren, nervigen Linienspiel der späteren langsamen Sätze vor Augen führen.

Die ›glanzreiche‹ Periode und die leichten Stücke

Scarlatti hatte den Spielern der *Essercizi* Stücke in einem leichteren und vielfältigeren Stil versprochen. Die Stücke, die anscheinend unmittelbar auf die *Essercizi* folgen, sind alles andere als leicht. Es sind Scarlattis virtuose Stücke par excellence. Sie schwelgen in einem vollen, blühenden Klang, auf den bereits die letzteren Sonaten der *Essercizi* hinweisen, und in der Spielfreude. Das extravaganteste Überschlagen der Hände, das bei Scarlatti vorkommt, findet sich in diesen Sonaten. Hier erreicht seine Klaviertechnik ihre volle Höhe. Ich bin versucht, diese Zeit als Scarlattis ›glanzreiche‹ Periode zu bezeichnen.

Scarlattis akrobatische Kunststücke erklären sich ebensosehr aus der Liebe zum Instrument, der intensiven Freude am Spiel, als auch aus der Lust, sich zur Schau zu stellen. Er wird vom Tanz, den sein Instrument entfesselt, derart hingerissen, daß der ganze Körper mit Gebärden teilnimmt, die eigentlich ganz unnötig sind und die nur Risiken darstellen für den Spieler, die – ähnlich wie beim Sport – dem Augenblick Spannung verleihen. So ein Stück ist die Sonate 120. Sie enthält die tollsten Handüberschlagungen aller Scarlatti-Sonaten. Nicht nur, daß die linke Hand ständig über die rechte zu den höchsten Tönen des Instruments greift, sondern die rechte muß auch die tiefsten Töne des Basses erreichen. Manchmal sind beide Hände gleichzeitig unterwegs, auf die Gefahr des Spielers und zur optischen Verwirrung der Zuschauer. Die schwierigsten Stellen dieser Sonate könnte man vollkommen einwandfrei spielen, ohne die Hände zu überschlagen, aber dann wäre die Spannung weg. Der Spieler hätte dann nicht mehr die herrlichen Gefahren eines Artisten am Trapez, und der Hörer oder besser: der Zuschauer würde nicht länger vor Spannung den Atem anhalten. (Zum Glück bedeutet eine verfehlte Note für den Cembalisten nicht gleich einen gebrochenen Hals. Darf ich den Lesern verraten, daß eine der größten Enttäuschungen meines Lebens die absolut notengetreue Grammophon-Aufnahme dieser Sonate war. Beim Abhören war jedes Gefühl für die Schwierigkeiten dahin. Es war, als ob man eine Sprungschanze mit dem Lift hinunterfährt.)

Einige dieser ›glanzreichen‹ Sonaten wurden für die Königin in den Band von 1742 eingetragen (Venedig XIV; die ersten fünfzehn Sonaten, K. 43–57), ein paar überschneiden sich mit den ersten beiden Bänden der eigentlichen Reihe der königlichen Hss (Venedig I und II). Aber die meisten befinden sich in dem Band, der 1749 für die Königin geschrieben wurde (Venedig XV), und in einem verwandten Band (jetzt im Britischen Museum), der einst einem der Organisten der spanischen königlichen Kapelle gehörte (Worgan-Manuskript 42, 43, 44; K. 142, 143, 144). In dem Hauptband aus dieser Zeit (Venedig XV) taucht die paarweise Anordnung, die in den späteren Bänden vorherrscht, zum erstenmal auf.

In dieser Zeit treibt Scarlatti seine Klaviertechnik auf ihren Höhepunkt; er verstärkt auch gleichsam die Fundamente seines besonderen, konsequenten harmonischen Stils, den er in den *Essercizi* zuerst anwandte. Gleichzeitig stellt er Formprinzipien auf, wie sie bisher noch nicht vorkamen. In diese Zeit fällt auch die erste Blüte dessen, was ich die Offene Form nenne, die Form mit nicht wieder benutzten Einleitungsthemen, mit asymmetrischem Gleichgewicht in den beiden Hälften und der Exkursion in der zweiten Hälfte, die vorher aufgestellte Themen durchführt oder neues Material beisteuert.

In einem Stück wie Sonate 96 (Venedig XV 6) sehen wir Scarlatti völlig von den Beschränkungen der symmetrischen zweiteiligen Tanzform befreit, von der er ausging. Nur die symmetrischen Schlüsse an beiden Hälften sind beibehalten als Hintergrund für eine noch nicht dagewesene Entfaltung spontaner Phantasie. Von jetzt an ist alles, was zu Anfang der beiden Hälften einer Scarlatti-Sonate geschieht, ganz und gar Sache der freien und spontanen Wahl und nicht Beschränkung auf bloße Formalität. Ein Blick in die Hs Venedig XV 18 und 19 (K. 115 und 116) gibt eine Vorstellung von der zunehmenden Vielfalt in seiner Formbehandlung, aber er zeigt nichts im Vergleich zu dem, was noch kommen soll. Es wäre fast ebenso leicht, diese Sonaten samt und sonders zu spielen oder abzuschreiben wie ihre Abwandlungen in Form und tonalem Gleichgewicht zu beschreiben.

Die Entwicklung aus den *Essercizi* zu den späteren Sonaten ist die Verwandlung aus der verhältnismäßig statischen zur zunehmend dynamisch konzipierten musikalischen Form. Die alte Einheit des Stimmungsgehaltes oder der alte Rahmen festgelegter Kontraste weicht der spontanen Entwicklung der Stimmung aus vorhergehendem Material, entweder als Antwort darauf oder als Ergänzung oder wie ein unabwendliches Ergebnis. So werden die zweiten Sonatenhälften freier, und die Neigung zu freien Zwischenspielen und Exkursionen nach dem Doppelstrich entspricht der Tendenz, das Stimmungshafte – und nicht so sehr das Formale – auszugleichen und zu ergänzen. Abfolge und Gleichgewicht der Vorstellungen sind eher poetisch als logisch.

Zu ungefähr derselben Zeit, in der Scarlatti die Klaviertechnik in den
›glanzreichen‹ Sonaten auf ihren Höhepunkt treibt, scheint er auch in ent-
gegengesetzter Richtung zu arbeiten. Als ob er die Spieler trösten wollte,
die nicht ›die besonderen Schwierigkeiten‹ der *Essercizi* und der ›glanzreichen‹ Sonaten ›bewältigen‹ konnten, schrieb er eine Reihe von Stücken
von vergleichsweise fast kindlich anmutender Einfachheit. Das sind die ver-
sprochenen Stücke im ›leichteren Stil‹. Sie finden sich in den ersten beiden
Bänden der königlichen Handschrift (Venedig I und II). Wüßte man nicht,
daß die Königin hervorragend Cembalo spielte, könnte man fast meinen,
daß Scarlatti sich unter einem heftigen Ausbruch königlicher Ungnade über
die widernatürlichen Schwierigkeiten der Sonaten der Hs Venedig XV ge-
duckt und willfährig seine erlesensten Effekte aufgegeben habe, um dem
Gebot nach Einfachheit Genüge zu tun. Diese beiden Bände wären ein guter
Jagdgrund für Herausgeber von Anthologien leichter Sonaten.

In den *Essercizi* und deren vielfältiger Behandlung verhältnismäßig einfacher Formen, in den ›glanzreichen‹ Sonaten mit ihrer Virtuosität und der
Erweiterung formaler Freiheiten, und in den einfachen Sonaten sind die
stilistischen Hauptzüge aufgestellt, die in den übrigen Cembalokompositionen Scarlattis beibehalten werden. Der Kontrast zwischen symmetrischen
und freien Formen und zwischen glanzreichem und bescheidenem Stil
wird später immer unauffälliger. Es wird ein einheitlicher, aber unendlich
vielfältiger Stil erreicht, in dem die Klaviervirtuosität mit Nüchternheit
durchsetzt und die Form mehr und mehr durch innere thematische Be-
zogenheit und tonale Kräfte bedingt wird.

Mit geringen Ausnahmen sind die Werke der glanzreichen Periode das
letzte, was außerhalb des spanischen Hofes von Scarlatti bekannt wurde (12),
und hierauf und auf die *Essercizi* gründet sich Scarlattis Ruhm im ganzen
18. und beinahe ganzen 19. Jahrhundert. Diese Musik ist äußerlich reich,
aber ihr fehlt das innere Reichtum der späteren Sonaten.

Die mittlere Periode

Mit den Sonaten der Bände III und IV der Hs Venedig (1752–1753) nähern
wir uns dem völlig reifen Scarlatti. In einer stark erweiterten Ausdrucksskala
macht sich eine lyrische Ader bemerkbar, sogar eine gewisse Insichgekehrt-
heit. Es gibt mehr langsame Sätze, besonders als erste, einleitende Glieder
eines Sonatenpaares. So überraschend auch viele dieser Sonaten wirken, das
Glanzreiche der früheren Stücke hat sich zu einer gewissen Abgeklärtheit
gemildert. In den Sonaten der früheren Periode hatte Scarlattis Klaviertechnik ihren Höhepunkt erreicht. Jetzt wird seine Beherrschung des

12 K. 164. Vgl.
die Aufstellung der
Drucke des 18. Jahr-
hunderts in An-
hang V c. Erst durch
Czernys Ausgabe von
1839, die 200 Sonaten
umfaßt (von denen
fünf nicht von Dome-
nico Scarlatti stam-
men), wurde die
Öffentlichkeit mit
einer größeren Zahl
von späteren Scarlatti-
Sonaten bekannt-
gemacht.

Cembaloklanges reifer und verfeinerter. In den Sonaten dieser Periode bildet er sein Modulationssystem voll aus. In den früheren Sonaten hatte er sein harmonisches Vokabular vervollständigt – jetzt vervollkommnet er die Beherrschung der Tonalität. Ohne die konsequente harmonische Sprache der früheren Sonaten aufzugeben, erweitert er deren Möglichkeiten mit dem Erfolg, daß es ihm gelingt, herkömmliche Harmonien noch befremdender als zuvor klingen zu lassen. Er erweitert in großem Maße den strukturellen Gebrauch des Wechsels zwischen Dur und Moll und zwischen deren Parallelen. Immer häufiger benutzt er ein erweitertes tonales Gefüge. Wenn Scarlatti den Hörer überraschen oder in Erstaunen setzen will, nimmt er jetzt plötzliche Modulationswendungen oder kühne tonale Konstruktionen zu Hilfe. Die Virtuosität des Spielers wird mehr und mehr in die Virtuosität des Komponisten aufgelöst. Eine gewisse Derbheit, wie sie sich in den Sonaten der Hs Venedig XV bemerkbar machte, ist völlig verschwunden. In seiner neugefundenen Freiheit ist die Sonatenform mehr ein Mittel des Ausdrucks als deren Gefäß geworden. Alles, was in der Scarlatti-Sonate festgelegt und vorgeschrieben erschien, wird zunehmend von einer Dynamik erfaßt, die jede Form wie neu erfunden erscheinen läßt. Gleich die erste Sonate der Hs Venedig III (K. 206) ist eines der immer häufiger werdenden Stücke, die eine Vielfalt von Stimmungen beinhalten. Und zwar nicht bewußt und fast zynisch wie in manchen frühen Sonaten, wo man im Rückblick den Eindruck gewinnt, alles sei willkürlich und verstandesmäßig arrangiert, sondern hier wird sozusagen eine Erst- und Einmaligkeit vermittelt. Scarlatti zieht seine Hörer ins Vertrauen. Wir lauschen nicht mehr einer offiziellen, sorgfältig vorbereiteten Fassung dessen, was er erlebt hat – wir erleben es mit ihm. Wenn er nach einem sonnigen Anfang plötzlich Wolken aufziehen läßt – T. 17, die Modulation von E-dur zur Dominante von es-moll –, läßt sich der Ausgang des Geschehens nicht mehr voraussagen. In solchen Augenblicken vergessen wir die heitere Prädikabilität, die sonst der zweiteiligen Form eignet. Das poetische Gefühl hat sogar die Fesseln der formalen Symmetrie gesprengt. Es ist, als ob der leidenschaftliche Schluß des Stückes in Moll – leidenschaftlich und formal erweitert – gar nicht anders hätte sein können. Wir sind vom Erlebnis gefangen.

Die Sonaten der Hs Venedig III und IV sind so vielfältig, daß ich am liebsten Analyse und Kommentar unterbräche, um sie alle zu spielen. Sie sind warm, frei, direkte Erlebnisniederschläge – sollte ein Zweifel bleiben, daß Scarlatti aus der zweiteiligen Form einen unendlich elastischen Gestalter poetischen Ausdrucks gemacht hat, keine formalistische Struktur – die Sonaten 24 bis 29 der Hs Venedig IV würden ihn zerstreuen (K.259–264). Sie sind nicht so konzentriert wie Scarlattis letzte Sonaten, aber sie besitzen eine lyrische Abgeklärtheit, wie wir sie bei den früheren Sonaten kaum je finden. Ich kann alle Modulationen der Sonate 260 auf dem Papier erklären und veranschaulichen, und trotzdem habe ich sie nie gespielt, ohne jedesmal zu spüren, daß ein Wunder geschieht. Die Modulationen, die Scarlatti früher zu Überraschungseffekten benutzte, sind hier zum innersten Kern seiner poetischen Ausdruckswelt geworden, mit der er zugleich rührt und erhebt.

Einige der Sonaten aus dieser Zeit studierte ich kurz nachdem ich in Aranjuez gewesen war, und ich habe sie in der Vorstellung nie wieder von der Erinnerung an jenen Abend trennen können, den ich dort verbrachte. Im Jardín de la Isla, nahe am Palast, nahm ich dieselben Wege, die Scarlatti betreten haben muß. Mein Spaziergang führte mich an zerfallenden Marmorfontänen vorbei, von Bäumen überschattet, die schon zu Scarlattis Zeiten alt waren. Die sanfte Dämmerung schien von einer leichten Melancholie erfüllt zu sein, wie sie ein tadelloser Zustand der Gärten, die Frische der Palasteinrichtungen und die Gegenwart von Scharen von Höflingen und Wächtern wohl nicht ganz hätte beschwören können. Überall zu hören war das Geräusch fließenden Wassers aus dem umgeleiteten Arm des Tajo, der den Garten vom Palast trennt und zur Insel macht.

Als ich in der zunehmenden Dämmerung die Palastanlagen verließ, kam mir in Erinnerung die Handschrift Farinellis, die ich vor einigen Tagen im Königlichen Palast in Madrid gelesen hatte. Mir fielen wieder seine liebevollen Berichte über die Juniabende in Aranjuez ein, der Musik und den Bootsfahrten gewidmet, und ich dachte auch wieder an die zugehörigen Zeichnungen, die die auf dem Tajo verstreuten Schiffe der kleinen königlichen Flotte darstellten. Es sei gerade jetzt die Stunde, meinte ich, in der die Kerzen unter Kristallprismen im Palast aufflackern und Fackeln die Gartenwege beleuchten würden. Die wehmütige Stille würde von Trompetenfanfaren der königlichen Garde unterbrochen werden und die Vögel durch Artilleriensalven aus den Alleen alter Ulmen aufgeschreckt. Von der Terrasse aus, wo ich später beim Abendessen saß, hätte ich die königlichen Barken auf der Tajo-Abzweigung gleiten sehen können, deren Laternen sich im leicht gekräuselten Wasser spiegelten. In der wiedereingetretenen Stille hätte ich vielleicht hören können, wie die Stimme Farinellis über das Wasser schwebte. Bald wären die Raketen aufgestiegen und hätten den Himmel mit herunterbrausenden vielfarbigen Sternen erfüllt. Wenn im dunklen Tal das Echo ihres Knallens abebbte, hätte ich vielleicht noch aus der Ferne

13 Ich hörte nur den *Liebestraum* aus einem Radio in der Nähe schmettern. Aber Liszt hätte dies alles besser als jeder andere verstanden. Er besaß dieselbe Mischung von Zartheit, melancholischem Glanz und Aufwendigkeit. Mit einnehmend majestätischer Geste hätte er dem Kellner befohlen, das Radio abzudrehen, während ich es nur mit der mürrischen Demut eines späteren Zeitalters ignorieren konnte.

14 Burney, The Present State of Music in Germany, Bd. 1, Seiten 247–249; Ebeling II, Seite 184.

Farinelli, das Cembalo der Königin oder die königlichen Jagdhörner vernommen (13).

Seit jenem Abend ist mir, als ob sich der Widerhall aus Aranjuez in Dutzenden der späteren Scarlattisonaten hören lasse. Da ist das Echo des Tages oder der Dämmerung, das eine sanft sehnsuchtsvolle Stimmung beschwört; da sind die Abend- und Nachtstücke voll königlichen Glanzes, Militärkapellen, sprühenden Feuerwerks, und da sind Stücke, in denen die Fanfaren und die prächtigen Kavalkaden der königlichen Aufzüge widerhallen oder Chöre von Jagdhörnern wie aus den fernen Wäldern von Aranjuez oder vom Pardo.

Aber wie wir gesehen haben, sind Scarlattis Inspirationsquellen seit den *Essercizi* keineswegs auf die Palastanlagen eingeschränkt. Kein Komponist hat den Eindruck spanischer Volksmusik stärker empfunden, keiner hat sich rückhaltloser dem Dämon ergeben, der in der Brust eines jeden spanischen Tänzers wohnt. Burney sagt, Scarlatti habe ›die Melodie solcher Lieder nachgeahmt, die er von Fuhrleuten, Maulthiertreibern und anderen gemeinen Leuten hatte singen gehört‹ (14). Vielleicht gibt Venedig III 3 (K. 208) Scarlattis Impression der vokalen Arabesken wieder, die sich in weiten Bögen langgezogen über halbabwesende Gitarrenakkorde spinnen, wie man es jetzt noch von Zigeunern im südlichen Spanien hören kann. Das ist höfische Flamenco-Musik, für die Gemächer des königlichen Schlosses elegant und passend zurechtgemacht wie die Spieler und Sänger, die Goya einige Jahre später auf seinen Bildteppichen darstellte (Abb. 42).

Die dazugehörige Sonate (Venedig III 4, K. 209) ist eine *jota*. Bei diesem schwindelerregenden Wirbel zuckender Füße, stampfender Hacken und schriller Dorfinstrumente spürt oder hört man die unvermeidlichen Kastagnetten in den sich steigernden Crescendi rhythmischer Beschleunigung, die T. 45 und 61 in einem klappernden Schwirren und Trillern kulminieren. Das ist weit entfernt von den Gavotten und Menuetten, die die Cembalokomponisten an anderen europäischen Höfen schrieben. Die spanischen Bourbonen trennte von Versailles mehr als die Pyrenäen.

Aber bei Scarlatti bleiben die Anklänge an Volksmusik keineswegs auf Spanien beschränkt. Portugiesische Bekannte machten mich darauf aufmerksam, daß Hs Venedig IV 3 (K. 238) einem Volkslied der Estremadura ähnelt. Man kann sich leicht vorstellen, wie es im Freien von Flöten, Oboen und Oboi da caccia und Fagotten gespielt wird. Das zugehörige Stück (Venedig IV 4, K. 239) erinnert ähnlich an Blasinstrumente mit überblasenen Sforzati (T. 30 usw.) und Trommeln, die die Bässe stützen und den Hauptrhythmus unterstreichen. Ähnliche Kombinationen von trockenen, zum Teil

Abb. 41 Erster Teil der Sonate 208 aus der Handschrift Venedig III 3.
(Venedig, Biblioteca Marciana)

Abb. 42 Zweiter Teil der Sonate 208 aus der Handschrift Parma IV 1. (Parma, Biblioteca Palatina, Sezione Musicale)

gedämpften Schlaginstrumenten und schrillen Tönen habe ich bei der Prozession der *gigantes y cabezos* in Segovia gehört: maskierte Gestalten auf hohen Stelzen, und zwischen ihren Beinen kleine Knirpse, die ganz unter großen Pappmaché-Köpfen verschwanden.

In den folgenden Bänden der königlichen Hs (Venedig V bis VII, 1753–54) sind die Stücke zum größten Teil dünner und zurückhaltender, fast als ob Scarlatti unbewußt Kraft sammelte für die letzte Blüte seiner späten Jahre. Die Klaviertechnik ist verhältnismäßig bescheiden, nur in zwei Sonaten (Venedig VII 23 und 27) werden die Hände übereinander geschlagen. Ähnlich wie beim I. und II. Band der Hs Venedig wäre hier viel zu holen für Anthologien leichter Sonaten. Wer repräsentative und bedeutende Sonaten Scarlattis sammelt, könnte sie, vom Glanz der Hs Venedig III und IV geblendet, leicht übersehen.

Bei Scarlatti folgt die thematische Organisation nicht immer dem Aufbau der harmonischen Struktur. Die Themen folgen leicht und gefühlsmäßig überzeugend aufeinander, fließen aber oft über die tonale Form, ohne mit deren Gliederung immer zusammenzufallen. Viele Sonaten dieser Bände neigen zu einer Einheit von Stimmung und Aufbau, heftige Kontraste wie in Venedig XV oder selbst III und IV sind seltener geworden. Es gibt eine Reihe von Formexperimenten in diesen Bänden oder besser: Abweichungen von Scarlattis üblicher Praxis. Venedig V 19 (K. 284) in G-dur ist eine Art modifiziertes Rondo aus begrenztem thematischem Material, mit einem Anklang an Bauerntänze, und mit Bourdonbässen, die außer in Pastoralen bei Scarlatti nicht üblich sind. Das ist bei ihm das einzige Stück, das an gewisse französische Cembalo-Rondos erinnern läßt, zum Beispiel von Couperin. (Ich bin allerdings überzeugt, daß Scarlatti entweder die französischen Clavecinisten nicht kannte oder sie nicht kennen wollte. Außer diesem Stück ähneln nurmehr zwei weitere Stücke in seiner gesamten Cembalomusik solchen Rondos: Venedig VII 26; K. 351 und Venedig IV 30; K. 265.)

In dieser Periode macht sich wieder eine gewisse Dünnheit des Klanges bemerkbar. Mehr und mehr befreit sich Scarlatti von den bloßen Klangeffekten, die er so meisterhaft gepflegt hatte, und immer weniger läßt er sich von ihnen leiten. Er will sie beherrschen, als Ausdrucksmittel in der Hand haben. Ein Beispiel dafür ist Sonate K. 308 (Venedig VI 13) mit der delikaten Vokallinie über einer sparsamen Begleitung. Man möchte gern wissen, ob Farinelli in seinen späteren Jahren mit ähnlicher Reinheit und Zurückhaltung sang. Das Gegenstück (Venedig VI 14; K. 309) erreicht bei ähnlicher Ökonomie der Mittel eine Vielfalt orchestraler Klangfarben. Nie wieder kehrt Scarlatti zu der unbekümmerten Flamboyanz seiner frühen Stücke zurück. Er behält noch seine Virtuosität und alle Farben seiner Palette, aber er behandelt sie mit einer Zurückhaltung und Konzentration, die immer die Eigenschaften des reifen Künstlers in hohem Alter gewesen sind. Die jugendliche Reinheit dieses Sonatenpaares ist etwas, das die ganz Jungen selten erreichen.

Doch ich glaube nicht, daß die Sonaten dieser drei Bände – mit Ausnahme einiger weniger Stücke wie Sonaten 284, 296, 308, 337 und 343, die ich für unwiderstehlich halte – Scarlattis Ruhm bedeutend erhöhen. Sie enthalten manches ausgezeichnete Stück, aber fast keins, das nicht in gewissem Maß ausdrückt, was er schon gesagt hat oder später noch besser sagen wird. Einem musikinteressierten Einbrecher oder Dieb möchte ich – falls er nicht so viel tragen kann – bei einem Besuch der Biblioteca Marciana in Venedig folgenden guten Rat geben: nehmen Sie alles, was Sie tragen können. Wenn Sie etwas zurücklassen müssen, dann die Bände I, II, V, VI und VII.

Die späten Sonaten

Mit den Sonaten der Hs Venedig VIII (1754) kommen wir nun in die letzte große Periode. In diesem Band, der nach der experimentierenden Ausgespartheit der Sonaten aus den dazwischen liegenden Bänden zum Farben- und Erfindungsreichtum der Bände III und IV (Hs Venedig) zurückkehrt, findet sich ein wunderbares Stück nach dem andern. Scarlattis Erfindungsgeist stellt die Klaviervirtuosität nicht mehr zur Schau, sondern macht sie dem spezifisch musikalischen Effekt derart dienstbar, daß man eine gewisse Unabhängigkeit vom Instrument gewahr wird, das er nun völlig meistert. Bei ein paar Sonaten hat man den Eindruck, als ob sie nicht am Cembalo komponiert wurden. Aber sie sind mit all seinem reichen Wissen um die Klangwirkungen geschrieben, das er in den Jahren des Improvisierens gewonnen hatte, ohne dabei von der Hand und ihren anatomischen Bedingtheiten sklavisch abhängig zu sein.

Das Überschlagen der Hände, das schon in den Bänden V und VI und VIII–X (1754–1755) immer seltener geworden war, kommt hier gar nicht mehr vor. Von jetzt ab taucht es nur noch höchst selten auf. Hierher gehört übrigens Burneys berühmte Anekdote aus Wien vom Jahre 1772:

›Herr L'Augier besitzt, ungeachtet er ungewöhnlich korpulent ist, einen sehr lebhaften und ausgebildeten Geist. Sein Haus ist der Sammelplatz der grössten Leute von Wien, sowohl in Ansehung des Standes als des Genies; und seine Gespräche sind ebenso unterhaltend, als seine Einsichten ausgebreitet und gründlich. Unter anderen erworbnen Kenntnissen, hat ers auch zu einer grossen Geschicklichkeit in der Musik gebracht, hat einen sehr feinen und richtigen Geschmack, und hat mit philosophischem Ohre alle Arten von Nationalmelodie gehört. Er ist in Frankreich, Spanien, Portugal, Italien und Konstantinopel gewesen und ist mit einem Worte, eine lebende Geschichte der neuern Musik. In Spanien war er mit *Domenico Scarlatti* genau bekannt, der ihm in seinem drey und siebenzigsten Jahre, noch viele Clavierstücke komponirte, die er allein besitzt, und von welchen er so gütig war, mir Abschriften zu geben. Das Buch, worin solche eingetragen stehen, enthält zwey und vierzig Stücke, worunter verschiedene langsame Sätze befindlich sind; und von allen hatte ich, der ich doch von Jugend auf ein Sammler der Scarlattischen Komposition gewesen, vorher niemals mehr als drey oder viere gesehen. Sie waren komponirt im Jahr 1756, als Scarlatti zu fett war, mit den Händen zu überschlagen, wie sonst seine Gewohnheit war, und sind also nicht so schwer, als seine frühern jugendlichern Werke, die er für seine Schülerinn und Beschützerinn, die verstorbene Königinn, damals setzte, als sie noch Prinzeßinn von Asturien war‹ (15).

Es sind einige Haken an der Geschichte, vor allem der, daß Scarlatti nicht 73 Jahre alt wurde. Das ist allerdings nur ein kleiner Fehler. Überschlagen der Hände gibt es aber doch noch in den letzten Sonaten der königlichen Hs (1756–1757), wenn auch nicht häufig (Venedig XI 5 und 29; K. 458 und 482; und XIII 15 und 16; K. 528 und 529). Es wird allerdings selten in der Zeit zwischen 1752 und 1757, besonders im Vergleich mit den Sonaten von 1749. Das könnte vielleicht darauf hindeuten, daß diese späteren Sonaten zumeist zur Zeit der Eintragung in die Handschriften erst komponiert wurden. Aber noch etwas anderes darf nicht außer Acht gelassen werden. Wie allgemein bekannt, war die Königin schon vor ihrer Thronbesteigung äußerst korpulent geworden (16). M. L'Augier war aber auch wegen seines großen Umfangs bekannt. Am 12. Februar 1756 hatte Metastasio an Farinelli geschrieben: ›Er besucht mich oft ungeachtet seiner maßlosen Korpulenz und klettert bis zum dritten Stock, wo ich wohne, mit der Leichtigkeit eines schlanken Tänzers. Um Euretwillen werde ich soviel wie möglich von seinem majestätischen Umfang umarmen…‹ (17). War es nun also die Königin oder Scarlatti oder M. L'Augier, der zu dick geworden war, um die früheren Sonaten zu spielen? Hat Burney seine Notizen verwechselt? Was die Königin angeht, so gäbe es gute Gründe, dies Überschlagen der Hände aufzugeben, das sich schlecht mit königlicher Würde vertrug. Anderseits zeigt das Porträt Scarlattis von Amiconi aus dem Jahre 1752, daß er nicht der Typ war, der zur Korpulenz neigt.

Einen anderen Beweis dafür, daß diese späteren Sonaten ungefähr zur Zeit

15 Burney, The Present State of Music in Germany, Bd. I, Seiten 247–249. Ebeling II, Seite 182 f.

16 Coxe, Bd. IV, Seiten 16–21; Noailles, Mémoires, Bd. VI, Seite 365.

17 Burney, Memoirs of … Metastasio, Bd. II, Seite 164.

Die königlichen Sonaten

der Übertragung in die Handschrift der Königin entstanden sein können, liefert der Umstand, daß gewisse Sonaten des Bandes VIII (1754) und auch späterer Bände einen sehr viel größeren Tonumfang verlangen als die Sonaten in den früheren Bänden. In den *Essercizi* und in den königlichen Bänden vom Jahre 1742 erfordern die Sonaten einen Umfang von nur viereinhalb Oktaven, von A_1 bis d^3, also 54 Töne. In diesen beiden Bänden änderte Scarlatti häufig seine Themen, um sie dem Umfang des Instruments anzupassen, auf dem er spielte. In der einen Hälfte einer Sonate kann das Thema vollständig aufgestellt werden, und in der zweiten wird es bei der Wiederaufnahme zurechtgestutzt, damit es dem Instrumentumfang entspricht. In den Bänden der Königin von 1749 beträgt der Tonumfang 56 Töne, von G_1 bis d^3. Im ersten Band der Königin von 1752 geht er von A_1 bis e^3, im zweiten wieder von G_1 bis d^3.

Im achten Band der königlichen Hs (1754) gibt es eine Sonate (Venedig VIII 27, K. 384), die nur vier Oktaven Umfang aufweist, von C bis c^3, und in T. 35 sieht es so aus, als ob auf dem Instrument ein tiefes H_1 fehlte. Diese Vermutung wird allerdings durch das Gegenstück (Venedig 28, K. 385) umgeworfen, das einen Umfang von 59 Tönen, von G_1 bis f^3 voraussetzt. Zudem findet sich in diesem Band zum ersten Mal eine Sonate mit einem Tonumfang von ganzen fünf Oktaven oder 61 Tönen, von F_1 bis f^3 (Venedig VIII 30; K. 387), und eine andere Sonate, in der das dreigestrichene g vorkommt (Venedig VIII 23, K. 380).

Von 1754–1757 wird ein Umfang von höchstens fünf Oktaven verlangt, der entweder von F_1 bis f^3 oder von G_1 bis g^3 reicht (Venedig IX 11, K. 398) (18).

Es scheint, daß Scarlatti nach 1754 Instrumente mit größerem Umfang benutzte, als sie ihm früher, zum Beispiel 1749, zur Verfügung standen. Diese konsequente Erweiterung des Tonumfangs stützt in gewisser Weise die Hypothese, daß die Datierung der späteren Handschriften mehr oder weniger mit den eigentlichen Entstehungsdaten zusammenfällt.

Ein paar Stücke der Bände VIII und IX der Hs Venedig sind stilistisch einfacher und nüchterner und stellen bescheidenere Anforderungen an den Spieler, aber im großen und ganzen erfordern diese späten Sonaten nicht weniger technisches Können als die früheren. Extravagante Sprünge sind immer noch recht häufig, wenn auch die Hände nur noch selten überschlagen. Alle Möglichkeiten der Klavierfiguration werden ausgenutzt. Charakteristische Werke dieser Periode sind die Sonaten 366 und 367; 380 und 381; 386 und 387; 394 und 395; 402 und 403; 406 und 407; 415 und 416.

---

18 Diese ungewohnte Umfangserweiterung verwirrte den Kopisten derartig, daß er das tiefe F in K. 387 der Hss Venedig und Parma immer als G schrieb. Ähnliche Schwierigkeiten bereitete ihm das mehrfache hohe g in K. 470. Das hohe, dreigestrichene a T. 71 in K. 533 (Longo 395) ist in den Quellen Venedig XIII 20 und Parma eine Oktave tiefer geschrieben.

Selbst das Notenbild dieser späten Sonaten ist einfacher, klarer, freier, es herrscht eine Neigung zu größeren Notenwerten und Allabreve-Takt mit Achteln, anstelle des $^4/_4$-Taktes mit Sechzehnteln. Die späteren Sonaten, auch die brillantesten, weisen in ihren Figurationen einen weiterentwickelten Sinn für Melodik auf. Die Konturen sind in längeren Linien gezogen. Schaut man von diesen Werken, in denen jede Wendung nervig und elastisch und gestisch-expressiv erscheint, auf manche der früheren Sonaten zurück, so wirken diese vergleichsweise eckig und starr und unreif (zum Beispiel K. 31 im Vergleich zu K. 350). Trotz der strömenden melodischen Inspiration und trotz der überraschenden bizarren Figurationen stehen die früheren Sonaten den mechanischen Formeln der umspielten Generalbaßaussetzung viel näher, von der sie ausgingen. Diese harmonische Komponente verschmilzt in den späteren Werken mit einem Gefühl für die Linie, wodurch selbst die noch so schablonenhafte Klavierfiguration mit einer Ausdruckskraft gesättigt wird, die jedes mit noch so leuchtenden und überraschenden, klavieristischen Klangfarben verkleidete und mit zwingenden Rhythmen belebte harmonische Gerüst weit hinter sich läßt. Der musikalische Organismus der späteren Sonaten ist sehniger und feiner und viel strenger zusammengefaßt.

In diesen letzten Bänden tauchen wenig neue musikalische Mittel auf. Scarlatti benutzt die einfachsten geschlossenen Formen der frühen Sonaten, die freien und poetisch erweiterten offenen Formen der mittleren Periode, das harmonische Vokabular, auf dem sich die *Essercizi* gründen, und die Modulationsgänge, Erweiterungen und auch die Tonalitätsbeherrschung, die schon in der mittleren Periode bestätigt sind. Das thematische Material ist nicht auffällig anders und die rhythmische Vitalität um nichts größer als in den früheren Sonaten, aber alles ist dünner und doch reicher dabei.

Neben den *Essercizi*-Formen und einfachen Menuetten und menuettartigen Sätzen tauchen offene, größtenteils recht konzentrierte Formen auf. Eine der kürzesten Sonaten, die wir besitzen (K. 431), steht neben den kompliziertesten und entwickeltsten (zum Beispiel K. 402).

Die Bände X, XII und XIII der Hs Venedig enthalten fast nur Sonaten hoher Qualität und so großer Vielfältigkeit, daß man versucht ist, sie wie ein überenthusiastischer Baedeker fast samt und sonders mit einem Doppelstern auszuzeichnen. Späte Ernten sind die ergiebigsten, jedenfalls bei Scarlatti. Von hier ab ist es äußerst schwierig, nicht bei jedem einzelnen Stück zu verweilen. Wer die Sonaten spielt oder chronologisch durchgegangen ist, wird merken, daß es Scarlatti jetzt noch, nach mehr als vierhundert Sonaten gelingt, einen in das größte Erstaunen und Entzücken zu versetzen. Neben den späten Sonaten in meiner Auswahl empfehle ich besonders die Sonaten 422 und 423, 428 und 429, 443 und 444, 478 und 479 und 524 und 525.

Besonders sprechend sind die ausgezierten langsamen Sätze mit ihrem Reichtum an Figurationen und den weitgeschwungenen Bravourmelodien. Selten bei Scarlatti sind die freien, verzierten Fermaten, wie in Sonate 508 (Venedig XII 25).

Wie beim Abschluß eines Feuerwerks werden nun eine sprühende Funkenpracht und dauernd wechselnde Einfälle über uns losgelassen, bis alles plötzlich in der Dunkelheit verschwindet. Scarlatti überhäuft uns jetzt mit allem Reichtum seines musikalischen Vermächtnisses in einem immer stärker werdenden Crescendo, das erst der Tod unterbricht.

Die Handschrift der Königin endet mit dem XIII. Band, der 1757 geschrieben wurde. Der Parallelband, Parma XV, enthält dieselben Sonaten und noch zwölf weitere dazu. Diese zwölf Sonaten sind vielleicht erst nach Scarlattis Tod im Juli 1757 gesammelt und abgeschrieben. Sie wurden nicht mehr in die königliche Handschrift aufgenommen. Außer Sonate 35 (K. 548) sind sie alle in seinem Spätstil und vermutlich die letzten, die er komponierte.

Ich zweifle, ob weitere wichtige Cembalostücke unter Scarlattis Papieren geblieben sind, abgesehen vielleicht von frühen Werken, die er nicht des Abschreibens für wert hielt. Es ist auch möglich, daß viele Frühwerke schon verlorengegangen oder weggeworfen waren. Die Reihe der späteren Sonaten hat allen Anschein der Vollständigkeit.

Trotz gelegentlicher Rückgriffe auf einen früheren Stil offenbaren diese Sonaten die für das hohe Alter charakteristischen Merkmale einer Hinneigung zu einem hermetischen Stil, zu einer absoluten Sicherheit, einer unendlich reichen Herbheit und allumfassenden Abgeklärtheit.

Es ist verlockend, Betrachtungen darüber anzustellen, wie die Entwicklung der Frühverstorbenen weitergegangen wäre, wie die Schöpfungen eines siebzigjährigen Mozart, Purcell oder Schubert geworden wären. Aber es wäre noch geheimnisvoll-faszinierender, ja erschreckend, wenn man sich vorzustellen suchte, was bei unverminderter Schaffenskraft ein Tizian mit 150 statt mit 99 gemalt hätte, was Haydn 1830 komponiert hätte und was Goethe heute schreiben würde, lebte er noch; überhaupt: was diese Genies noch hätten erreichen können, deren Schicksal sich nicht in einem geschlossenen Kreis rundete, sondern die bis zu ihrem Ende stets neue, unendliche Perspektiven eröffneten. Scarlatti hätte vielleicht nie große Symphonien geschrieben, er hätte vielleicht die zweiteilige Sonatenform nie aufgegeben, aber nichts beweist, daß er ihre Möglichkeiten erschöpft hatte.

IX. Scarlattis Cembalo

Die Instrumente der Königin und die Farinellis – Rückschlüsse auf Scarlattis Cembalo
Das frühe Hammerklavier – Scarlattis Orgelmusik – Scarlattis Cembalospiel –
Seine Klaviertechnik – Der Cembaloklang und sein Verhältnis zu Orgel, Gitarre
und Orchester – Nuancierung des Cembaloklangs – Nachahmung anderer Instru-
mente – Der Einfluß der spanischen Gitarre

Die Instrumente der Königin und die Farinellis

Wir wissen heute nichts mehr von den Tasteninstrumenten, die Scarlatti besaß. Wenn die sieben Inventare, die nach seinem Tode zur Erbteilung aufgestellt wurden, einmal vollzählig ans Tageslicht kommen sollten, ließe sich vielleicht einiger Aufschluß darüber gewinnen. Die beiden Teilstücke, die ich in Scarlattischen Familienpapieren entdecken konnte, erwähnen die Instrumente nicht (1). Etwas jedoch über die Art der Instrumente, die am spanischen Hof zur Verfügung standen, erfahren wir aus Burneys Bericht über seinen Besuch bei Farinelli in Bologna 1770:

1 Anhang II, Dokumente vom September 1757.

›Sgr. Farinelli hat schon lange den Gesang verlassen, doch vergnügt er sich noch immer auf dem Flügel und der Viole d'Amour. Er besitzt eine Menge Clavierinstrumente, die in verschiedenen Ländern gemacht sind; er benennet sie mit den Namen der größten italiänischen Mahler, je nachdem sie bey ihm in Gunst stehen. Sein erster Liebling ist ein Pianoforte, welches 1730 zu Florenz verfertigt worden, auf welchem mit goldenen Buchstaben der Name *Raphael d'Urbino* steht; hierauf folgt ein Correggio, Titian, Guido u.s.w. Er spielte sehr lange auf seinem Raphael mit feinem Urtheil und Delikatesse; und er hat verschiedne hübsche Stücke für dieß Instrument gesetzt. Sein zweyter Günstling ist ein Flügel, welchen ihm die hochselige Königinn von Spanien geschenkt hat, welche sowohl in Portugall als in Spanien *Scarlattis* Schülerinn war. Für diese Prinzeßinn setzte er die ersten beyden Samlungen seiner Sonaten, und ihr war die erste Ausgabe, die zu Venedig herauskam, als sie noch Prinzeßinn von Asturien war, dedicirt. Dieser Flügel, welcher in Spanien gemacht ist, hat mehr Ton als irgend einer von den andern. Sein dritter Günstling ist gleichfalls ein in Spanien nach seiner Anweisung gemachter Flügel; es ist ein bewegliches Clavier daran, wodurch der Spieler, wie bey dem, das der Graf von Taxis zu Venedig hatte, ein Stück höher oder niedriger transponiren kann. Bey diesen spanischen Flügeln sind die ganzen Töne schwarz, und die halben mit Perlmutter belegt. Übrigens sind sie nach italiänischer Art, alles ist von Cedernholz, der Sangboden ausgenommen, und sie stehen in einem Futterale‹ (2).

Weitere Einzelheiten über diese Instrumente gibt Farinellis Biograph, Giovenale Sacchi (3). Er bespricht zwei von Farinellis Lieblingsinstrumenten ausführlich. Das erste war ein Cembalo ›a martellini‹, also augenscheinlich dasselbe Hammerklavier wie der ›Raphael‹, den Burney erwähnt. Sacchi berichtet weiter, daß der Florentiner Ferrini, der dies Instrument gebaut hat, ›ein Schüler von Bortolo [sic] Padovano, dem ersten Erfinder des Pianoforte‹ (d.h. Bartolomeo Cristofori) gewesen sei.

Farinellis anderes Lieblingsinstrument war nach Sacchi ein Cembalo ›a penna‹, mit anderen Worten ein Cembalo, ›das aber durch zahlreiche Vorrichtungen verschiedene Tonordnungen hervorbringen konnte‹ (4). Das bedeutet entweder, daß es sich um ein Transpositionsinstrument handelte, vielleicht also das, von dem Burney spricht, oder daß es eine ungewöhnlich große Registerzahl aufwies. Sacchi ist deshalb so unbestimmt, weil er, wie man deutlich erkennt, von etwas spricht, das er nicht versteht. ›Dies ist eine neue Erfindung, die Farinelli und Diego Fernandez gemeinsam gemacht haben, welch letzterer sich mit dergleichen Arbeiten aus der Obskurität und Armut zu ziehen trachtete, in welcher er ganz vergessen lebte. Gesprächsweise nämlich hatte die Königin dem Farinelli zu verstehen gegeben, daß sie gern ein Instrument mit verschiedenartigen Tönen (*voci*) besäße. Sie fragte ihn, ob er etwas Ähnliches schon gesehen habe, was er verneinte. Aber ohne jede weitere Andeutung verließ er die Königin, besprach sich mit Fernandez, dessen Geschicklichkeit ihm bekannt war, und nachdem die beiden das Instrument entworfen und gebaut hatten, ließ er es als Überraschung für die Königin in ihrem Gemach aufstellen. Das war Farinellis Art: wenn er von einem Wunsch erfuhr, bemühte er sich, ihn zu erfüllen, ohne vorher Versprechungen zu machen. Diese beiden Instrumente hielt er hoch in Ehren, und Signor Paolo Morellati von Vicenza, der sich in der Musik und der Mechanik gut auskannte, benutzte sie als genaues Vorbild beim Bau seines Cembalos. Morellati baute den ersten dieser Kielflügel im Auftrag und auf Kosten von Farinelli, der ihn dann dem jetzigen Herzog von Parma, dem Infanten von Spanien, zum Geschenk machte‹ (5).

Die Frage nach Instrumenten, deren sich Scarlatti bediente, hat mich immer sehr interessiert, besonders wegen vieler Stellen in seiner Musik, die dem Charakter der flämischen, französischen, deutschen und englischen Cembali, und auch deren modernen Nachbauten, so gar nicht zu entsprechen scheinen. (Das soll nicht bedeuten, daß man nicht in vielen Fällen den entsprechenden

---

2 Burney, The Present State of Music in France and Italy. Ebeling, I, Seite 151–152.

3 Sacchi, Seite 47.

4 a. a. O. Farinelli beschreibt dies Instrument in seinem Testament. (Anhang III C.).

5 Sacchi, Seite 47.

Klang auch aus diesen Instrumenten herausholen könnte. Aber es wäre wichtig, die Eigenheiten des Originalinstrumentes zu kennen, weil man dieselben Effekte bei verschiedenen Instrumenten sehr oft auf ganz verschiedene Weise hervorbringen muß. Was sich auf dem einen Instrument beinahe von selbst ergibt, bedarf auf einem anderen besonderer Bemühungen des Spielers.) Die Scarlatti-Sonaten scheinen kein Cembalo mit großer Registervielfalt zu verlangen; die Komposition selbst ist farbig genug. Sie scheinen eher ein verhältnismäßig einfaches Instrument zu erfordern, aber eines mit großer Klangfarbigkeit. (Wie schwierig ist es gewesen, bei modernen Cembali und auch Orgeln den einzelnen Registern statt einer Monotonie die reiche Einfachheit der alten Instrumente zu verleihen!) Ich war schon immer der Meinung, daß Scarlattis Sonaten ein Cembalo verlangen mit einer vollen, kräftigen Sopranlage und klangvollen Bässen. Es muß aber großer Delikatesse fähig sein. Annäherungen an diese Eigenschaften habe ich bei einigen alten italienischen Cembali gefunden, aber doch nur etwas grobe Annäherungen. Wirklich gute Beispiele sind indessen rar. Noch seltener sind spanische Kielflügel aus dem 18. Jahrhundert, und ich muß gestehen, daß alle meine Hoffnungen, in Spanien Instrumente der Zeit zu finden, enttäuscht wurden.

Durch einen glücklichen Zufall entdeckte ich aber doch wertvolle Hinweise in dem Testament, das Königin Maria Barbara 1756 aufsetzte. Es befindet sich jetzt in der Bibliothek des Königlichen Palastes zu Madrid. Diesem Testament wurde nach ihrem Tode 1758 ein Inventar angehängt, das die Instrumente beschreibt, die sich in ihrem Besitz befanden (6). Dies müssen die Instrumente gewesen sein, die Scarlatti in den Gemächern der Königin zur Verfügung standen und auf denen die Königin seine Sonaten spielte. Aller Wahrscheinlichkeit nach sind das also die Cembali, für die Scarlatti in seinen letzten Lebensjahren komponierte.

6 Zitiert in Anhang III B.

Die Königin besaß zwölf Instrumente, die auf die Schlösser in Buen Retiro, Aranjuez und den Escorial verteilt waren. Die drei besten vermachte sie Farinelli. Sieben dieser Flügel waren Cembali verschiedener Bauart und Disposition, die übrigen fünf waren in Florenz gebaute Hammerklaviere, was unmißverständlich auf Cristofori oder auf seinen Schüler Ferrini hindeutet. Zwei dieser Hammerklaviere waren jedoch zu Cembali umgebaut worden. Das reichstausgestattete der Instrumente Maria Barbaras war vierchörig und besaß fünf Register, sechsundfünfzig Tasten in Ebenholz und Perlmutt und ein Gehäuse aus Nußbaum. Dieses Instrument hatte anscheinend ein Sechzehnfuß-Register, eine Seltenheit im 18. Jahrhundert. Die Verwendung von Ebenholz und Perlmutt läßt auf spanische Herkunft schließen.

Die Königin hatte weiter zwei dreichörige Cembali mit sechsundfünfzig bzw. achtundfünfzig Tasten in Ebenholz und Bein; ein flämisches dreichöriges Cembalo (vielleicht ein Ruckers) mit Ebenholz- und Beintasten (Umfang nicht angegeben); ein zweichöriges Cembalo aus Zedern- und Zypressenholz mit einundsechzig Ebenholz- und Perlmutt-Tasten. Hier handelt es sich offenbar um ein spanisches Instrument. Es entspricht der Beschreibung, die Burney von einem Instrument aus Farinellis Besitz gibt. Außerdem besaß die Königin zwei ähnliche Kielflügel, deren Besaitung nicht angegeben ist. Vermutlich waren sich diese spanischen Cembali alle ähnlich. Das Inventar erwähnt kein Transpositionsinstrument.

Im Schloß von Aranjuez und im Escorial waren je ein Hammerklavier (dasjenige in Aranjuez hatte neunundvierzig Tasten und das im Escorial vierundfünfzig) und ein spanisches Cembalo mit einundsechzig Tasten. Die anderen acht Instrumente, einschließlich des Hammerklaviers mit sechsundfünfzig Tasten und des spanischen Instruments mit zwei Registern und einundsechzig Tasten, das wir oben schon erwähnt haben, befanden sich vermutlich in Buen Retiro. Der Innenbau der Hammerklaviere war immer aus Zypressenholz. Die Tasten der drei nicht umgebauten Hammerklaviere waren aus Buchsbaum und Ebenholz, während die zu Cembali umgewandelten Hammerklaviere mit fünfzig bzw. sechsundfünfzig Ebenholz- und Beintasten ausgestattet waren.

Rückschlüsse auf Scarlattis Cembalo

Dies Inventar wirft ein ganz neues Licht auf die Scarlatti-Sonaten, von denen man immer geglaubt hat, sie seien ausschließlich für Cembalo komponiert. Aber es gibt noch weitere Überraschungen. Ehe wir voreilige Schlüsse ziehen, besonders bei Sonaten, die ganz klavieristisch ausschauen, sei es wegen der Farbigkeit oder des erweiterten Umfangs, vergleichen wir zunächst einmal den Umfang der königlichen Instrumente mit dem, den die Sonaten erfordern. Das umfangreichste Hammerklavier der Königin besaß sechsundfünfzig Tasten, das sind viereinhalb Oktaven. Viele der cantabile-Sätze und viele der letzten, besonders entwickelten Sonaten verlangen jedoch einen Umfang von ganzen fünf Oktaven, konnten also auf den Hammerklavieren gar nicht gespielt werden. Das reichstausgerüstete Cembalo der Königin, das mit den fünf Registern, konnte für die imposanten großen Sonaten nicht benutzt werden, da es auch nur sechsundfünfzig Töne, also viereinhalb Oktaven Umfang hatte. Dasselbe gilt auch für eines der drei dreichörigen Cembali. Das andere hatte achtundfünfzig Tasten und war also immer noch unzureichend für die größeren Sonaten. Wenn nicht das dritte, das flämische Cembalo, von größerem Umfang war, so waren die einzigen Instrumente der Königin, auf denen man die Scarlatti-Sonaten mit fünf Oktaven Umfang spielen konnte, die drei spanischen Cembali mit einundsechzig Tönen Umfang und zwei Registern. Das Cembalo mit den einundsechzig Tasten und den zwei Registern, das im Inventar besonders erwähnt wird, befand sich vermutlich in Buen Retiro. Die anderen beiden standen in Aranjuez bzw. im Escorial.

Der Umfang dieser fünfoktavigen Instrumente reichte vermutlich von F_1 bis f''' oder von G_1 bis g'''. Der Tonumfang der Cembali war natürlich im 18. Jahrhundert keineswegs normiert, aber vor 1800 wurden Cembali mit mehr als fünf Oktaven Umfang, von F_1 bis f''', nur selten gebaut. Im gesamten Klavierwerk Mozarts zum Beispiel wird dieser Umfang nirgends überschritten. Einige der späten Scarlatti-Sonaten erfordern jedoch das hohe dreigestrichene g. Aber keine einzige Sonate geht jemals über diesen fünfoktavigen Umfang hinaus. Dieses dreigestrichene g muß eine Besonderheit spanischer Cembali gewesen sein. Auch Soler benutzt es in seinen Sonaten.

Die Tonhöhe der Saitenchöre ist in dem Inventar nicht erwähnt, wir dürfen aber annehmen, daß das Instrument mit den vier Saitenchören je zwei Saiten zu 8 Fuß, eine zu 4 Fuß und eine zu 16 Fuß besaß, wenn es nicht sogar einen Zweifuß hatte. Die dreichörigen Cembali hatten wohl zwei Saiten zu 8 Fuß und eine zu 4 Fuß. Die zweichörigen konnten einen 8 Fuß und einen 4 Fuß haben, hatten höchstwahrscheinlich aber wohl beide Saiten zu 8 Fuß.

Wenn, wie es den Anschein hat, die Mehrzahl der späten Sonaten Scarlattis für ein sonores Instrument von Zedern- und Zypressenholz geschrieben war, mit einem Manual und zwei Registern zu 8 Fuß, so muß ein Register sehr zart gewesen sein für die kantablen Sätze und eins sehr kräftig für die brillanten und lautstarken tutti-Partien.

Das Inventar erwähnt auch nicht die Anzahl der Manuale pro Instrument. Wahrscheinlich hatten die drei- und vierchörigen Cembali zwei Manuale, aber es ist kaum denkbar, daß die nur zweichörigen Flügel mehr als ein Manual besaßen. Das entspricht meiner Erfahrung, die ich beim Spiel vieler Sonaten mit fünf Oktaven Umfang gewonnen habe, daß nämlich Farb- und Registerwechsel bei diesen Stücken bereits in der Komposition enthalten sind und daher kein zweites Manual erforderlich machen.

Abgesehen von ein paar Stücken J. S. Bachs – so besonders die Goldberg-Variationen – und den *pièces croisées* von Couperin gibt es überhaupt nur wenig Cembalo-Literatur, die unbedingt ein zweites Manual erfordert. Daß sich in der Notation zwei Stimmen oder die Hände auf einem Ton gleich-

ESSERCIZI PER GRAVICEMBALO
di
Don Domenico Scarlatti
Cavaliero di S. GIACOMO e Maestro
dè
SERENISSIMI PRENCIPE e PRENCIPESSA

Curarum Levamen

Abb. 43   Titelblatt zu Scarlattis *Essercizi*
(Washington, Library of Congress)

zeitig treffen oder kreuzen, bedeutet keineswegs, daß diese Stelle unbedingt auf einem zweimanualigen Cembalo gespielt werden muß. Überdies sind viele Stücke, die man am bequemsten auf zwei Manualen spielt, so notiert, daß man sie ebensogut auch auf einem Manual spielen kann (Sonate 29). Man darf nicht vergessen, daß das zweite Manual meistenteils nur in klanglich verhältnismäßig leichten Sätzen gebraucht wird, niemals aber bei Stellen, die das volle Instrument erfordern. Das volle Instrument ließ sich bei allen Cembali nur vom unteren Manual aus spielen. Die meisten Cembali hatten für das Obermanual nur einen Achtfuß zur Verfügung, gelegentlich zwei kontrastierende Achtfußregister, für die dieselben Saiten zur Verfügung standen (aus mechanischen Gründen war es selten befriedigend, wenn beide gleichzeitig benutzt wurden), oder höchstens einen Achtfuß und einen Vierfuß. Immer wieder liest man bei Autoren, die sich beim Cembalo nicht genügend auskennen, daß Scarlatti das Überschlagen der Hände durch den Gebrauch zweier Manuale erleichtert habe. In Wirklichkeit müssen diese Stellen auf dem unteren Manual ausgeführt werden, selbst wenn sie dadurch noch schwieriger werden, weil sie gewöhnlich einen massierten Klangeffekt verlangen, das forte des Cembalos.

Es muß jedoch darauf hingewiesen werden, daß das Cembalo auf dem Titelblatt der *Essercizi*, das übrigens seitenverkehrt abgebildet ist, zweimanualig zu sein scheint. Es kann auch kein Zweifel darüber bestehen, daß das Sonatenpaar 109 und 110 für zwei Manuale geschrieben ist. Denn die Sonate 109 trägt in der Hs Venedig in goldenen Lettern die Anweisungen für den Handwechsel (Longo hat diese Anweisungen unterdrückt), wodurch sich Stimmkreuzungen in kontrastierenden Farben ergeben. (Beispiel 1 und die entsprechende Parallelstelle.)

Beispiel 1 Venedig XV 12 (Longo 138) K. 109

Überdies ist es in Sonate 110 ganz deutlich, daß die Stelle Takt 29–44 und die entsprechende Stelle zweimanualig zu spielen sind, wenn man sie auch mit einiger Schwierigkeit auf nur einem Manual ausführen könnte.

Ganz eindeutige Fälle zweimanualiger Schreibweise finden sich allerdings äußerst selten bei Scarlatti. Ich glaube jedoch, daß die Sonaten 21, 48 und 106 für ein zweimanualiges Cembalo gedacht sind. Die Textur von Sonate 21 ist leicht, und das ganze Stück läßt sich durchwegs auf zwei Manualen spielen, wahrscheinlich auf zwei Achtfußregistern, die linke Hand auf dem Obermanual. Stücke wie Sonate 535 lassen sich am bequemsten auf zwei Manualen ausführen, und Sonate 554 wird Takt 63–66 und 70–73 sehr unbequem, wenn man sie auf einem einmanualigen Instrument spielen will.

Beispiel 2 Parma XV 41 (Longo S. 21) K. 554

Es ist aber trotzdem vollkommen eindeutig, daß alle diese Kompositionen notfalls auch auf einem einmanualigen Cembalo zu spielen sind, wenn kein anderes Instrument zur Verfügung steht oder wenn sich aus beiden Manualen nicht der gewünschte Klangeffekt herausholen läßt. Man darf nur nicht vergessen, daß Cembali wie auch Orgeln so wenig standardisiert waren, daß die letzte Registerwahl immer dem Spieler überlassen bleiben mußte.
Die Notation der Sonate 1 (Beispiel 3) und vieler anderer Sonaten, die zwei Manuale zu verlangen scheint, kann nur dann ernstgenommen werden, wenn die Disposition des Instruments eine ausreichende Klangfülle erlaubt. Wenn nicht, war wohl niemand bereiter als Scarlatti, sie auf einem Manual zu spielen.

Beispiel 3 Essercizi 1 (Longo 366) K. 1

Das Inventar verrät auch nicht, wie die Register betätigt wurden. Wir dürfen wohl als gesichert voraussetzen, daß bei den spanischen Instrumenten, die – wie Burney andeutet – nach italienischem Vorbild mit innerem und äußerem Gehäuse gebaut waren, die Register durch Handzüge betätigt wurden. (Ich habe nie etwas gefunden, was darauf schließen läßt, daß die italienischen Cembali ursprünglich Pedale hatten. Auf jeden Fall waren Pedale für Register, außer den Schwellern und den Pedalregistern der englischen Cembali, im 18. Jahrhundert selten.) Aber die Dämpfer der meisten frühen Hammerklaviere wurden durch Kniehebel betätigt, und in Frankreich wurden im 18. Jahrhundert Cembali gelegentlich mit Kniehebeln für die Register ausgestattet. Sie waren allerdings so selten, daß ich annehmen möchte, die Cembali der Königin hatten höchstwahrscheinlich Handzüge. Im 18. Jahrhundert waren die Handzüge meistens innerhalb des Gehäuses, dicht bei den Stimmwirbeln, oder saßen außen, direkt über der Klaviatur. Bei italienischen Instrumenten saßen sie gelegentlich seitlich am Gehäuse und konnten während des Musizierens vom Spieler nicht erreicht werden. Der Cembalist konnte also auf keinen Fall beim Spiel die Handzüge wechseln, wenn er nicht zufällig eine Hand oder beide Hände frei hatte. In vielen Scarlatti-Sonaten wie im Großteil der Cembalo-Literatur des 18. Jahrhunderts überhaupt wurden Figurations- oder Oktavwechsel ausgeschrieben, um den eigentlichen Registerwechsel zu ersetzen (zum Beispiel werden in Sonate 387 die wiederholten Phrasen in der Eröffnung durch zugesetzte Triller variiert). Eine große Anzahl von Phrasenwiederholungen scheint in den Scarlatti-Sonaten eher auf verändertem Anschlag und anderer Phrasierung als auf eigentlichem Farbwechsel zu beruhen. Auf einem wohlregulierten Cembalo mit Handzügen kann man die Tonstärke wie auch in hohem Grade die Tonqualität beträchtlich nuancieren, je nachdem nämlich, ob man den einzelnen Zug ganz oder nur teilweise herauszieht. Dadurch wird der Kiel mehr oder weniger weit von der Saite entfernt, er reißt sie also stärker oder schwächer an. Eine schwach angerissene Cembalosaite klingt immer mehr legato. Die Möglichkeit, einen starken und aggressiven Ton oder einen schwächeren und mehr kantablen Ton zu wählen, wird von den modernen Cembalobauern oft ganz außer Acht gelassen. Sie konstruieren eine Pedalmechanik, mit der der Spieler die einzelnen Register nicht mehr modifizieren kann.

Das frühe Hammerklavier

Wir haben keinerlei Beweise dafür, daß Scarlatti je in Versuchung geriet, das Cembalo zu Gunsten des Hammerklaviers aufzugeben. Die meisten seiner letzten Sonaten gingen im Umfang über die Hammerklaviere der Königin hinaus. Zudem fehlten den ersten Hammerklavieren fast gänzlich die orchestralen Farben des Cembalos, sie klangen vergleichsweise nüchtern. Das neue Instrument hatte weder die Kraft noch die Brillanz des Cembalos. Sein Hauptvorteil war seine klangliche Flexibilität. Das frühe Hammerklavier war ein durchaus bescheidenes und intimes Instrument. Die erste Tastenmusik, die eigens für das Hammerklavier veröffentlicht wurde (es muß sich um ein florentinisches Instrument gehandelt haben, wie es am spanischen Hofe benutzt wurde), war eine Sammlung von Sonaten, die Giustini di Pistoia im Jahre 1732 Domenicos altem Gönner und Schüler Don Antonio von Portugal widmete (7). Die Stücke sind recht anspruchslos. Erst zwischen 1760 und 1770 konnte das neue Instrument erfolgreich mit dem Cembalo in Wettstreit treten.

7 Vgl. Kapitel V, Anmerkung 27.

Solange sich das Gegenteil nicht beweisen läßt, neige ich zu der Ansicht, daß das Hammerklavier am spanischen Hof meistens zur Gesangsbegleitung verwendet wurde (vgl. Farinellis Liebe zum Pianoforte), während das Cembalo seine Vorrangstellung für solistische Musik beibehielt. Jedenfalls im Falle Scarlatti scheint das zu stimmen. Aber in den ersten beiden Bänden der königlichen Handschrift, also Venedig I und II, gibt es eine Reihe von Stücken, besonders die ersten acht Sonaten aus Venedig I, die sich von Scarlattis sonstiger Cembalomusik deutlich absetzen. Die Bässe zeigen wenig von der Farbe und Lebhaftigkeit, die sonst für ihn so typisch ist. Im Sinne des Cembalos gesprochen bleiben sie untätig, ohne Obertöne, wie ein bloßes, nicht harmonisiertes Continuo (Beispiel 4).

Beispiel 4 Venedig I 2 (Longo 93) K. 149

Es kommt mir vor, als ob diese Sonaten Versuche für das frühe Hammerklavier sind. Überdies entspricht ihr Umfang gerade dem der königlichen Pianoforte. Diese Sonaten klingen auf dem frühen Hammerklavier mit seinen zarten und flexiblen Nuancierungsmöglichkeiten wahrscheinlich viel besser als auf dem Cembalo. Vom Stil her ist es jedoch fast unmöglich, um die Mitte des 18. Jahrhunderts eine definitive Grenze zwischen Cembalo- und Hammerklaviermusik zu ziehen. Selbst in den Werken von Haydn und Mozart ist der Übergang vom Cembalo- zum Hammerklavierstil fast unmerklich.

Scarlattis Orgelmusik

Nur eine Handvoll Stücke steht uns als Beweis für seine Orgelbehandlung zur Verfügung. Sonaten 287 und 288 sind eigentlich überhaupt keine Sonaten, sondern Orgelimprovisationen ohne Doppelstrich; sie entsprechen nicht Scarlattis sonstigem tonalem Aufbau und dem Prinzip seiner thematischen Wiederholung. (Der Doppelstrich in Sonate 288 in Longos Ausgabe ist vom Herausgeber zugesetzt.) In der Hs Parma (VII 17) trägt das erste Stück die Überschrift *Per Organo da Camera con due Tastatura Flautato e Trombone*. In beiden Sonaten ist der Manualwechsel fast durchwegs angezeigt (8). In der Hs Venedig sowohl als auch in der Hs Parma wird dazu eine Hand benutzt, die für das Obermanual nach oben und für das Untermanual nach unten zeigt. Sonate 328 ist im Titel nicht als für Orgel gedacht bezeichnet, enthält jedoch in Hss Venedig und Parma Anweisungen, die sich nur auf einen Manualwechsel beziehen können: von ›Org.^{0}‹ zu ›Fl.^{0}‹. Die Worte ›Oytabado‹ (T.37) und ›Tortorilla‹ (T.64) bei Sonate 255 in den Hss Venedig und Parma scheinen anzeigen zu wollen, daß dies Stück ebenso wie das Gegenstück (Sonate 254) für Orgel geschrieben ist. Möglicherweise waren auch noch andere Stücke in vergleichmäßig bescheidenem Stil für Orgel geschrieben. Die frühen Fugen (K.41, 58, 93) jedenfalls verraten Eigenheiten, die darauf schließen lassen, daß sie wahlweise für Orgel oder Cembalo komponiert sind.

In der Kapelle des königlichen Palastes zu Madrid habe ich auf einer wundervollen kleinen Orgel gespielt (9). Sie stammt zwar erst aus der Regierungszeit Carlos' III., unterscheidet sich aber nicht wesentlich von den Instrumenten aus Scarlattis Tagen, nur daß sie natürlich sehr viel größer ist als die Orgel, die Scarlatti in der Hs Parma VII 17 (Sonate 287) voraussetzt. Sie umfaßt eine Vielzahl farbiger, pikanter Register und auch die üblichen schnarrenden spanischen Trompeten, die waagerecht aus dem Gehäuse stehen. Die Tasten sind aus Ebenholz und Perlmutt und erinnern an die Beschreibung, die Burney von den spanischen Cembali gibt. Auch viele andere Scarlatti-Sonaten lassen sich durchaus auf einer Kammerorgel spielen. Eventuelle Frivolität dürfte, wie die Orgelmusik seines Schülers Padre Soler ausweist, kein Hinderungsgrund gewesen sein.

8 Anhang III D.

9 Das Gehäuse trägt die Inschrift: ›Construido por D. Jorge Bosch Bernat-Veri. Natural de Palma de Mallorca. Organero de Su Mag^d. Año 1778‹.

Es besteht kein Beweis dafür, daß Scarlatti das Clavichord gebraucht hat. Die Mißdeutung des spanischen Wortes ›clavicordio‹, das ›Clavicembalo‹ bedeutet, hat gelegentlich zu Verwechslungen geführt.

Scarlattis Cembalospiel

Wir wissen nicht viel über Scarlattis Cembalospiel. Die wenigen Berichte darüber stammen erst aus späterer Zeit, beziehen sich aber ausnahmslos auf die erste Hälfte seines Lebens und beschränken sich hauptsächlich auf Feststellungen über die Brillanz seines Spiels und den Reichtum seiner Phantasie (10). Wir kennen kein Urteil aus seinen späteren Jahren.

Wahrscheinlich spielte er nie in einem öffentlichen Konzert, wie wir es heute kennen. Im Gegensatz zu den Sängern seiner Zeit blieb er der Öffentlichkeit völlig unbekannt. Soweit wir wissen, spielte er nur vor Freunden und Gönnern. Als er nicht mehr für Theater und Kirche schrieb, verlor er auch die letzte Kontaktmöglichkeit mit dem Bürgertum. Außerhalb der königlichen Paläste, in denen er seine Werke für seine königlichen Herren und deren Kreis aufführte, kannte man seine Virtuosität bestenfalls nur vom Hörensagen oder aus den wenigen Kompositionen, die gedruckt oder abgeschrieben im Umlauf waren.

Alles weist darauf hin, daß Scarlatti ausgezeichnet improvisieren konnte. Ich bin überzeugt, daß es für jede niedergeschriebene Sonate Dutzende anderer gab, die improvisiert und vergessen wurden. Die Scarlatti-Sonate ist ein Organismus, der sich am Klavier und nicht am Schreibtisch bildete. Zu seiner Zeit beurteilte man einen Spieler weniger nach der Spieltechnik als nach den kompositorischen, improvisierenden Fähigkeiten, die er besaß, nach der ›Phantasie‹. Aber nur wenige Cembalisten verfügten über eine universelle Technik, die es ihnen gestattete, jegliche Musik, die man ihnen aufs Pult legte, zu spielen. Auch die größten Virtuosen waren nur darauf vorbereitet, ihre eigene Musik oder die ihrer Schule oder ihres Landes wiederzugeben. Wenn auch auf einem ungleich höheren, kultivierteren Niveau, entwickelten sie ähnlich den heutigen Jazzpianisten ihren persönlichen Stil, dem sie dann treu blieben. Auf der anderen Seite beherrschten sie durchwegs den Generalbaß meisterlich und konnten mit allen möglichen Akkordkombinationen und Figurationen in allen Tonarten flüssig umgehen. Dadurch hatten sie das Instrument derart in der Gewalt, daß sie es als Ausdrucksmittel ihrer eigenen Gedanken benutzen konnten, mochte der persönliche Stilbereich auch noch so begrenzt sein.

Ich möchte bezweifeln, ob Couperin, bei all seiner Vollkommenheit im eigenen Stil, mit einer Scarlatti-Sonate fertiggeworden wäre. Händel hätte

---

10 Burney, nach Roseingrave und Hasse; Quantz, bei Marpurg; Mainwaring kennt es nur vom Hörensagen. Vgl. Kapitel II u. V.

sie gewiß mit großem Schwung gespielt; ich möchte aber die Vermutung wagen: mit vielen falschen Tönen. J. S. Bach wäre einer der wenigen gewesen, die sie alle vollkommen hätten meistern können. Er war einer der frühesten Vertreter einer universalen Klaviertechnik, die nicht nur rein technisch, sondern auch ausdrucksmäßig und stilistisch dem ganzen Umkreis gewachsen ist. Erst als das Klavierspiel an sich – unabhängig von Improvisation und Komposition – zu einem eigenen Beruf wurde, gehörte eine wirklich universelle Technik, wie sie sich in den Klavierschulen von Hummel und Czerny darbietet, zur Grundausrüstung aller, auch der nur durchschnittlichen Spieler.

Trotz seiner unerhörten technischen Meisterschaft hatte Scarlatti sicher keine Ambitionen zu einer solchen Universalität. Er beschäftigte sich ausschließlich mit seinem eigenen Stil. Ich glaube nicht, daß ihm die Kompositionen von Couperin oder Bach gelegen hätten, wenn er sie gekannt hätte. Seine Virtuosität wird leicht mit der Virtuosität des reinen Klavierspielers verwechselt, mit der schwindelerregenden mechanischen Technik eines nichtschöpferischen Pianisten, der alle Etüden von Hummel und Czerny spielend beherrscht. Dagegen war Scarlattis Klaviervirtuosität nur ein kleiner Teil seiner schöpferischen musikalischen Sprache.

Scarlattis Klaviertechnik

Von seinem Fingersatz ist uns fast nichts überkommen. Die Handschriften geben keinerlei Anhalt. Sie enthalten nur Angaben über die Verteilung der Hände oder bestimmen, wenn eine zweistimmige Stelle nur mit einer Hand gespielt werden soll, wie in Sonaten 126 und 189, geben den Fingerwechsel auf schnell repetierten Noten (›mutandi i deti‹) in den Hss Venedig und Parma (Sonaten 96, 211 und andere) und bei langen Trillern (Sonaten 357). Bei einem Glissando mit einem Finger steht ›Con dedo solo‹ (Beispiel 5).

Beispiel 5 Venedig VIII 22 (Longo 73) K. 379

Ähnlich wie J. S. Bach und Rameau muß Scarlatti schon bald die Gleichmäßigkeit und Unabhängigkeit der Finger angestrebt haben. Das alte

Fingersatzsystem, wie es sich noch in Alessandros Toccaten bietet, geht von der Ungleichheit der Finger aus. Es berücksichtigt den Unterschied zwischen schwachen und starken, langen und kurzen Fingern. Bei Tonleitern werden lange Finger über kurze übergesetzt (zum Beispiel in C-dur rechte Hand aufwärts: 12343434 und abwärts: 54321321. Linke Hand aufwärts: 54321321 und abwärts: 12343434 oder 12345345. Vgl. Beispiel 6 für Alessandro Scarlattis Fingersatz).

Beispiel 6 Alessandro Scarlatti: Toccata Prima in der Handschrift Higgs (Yale School of Music). Veröffentlicht von J. S. Shedlock (Alessandro Scarlatti: Cembalo- und Orgelmusik. London 1908). *Im Fingersatz wurden die Fehler des Originals korrigiert,

Wahrscheinlich hat Scarlatti ähnlich wie C.Ph.E. Bach stellenweise den alten Fingersatz beibehalten und dann wieder den modernen Fingersatz mit dem Untersetzen des Daumens bei Tonleitern angewandt. Beim alten Fingersatz wurden die meisten Arpeggien und auch größere Tonleitern zwischen den Händen geteilt. Das läßt sich in den *Essercizi* noch verfolgen. In den späteren

Sonaten macht Scarlatti von allen Möglichkeiten des Arpeggios und der Läufe, auch in Gegenbewegung, Gebrauch (Sonate 367).

Einen Grad der Fingerunabhängigkeit, wie er zu seiner Zeit nicht üblich war, verlangen gewisse schnell repetierte Töne (Sonaten 141, 366, 421 und 455), Terztriller in einer Hand (Sonate 470), die Couperin für fast unausführbar oder bestenfalls mirakulös hielt (11), und Triller innerhalb von Akkorden (Sonaten 116 und Beispiel 7) oder in Orgelpunkten der Innen-

11 François Couperin, L'Art de Toucher le Clavecin, in Oeuvres complètes, Paris [1933], Band I, Seite 36–37.

Beispiel 7 Venedig XIII 28 (Longo 120) K. 541

stimmen (Sonate 119). Letzteres findet sich übrigens bereits in früherer italienischer Tastenmusik, zum Beispiel in Pasquinis *Toccata con lo scherzo del cucú* (12). Der ähnlich situierte Triller in Beispiel 8 trägt die Bezeichnung ›Trillo continuato, e dove non arriva la mano si cambiano i deti che lo formano‹. (Gerstenberg druckt diese Anweisung in seiner Ausgabe nicht ab. Diese Sonate und die dazugehörige, Sonate 356, sind übrigens in der Hs Parma auf vier Systemen notiert. Diese Notierungsart scheint aber nicht mit der Ausführung in Zusammenhang zu stehen. Sonate 356 trägt die Anweisung ›Per Cembalo espresso‹.) (Beispiel 8)

12 Bernardo Pasquini, Selection of Pieces edited by J. S. Shedlock. (London, Novello), Seite 25 bis 32.

Beispiel 8 Parma IX 30 (Gerstenberg 5) K. 357

Die ältere Klaviertechnik arbeitet übrigens fast ausschließlich nur mit der Bewegung der Finger; Armbewegungen ergaben sich nur aus dem Fingersatz. Diese Technik kommt noch stark von der Orgel her. Durch die Einführung größerer Sprünge, der Batterien, Glissandi, Oktavenläufe

Scarlattis Cembalo

und Handüberschlagungen bei Scarlatti führt oft die Bewegung des Armes oder wenigstens der Hand die Finger. Das ist etwas vollkommen Neues und findet sich in älterer Musik höchst selten und nur bei Lagenwechsel, beim Absetzen der Phrasenbögen, bei nonlegato Terz- und Sextläufen, die ohne Fingerwechsel gespielt wurden, oder bei den Oktavverdopplungen in der linken Hand, wie sie der Generalbaßspieler praktizierte. Das alte Prinzip des Gleichgewichts, wonach der Arm lediglich die Körperverbindung zur ausgeglichen ruhigen Hand darstellt, muß jetzt der neueren Technik Platz machen, die das Gleichgewicht gern in die Bewegung des ganzen Arms oder sogar noch weiter hinauf in den Oberkörper verlagert, wie zum Beispiel bei den weiten Sprüngen und dem doppelten Überschlagen der Hände in Sonate 120. In manchen Stücken Scarlattis scheint sich schon die erste Andeutung des Handgelenkkreisens zu zeigen, wie übrigens auch bei Rameau (13), wenn natürlich auch hier noch von der Fingerbewegung ausgehend (Beispiel 9).

13 *Les Cyclopes* und die *Gavottes & Doubles*.

Beispiel 9 *Essercizi* 23 (Longo 411) K. 23

Wie in Sonate 514 sind viele der schnellen und wiederholten Sprünge bei Scarlatti nur mit einem Gefühl für die Armbewegung auszuführen, die sich weit von der alten reinen Fingertechnik entfernt. In Sonate 299 haben wir ein extremes Beispiel für schnelle Sprünge in beiden Händen (Beispiel 10). Sie erinnert geradezu an Chopins a-moll-Etüde. Oktavsprünge in schnellem Tempo, wie zum Beispiel in Sonate 44 und 487, erfordern eine Armtechnik, die zwar den heutigen Pianisten geläufig ist, im 18. Jahrhundert aber vielen ausgezeichneten Virtuosen gefehlt haben muß.

Beispiel 10 Venedig VI 4 (Longo 210) K. 299

Viele dieser Sprünge könnte man leicht zwischen den Händen aufteilen, aber Scarlatti fordert es öfters nachdrücklich, sie mit einer Hand auszuführen (Beispiel 11). Bewegungstechnisch ist die Geste wichtig. Der Spieler empfindet so ähnlich dem Tänzer das Gefühl für Raum, Kraft und Zeit. Mit der Geste ist eine rhythmische Eigenart verbunden, die sich nur schwer – wenn überhaupt – nachempfinden läßt, wenn man den Sprung zwischen beiden Händen teilt. Überdies ist die vorgeschriebene Ausführung dieser Spielanweisung eine automatische Sicherung gegen allzu schnelle Tempi.

Beispiel 11 Venedig XII 1 (Longo 419) K. 484

Gern dringen die Hände auch in den gegenseitigen Bereich ein, die rechte in den Baßraum und die linke in den Sopran. Es scheint Scarlatti hierbei nicht nur auf das kindische Vergnügen des visuellen Effekts anzukommen, sondern auf das tänzerische Gefühl körperlicher Freiheit zu Sprüngen, das sich auf den Hörer überträgt, nicht nur visuell, sondern auch akustisch. (Vgl. Sonate 120, das extremste Beispiel aller Scarlatti-Sonaten für Handüberschlagungen).

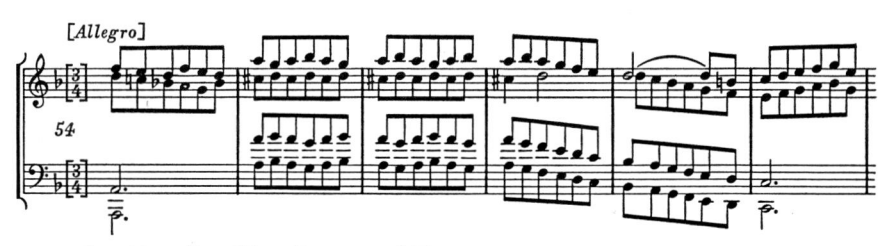

Beispiel 12 Venedig XIII 11 (Longo 283) K. 524

In vielen kantablen langsamen Sätzen gibt es Doppelgriff- oder Oktavpassagen, die bestimmt nicht legato ausgeführt werden konnten, wie es der moderne Spieler gern möchte (Sonate 52 und Beispiel 12). In diesem Zusammenhang muß auf die vorherrschend abgesetzte Strichart der Streicher im 18. Jahrhundert verwiesen werden und auf die besonderen Anweisungen, die C. Ph. E. Bach in den mit Fingersatz versehenen Beispielen seines *Versuchs* gibt. Es handelt sich da um die nonlegato-Ausführung von Stellen, die jeder heutige Durchschnittsspieler automatisch legato spielen würde. Die Musiker des 18.Jahrhunderts müssen weit mehr als wir heute gewußt haben, daß das Gefühl für den Zusammenhang der Töne innerhalb einer Phrase, so abgesetzt sie im einzelnen auch sein mögen, sie besser zusammenbindet als eine bloße Aneinanderreihung oder Überschneidung kontinuicrlicher Töne. Es kann keinen größeren Irrtum geben als den vieler Organisten und Streicher, die glauben, ein aus- und übergehaltener Ton allein mache schon den Zusammenhalt einer Phrase aus.

An die linke Hand stellt Scarlatti Anforderungen, die für seine Zeit geradezu unwahrscheinlich sind, so besonders in Bezug auf Arpeggien, Läufe und Sprünge. Aber sein Klaviersatz will nicht so sehr die Gleichberechtigung der Hände erreichen, er entwickelt vielmehr einen Sinn für die Funktion der einzelnen Hand. Diese Differenzierung kommt aus langer Generalbaßpraxis, wo die linke Hand gewöhnlich auf die Bässe und die rechte auf die harmonische Ausfüllung beschränkt blieb, wenn nicht gelegentlich stark verzierte und kunstvolle Aussetzungen beiden Händen unabhängige melodische und polyphone Behandlung anvertrauen. Da bei den Bässen im allgemeinen Streichinstrumente verdoppelnd mitgingen, brauchte die linke Hand nicht so stark zu binden wie die unbegleitete rechte, besonders wenn diese auch noch exponiert war. Außerdem erlaubte die Instrumentverdopplung der linken Hand noch Arpeggien und andere nonlegato-Figuren zur Gliederung der Generalbaßharmonie. Wegen der häufigen Oktavverdopplungen entwickelten viele Spieler eine Oktaventechnik in der linken Hand, die sie für die rechte nicht besaßen. (Beim Generalbaßspiel ist oft ein Sechzehnfußregister am Cembalo unnötig, weil man mit der linken Hand die Bässe oktavieren kann.) Was allerdings die Oktavläufe angeht, so stellte Scarlatti gleiche Anforderungen an beide Hände, wie zum Beispiel Sonate 54 zeigt. Trotz der gelegentlichen Nonen- und Dezimengriffe (Sonate 119) und der zahllosen Oktavengänge scheinen die Scarlattischen Sonaten nicht für eine ungewöhnlich große Hand geschrieben zu sein. Viele Stellen, die eine große Hand mühelos greifen kann, lassen sich mit einer kleinen Hand arpeggieren oder mit weicher Handgelenkdrehung noch ausführen. Eine Oktavspanne zwischen Daumen und kleinem Finger genügt vollkommen. Auf den meisten Porträts der Königin Maria Barbara, die doch diese Stücke selber spielte, sieht man eine normal große, offenbar sensitive, aber eher etwas kurze Hand, die bestimmt keine großen Intervalle greifen konnte. (Nur gewisse schmeichelhafte Bilder behandeln ihre Finger mit der gleichen verschönernden, streckenden und schlank machenden Art wie ihre Figur.) Scarlattis Hände, wie sie auf dem Porträt von Velasco ausdrucksvoll zu sehen sind, waren für seine Musik vorzüglich geeignet. Deutlich erkennt man, daß sie geschmeidig, gelenkig und dehnbar sind.

Wie sein Gebrauch der gleichschwebenden Temperatur und des vollen Tonartenbereiches, so spiegelt auch seine Klaviertechnik bis zu einem gewissen Grade allgemeine Tendenzen seiner Zeit wider. Aber er entwickelte sie mehr oder weniger unabhängig für sich selbst. Aus chronologischen Gründen lassen sich die Neuerungen Rameaus (zum Beispiel *Les Cyclopes*, 1724, oder J. S. Bachs Gigue aus der B-dur Partita, 1726) nicht auf Scarlattis Einfluß zurückführen, aber auch irgendein Einfluß von ihnen auf Scarlatti ist mehr als unwahrscheinlich.

Der Cembaloklang und sein Verhältnis zu Orgel, Gitarre und Orchester

Kein Tasteninstrument ist eigentlich klanglich völlig autonom. Alle Instrumente beziehen sich auf die menschliche Stimme, aber Tasteninstrumente beziehen sich seit Beginn der Tastenmusik auch auf andere Instrumente. Es ist schwierig, wenn nicht beinahe unmöglich, den Unterschied zwischen dem klanglich Klaviereigenen und dem zu ziehen, was von anderen Klangmedien übernommen wurde. Das Cembalo greift immer wieder zurück auf die Gitarre oder Laute, die Orgel und das Orchester. Seine ganze Literatur zeigt gemeinsame Züge mit diesen drei Quellen, aus denen es sich andauernd bereichert. Die französische Cembalomusik des 17. Jahrhunderts wurde größtenteils von der Laute beherrscht, die italienische Cembalomusik von der Orgel und die deutsche Tastenmusik des späteren 18. Jahrhunderts – nachdem sie die französischen und italienischen Vorbilder hinter sich gelassen hatte – vom Orchesterklang. Das ist natürlich nur in groben Umrissen richtig, denn bei fast allen Cembalokomponisten zeigen sich Spuren aller drei Einflüsse. Scarlattis Musik verrät wenig Orgeleinfluß, wenn auch die Orgel in seinen Jugendjahren das Hauptinstrument gewesen sein muß. Die meisten Anregungen scheint sie mehr vom Orchester und von der spanischen Gitarre empfangen zu haben.

Wie ich bereits ausgeführt habe, befreite sich in Scarlattis Jugend die italienische Tastenmusik gerade erst von der Orgelliteratur zu einiger Eigenständigkeit. Mehr als jeder andere vollendet Scarlatti diese Emanzipation. Am deutlichsten zeigt sich das in den klavieristischen Figurationen, die eine verhältnismäßig strenge Stimmführung aufbrechen. Stimmen werden frei eingeführt und fallengelassen, der Satz verdichtet und verdünnt sich mit weit größerer Elastizität, als dies bei Orgelmusik üblich ist. Was er von dem strengeren Orgel- und vom Vokalstil beibehält, tritt nicht so offenbar unter den figurativen Freiheiten seines Cembalosatzes zu Tage. Es zeigt sich eher in einem unfehlbaren Sinn für die Führung einer Linie, die der verzierten Struktur zugrunde liegt, einer Linie, die wie bei aller guten Musik im wesentlichen vokal ist. Seine kühnsten harmonischen Freiheiten, Auslassungen, Überlagerungen und Stimmversetzungen stammen aus dem absolut soliden Fundament einer strengen Stimmführung, mit diatonischer Stimmverbindung und gemeinsamen Tönen, wo sie erforderlich sind, mit Dissonanzvorbereitung und -auflösung im herkömmlichen Sinn, wenn auch das Notenbild das Gegenteil vortäuschen könnte. Seine Quint- und Oktavparallelen, seine unkonventionellen Verdopplungen, das Weglassen von Stimmen oder Funktionsschritten, all das, was bei einem ungebildeten Komponisten grob oder primitiv aussehen könnte, entspringt einer soliden Beherrschung des strengen musikalischen Satzes und langbewährter Kunstmittel, die er nur freiwillig aufgibt. In diesem Sinne bleibt er in enger Fühlung mit der strengsten Orgeltradition.

Die Orgel ist zu allen Zeiten als rein polyphones Instrument behandelt worden, wogegen die Cembalomusik aller Schulen und Zeiten ein zweistimmiges Gerüst zugrunde legt, das mit Akkorden und gebrochenen Harmonien ausgefüllt wird. Konsequent polyphone und völlig kontrapunktische Musik wie bei J. S. Bach ist in der Cembaloliteratur immer selten gewesen, außer bei Kompositionen, die auswechselbar für Orgel oder Cembalo gedacht sind. Die Grundlage des Cembalostiles liegt im Verdichten und Verdünnen des zweistimmigen Gerüstsatzes mit Hilfe von Fülltönen und -akkorden und in der Erweiterung dieser Zweistimmigkeit zu gebrochenen Akkorden und einer Scheinpolyphonie.

Klavierstücke, in denen Scarlatti längere Zeit drei- oder vierstimmig bleibt, sind selten. Gleicherweise selten sind Akkorde, die nicht nur als augenblickliche Füllung oder Sforzati dienen. Häufiger schon bricht er seine Akkorde in arpeggierte Figuren auf. Auch zur Verstärkung der Schlußkadenzen (Sonaten 24 und 246) verwendet er Akkorde nur selten.

Die Scheinpolyphonie gehört zu den ältesten Traditionen der Lauten- und Gitarrenmusik (vgl. die Lautentranskriptionen vokaler und instrumentaler Musik des 16. Jahrhunderts). In diesem vom vertikalen Klang beherrschten Stimmgewebe wird die Stimmbewegung, werden Stimmeintritt und Imitation nur angedeutet, nicht voll durchgeführt. Eine strenge und konsequente Führung horizontaler Linien ist nicht möglich. Die musikalische Kontur wird verschleiert durch die notwendigen Akkordbrechungen und die Unmöglichkeit, alle Stimmen gleichzeitig erklingen zu lassen, die an den vertikalen Konsonanz- und Dissonanzpunkten zusammenfallen müßten. Eine ganze Technik von Brechungen in allen Richtungen, aufwärts, abwärts und unregelmäßig, mußte entwickelt werden, um den Eindruck erwecken zu können, Stimmen erklängen gleichzeitig, die in Wirklichkeit nur selten zusammenfallen. Jeder, der Segovia auf der Gitarre gehört hat, wird verstehen, was ich meine.

Scarlattis Cembalomusik liegt zwischen der echten Polyphonie der Orgel mit ihren gleichzeitig erklingenden Akkorden und Stimmen und der Scheinpolyphonie der Gitarre mit ihren gebrochenen Akkorden und synkopierten Stimmen. Sie ist aber auch beeinflußt von der Orchesterpolyphonie, vom Kontrast der Klangfarben verschiedener Instrumente oder Instrumentengruppen und durch den Gegensatz zwischen Solo-Instrument oder -Instrumenten und Tutti. Die Grundvorstellung solo gegen tutti, die dem italienischen Concerto grosso zugrunde liegt, herrscht auch in Scarlattis Cembalomusik. Rein vom Tasteninstrument her gesehen ließe sich das auch als Entsprechung zwischen einem Cembalo- oder Orgelregister und dem vollen Werk oder Instrument deuten. Aber diese Vorstellung wurzelt doch – wie auch in der meisten Tastenmusik des 18. Jahrhunderts, einschließlich der frühen Hammerklavierliteratur – in Scarlattis Cembalosatz. Unabhängig von der Wahl oder Anzahl der Register, die der Spieler ziehen kann, ist die Musik schon so komponiert, daß sie den Wechsel zwischen Soloinstrument, concertino und tutti und allen Übergängen und Abstufungen imitiert oder wachruft.

Nuancierung des Cembaloklangs

Vielleicht mehr als irgendein anderer Komponist hat es Scarlatti auf eine wunderbare Art verstanden, die eigentliche klangliche Starre des Cembalos aufzulockern. Dieses erreicht er durch seine Figurationen, durch das Verdicken und Verdünnen des Satzes, durch den Kontrast hoher und tiefer Lagen und auch durch die Verschiedenheit der Bewegung. (Auf dem Cembalo klingen schnelle Arpeggien immer voller und intensiver als langsame oder sich gleichzeitig bewegende Stimmen.) Er verläßt sich nicht so sehr auf die Möglichkeiten des Registrierens, sondern komponiert seine Tonfarben gleich in die Musik hinein, mit dem gleichen unfehlbaren Sinn für sein Instrument, wie ihn Paganini für die Geige und Chopin für das Klavier besaßen.

Er erfaßt den Cembaloklang nicht nur im Sinne orchestraler Kontraste und Farben. Ständig betont und verdeutlicht er den musikalischen Tonfall durch die Art, wie er die Akkorde verdünnt, um die Phrasenenden zu nuancieren (Sonaten 208, 308, 513), oder wie er Akzente setzt durch die Verdichtung der Textur oder durch plötzliche Sforzati (Sonaten 119, 426, 427). (Vgl. auch Sonaten 223 und 224 in Bezug auf feinste Abstufungen und Texturvielfalt.)

Diese Nuancierung des Klanges durch die Addition oder Subtraktion gleichzeitig klingender Töne, durch die Beschleunigung oder auch Verlangsamung der Bewegung – mit anderen Worten: diese in die Musik hineinkomponierten Wirkungen sind für die Farbigkeit des Cembaloklangs bei weitem wichtiger als Effekte, die durch zusätzliche oder veränderliche Register erreicht werden können. Von dorther erklärt sich die offenbare Gleichgültigkeit der Cembalokomponisten des 18. Jahrhunderts gegenüber Registrierungsfragen und ihre häufig bekundete Bereitwilligkeit, Instrumente mit beschränkten Registrierungsmöglichkeiten zu benutzen.

Diese auskomponierte Klanglichkeit dient auch dem Formaufbau. Die dichteste Textur steht oft in den Mittelteilen, wo die tonale Struktur am lebhaftesten und intensivsten ist, oder in Teilen, die besonders prägnant oder schnell aufgestellt werden müssen. Abschnitte, die harmonisch gefestigt sind und keines weiteren Nachdrucks bedürfen, wie zum Beispiel die wiederholten Schlußkadenzen, werden gern in ein Diminuendo laufender zweistimmiger Figurationen verdünnt und schließen selten mit Akkorden.

Sonate 44 bietet ein äußerst lehrreiches Beispiel für die Art, wie Scarlatti die Satzverdichtung und -verdünnung und den Lagenwechsel benutzt, um das sozusagen Eindimensionale des zweistimmigen Cembalosatzes plastisch wirken zu lassen und durch Licht- und Schattenwirkungen scharfe Konturen zu erzielen. Das zeigt sich besonders deutlich in der Eröffnung (T. 1–8, 9–16), dann weiter T. 17–20 mit den plötzlich ausbrechenden Bässen und in der anschließenden Modulation (T. 21–30), wo bei den modulierenden Dissonanzen der Satz sich verdichtet, um sich dann wieder auszusparen, sobald die Dominante der Dominante aufgestellt ist. Dieselbe Art, die Phrasenmitte zu verdichten, zeigt sich T. 43–46 und ähnlich im weiteren Verlauf des Stückes. Die stärkste Klang- und Farbmassierung ereignet sich an der Stelle, wo die Hauptkadenz der Sonate in volltönenden Oktaven, Terzen und Sexten vor sich geht (T. 136–148). Dann verdünnt sich der Klang wieder zum Ganzschluß. Scarlatti schreibt keine Kodas, die als neues harmonisches Material an den Schluß eines Stückes oder einer Sonatenhälfte angehängt werden, aber gern fügt er abschließende Figurationen an, die das Ganze in ein Diminuendo auslaufen lassen.

Dasselbe Nuancierungsprinzip ist auch in Sonate 54 offenbar. Um wieder eine Phrase mit einem flüssigen Diminuendo abklingen zu lassen, löst er die dominantische Septime A T. 16–17 nicht zum G auf, sondern läßt sie in der Luft hängen oder eigentlich: er löst sie eine Quart nach unten in ein Unisono auf (vgl. Kapitel X). Die Oktavverdopplungen sind in diesem Stück nicht zufällig. Sie stehen immer dort, wo sie zur Betonung der Phrase dienen oder größere harmonische Strukturen unterstreichen sollen.

In Sonate 19 zum Beispiel gibt es zahlreiche Stellen, wo eigenständige Stimmen plötzlich zu Oktavgängen verschmelzen, was sich aus Klanggründen erklären läßt, vergleichbar den Streicherunisoni zwischen ersten und zweiten Geigen oder zwischen Bratschen und Bässen. Zur Farbkontrastierung benutzt Scarlatti oft extreme Lagenwechsel, er setzt die höchste Lage auf dem Cembalo gegen die tiefste ab (Sonaten 387, 524, 525). In Sonaten 356 und 357 finden sich diese Lagenkontraste so häufig, daß die erste Sonate mit *Per Cembalo espresso* überschrieben ist und beide statt auf zwei Systemen auf vier Systemen notiert sind, um die sonst unvermeidlichen dauernden Schlüsselwechsel zu umgehen.

Im Erfindungsreichtum in Bezug auf die instrumenteigenen Farbmöglichkeiten ist ihm wohl nur Chopin vergleichbar, der aber andererseits seinem Instrument strenger verhaftet bleibt, während bei Scarlatti Klangimitationen anderer Instrumente deutlicher zu Tage treten.

Klangnachahmungen anderer Instrumente

Viele Komponisten, deren Ruhm nicht zuletzt in der meisterhaften Beherrschung der Ausdrucksmöglichkeiten ihres Instrumentes liegen (zum Beispiel Paganini und Liszt), haben dennoch Anregungen und Nachahmungen fremder Instrumente viel zu verdanken. Scarlatti ist keine Ausnahme in diesem Punkt. Es läßt sich nicht immer genau festlegen, welches Instrument ihm im einzelnen vorschwebte, man kann nur auf die Prototypen und deren Kombination verweisen. Was nämlich zum Beispiel einmal an eine Gitarre erinnert, kann ein anderes Mal glockenähnlich wirken (Beispiel 13). Diese Klangnachahmungen sind dem Cembaloklang keineswegs abträglich, sondern erhöhen und erweitern seine Ausdrucksmöglichkeiten in solchem Maße, daß man seine Musik in klanglicher Hinsicht nicht nur vom Cembalo allein betrachten darf.

Beispiel 13 Venedig XII 4 (Longo 205) K. 487

Einige dieser klanglichen Entlehnungen lassen sich ziemlich deutlich nachweisen. Der Klang des Vivaldischen Streichkonzerts verrät sich offensichtlich in Stücken wie Sonaten 37 und 265 (Beispiel 14). Viele Oktavgänge in anderen Stücken ließen sich ebenso nicht nur als typisch fürs Cembalo deuten, sondern auch als bewußte Imitation der Streicherunisoni. Gelegentlich imitiert er auch Geigenfigurationen in einer Weise, wie sie seit Anfang des 17. Jahrhunderts bei vielen Klavierkomponisten üblich war. (Vgl. zum Beispiel seine frühe Sonate Nr. 61.)

Beispiel 14 Venedig XIV 41 (Longo 406) K. 37

Der Albertibaß, der allerdings bei Scarlatti selten vorkommt, wurde immer für eine typische Klavierfigur gehalten. In Wirklichkeit aber handelt es sich dabei sehr oft um die Nachahmung des Streicherklangs, sei es einer solistischen Begleitungsfigur, sei es eines Streicherorchesters oder eines Orchestertuttis. Das gilt für das ganze geschichtliche Auftreten. Man braucht bei Mozart nur einen Albertibaß in einer Klavierstimme mit der entsprechenden Orchesterstelle zu vergleichen oder in den Violinsonaten parallele Stellen, wo Albertibässe zwischen Geige und Klavier verteilt werden. Bei Scarlatti kann ein Albertibaß melodisch wie eine begleitende Geigen- oder Cellofigur wirken, harmonisch wie eine Orchesterfigur oder wie viele andere Albertibässe zwischen beiden Charakteristika schwanken (Sonaten 57, 461, 517 und 533).

Beispiel 15 Venedig VIII 1 (Longo 412) K. 358

Die auffälligsten Bläsereffekte sind die realistischen oder nur angedeuteten Imitationen der Trompete (Sonaten 96, 491 und Beispiel 15) und des Horns (Beispiel 16), die für sich allein stehen oder miteinander verbunden werden. Dutzende von Stücken beginnen mit Fanfaren, die an die Trompeten der königlichen Prozessionen erinnern oder an die Hornrufe, wie sie in den Wäldern von Aranjuez widerhallten.

Beispiel 16 Venedig XIII 29 (Longo 167) K. 542

Chöre entfernter Jagdhörner in Dreier- oder Sechsachtel-Takt klingen widerhallend in manchen Scarlatti-Sonaten nach, so als ob sie gerade im Augenblick durch die Fenster des Palastes wehten (Sonaten 477, 494, 519).
Oft werden mit den Blechinstrumenten Holzbläser verbunden, wie zum Beispiel in einigen der vorher erwähnten Sonaten. Die Holzblasinstrumente lassen sich nicht immer genau identifizieren, aber Sonate 238 erinnert, wie schon weiter oben angedeutet, stark an eine Freiluftmusik für Flöten, Oboen, Oboi da caccia und Fagott.
Auch Trommeln tauchen zusammen mit Trompeten (Sonate 491) oder mit Holzbläsern (Beispiel 17) auf. Oft markieren sie die Bässe der Prozessionsmusiken (Sonate 490).

Beispiel 17 *Essercizi* 20 (Longo 375) K. 20

Sie explodieren manchmal wie Kanonenschüsse in den Klang der Oboen und Hörner, wie in Sonate 108, wenn die linke Hand wie eine Bombe vier Oktaven auf dem Cembalo herunterkracht (Beispiel 18). Das klingt übrigens ähnlich wie die Pauken im Scherzo von Beethovens Neunter Symphonie.

Abb. 44 Die Hornisten des venezianischen Gesandten, Federzeichnung von Pier Leone Ghezzi (Rom, Biblioteca Vaticana, Codici Ottoboniani latini 3117, fol. 64)

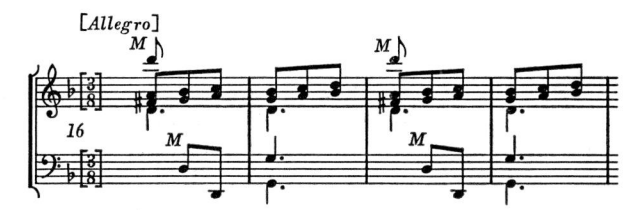

Beispiel 18 Venedig XV 11 (Longo 249) K. 108

Explodierende Akkorde wie die in Sonate 525 erinnern an Artilleriesalven, die zwischen den Musiken der königlichen Kapelle bei den Feuerwerken in Aranjuez erdröhnten (Beispiel 19).

Beispiel 19 Venedig XIII 12 (Longo 188) K. 525

Jeden Tag, während ich an diesem Kapitel schrieb, hörte ich von einer nahegelegenen Karabinieri-Kaserne ein Trompetensignal, das mich stets an den Anfang der Sonate 488 (Beispiel 20) erinnerte:

Beispiel 20 Venedig XII (Longo S. 37) K. 488

In Sonate 406 glaube ich die quäkenden Holzbläser eines marschierenden Musikzuges zu hören, von einem Trompetenpaar und Pauken unterbrochen (Beispiel 21), und in der zugehörigen Sonate verstimmte Cornette (Beispiel 22).
Wer je die dubiose Intonierung einer spanischen oder süditalienischen Dorfkapelle aus der Entfernung gehört hat, wird diesen Klang sofort in Dutzenden von Scarlatti-Sonaten wiedererkennen, so zum Beispiel in Sonate 421.

Scarlattis Cembalo

Beispiel 21 Venedig IX 19 (Longo 5) K. 406

Beispiel 22 Venedig IX 20 (Longo S. 4) K. 407

Den Dudelsack der süditalienischen *zampognari* mit seinen Bordun- und Melodiepfeifen, auf denen sie so gern ihre Weihnachtslieder spielen, und die Pfeifen der *pifferari* kann man in allen Stücken wiederhören, die Scarlatti selbst als Pastorale kennzeichnet (Sonate 513). (Allerdings nicht so deutlich in Sonate 9. Deren allgemein verbreitete Bezeichnung als Pastorale scheint erst im 19. Jahrhundert entstanden zu sein.)

Glocken lassen sich in Scarlattis Cembalomusik nicht immer deutlich nachweisen (Beispiel 13), aber die Orgelpunkte der Ober- und Unterstimmen in Sonate 437 (Beispiel 23) können sicherlich nichts anderes bedeuten.

Beispiel 23 Venedig X 20 (Longo 278) K. 437

Die wirbelnden wiederholten Töne in Sonate 211 und in Beispiel 24 erinnern an die Mandoline. In Sonate 143 erscheint sie in besonders italienischer Weise mit Gitarrenbegleitung, wie man das noch heute an der Küste von Neapel zu hören bekommt.

Beispiel 24 Venedig VI 3 (Longo S. 6) K. 298

Schnell repetierte Töne haben bei Scarlatti vielfach leicht etwas von Mandolinen und Kastagnetten an sich. In den meisten der spanischen Tanzstücke ist die Vorstellung von Kastagnetten fast unvermeidlich. Oft steigt ihr trokkenes Klappern direkt aus dem Grundrhythmus heraus. Manchmal werden sie regelrecht nachgeahmt, wie in Sonate 119 T. 18–30 oder in Sonate 435 (Beispiel 25). Allerdings möchte man zuweilen auch meinen, Scarlatti habe aus

Beispiel 25 Venedig X 18 (Longo 361) K. 435

der Not der klappernden Tasten auf den alten, abgenutzten Cembali, auf denen er sicher manchmal zu spielen hatte, eine Tugend gemacht. Auf die Kastagnetten der Sonate 435 antwortet das Pendant mit Trompetenfanfaren (Beispiel 26).

Abb. 45   Gitarrenspieler, Bildteppich-Karton von Goya
(Madrid, Prado)

Beispiel 26 Venedig X 19 (Longo 109) K. 436

Scarlatti ließ sich unverkennbar und häufig von der Dorfmusik anregen, mindestens so oft wie von der königlichen Kapelle. Manches Instrument und mancher Tanzrhythmus, der sonst nie in den königlichen Palast gedrungen wäre, gelangte durch Scarlattis Sonaten in die königlichen Gemächer. Mitunter vermischen sich Trompeten, Hörner, Streicher, Holzbläser und Schlaginstrumente im Finale einer Sonate zu einem großartigen Durcheinander, dem sich auch noch Glocken, Gitarren und Kastagnetten beifügen, wie in Sonate 96.

Der Einfluß der spanischen Gitarre

Soweit wir wissen, spielte Scarlatti selbst nicht Gitarre, aber kein Komponist geriet wohl stärker in ihren Bann als er. In der spanischen Tanzmusik bilden ihre leeren Saiten oft einen Orgelpunkt (vgl. Beispiel 38 in Kapitel X). Ihre arpeggierten Figuren erwecken eine Art berauschender Monotonie. Gewisse heftige Dissonanzen scheinen das Geräusch nachzuahmen, das sich beim Schlage mit der Hand auf das Korpus der Gitarre ergibt, oder den Klang barbarischer Akkorde, die fast die Saiten zu sprengen drohen (Beispiel 47 in Kapitel X). Sogar die harmonische Struktur vieler solcher Stellen, die die Gitarre nachahmen, werden wohl von den leeren Saiten und ihrer vorzüglichen Eignung für die modale spanische Volksmusik bestimmt.
Beim Überschlagen der Hände, wenn die linke Hand nach oben springt, hat man oft den Eindruck, als ob sie nach der Sangsaite griffe, um dann gleich wieder die leeren Baßsaiten in Schwingung zu versetzen. Scarlattis oktavierte Bässe stellen oft nur die Obertöne der tiefen Gitarrensaiten dar, wie in Sonate 26.
Über die auffallenden Eigenschaften hinaus, die das Cembalo mit der Laute und Gitarre gemeinsam hat, muß besonders die spanische Gitarre auf Scarlattis Cembalostil einen tiefreichenden Einfluß ausgeübt haben. Fort-

schreitungen, wie sie sich auf der Orgel in konsequenter und herkömmlicher Stimmführung darstellen lassen, müssen auf der Gitarre und Laute in fragmentarische Annäherungen aufgebrochen werden (vgl. dazu die Lautentranskriptionen vokaler Stücke aus dem 16. Jahrhundert). Spielbare Akkorde und die Stimmung der leeren Saiten werden wichtiger als abstraktere Gesetze. Die Akkorde sind nicht mehr Verschmelzung gleichzeitig erklingender Stimmen; sie werden vielmehr zu ›Stützpunkten‹ der Tonalität, wie jeder erfährt, der einmal zu Gitarrenbegleitung singt. Die leeren Saiten ermöglichen Orgelpunkte und verlocken sogar dazu, sie verleiten auch zum Ineinanderziehen verschiedener Harmonien. Etwas Vergleichbares gibt es bei Bach nur in den polyphonen Stücken für Solo-Violine, aber auch hier behält Bach – viel mehr als Scarlatti – eine strenge horizontale Stimmführung bei, wenn auch manchmal nur noch zum Schein. Denn trotz seines unübertroffenen Sinnes für Tonalität sind für Bach auch in den Stücken für Solostreicher und in Werken wie der *Chromatischen Phantasie* Akkorde nur das unausweichliche Produkt horizontalen Stimmgeschehens. Für Scarlatti sind sie frei verteilbare Tonalitätseinheiten, für die die einfachen Elemente einer vokalen Verbindung vollauf genügen.

X. Scarlattis Harmonik

Die Konsequenz seiner Harmonik – Rückführung der Harmonie auf die drei Grundakkorde – Umkehrung und Grundbaß – Die übrigen Akkorde; Eigenheiten in der Behandlung der Septakkorde – Kadenzierende und diatonische Akkordfortschreitungen – Vertikale Klangspannungen – Wesentliche Eigenheiten des Scarlattischen Verfahrens: Stimmauslassungen und -einfügungen, Stimmversetzung, Akkordauslassung, wirkliche und angedeutete Orgelpunkte – Übereinandergestellte Akkorde – Zusammenziehungen und Erweiterungen – Longos ›Verbesserungen‹ und Scarlattis Absichten – Die gleichschwebende Temperatur und das Tonartensystem – Solers Modulationsregeln – Ausweichungen und formbildende Modulationen

Die Konsequenz seiner Harmonik

Scarlattis Cembalokompositionen galten lange Zeit als bizarr oder sogar ausgesprochen fehlerhaft. Fast ausnahmslos haben Herausgeber und Kommentatoren ein unzureichendes Verständnis für die innere Folgerichtigkeit seiner Harmonik an den Tag gelegt. In diesem Kapitel soll nachgewiesen werden, daß es auch in den überraschendsten und anscheinend regelwidrigen Ausbrüchen seiner genialen Phantasie keine Stelle gibt, die sich nicht durch die Scarlattische Auffassung vom Klaviersatz erklären ließe. Das Wesentliche seines Klaviersatzes zeigt sich weitaus deutlicher in seiner Satztechnik als in den an der Oberfläche liegenden Besonderheiten seines Klavierstiles. So problematisch es auch ist, einen ausgesprochen untheoretischen Komponisten einer höchst theoretischen Behandlung zu unterziehen, so zeigt sich doch bei der Untersuchung seiner Harmonik, daß Scarlatti vielleicht nicht einer der größten, aber auf jeden Fall doch einer der originellsten Komponisten des 18. Jahrhunderts war. Seine Vokalwerke folgten den strengen Regeln der Zeit, aber seine Cembalosonaten – für die es kein Vorbild und nur wenige Anhaltspunkte in musiktheoretischen Quellenwerken gibt – schufen einen neuen Begriff der Harmonik und der tonalen Form, was bisher noch nicht genügend gewürdigt worden ist.

Ich habe bewußt von dem Versuch Abstand genommen, Scarlattis Satz in musiktheoretischen Begriffen des 18. Jahrhunderts zu erläutern; auch nicht mit Begriffen der Theoretiker, die ihm am Anfang bzw. Ende seiner Karriere besonders nahestanden: Gasparini und Soler. Zum einen können sie vieles nicht erklären, zum andern ist ihre Terminologie veraltet und für den heutigen Leser kaum mehr verständlich. Gelegentlich beziehe ich mich auf Gedankengut des 18. Jahrhunderts, besonders was die ablehnende Haltung vieler Musikschriftsteller gegenüber Rameaus Lehre von der Akkordumkehrung angeht. Auf die Gefahr, dem Laien pedantisch und dem Theoretiker naiv zu erscheinen, habe ich mir vielmehr ein eigenes System zusammengestellt aus den uns vertrautesten Quellen, besonders jenen Harmonielehren des 19. Jahrhunderts, die bezeichnenderweise vor Scarlattis Kompositionsweise versagen. In der Anwendung jedenfalls ist es nicht so schwerfällig wie die Systeme, aus denen es zusammengesetzt ist. Daß es unvollständig ist, kann ich nicht so sehr bedauern. Könnte man Scarlattis Musik völlig mit Worten erklären, wäre sie der Erklärung nicht wert. Meine Absicht ist lediglich, die wesentlichen Eigenheiten des Scarlattischen Satzes in ihrem Zusammenhang zu zeigen, nicht aber sie in ein System zu zwängen, das sie doch augenblicklich sprengen würden.

Rückführung der Harmonie auf die drei Grundakkorde

Die Elemente des Scarlatti-Satzes sind weitaus einfacher, als es zunächst den Anschein hat. Bei all seinen vielen Dissonanzen und Modulationen stammen die Grundelemente, mit denen er so unerschöpflich phantasievoll arbeitet, von den Grunddreiklängen der I., V. und IV. Stufe, ihren Umkehrungen und Parallelen (Beispiel 1).

Wenn man Vorhalte, Orgelpunkte, Wechsel- und Durchgangsnoten, Ausweichungen, harmonische Zusammenziehungen und Akkordüberlagerungen berücksichtigt, kann man eine ganze Reihe von Scarlatti-Sonaten völlig mit diesen drei Akkorden analysieren. Sonate Nr. 115 ist zum Beispiel trotz ihrer geradezu dämonischen Vielfalt und ihrer fingerbrecherischen Acciaccaturen ganz und gar auf den Dreiklängen der Tonika, der Dominante und Subdominante aufgebaut. Diese drei Akkorde sind der Ausdruck der kühlen, sicheren Logik, die diesem wilden Stück zugrunde liegt.

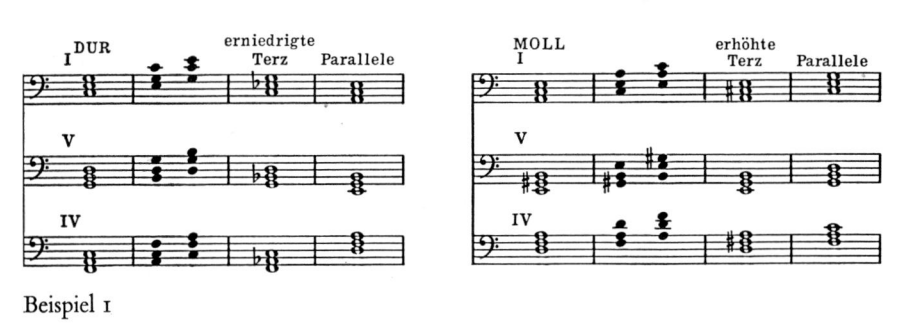

Beispiel 1

Seltener benutzt Scarlatti die Akkorde der anderen Stufen. Die Molldreiklänge der Durskala, auf der VI., III. und II. Stufe, können oft als Parallelen der I,. V. und IV. Stufe erklärt werden; entsprechend die Durklänge der Mollskala auf der III., VII. und VI. Stufe (Beispiel 2).

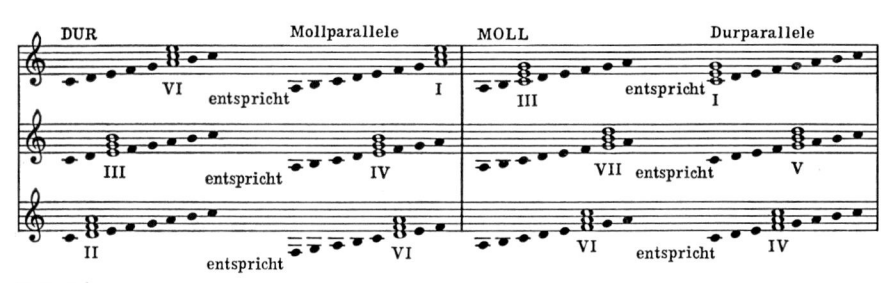

Beispiel 2

Anscheinend werden weder die VII. Stufe in Dur oder Moll noch die II. Stufe in Moll als selbständige Funktion benutzt (Beispiel 3 und 4).

VII wird verbunden mit V oder II oder IV oder mit V kombiniert mit IV

Beispiel 3

II wird verbunden mit VII oder IV oder VI oder mit V kombiniert mit IV

Beispiel 4

Es muß hier betont werden, daß Scarlatti die Akkorde im Verlauf eines Stückes zwischen Dur und Moll hin- und herwechseln läßt. Diese Bereitschaft zu ständigem Wechsel zwischen Licht und Schatten von Dur und Moll gibt so vielen seiner Stücke einen vielfarbigen, bunten Reiz (Beispiel 5).

Beispiel 5 Parma III 29 (Longo 465) K. 96

Das fällt nicht nur bei der Tonika auf, sondern auch beim Gebrauch der Mollsubdominante in Dur. Kennzeichnend für Scarlattis Vorliebe, zwischen Dur und Moll in der Schwebe zu bleiben, sind die Mollsubdominant-Durdominant-Fortschreitungen in den Volksmusik imitierenden Stücken (Beispiel 6, reduziert aus Sonate Nr. 105).

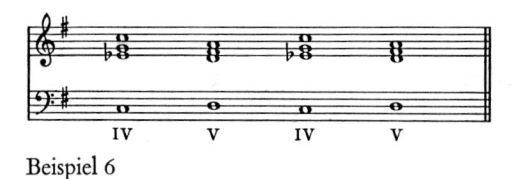

Beispiel 6

Trotz ihrer modalen Züge benutzt Scarlatti sie völlig tonal, sowohl in Hinsicht auf ihren augenblicklichen Farbwert als auf ihre Funktion im Aufbau des Stückes. (Alle anscheinend modalen Fortschreitungen verwendet Scarlatti durchgehend tonal. Vgl. zum Beispiel den Plagalschluß des ersten Teils der Sonate Nr. 1 oder das Pendeln zwischen der d-moll Tonika und einem C-Dur Akkord der VII erniedrigten Stufe in Sonate Nr. 516 und das folgende Beispiel aus Sonate Nr. 223.) (Beispiel 7)

Beispiel 7 Venedig III 18 (Longo 214) K. 223

Oft beginnt Scarlatti ein Stück in Moll (Sonaten Nr. 519, 552) oder setzt plötzlich den Mittelteil in Moll (Sonaten Nr. 44, 133), um am Ende mit einer wahren Apotheose in Dur zu schließen. Manchmal tut er auch das Gegenteil und verdüstert ein Stück in Dur durch einen Mollschluß (Sonate Nr. 107).

Umkehrung und Grundbaß

Ich habe nicht feststellen können, ob Scarlatti irgendwie mit der Lehre von der Akkordumkehrung und dem Grundbaß vertraut war, die Rameau 1722 zuerst in seinem *Traité de l'Harmonie* aufstellte. Viele Komponisten des 18. Jahrhunderts, unter ihnen besonders J. S. Bach und sein Sohn Carl Philipp Emanuel, lehnten diese Theorie ab, und ihre Musik läßt sich oft leichter mit Hilfe der Akkord-Klassifizierung analysieren, wie sie von den meisten der herkömmlichen Generalbaß-Abhandlungen der Zeit geboten wird. In diesen Traktaten wird das Prinzip der Akkordumkehrung übergangen, die Akkorde werden eingestuft als Terzquint-Akkorde, Sextakkorde, Quartsext-Akkorde, Septakkorde, Quintsext-Akkorde usw. Als erfahrener Generalbaßspieler kann ich den praktischen Nutzen dieser Klassifikation nur bestätigen. Für den Generalbaßspieler gibt es Akkorde nur in ihrem Zusammenhang. Das Prinzip der Umkehrung hat – ausgenommen bei arpeggierten Bässen – für ihn wenig Wert. Wie alle Komponisten des 18. Jahrhunderts war Scarlatti von seiner Kindheit an Generalbaßspieler, geübt, im Bruchteil einer Sekunde alle und jede Musik auf das vertikale Akkordgerüst und die einfachen Hauptfortschreitungen des Generalbaßsatzes zurückzuführen. Dennoch, ganz abgesehen von Rameau, das Prinzip der Akkordumkehrung lag in der Luft und wurde teilweise wenigstens stillschweigend auch von den Komponisten anerkannt, die es theoretisch ablehnten. Scarlattis Schüler, Antonio Soler, erwähnt in seiner Abhandlung *Llave de la Modulacion*, der ich mich gleich näher widmen werde, die Akkordumkehrung nicht eigens, aber seine Beispiele und Kommentare scheinen diesen Grundsatz für selbstverständlich zu halten. Er ordnet die elementaren Dur- und Mollkonsonanzen so ein, daß die Terzquint-Akkorde als vollkommen, die Sextakkorde als unvollkommen und die Quartsext-Akkorde als zusammengesetzt gelten (Beispiel 8).

Beispiel 8 Soler, S. 47-48

In dem Stil, den Scarlatti für seine Klaviermusik entwickelt, findet das Prinzip der Akkordumkehrung weit mehr Anwendung als in seinen Vokalwerken. Betrachten wir seine Sextakkorde: Wie im Generalbaßsatz ist ihre Funktion nicht festgelegt. Oft sind sie mit einem Terzquint-Akkord desselben Baßtones verwandt, ihre Sexte stellt bloß einen Wechselton dar (Beispiel 9);

oder können mit ihm verschmelzen und bilden den Quintsext-Akkord, den die Generalbaßspieler wechselweise für viele nur mit der 6 bezeichnete Akkorde verwendeten (Beispiel 10). Ein anderes Mal sind sie deutlich mit der – wie wir heute sagen – Grundstellung des Akkords verwandt (Beispiel 11).

Beispiele 9, 10 und 11

Für Scarlatti scheint es keine eigene Klasse vollständiger Quartsext-Akkorde gegeben zu haben. Der einzige, der als selbständig betrachtet werden kann, ist wohl der Quartsext-Akkord der I. Stufe in Verbindung mit der V. Stufe. Andere Quartsext-Akkorde entstehen durch gebrochene Bässe, Vorhalte, Durchgangs- und Wechselnoten oder Ausweichungen, die ihnen zeitweilig diese Funktion geben.

Der neapolitanische Sextakkord fällt nicht besonders auf. Er erscheint meistens nur vorübergehend als Ergebnis von Scarlattis häufigem Wechsel zwischen Moll und Dur, oft einer Moll-Subdominante untergeordnet, oder als Ergebnis schrittweiser Stimmbewegungen (Sonaten Nr. 29 und Nr. 96).

Scarlatti kümmert sich mehr um die grundlegenden tonalen Funktionen als um den Grundbaß. Seine Harmonien ruhen nicht mehr fest auf der horizontalen Linie des Basses, sondern schweben um die Hauptstufen der Tonart. Akkorde bedeuten für Scarlatti keine Stimmballungen, jedenfalls nicht über die Erfordernisse eines vokal geführten zweistimmigen Grundgerüstes hinaus; sie stellen Tonartenpunkte dar. Seine Harmonien sind keine festen Körper, die wie Mosaiksteinchen nebeneinander gesetzt werden; sie fließen und können gemischt und nuanciert werden wie Farben. Die Biegsamkeit seiner Akkorde gestattet alle Möglichkeiten der Erweiterung, Kontraktion und zeitweisen Übereinanderschichtung tonaler Funktionen. Von daher kommen die Lockerheit und die anscheinenden Freiheiten seiner Stimmführung.

Die übrigen Elemente der Scarlattischen Harmonik erschließen sich den Begriffen aus dem Vokabular der Generalbaßlehre des 18. Jahrhunderts, wie es Gasparini aufgestellt hat, nämlich den Begriffen der vertikalen Kombination von Tönen durch Vorhalte oder durch diatonische Stimmbewegung, oder jenen der Ableitungen oder Kombinationen der drei kadenzbildenden Grundakkorde. Aber weder die Regeln der Generalbaßlehre Gasparinis noch die geltenden Gesetze der gesanglichen Stimmführung, wie sie Scarlatti in seinen Opern und geistlichen Werken beispielhaft befolgt hat, reichen aus, um seine Cembalomusik völlig zu erklären. Hier müssen wir Scarlattis besonderes und größtenteils eigenständiges Verfahren in Betracht ziehen, verschiedene Töne der drei Grunddreiklänge zusammenzumischen, sowie seine Praxis, Stimmen umzulegen oder plötzlich fallen zu lassen. So verlockend es auch ist, aufzuzeigen, wie schlagend sich viel von Scarlattis höchst kunstvollem Satz auf drei Akkorde und ihre Umkehrungen zurückführen läßt, so darf man dennoch nicht annehmen, daß er jemals an eine solche Beschränkung dachte oder sie sich absichtlich auferlegte. Bei Scarlatti findet sich der gesamte Akkordbestand der Generalbaßpraxis des 18. Jahrhunderts und eine große Vielzahl von Akkorden, wie sie sich durch die horizontale Stimmbewegung ergeben; daß dennoch die Kadenzformeln vorherrschen, ist lediglich eine zwangsläufige Folge seines außerordentlichen Sinnes für Tonalität.

Die übrigen Akkorde; Eigenheiten in der Behandlung der Septakkorde

Scarlattis Septakkordbehandlung entspricht am wenigsten den Vorstellungen der orthodoxen Harmonielehre. Im Sinne des Generalbasses finden wir bei ihm den gesamten Bestand der Septakkorde und ihrer Umkehrungen, wie wir heute sagen. Aber an eine eigene Klasse von – im Sinne der Harmonielehre des 19. Jahrhunderts – Nebenseptakkorden und ihren Umkehrungen auf allen Stufen der Tonleiter scheint er nicht gedacht zu haben. Als Akkorde stellen sie hauptsächlich die vertikale Generalbaßreduktion der Intervalle dar, die sich aus der horizontalen Stimmbewegung ergeben, oder eine Kombination von Tönen aus den drei Grunddreiklängen. Selbst die üblichsten Septakkorde, der Dominantseptakkord und der verminderte Septakkord, haben bei Scarlatti selten die Funktion, wie sie Bach und Mozart, die Harmonielehre des 19. Jahrhunderts, ja er selber in seinen Vokalwerken ihnen zuschreiben.

Im allgemeinen vermeidet er es, seinen Septakkorden oder ihren Umkehrungen Gewicht zu geben. Er sinkt nie, sozusagen, in sie hinein, in der deutschen Manier. Desto weniger braucht er Dominantsept-Akkorde in der Art vieler seiner italienischen Zeitgenossen, um gewisse Stellen zu ›versüßen‹. Scarlatti scheint, sozusagen, auf der Oberfläche seiner Septakkorde zu beharren, als ob er das Flüchtige seiner häufig wechselnden tonalen Strömungen nicht aufgeben und die Schlankheit und Nervigkeit seiner Linien und Figurationen nicht belasten wolle (Beispiel 12). Fast immer bewegt sich sein Satz, auch bei den kompliziertesten chromatischen Dissonanzen, leicht und mühelos, ohne sich zu verwickeln.

Beispiel 12 Venedig IX 22 (Longo 150) K. 409

Zum größten Teil sind Scarlattis Septakkorde Zusammensetzungen aus den einfachen Intervallen, die sich aus der Bewegung der oberen Stimmen gegen den Baß und untereinander ergeben. Bei der Erörterung der einzelnen Akkorde in seinen Modulationsbeispielen spricht Soler niemals von Septakkorden, sondern nur von zusammengesetzten Intervallen zwischen den Oberstimmen und dem Baß.

Beispiel 13 Venedig III 1 (Longo 257) K. 206

Scarlattis Dominantseptakkord-Behandlung ist auffallend unorthodox. Oft löst sich der ganze Akkord in einen bloßen Einklang auf, was sich in Begriffen der vokalen Stimmführung schwer erklären ließe (Beispiel 13). Immer wieder läßt er die Septime einfach hängen, ohne direkte Auflösung (Beispiel 14). Nur in wenigen Fällen wird ein Dominantseptakkord

Beispiel 14 Essercizi 18 (Longo 416) K. 18

zur Verstärkung einer Schlußkadenz benutzt. Die vollständige Aufstellung und Auflösung eines kadenzierenden Dominantseptakkordes in allen vier Stimmen, wie in Sonate Nr. 246, ist selten. Wenn in einer kadenzierenden Dominante eine Septime vorkommt, verdünnt Scarlatti häufig den Akkord durch die Auslassung der Terz (Beispiel 15). – [Der von Longo vorgeschlagene Dominantseptakkord am Schluß der Sonate Nr. 308 (Longo Nr. 359) paßt weder zu Scarlattis Praxis noch zur Deklamation des Stückes.]

Beispiel 15 Venedig IV 21 (Longo 228) K. 256

Oft vermeidet Scarlatti absichtlich einen Dominantseptakkord, wo man ihn erwarten sollte, zum Beispiel in einer Schlußkadenz, wenn er in vorhergehenden Kadenzen verwendet wurde (Sonate Nr. 206). In Sonate Nr. 520 wird im Schlußteil ein auffallender Dominantseptakkord benutzt: wer etwas mit Scarlatti vertraut ist, weiß im voraus, daß er nicht in der Schlußkadenz vorkommen wird (Beispiel 16).

Beispiel 16 Venedig XIII 7 (Longo 86) K. 520

Um Scarlattis freie Behandlung der Dominantsept- und Nebenseptakkorde zu verstehen, muß man seine Technik kennen, die Akkordtöne ohne weiteres von einer Stimme oder Oktavlage in die andere umzulegen und Töne eines Klanges über einen anderen zu schichten. Der anscheinend unaufgelöste Dominantseptakkord bei Scarlatti ist nichts anderes als eine Zusammenziehung der IV. und V. Stufe, wobei der Baßton der Subdominante in eine Innenstimme umgelegt wird und eine völlig normale Auflösung eine Quarte nach unten erfährt (Beispiel 17). Bei solchen Kombinationen von Subdominante und Dominante stellt der erklingende Baßton

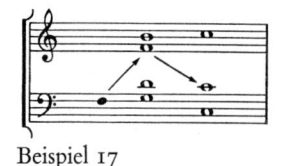

Beispiel 17

im allgemeinen die vorherrschende harmonische Funktion dar. Bei übereinandergestellten Akkorden muß immer einer der Bestandteile die anderen überwiegen.

Wir werden gleich sehen, wie sich solche Schichtungen durch Vorhalte, Orgelpunkte und Kontraktion wichtiger harmonischer Schritte erklären. Ferner werden wir sehen, daß die Stimmen, die die eigentlich melodische Funktion im zweistimmigen Gerüstsatz übernehmen, im allgemeinen in herkömmlicher Weise vorbereitet und aufgelöst werden, wogegen die ergänzenden Innenstimmen, besonders jene, die sich aus Orgelpunkten und Klangschichtungen ergeben, nicht unbedingt diesen Gesetzen unterworfen sind. Es ist daher bemerkenswert, daß Scarlattis unaufgelöste Septimen immer in den Innenstimmen liegen. Eine unaufgelöste Septime in der Oberstimme oder einer nach oben umgelegten Stimme wird jedesmal für das Ohr in einer anderen Stimme oder nach einer kleinen Verzögerung aufgelöst (Beispiel 18).

Beispiel 18 Venedig XIII 4 (Longo 266) K. 517

Die schrittweise diatonische Auflösung der Dominantseptakkorde und der verminderten Septakkorde sowie die Seltenheit, mit der sie sich in einen einfachen Dreiklang auflösen, erklärt sich im allgemeinen aus der horizontalen Stimmbewegung und dadurch, daß diese Akkorde Dreiklangskombinationen darstellen. Sie sind Treff- und Kreuzungspunkte tonaler Funktionen, wo durch Vorhalte oder Orgelpunkte Klänge ineinander überklingen (vgl. Beispiele 40, 42, 47, 53). Gelegentlich ist ein Orgelpunkt angedeutet, erklingt aber nicht, oder eine Vorbereitung ist ausgelassen. Dann sind die scheinbar willkürlich entstehenden Dissonanzen eigentlich nichts anderes als Kontraktionen herkömmlicher Akkordfortschreitungen. Aber wir greifen unserem Material vor.

Der Quintsext-Akkord hängt bei Scarlatti wie bei den Generalbaßlehren – außer bei arpeggierten Bässen – selten mit seiner theoretischen Grundstellung, dem Septakkord, zusammen. Er stellt im allgemeinen eine Intensivierung des Sextakkordes durch die Hinzufügung der Quinte dar. Das gilt besonders für den Quintsext-Akkord der V. Stufe (Beispiel 19). Der Quintsext-Akkord der II. Stufe ist eine weitere Verstärkung der subdominantischen Wirkung des Sextakkordes der II. Stufe (Beispiel 20). Als Beispiel für eine

Beispiel 19

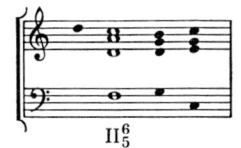

Beispiel 20

unaufgelöste Quinte in einem Quintsext-Akkord der V. Stufe, die eine Überlagerung aus der Subdominante darstellt, aber in einer Oberstimme verdoppelt und korrekt aufgelöst wird, vgl. Sonate 206 (Beispiel 21).

Beispiel 21 Venedig III 1 (Longo 257) K. 206

Terzquart-Akkorde stellen – ebenso wie Quintsext-Akkorde – in der Generalbaßlehre oft Verstärkungen des Sextakkordes dar, jedoch durch Hinzufügung einer Quart (Beispiel 22). Bei arpeggierten Bässen haben sie eine große Ähnlichkeit mit deren sogenannter Grundstellung. Sie entstehen im allgemeinen durch diatonische Stimmfortschreitungen, manchmal

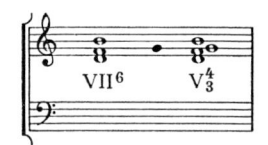

Beispiel 22

durch den Wechseltoncharakter der Terz oder Quart, so daß sie entweder von einem Sextakkord oder einem Quartsext-Akkord abgeleitet werden können. Terzquartakkorde werden bei Scarlatti gewöhnlich vorbereitet und diatonisch aufgelöst, aber der Terzquart-Akkord der V. Stufe wirkt, wie der Dominantseptakkord, häufig als Kombination von Dominante und Subdominante (Beispiel 23). (Als Beispiel für einen unaufgelösten Terzquart-Akkord der II. Stufe, in Wirklichkeit eine Überlagerung von Subdominante und Dominante, vgl. Sonate Nr. 206, Beispiel 24.)

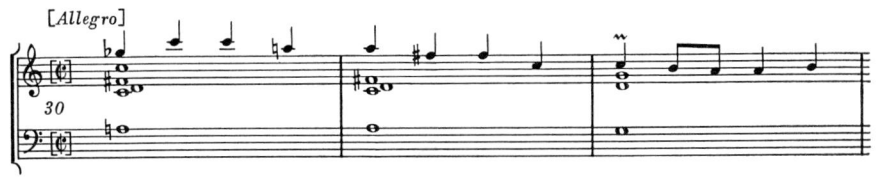

Beispiel 23 Venedig X 3 (Longo S. 2) K. 420

Scarlattis Harmonik

Beispiel 24 Venedig III 1 (Longo 257) K. 206

Sekundakkorde werden ebenfalls immer vorbereitet und diatonisch aufgelöst. Der Sekundakkord der V. Stufe kombiniert Dominante und Subdominante. Es fällt jedoch auf, daß Scarlatti niemals den Baß eine Quart nach unten auflöst, wie J. S. Bach es in gewissen Rezitativen tut (Beispiel 25).

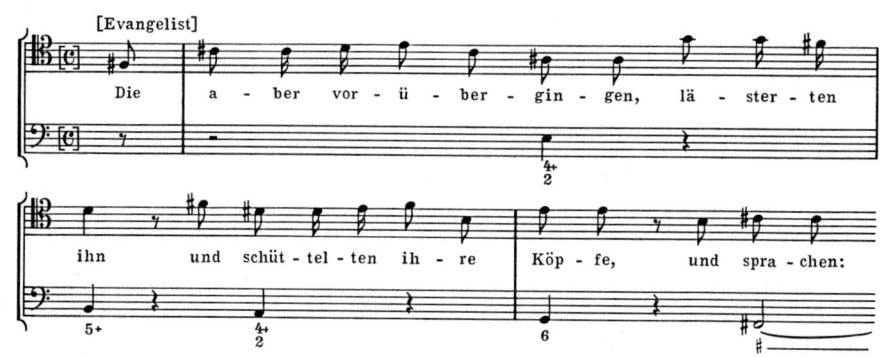

Beispiel 25 J. S. Bach, Matthäus-Passion, *Werke*, IV, S. 223

Daß Bach gelegentlich diese Formel und die folgende harmonische Zusammenziehung verwendet, bedeutet eine direkte Anerkennung der subdominantischen Funktion bei der – wie wir heute sagen würden – Umkehrung eines Dominantsept-Akkordes (Beispiel 26 und 27).

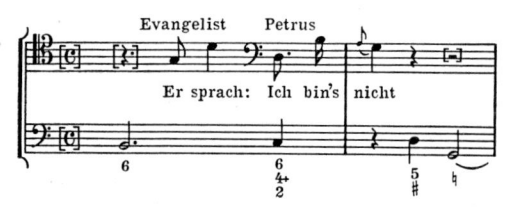

Beispiel 26 J. S. Bach, Johannes-Passion, *Werke*, XII¹, S. 29

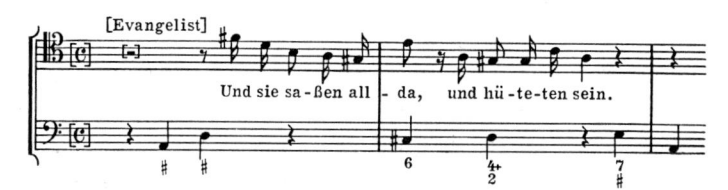

Beispiel 27 J. S. Bach, Matthäus-Passion, *Werke*, IV, S. 223

Häufig läßt Scarlatti, nachdem er einen Sekundakkord vorbereitet hat, die Sekunde aus, um ihn nicht zu gewichtig werden zu lassen. Das geschieht besonders beim Sekundakkord der V. Stufe, der somit zum Quartsextakkord der VII. Stufe wird (Beispiel 28).

Beispiel 28 Venedig XII 7 (Longo 206) K. 490

Kadenzierende und diatonische Akkordfortschreitungen

Scarlattis Satz wird entweder von Kadenzen bestimmt oder von der diatonischen Bewegung der Stimmen. Die Kadenzen können abschließen oder offen bleiben, sie können große Teile eines Stückes umreißen oder sich in einer Reihe kleiner Sequenzen wiederholen. Manche der Scarlatti-Sonaten zeigen einen deutlichen Gegensatz zwischen den kadenzierenden und den von diatonischer Stimmbewegung bestimmten Teilen. In allen Sonaten Scarlattis wird der abschließende Teil jeder Hälfte, der die Tonart bestätigt, von Kadenzen beherrscht, der Kontrast jedoch zwischen kadenzierenden und nicht-kadenzierenden Teilen wird oft vermindert durch ergänzende harmonische Ausschmückungen und diatonische Figurationen in den Kadenzteilen oder durch eingefügte Nebenkadenzen in den ursprünglich nicht-kadenzierenden Teilen des Stückes. Die Trennung ist deutlich in Sonate Nr. 190 und besonders ins Auge fallend in Sonate Nr. 456 zwischen dem Schlußteil der zweiten Hälfte (T. 59–77), der nur auf A, D, E und A beruht, und der schrittweise gleitenden Bewegung des Basses im vorhergehenden Teil (T. 36–58), die von e über fis, gis, fis, e, dis, d, c, h nach a fortschreitet. Außerdem erscheint im ersten Teil der Sonate nur eine einzige Abweichung von der Kadenz der drei Grunddreiklänge, T. 13–15. Wie sonst läßt sie sich erklären durch schrittweise Stimmbewegung und Orgelpunkte in den Innenstimmen, wodurch zeitweilige Überlagerungen von Tönen aus zwei oder allen drei Grunddreiklängen entstehen.

Der phrygische Schluß über einem diatonisch fortschreitenden Baß (Mollsubdominante, Durdominante), oft mit der Mollsubdominantparallele verziert, dann – wirklich oder ausgelassen – die Durtonika (Beispiel 29) taucht immer wieder in den Spanischen Sonaten Scarlattis auf, so wie man ihn heute noch in der ganzen spanischen Volksmusik hört. Scarlatti liebt ihn besonders in den Modulationen des zweiten Sonatenteils und in den tonart-

Beispiel 29

lich in der Schwebe gehaltenen Stellen kurz vor der endgültigen Bestätigung der Schlußdominante eines Teils. Meistens wird er durch übergehaltene Orgelpunkte und Acciaccaturen, in denen Töne verschiedener Akkorde zusammenschlagen, verschleiert (Beispiel 30).

Beispiel 30 Parma III 24 (Longo 204) K. 105

Dies Verschwimmenlassen benutzt Scarlatti gern, wenn er eine Kadenz abschwächen oder einen Bogen weiterziehen will; auch um eine Schlußwirkung zu vermeiden (vgl. Beispiel 45), oder den Modulationsausgang mehrdeutig zu lassen. Solche Partien setzen sich oft deutlich ab gegen die klaren Kadenzierungen des nicht modulierenden Teils.

Vertikale Klangspannungen

Das Gewebe der vertikalen Spannungen ist bei Scarlatti viel lockerer als bei vielen anderen Komponisten des 18. Jahrhunderts. Das kommt zum Teil daher, daß die horizontalen Bindungen der einzelnen Stimmen sehr viel weniger eng verflochten sind als zum Beispiel bei Bach. Scarlattis Vorhalten fehlt es gewöhnlich an Spannung. Bach benutzt sie als Verbindungen im harmonischen Gewebe, Scarlatti als farbigen Reiz oder als flüchtige Seufzer. Oftmals vernichtet er absichtlich die Spannung der Vorhalte, Dissonanzen oder Leittöne durch eine ungewöhnliche Auflösung. Sie werden einfach wie Funken in die Luft geschleudert, ohne – wie bei Bach – die Wärme weiterzugeben. Es macht den Eindruck, als ob Scarlatti das für die deutsche Harmonik typische Andauern der inneren Spannung scheute und bei jeder Gelegenheit vermied. Es gibt bei ihm kein systematisches Intensivieren des

Klanges von Konsonanzen über schwächere Dissonanzen bis zu scharfen Reibungen, und umgekehrt, wie es zur klanglichen und formgestaltenden Eigenart aller Bachschen Choräle und Rezitative (Beispiel 31) oder Mozartschen Sätze gehört.

Beispiel 31 J. S. Bach, Choral *Es ist genug* (Kantate Nr. 60), *Werke*, XII², S. 190

Scarlattis Spannungsgrade beruhen auf dem näheren oder ferneren Abstand der Tonarten vom tonalen Zentrum und auf Durchgangsnoten und harmoniefremden Tönen, die gegen das einfache harmonische Grundschema Reibungen und kurze Klangverschärfungen bewirken. Er umgeht die viszerale Spannung, indem er die horizontalen Verknüpfungen löst und nur die ganz einfachen und offenkundigen Verbindungskräfte bestehen läßt, wie Dominanten, Parallelen und schrittweise melodische Bewegung. Diese werden so ausgeziert und angeordnet, daß seine musikalischen Möglichkeiten viel reicher erscheinen, als sie es in Wirklichkeit sind.

Breite, offene und in einem gewissen Grade flache Harmonien sind von jeher Eigenschaften italienischer Musik gewesen, besonders der Musik im theatralischen Stil, bei der eine leidenschaftliche Deklamation über Harmonien herüberschwebt, die an sich nur wenig Ausdruckskraft haben. Zuweilen scheinen diese Harmonien fast überhaupt keine Beziehung zu den Melodien zu haben, die frei über sie hinwegfließen. Für die Italiener sind Oberstimmen wichtiger als Baßführung. Und doch – welche Anmut und tragische Tiefe können aufleuchten, wenn über den oft gemeinplätzigen Bässen bei Bellini oder dem frühen Verdi plötzlich Wunder an melodischer Schönheit erklingen!

Scarlattis äußerste Kühnheiten lassen sich durchwegs aus den einfachen Grundharmonien erklären (Beispiel 32, von Longo ›korrigiert‹ wegen vier aufeinanderfolgenden Septimen, die nichts anderes sind als Ausziehrungen einer simplen Kadenzformel) und durch ihre klare Beziehung auf ein tonales Zentrum, ob es nun feststeht oder gerade moduliert. Auf der anderen Seite – für das moderne Ohr, das sich an größere Spannungen einzelner Harmonien gewöhnt hat, erklärt sich auch die scheinbare Lockerheit vieler langsamer Sätze Scarlattis durch den Bezug einfacher Harmonien auf das tonale Zentrum. Harmoniefortschreitungen, die sich in schnellen Bewegungen gut zusammenflechten und klar und einfach klingen, scheinen zuweilen in langsamer Bewegung ihre Treibkraft zu verlieren, wenn man sie nicht in Bezug auf die lange Spanne der tonalen Struktur hört.

Beispiel 32 Venedig III 17 (Longo 309) K. 222
Im Original und in Longos Fassung. Longo gibt den Urtext in einer Fußnote

> Wesentliche Eigenheiten des Scarlattischen Verfahrens:
> Stimmauslassungen und -einfügungen, Stimmversetzung, Akkordauslassung, wirkliche und angedeutete Orgelpunkte

Wenn man die innere Logik des Scarlattischen Cembalosatzes begreifen will, müssen verschiedene Eigenheiten in Betracht gezogen werden, die ihn von anderer Musik absetzen (hierunter fallen selbst Scarlattis eigene Vokalwerke), die sich leichter den Auffassungen der herkömmlichen Harmonielehre des 18. und 19. Jahrhunderts erschließt.

Die impressionistische Weise, mit der Scarlatti das Cembalo behandelt, hat in der Freiheit der horizontalen Verbindung vertikaler Harmonien viel mit dem Gitarrenspiel gemein. Das zeigt sich besonders in Scarlattis Gewohnheit, Stimmen ohne Vorbereitung fallen zu lassen oder einzuführen, sei es aus Gründen des Cembaloklanges oder des musikalischen Tonfalls, der Klangfarbe oder einer absichtlichen Verschleierung. Ständig werden bestimmte Akkordtöne oder nur zur Akkordergänzung verwendete Intervalle ausgelassen, zum Beispiel die Terz oder sogar die Quinte der Schlußtonika einer Kadenz, wenn sie dadurch leichter oder fließender gemacht werden soll. Diese ausgelassenen Töne gelten als vorausgesetzt und sind selbstverständlich. So sollten sie auch bleiben, da ihr wirkliches Auftreten höchst unerwünscht wäre, wie viele von Longos Akkordergänzungen deutlich zeigen. Das horizontale harmonische Gewebe wird selten von mehr als den beiden Außenstimmen gebildet; die anderen Stimmen sind dazu lediglich Ergänzungs- und Füllstimmen. Soler sagt in seiner *Llave de la Modulacion*, Kapitel X, über die Modulation (S. 84): ›... [Die hauptsächliche Stimmbewegung sollte sich auf die Außenstimmen beschränken] ... das Ohr hört diese beiden Stimmen deutlicher als jene in der Mitte, und bei allen Modulationen kann man beobachten, daß die Mittelstimmen, das sind Alt und Tenor, nur im Hinblick auf die erwünschte Konsonanz begleiten.‹

Die meisten der bei Scarlatti vorkommenden ›verbotenen‹ Parallelen erklären sich – wenn sie nicht aus der instrumentalen Praxis der Stimmverdopplung und -verstärkung entstehen, wie es bei den meisten seiner Oktavparallelen und vielen seiner anscheinend zusammenhanglosen, unsanglichen Stimmfortschreitungen der Fall ist – aus seiner eigenarten Gewohnheit, am Tasteninstrument die Stimmen zu vertauschen und umzulegen. Die eigentlichen harmonischen Fortschreitungen sind vollkommen korrekt im Sinne der zugrunde liegenden Zweistimmigkeit der führenden Außenstimmen; nur das Auge – nicht das Ohr! – stößt sich daran, wenn die übrigen geschriebenen Stimmen nicht den strengen Gesetzen der Akkordfortschreitungen folgen, da sie in Wirklichkeit versetzte Innenstimmen sind. Wenn Scarlatti bei einem Dominantseptakkord den vorhergehenden Baßton der Subdominante in eine der Oberstimmen umlegt, legt er ihn wohlgemerkt nie in die oberste Stimme, sondern bettet ihn ins Gewebe der Innenstimmen.

Oft führt Scarlatti eine Fortschreitung, die eigentlich auf einer einfachen Akkordverbindung beruht und allen strengen Vorschriften über gemeinsame Töne und Vorhalte Genüge tut, auf dem Cembalo so aus, daß sich Quintparallelen und anscheinend unsangliche Stimmbewegungen ergeben, wie in Beispiel 33. Aber im Sinne des Vertauschens von Stimmen und der Stimmversetzung betrachtet, liegt einer solchen Stelle eine Fortschreitung von äußerster Einfachheit und Regelmäßigkeit, mit vielen gemeinsamen Tönen, zugrunde (Beispiel 34).

Beispiel 33 Venedig IX 7 (Longo 275) K. 394

Beispiel 34

Beispiel 35 *Essercizi* 18 (Longo 416) K. 18

Besonders in den frühen Sonaten finden sich recht häufig abwärtsgehende Sextakkordketten, mit Quintparallelen zwischen den Oberstimmen (Beispiel 35). Das sind selbstverständlich nur übliche dreistimmige Fortschreitungen mit vertauschten Stimmen, die auf dem Cembalo vollkommen natürlich klingen (Beispiel 36).

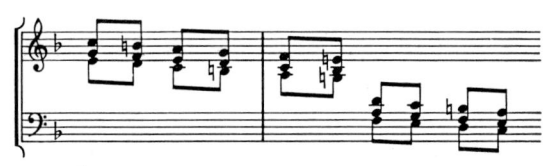

Beispiel 36

Ein ausgezeichnetes Beispiel für eine derartige Stimm- und Oktavversetzung bieten die Takte 28–33 der Sonate Nr. 464 und die Parallelstelle dazu (Beispiel 37). Diese Stelle erklärt sich nicht von selbst und kann einen Heraus-

Beispiel 37 Venedig XI 11 (Longo 151) K. 464

geber leicht zu einer ›Verbesserung‹ verführen (wie es Longo passierte), wäre er nicht durch ähnliche Fälle bei Scarlatti gewitzigt. Was hier tatsächlich geschieht, ist, daß das fis T. 29 (das Longo streicht und durch ein ›e‹ ersetzt) einen Vorhalt darstellt, der im vorhergehenden Takt vorbereitet worden ist. Im Sinne des Vokalsatzes ist er jedoch in einer anderen, eine Oktave höher liegenden Stimme vorbereitet. Die wirkliche Fortschreitung der Oberstimme in Takt 28–31 heißt: g, fis, e, d. Longos ›Verbesserung‹ ebnet die harmonische Gestalt der Phrase ein, indem er die Spannung T. 29 zunichte macht und sie so dem T. 30 angleicht.

Des öfteren läßt Scarlatti den Hörer nicht nur einzelne Akkordtöne ergänzen oder für gegeben erachten; er läßt auch einen ganzen Akkord aus, der dann im Gesamtverlauf der Fortschreitung vorausgesetzt werden muß.

Eng verbunden mit dieser Praxis ist jene, die wesentlichen Schritte einer Fortschreitung ineinanderzuziehen, so daß sie einzeln nicht mehr unmittelbar erkennbar sind (vgl. Beispiel 47).

Scarlattis besonderes Mittel, unerwartete Fortschreitungen zusammenzukoppeln und Akkorde ineinander klingen zu lassen und übereinanderzustellen, ist der Orgelpunkt. Außer in den Fugen kommt er bei Scarlatti nur wenig in den Unterstimmen vor. Die eigentlichen Grundtöne, als Stützpunkte der Tonalität, legt Scarlatti ebenso oft in die Mittel- oder Oberstimmen wie in die Unterstimme seines musikalischen Satzes. (Vgl. Sonate Nr. 14, T. 12–17 ff. als Beispiel für einen dominantischen Orgelpunkt, der in hoher Lage gehalten wird, während die Unterstimme ihm entgegensteigt; vgl. auch Sonate Nr. 12, T. 14–18 ff. als Beispiel für eine Reihe von vollklingenden Orgelpunkten in der Oberstimme, die in Terzen aufsteigen.) Gemeinhin jedoch sind Scarlattis Orgelpunkte in die Innenstimmen eingebettet und Wiederholung der Figurierungen. Sie können aber gelegentlich verschwinden oder einem kürzeren, ausschmückenden Akkordwechsel weichen. Bisweilen glänzen die Orgelpunkte in den Innenstimmen auf wie Horntöne oder Töne leerer Gitarrensaiten (vgl. Sonate Nr. 8).

Es scheint, als ob Scarlatti bei vielen Orgelpunkten die leeren Saiten der Gitarre vorgeschwebt hätten, wie in Sonate Nr. 26, die wohl fast ganz im Sinne dieses Instruments geschrieben ist. Nahezu die Hälfte der 148 Takte dieser Sonate enthält unverkennbare Orgelpunkte. Der erste Teil wird hauptsächlich von zwei Orgelpunkten beherrscht, einer auf der Dominante

Beispiel 38 *Essercizi* 26 (Longo 368) K. 26

der Dominante, der andere auf der Dominante selbst, der mit gelegentlichen Unterbrechungen den Rest des ersten Sonatenteils bestimmt (Beispiel 38). Dies ist ein besonders augenfälliges Beispiel für die Großkadenz als Grundstruktur der Scarlatti-Sonate.

In der A-dur Sonate Nr. 321 gelingt es ihm, in beiden Teilen einen Orgelpunkt auf H (den Longo ›verbessert‹) durchklingen zu lassen. Die Sonate ist ein außerordentlich gutes Beispiel für die zugrunde liegende Einfachheit von Scarlattis tonalem Denken. Die Dominante hat er schon früh bestätigt, aber er braucht nun die Dominante der Dominante. Ohne ihr jetzt wie sonst einen eigenen Teil einzuräumen, läßt er einfach zu allem weiteren musikalischen Geschehen den Ton H weiterklingen und preßt so die Akkorde ineinander. In der Reprise benutzt er wieder die Dominante der Dominante, um die Dominante zu verstärken, die durch ein frühzeitiges Wiedererscheinen der Tonika in ihrer Wirkung abgeschwächt war (Beispiel 39).

Beispiel 39 Venedig VI 26 (Longo 258) K. 321

Originalfassung in der Fußnote zitiert. Longo erwähnt die Abweichungen T. 31–32 nicht. Der Notentext der T. 72–75 gibt übrigens den venezianischen Text wieder, obwohl Longo ihn angeblich geändert haben will. Die in Fußnoten als Urtext zitierte Fassung ist offenbar ein Versehen.

Longos Veränderung

Übereinandergestellte Akkorde

Das Übereinanderstellen mehrerer Akkorde gehört zu den auffälligsten und originellsten Kunstmitteln Scarlattis. Es bildete den Grund der meisten ›Modernismen‹, die schon zu seiner Zeit und selbst heute noch überraschend wirken. Dieser Kunstgriff wurde damals schon lange von fast allen Komponisten angewandt, allerdings in beschränktem Umfang. Wir finden ihn in den Sekundreibungen der sogenannten Corelli-Kadenz (1), in Vorausnahmen, Durchgängen und mehr oder weniger üblichen Vorhalten und Orgelpunkten, und in den verschiedenen, gleichzeitig erklingenden instrumentalen Auszierungen, die nicht immer mit dem Grundbaß übereinstimmen, wie zum Beispiel in Bachs Brandenburgischen Konzerten. Wir finden ihn ebenso in der harmonischen Mehrdeutigkeit von Fortschreitungen in gewissen Rezitativen (vgl. Beispiel 26, 27) oder, wie in einigen Klavierpräludien und der *Chromatischen Phantasie*, in den mehrdeutigen Übergängen zwischen zwei deutlich bestimmbaren Harmonien. Aber niemals zuvor wurde dieses Kunstmittel mit Scarlattis Freiheit und Flüssigkeit benutzt. In gewisser Weise nimmt er Strawinskysche Eigenheiten vorweg, wenn er zuweilen die Grundklänge kombiniert, anstatt sie zeitweilig durch fremde Akkordtöne zu färben. Scarlattis Klangschichtungen werden auf verschiedene Weise vorbereitet. Die konventionellsten ergeben sich aus den gewöhnlichen Mitteln des Vorhalts, dem Überbinden von Tönen eines Klanges in einen anderen.

Manchmal sind es vollkommen übliche Orgelpunkte, die das Übereinanderstellen von Akkorden vorbereiten und verständlich machen. Dann wieder werden diese Orgelpunkte unterbrochen oder auch bloß vorausgesetzt. In den komplizierteren Fällen erklingen oft zwei oder mehr Orgelpunkte gleichzeitig (vgl. Beispiel 42).

In vielen Fällen werden herkömmliche harmonische Fortschreitungen, besonders Kadenzen, so zusammengezogen, daß die einzelnen Bestandteile ohne Vorbereitung alle gleichzeitig erklingen, wobei die Innenstimmen umgelegt werden und ihre Funktionen vertauschen (vgl. Beispiel 43 und 47).

Häufig ist der vorbereitende Schritt, der die Verkettung einer ungewöhnlichen harmonischen Kombination unmittelbar deutlich, das Überraschende jedoch natürlich zunichte gemacht hätte, bewußt ausgelassen (vgl. Beispiel 47).

Beispiel 40 enthält klangliche Sforzati über Orgelpunkten, die wie Nonenakkorde aussehen. Aber wer deutlichere Beispiele von Akkordübereinanderstellungen bei Scarlatti kennt, weiß, daß es sich um subdominantische und dominantische Überschneidungen handelt und daß Scarlatti die scheinbare None in Takt 30 und an den Parallelstellen (T. 107, 113, 115) mit voller Absicht nicht auflöst, weil er dem folgenden Quartsextakkord nicht zuviel Gewicht geben will. Ebenso läßt er die verminderte Quinte des Quintsextakkordes T. 39/40 ohne Auflösung fallen, weil sie keine echte, durch Vorhalt vorbereitete Dissonanz ist, wie es den Anschein hat. Sie ist nur ein

1 In der englischen Fachsprache bezeichnet dieser Terminus (*Corelli cadence* oder *Corelli clash*) eine übrigens schon im 17. Jahrhundert gebräuchliche Kadenz mit Sekundparallelen zwischen den Oberstimmen, die sich aus der Fortschreitung der Sixte ajoutée in die gleichfalls dissonierende Antizipation des Tonikagrundtones ergeben (d. Ü.).

weiterklingender Ton aus einem vorhergehenden Akkord und wird in einem rein harmonischen Sinn verwendet, eine Schichtung also, die nicht denselben Gesetzen gehorcht wie eine echte melodische Ausführung einer harmonischen Fortschreitung. Es ist bezeichnend, daß Scarlatti niemals solche unaufgelösten Dissonanzen in eine wirkliche Oberstimme legt. Das zugrunde liegende zweistimmige Grundgerüst, das nicht unbedingt gleich dem Auge erkennbar zu sein braucht, auf dem jedoch Scarlattis ausgefallene Figurationen und Stimmversetzungen beruhen, gehorcht immer den strengen Regeln der vokalen Stimmführung. Longo verbessert das D auf dem zweiten Achtel T. 40 in A und schafft damit einen sehr gewichtigen Sekundakkord, der in diesem Zusammenhang völlig unscarlattisch wirkt.

Beispiel 40 Venedig VIII 2 (Longo 448) K. 359

Ein extremes Beispiel für das Übereinanderstellen von Akkorden findet sich in Beispiel 41. Es ereignet sich während einer Modulation von f-moll nach D-dur, als ein verminderter Septakkord auf cis erreicht wird, der nichts anderes als eine Kombination von Tönen der Dominante und Subdominante in d-moll darstellt. Ohne jede Rücksicht auf die Konvention und seinen späteren Herausgeber löst Scarlatti die linke Hand nach D auf, hält eine Stimme auf G und, indem er die oberste Stimme in Oktaven zum Baß

Beispiel 41 Venedig XV 27 (Longo 232) K. 124

führt, stellt er Töne eines g-moll-Akkordes auf einen D-dur-Akkord, mit haarsträubendem Resultat. Am Wendepunkt nach D, T. 95, läßt er den Orgelpunkt auf F, der seit T. 83 erklingt, fallen. Er scheint nach G zu gehen, aber in einem anderen Zusammenhang hätte er ihn vielleicht einfach aufgegeben wie einen verklingenden Ton. Nichts könnte übrigens Scarlattis harmonischer Phrasierung und seinem instrumentalen Ausdruck fremder sein als Longos Akkordauffüllung T. 102. Scarlatti schrieb genau den Satz, den er wollte.

Scarlattis sogenannte Acciaccaturen lassen sich alle auf eine oder mehrere der oben dargelegten Erklärungsweisen begreiflich machen. Sie sind weder Tontrauben im Sinne dissonanter Zusammenballungen noch unbedingt zufällige Auffüllungen diatonischer Intervalle oder gleichzeitig erklingende Wechseltöne. Sie sind folgerichtiger Ausdruck seiner Tonsprache und organischer Ausdruck seiner tonalen Struktur.

Die Acciaccaturen in Sonate Nr. 119 sind wiederholt zitiert worden als Beispiele extremer Dissonanzen oder als Beispiele für eingearbeitete Verzierungen, Intervallausfüllungen oder Wechseltöne in der Art Gasparinis oder Geminianis. Die Dissonanz (Beispiel 42) ist scharf genug. In Takt 163 (wenigstens in der ›unverbesserten‹ Fassung) erklingen außer der Terz alle Töne der d-moll-Skala gleichzeitig. Aber diese Reibungen sind keine

Beispiel 42 Venedig XV 22 (Longo 415) K. 119

Dissonanzen, die eine melodische Behandlung und Auflösung im Sinne der vokalen Stimmführung verlangen; sie sind nichts als melodische Linien aus den Akkorden der Tonika, Dominante und Subdominante, die als Orgelpunkte weiterklingen, sich begegnen und reiben. Vgl. die folgenden Orgelpunkte: auf D (T. 18–34), auf A (T. 36–44, ausgenommen T. 39), auf A (T. 51–65 und 96–106), auf E (T. 106–115), auf D (T. 150–162, 163–175, 176–186). Eine Weile überschneidet sich dieser letzte Orgelpunkt auf D mit einem auf A (T. 161–170, 172–175) und einem auf F (T. 162–168). Mit anderen Worten: alle Töne der Kadenz auf A (ausgenommen das die Dominante bestätigende gis) sind kombiniert nicht nur in einzelnen Klängen, sondern in gleichzeitigen Orgelpunkten, die zu einer zitternden Dissonanzballung verschwimmen, die weiter ins Vibrieren gerät durch ebenfalls gleichzeitig erklingende Töne der Kadenz auf D, nämlich der zu D und A hinzugefügten Mollsubdominante g. Eine weitere Komplizierung eines rein dominantischen Klanges ist innerhalb eines beschränkten tonalen Rahmens kaum möglich. Diese Verwicklung übereinandergestellter Klänge wird gegen Ende des Stückes zu einer Reihe klarer, unverdichteter Kadenzen entwirrt.

Zusammenziehungen und Erweiterungen

Scarlattis Technik, die harmonischen Grundfortschreitungen zu erweitern oder zusammenzuziehen, zeigt sich am deutlichsten in seinen Kadenzformeln. Seine Kadenzierungen können lang oder kurz sein. Die Schlußteile beider Sonatenhälften sind nichts anderes als große, wiederholte Kadenzen, die mit verschiedenen Verzierungen gefärbt werden. Kadenzen können die Hälfte oder doch fast die Hälfte einer Sonate ausmachen, sie können aber auch bis ins kleinste zusammengedrängt werden. Die Großkadenz kann aus wiederholten kleinen Kadenzen bestehen oder kann gedehnt werden durch Kadenzverkettungen und trugschlüssige Kadenzen, die die Schlußwirkung hinausschieben. Die kleineren Kadenzen können auf IV, V, I reduziert oder noch weiter zusammengezogen werden bis zu dem Punkt, wo ein Akkord auf den anderen gestellt wird. Die Anfangsakkorde der Sonate Nr. 175 (Beispiel 43) sind nur solche zusammengezogenen Kadenzen, diesmal ohne Vorbereitung. (Vgl. auch Sonate Nr. 490, T. 35–37 usw.)

Dieses Zusammenziehen der Kadenzformeln ist eines von Scarlattis Hauptmitteln, die Akkordfortschreitungen innerhalb eines Stückes zu variieren. Die Kadenzen können am Schluß eines Stückes groß und ausgedehnt sein; ihre Bestandteile können im Mittelteil und in den modulierenden Abschnitten zusammengezogen und zusammengemischt werden oder Harmo-

Beispiel 43 Venedig I 28 (Longo 429) K. 175
[Longo gibt die linke Hand wie oben wieder und zitiert in einer Fußnote den Urtext für T. 2–6, nicht aber für T. 1].

nien unterliegen, die sich aus der diatonischen Stimmbewegung ergeben. Wenn Scarlatti seine Kadenzen beschleunigt, können die einzelnen Töne so ineinandergedrängt werden, daß sie zu sogenannten Acciaccaturen verschwimmen wie die Flügel eines schnell drehenden Propellers zu einer schwirrenden Scheibe. In Sonate Nr. 119 reiben sich im Mittelteil die Töne aller drei Kadenzakkorde in einer verwirrenden Dissonanzballung, um zum Schluß beider Sonatenteile getrennt, klar und deutlich aufzutauchen. (In diesem Stück verlangsamt sich die Bewegung bis auf Achtelnoten in den zusammengezogenen Kadenzen und beschleunigt sie bis auf Sechzehntel, wenn sich die Kadenzen am Schluß des Stückes dehnen). Man vergleiche Sonate Nr. 466 in f-moll als Beispiel für eine Reihe von Kadenzen von G nach C, die – abgesehen von den ersten fünf Takten – alle 34 Takte des ersten Sonatenteils beherrschen. Die entsprechende Kadenz C nach F beherrscht T. 50–76 des zweiten Teils. Der Rest der Sonate wird völlig von kleineren, modulierenden Kadenzen bestimmt, die Scarlatti so unerhört handhabt, daß ein zusammenhängendes, kontinuierliches Stück daraus entsteht.

Die häufigste aller Akkordschichtungen oder -zusammenziehungen bei Scarlatti ist das Verschmelzen einer weiterklingenden Subdominante und Dominante durch gleichzeitige Orgelpunkte auf den Quinten beider Drei-

Beispiel 44 Parma III 29 (Longo 465) K. 96
[Der Bogen T. 68 stammt aus Ms Venedig XV 6].

Scarlattis Harmonik

klänge (wie in Sonate Nr. 105). In einer ähnlichen Stelle der Sonate Nr. 96 ist das Zusammenziehen klar zu ersehen, wo nämlich Quintparallelen aus Subdominante und Dominante (wie die folgende Zusammenziehung zeigt) erst nacheinander erklingen und dann miteinander verschmelzen. Longo hat das Ende dieser Stelle ›verbessert‹, weil Scarlatti die Sexte eines neapolitanischen Sextakkordes in die Oberstimme legt und dadurch ein b gegen das H des Baßorgelpunktes setzt (T. 68).

Scarlatti zieht häufig Kadenzbestandteile der IV. und V. oder der IV., V. und I. Stufe zusammen oder stellt sie übereinander, wenn er eine Schlußwirkung vermeiden oder einen Bogen nicht abbrechen will, oder um eine endgültige tonale Orientierung nicht an einer falschen Stelle des Stückes aufkommen zu lassen. In T. 93–94 der Sonate Nr. 216 will er zum Beispiel seine Kadenzen nicht zu stark haben (Beispiel 45). Als dominantischer Halbschluß muß das

Beispiel 45 Venedig III 11 (Longo 273) K. 216

H-dur mit einer gewissen Vorhaltswirkung hingestellt werden, es darf nicht wie eine Tonika in sich ruhen. (Man kann beim Vortrag keinen größeren Fehler machen als die Intensität dieser Kadenzen abzuschwächen, die die endgültige Dominante bestätigen sollen, kurz bevor sie in die Schlußtonart zurückführt). Bei T. 90–93 verwischt er – anstatt eine klare E-dur-Subdominante zu H aufzustellen – die Kadenz dadurch, daß er auf dem zweiten Taktteil Töne dieses Klanges mit der Dominante von H, Fis-dur, gleichzeitig erklingen läßt.

In Sonate Nr. 216, T. 22–27, finden sich Zusammenziehungen zweier phrygischer Kadenzen, die durch Auslassungen, Umkehrungen und Übereinanderstellungen verdeckt werden, nämlich die IV. und V. Stufe von H, und die IV. und V. Stufe von E, die hin- und herpendeln und so eine völlige tonale Unbestimmtheit zwischen Tonika und Dominante in der Mitte des ersten Sonatenteils bewirken (Beispiel 46).

Beispiel 46 Parma IV 26 (Longo 273) K. 216

Wie wir bereits gesehen haben, werden sehr viele Acciaccaturen bei Scarlatti durch zusammengezogene Kadenzen gebildet. Auf diese Weise sind die überraschenden Dissonanzen der dreimal wiederholten Phrase entstanden, die am Anfang der Durchführung in Sonate Nr. 215 stehen. Sie sind so überraschend, daß Longo sie ›verbessert‹. Der Ganztonschritt, um den jede Wiederholung des Motivs höher einsetzt, entsteht nicht durch Transposition, durch das Verrücken der Tonart, wie es zunächst den Anschein hat, an ähnlichen Stellen bei Scarlatti oder vergleichbaren Stellen bei Beethoven. Hier handelt es sich um eine völlig glatte Verbindung verwandter Tonarten durch Kadenzen, allerdings in der Weise, daß manche Schritte zusammengezogen und andere ausgelassen werden. Das erste Erscheinen des Motivs stellt eine Kadenz auf Fis dar (Doppeldominante von E-dur), aber die Auflösung nach fis ist ausgelassen. Die erste Wiederholung beginnt mit der Parallele von Fis (dis bzw. es), aber in Dur als Dominante zu gis bzw. as. Durch einen ähnlichen Vorgang kommen wir nach f bzw. eis und stehen am Anfang der zweiten Wiederholung. Diese führt nach des bzw. cis, und die folgende Stelle läuft über fis zurück zur Dominante h. Wir wollen die

Beispiel 47 Venedig III 10 (Longo 323) K. 215
Dieser Akkord ist in Longos Ausgabe durch die Weglassung der beiden Fis verändert worden, ebenso in den Parallelstellen; den Urtext zitiert Longo in einer Fußnote.

erste Aufstellung des Motivs in fis analysieren (T. 42–45), um die Ursache der von Longo ›verbesserten‹ Dissonanz zu erkennen. Zunächst beginnen wir mit der Voraussetzung, daß Dominante und Tonika ständig zwischen Dur und Moll hin- und herwechseln oder mehrdeutig bleiben. T. 42 gibt den Anhaltspunkt für die Zusammenziehungen der ganzen Stelle.

    Erste Zählzeit: cis (V)
    zweite Zählzeit: cis, h (moll) (V, IV)
    dritte Zählzeit: cis, fis-moll, Gis-dur (V, Moll-IV von V, Dominante
        der V)

Mit anderen Worten: wir haben zuerst cis allein, dann eine zusammengezogene phrygische Kadenz in Cis-dur, darauf eine zusammengezogene Vollkadenz in cis-moll, das sich sofort in Cis-dur verwandelt als Dominante zu fis (T. 45).

Longos ›Verbesserungen‹ und Scarlattis Absichten

Nichts kann besser die Eigenständigkeit von Scarlattis Harmonik und das Fehlen eines Zusammenhanges mit den herkömmlichen Vorstellungen demonstrieren als die ›Verbesserungen‹, mit denen Longos Scarlatti-Ausgabe übersät ist, oder die Umarbeitungen, die Hans von Bülow an einigen Sonaten vornahm. Die Änderungen an Scarlattis Text bezeugen in beiden Fällen eine große musikalische Bildung, beweisen jedoch gleichermaßen ein weitverbreitetes mangelndes Verständnis für Scarlattis Satz. Man war unfähig, zu erkennen, daß Scarlatti ein eigenes logisches System der Akkordbehandlung geschaffen hatte, das er mit keinem Komponisten seiner Zeit teilt.

Es überrascht, daß ein so sensibler und erfahrener Musiker wie Longo sich bemüßigt fühlte, so viele Verbesserungen vorzunehmen – ob ihm nun Scarlattis Tonsprache lag oder nicht. Denn es ist vollkommen klar, daß Scarlattis Eigenheiten Absicht sind und einen wesentlichen Bestandteil seines Stils ausmachen, den man durch Veränderungen nur verfälscht. Auf fast jede dieser ›Verbesserungen‹ folgt unmittelbar eine Stelle, die jeglicher Änderung trotzt, die die Inkonsequenz und Ungereimtheit der ›Verbesserungen‹ verrät und die Unmöglichkeit aufzeigt, Scarlatti im Sinne einer herkömmlichen Harmonielehre korrigieren zu wollen. Man vergleiche zum Beispiel Longos unglückliche ›Verbesserung‹ der offenbar absichtlichen Oktavparallelen zwischen Sopran und Baß in Sonate Nr. 258, T. 1–8 mit den Takten 9–16, wo Scarlatti durch die Wiederholung der diatonischen Baßfortschreitung klarmacht, daß er es anfangs genau so haben will.

Abgesehen von Fragen über Abschreibfehler und Inkonsequenzen in den handschriftlichen Quellen sind fast alle Verbesserungen Longos unnötig und keineswegs so logisch, wie er glaubte. Der Beweis für ihre Unlogik liegt in der überwältigenden Zahl von ähnlichen Stellen, die er ›unverbessert‹ lassen mußte wegen ihrer vollkommen organischen Zugehörigkeit zum Stück. Der heutige Musiker ist empfänglicher geworden für Dissonanzen, darüber hinaus jedoch ist er auch besser vorgebildet, Kunstmittel wie Orgelpunkte in den Mittelstimmen, Stimmversetzungen, Akkordzusammenziehungen und Übereinanderstellungen zu begreifen, die jede Stelle verständlich machen, welche Longo und seinen Zeitgenossen unlogisch und willkürlich erschien.

Man muß allerdings zugeben, daß es häufig weniger folgerichtig aussieht, wenn Scarlatti einfach Stimmen aufgibt. Vielleicht ist nur der erfahrene Generalbaßspieler und Cembalist in der Lage, das zu verstehen. In der ganzen Geschichte des Generalbasses war es das Vorrecht des Generalbaßspielers, den vergleichsweise starren Klang des Cembalos beim Aussetzen des bezifferten Basses durch Tonverdopplungen oder Akkordverdünnungen abzustufen. Es besteht ein großer Unterschied zwischen einer Aussetzung, die auf dem Papier gut aussieht, und einer, die gut klingt, die die Solostimmen stützt, ohne sie zu bedrängen, die einen elastischen Hintergrund bildet und ein echtes Gefühl gemeinsamen Musizierens aufkommen läßt. Solange die Kontinuität des Basses gewahrt bleibt, solange eine überzeugende und gutgeführte Linie gegen den Baß gesetzt wird und solange die rhythmische Grundstruktur gestützt wird, sind die Freiheiten fast unbeschränkt, die bei der Stimmführung, der Stimmauslassung, ja selbst gelegentlichen Parallelen durch Verdopplung in den Innenstimmen gestattet sind.

Mit vollendeter Geschicklichkeit formt Scarlatti seine Phrasen nach den Nuancen des gesanglichen Ausdrucks, wie in Sonate Nr. 206 (Beispiel 48).

Beispiel 48 Venedig III 1 (Longo 257) K. 206
[Im Original und in Longos Fassung. Longo gibt den Urtext in einer Fußnote.]

In T. 57–68 läßt er die Stimme atmen und ihre Klage in ein Pianissimo abstufen, indem er einen Augenblick lang die Dissonanzen der Begleitung in leere Quinten entspannt. Nicht nur, daß Longos vorgeschlagene ›Verbesserungen‹ an dieser Stelle Scarlattis Klänge unglücklicherweise zu einer bloß herkömmlichen Korrektheit bringen – seine Phrasierungen verraten überdies ein vollständiges Unverständnis für die Gliederung der Melodiestimme.

Beispiel 49 zeigt eine Reihe von unnützen Akkordvervollständigungen, die Scarlattis Farbnuancierungen und seine Eigenart, das Ende von Melodiebogen klanglich zu verdünnen, zu einer schwerfälligen Gleichförmigkeit abändern.

Daß Longos Bemühen, schwerverständliche Stücke dem konventionellen Hörer durch Verbesserungen näherzubringen, nicht immer erfolgreich ist, beweist besonders anschaulich Sonate Nr. 208. Selbst ein erfahrener Scarlatti-Kenner könnte einen Augenblick lang irregemacht werden durch die anschei-

Beispiel 49 Venedig XII 25 (Longo 19) K. 508. Im Original und in Longos Fassung

nende Unbekümmertheit der Hauptstimme gegenüber ihrer Begleitung, durch die Sorglosigkeit, mit der die Melodiestimme einen ganz anderen Klang umreißt als die Begleitung, durch die Neigung der Begleitung, sich in Oktaven aufzulösen, mit der Hauptstimme parallel zu verlaufen und Dissonanzen anscheinend mitten in der Luft hängen zu lassen ohne jede Spur einer Auflösung (Abb. 43 und 44).

Wenn wir uns aber die Begleitung des Stückes noch einmal ansehen, bemerken wir, daß der Baß sich einfach und üblich bewegt. Die Töne der Mittelstimme oder -stimmen werden eingeführt oder ausgelassen ganz nach der Ausdrucksnuancierung der Phrase. Überall wo die Dissonanzen echte Vorhalte darstellen, werden sie korrekt aufgelöst. Die anderen unaufgelösten Dissonanzen erfordern nach Scarlattis Auffassung keine Auflösung, da sie Kombinationen aus Dreiklängen der Tonika, Subdominante und Dominante sind, auf welchen Stufen jeder Akkord des Stückes beruht. Dieses Stück ist ein sehr gutes Beispiel dafür, daß Scarlattis Akkorde sich nicht im herkömmlichen Sinne horizontaler Stimmführung über ihren Baßtönen bewegen; sie sind lediglich Stufen der Tonart. Die Oberstimme rankt ihre Brechungen, Vorschläge, Wechselnoten und abspringenden Nebentöne um die Akkorde der verschiedenen Stimmen, aber niemals konsequent. Sie umschreibt sie nicht; sie deutet sie an in der Art, in der eine Federzeichnung die verschiedenen Raumdimensionen andeuten kann. Die bizarren Intervalle dieser Linie weben sich um imaginäre ausgehaltene Töne, Orgelpunkte und Oktavversetzungen. Die Baßstimme bildet das einfache, unverzierte Bindeglied zwischen den Akkorden. In den Oberstimmen kann die harmonische Funktion von einer Stimme zur anderen wechseln. In diesem lockeren, freien Satz kommt es nicht darauf an, wieviele Oktav- und Quintparallelen zwischen Ober- und Unterstimmen vorkommen. Sie untergraben die Struktur ebensowenig, wie die Freiheiten einer Zeichenskizze unbedingt mangelnde anatomische Kenntnisse verraten müssen.

So überraschend es auch auf den ersten Blick erscheint, das Stück ist doch vollkommen auf im 18. Jahrhundert üblichen Akkorden aufgebaut. Nur die Behandlung ist unüblich. Es sieht aus wie ein ausgeschriebenes *tempo rubato* im harmonischen Sinn. Es gleicht der bewußten Absicht eines Webers oder Färbers, bestimmte Farbstreifen über das Muster hinweg frei und anscheinend aufs Geratewohl fließen zu lassen. Ein Farbfleck wird zu einem Streifen ausgezogen, ein Faden länger gemacht als nötig, was dem Gewebe eine gewisse Nonchalance und Unregelmäßigkeit verleiht.

Bei all seinem Mangel an Pedanterie ist Scarlatti im Grunde konsequent. Aber er schreibt durchwegs für das Ohr und nicht für das Auge. Was auf dem Papier aussehen mag wie eine ungerechtfertigte Verdichtung des Gewebes oder wie ein Auslassen einer anscheinend wichtigen Auflösung, stellt sich immer als im Cembaloklang begründet heraus.

Die gleichschwebende Temperatur und das Tonartensystem

Von den *Essercizi* an setzen alle Cembalokompositionen Scarlattis das Prinzip einer gleichschwebenden Temperatur voraus. Spätestens 1753, mit den beiden Sonaten in Fis-dur (Nr. 318 und 319), hatte er den gesamten Tonartenkreis durchmessen. Vorher hatte er Sonaten in allen Tonarten geschrieben, ausgenommen gis-moll, es-moll und Cis-dur, obwohl Ausweichungen in diese Tonarten vorkommen. Augenscheinlich erkannte er die unbeschränkten Möglichkeiten der enharmonischen Modulation. Anders jedoch als Bach spürte er offenbar kein Bedürfnis, den nun ermöglichten Gebrauch aller vierundzwanzig Tonarten durch einzelne Beispiele zu demonstrieren. Im allgemeinen komponierte er in Tonarten mit wenig Vorzeichen. G-dur und D-dur stehen an der Spitze, dann folgen C-dur, F-dur, B-dur und A-dur. Man sieht deutlich, daß Scarlatti mit gewissen Tonarten bestimmte Vorstellungen verband. Zum Teil beruht das auf Notationsgewohnheiten, die die traditionellen Ausdrucksunterschiede der einzelnen Kirchentonarten weitergeben.

In den Manuskripten Venedig und Parma erscheint neben der modernen Tonartvorzeichnung noch die alte Art, die für bestimmte Tonarten ein Vorzeichen weniger setzt, so besonders für c-, d-, g- und f-moll und A-, E- und B-dur. Im Manuskript Venedig XIV und XV werden Kreuze in einigen Sonaten durch ♭, in anderen Sonaten durch Auflösungszeichen aufgelöst. Sonaten gleicher Tonart sind sich oft thematisch und stimmungsmäßig sehr ähnlich. Die Natur seines Instruments führt jeden Instrumentalisten unmerklich dazu, einer Tonart bestimmte Wesensmerkmale zuzuordnen. Natürlich findet der Klavierspieler keine der echten Differenzierungen vor, wie sie sich beim Streicher aus den leeren Saiten oder beim Blechbläser aus der Naturtonreihe ergeben, ganz zu schweigen von Fragen der Tonhöhe. Aber trotz der theoretisch völligen Gleichheit aller Tonarten bleibt das Fingerspitzengefühl des Spielers doch ausschlaggebend. Sonate Nr. 487 kann man sich ebenso wenig wie die erste Chopin-Etüde in einer anderen Tonart als C-dur vorstellen.

Es muß betont werden, daß der Unterschied zwischen der gleichschwebenden und der ungleichschwebenden Temperatur nicht so groß ist, wie im allgemeinen angenommen wird. Die Einführung der gleichschwebenden Temperatur im frühen 18. Jahrhundert bedeutete für das Stimmen der Tasteninstrumente kaum eine drastische Veränderung. Wer im Cembalostimmen Erfahrung hat, weiß, daß es vielerlei Möglichkeiten ungleichmäßiger Stimmungen gibt, die dem Durchschnittshörer verborgen bleiben oder vom Ohr automatisch zurechtgehört werden (wie ja auch alle Arten der Stimmung von Klavierinstrumenten zurechtgehört werden müssen). Für den Spieler, der sein Instrument selbst stimmt, gibt es viele Abstufungen in der Temperatur. Man kann eine bestimmte, gerade benötigte Tonart in einem solchen Ausmaß begünstigen, daß die übrigen Tonarten nicht mehr gut klingen; man kann aber auch so stimmen, daß noch Modulationen in weitere bestimmte Tonarten möglich sind. Oder man kann auch mathematisch genau gleichschwebend stimmen. Im letzteren Fall muß ein empfindliches Ohr (besonders das eines Streichers) alle Leittöne zurechthören, aber alle Tonarten klingen gleich gut. Jedem Musiker, der im Stimmen erfahren ist, sollte es klar sein, daß in gewissem Maße die gleichschwebende Temperatur bei Tasteninstrumenten schon lange im Gebrauch war, bevor die Entdeckung ihres Prinzips den Weg freigab zu unbeschränkten enharmonischen Modulationen und zur theoretischen Möglichkeit, auf einer gemeinsamen Basis alle vierundzwanzig Tonarten gleichmäßig zu benutzen. Trotz ihrer unbestreitbaren akustischen Bedeutung ist die gleichschwebende Temperatur für die Kompositionstheorie wichtiger als für den praktischen Gebrauch.

Wahrscheinlich hat Scarlatti bei seinen Modulationen nicht mit dem Quintenzirkel gearbeitet. Seine Kadenzmodulationen gehen selten über die Dominante der Dominante hinaus. Das ist nur natürlich, denn jeder Komponist benützt die Quintmodulation nur in begrenztem Rahmen. Scarlatti erreicht entfernte Tonarten eher durch Wechsel der Tonika zwischen Dur und Moll oder durch die Dur- und Mollparallelen. Schon in seinen frühesten Stücken färbt er die Tonart gern durch ein Hin- und Herwechseln zwischen den Tongeschlechtern. Bald vergrößert er diese Nuancierungsmöglichkeiten, indem er den Modulationshorizont erweitert. G-dur, zum Beispiel, mit seinen natürlichen Modulationsmöglichkeiten mittels der Dominante, Subdominante und Tonikaparallele (d.h. durch D-dur, C-dur und e-moll) kann aber auch zu g-moll werden. Das eröffnet das gesamte Gebiet der Mollsubdominante (c-moll) und deren Parallele (Es-dur). Weitere Dur- und Mollvarianten erweitern das Feld mehr und mehr. (Man vergleiche Sonate Nr. 116 in c-moll, wo Scarlatti einen auffälligen Gebrauch von es-moll, der Mollvariante der Tonikaparallele Es-dur macht.)

Dieser Wechsel zwischen Dur und Moll beeinflußt nicht nur die Modulationsmöglichkeiten eines Stückes, sondern wird sogar zum gleichgewichtschaffenden Strukturelement im Sonatenaufbau. Eine Sonate in einer Molltonart hat im allgemeinen die Möglichkeit, am Ende der ersten Hälfte in die Dominante oder die Tonikaparallele zu modulieren. Die Wahl einer dieser Tonarten oder einer anderen bestimmt das Gleichgewicht der Tonartbeziehungen für das ganze Stück. Gewöhnlich moduliert eine Durtonart gegen Ende der ersten Hälfte zur Dominante. Dieses recht beschränkte Schema erweitert Scarlatti häufig dadurch, daß er die Molldominante, gelegentlich sogar die Tonikaparallele oder die Dominantparallele verwendet. Auf diese Weise verschafft er sich einen größeren Kreis von Tonartbeziehungen.

Solers Modulationsregeln

Scarlattis Modulationsprinzipien spiegeln sich zu einem gewissen Grade in dem Theoriewerk seines Schülers Padre Antonio Soler wider, das 1762 unter dem Titel *Llave de la Modulacion* erschien. Musiker des spanischen Hofes wie Corselli, Nebra und Conforto schrieben anerkennende Vorworte dazu. Das Buch ist eine eigenartige Mischung von konservativen, polemischen und neuartigen Ansichten. Es verrät keine Kenntnis von theoretischen Abhandlungen außerhalb der lateinischen, spanischen und italienischen Tradition und nimmt den Großteil seiner Zitate aus Theoretikern des späten 16. Jahrhunderts. Der wesentliche eigenständige Beitrag dieses Werkes, zugleich der einzige Teil, der auf Scarlattis Satz oder Solers eigenen Klaviersatz Bezug nimmt, ist das zehnte Kapitel des ersten Teils, ›Über Harmonie und Modulation‹. Der weitere Inhalt des Buches scheint größtenteils darauf angelegt zu sein, diese Neuerungen vor der Kritik kirchlicher Konservativer zu bemänteln, um sich eine in Spanien so übliche Bestrafung wegen Freidenkerei zu ersparen. Deshalb werden die Neuerungen durch häufige Zitate aus den traditionellen Schriftstellern maskiert, und deshalb beschreibt das ganze zweite Buch die althergebrachte Musik. Die Rätselkanons am Schluß sollen ein weiterer Versuch sein, die Verfolger abzuschütteln.

Als Erläuterung zu Scarlattis Modulationsverfahren ist Solers Traktat kaum zureichend, hauptsächlich weil er sich nur damit beschäftigt, wie man von einer Tonart in die andere gelangt. Soler befaßt sich überhaupt nicht mit der Lehre von den Tonverwandtschaften oder mit den Grundsätzen der formbildenden Tonalität. Er stellt ausdrücklich fest, daß er nur die schnellen Modulationen *(Modulaciones agitadas)* erörtere, mit anderen Worten die Weise, glatt und schnell von einer Tonart in die andere zu wechseln, und nicht, was er die langsame Modulation *(Modulacion lenta)* nennt, in unseren Worten: das Modulationssystem zum Aufbau der tonalen Form einer Komposition. Er sagt nur einmal, daß eine Tonart durch ihre Quinte bestätigt wird, spricht aber niemals von Dominanten oder Dur- und Mollparallelen als solchen. Seine einleitende Definition der Modulation (für uns hier ohne jeden Nutzen) wird durch Hinweise auf Cerone (1613) und Zarlino (Veröffentlichungen zwischen 1558 und 1589) sanktioniert, aber dann folgen in den Beispielen nur extreme Scarlattismen. Nur in Spanien konnte es möglich sein, eine Abhandlung über die Modulation durch alle vierundzwanzig Dur- und Molltonarten zu schreiben und dabei noch Zarlino und Cerone als Autoritäten zu zitieren.

Wie viele Musikschriftsteller ist Soler ein Muster an Unverständlichkeit. Seine Äußerungen aus dem Zusammenhang heraus zitiert, ergeben gar keinen Sinn; sie müssen erläutert werden. Er spricht von zwei Hauptdingen, die zur weichen Modulation, wie es er nennt, nötig sind: Vorbereitung *(Conocimiento)*, worunter er die Bestätigung der Zieltonart durch die Quinte oder Dominante versteht; und Unterbrechung *(Suspension)*, die nur zur sogenannten langsamen Modulation gehört, in anderen Worten: zur strukturellen Modulation, womit er eine Pause meint, die den Sprung von einer Tonart in die andere ohne gemeinsamen Ton trennt. Beide Grundsätze finden sich bei Scarlatti reichlich illustriert.

Ich führe jetzt an und erläutere dabei Solers vier Regeln für die schnelle Modulation, also die zeitweilige und nicht unbedingt formbildende Modulation. Soler erklärt sie mit folgenden Beispielen: Beispiel 50.

Beispiel 50 Soler, Kap. X

[Soler schreibt diese Beispiele auf vier Systeme: Sopran, Alt, Tenor und Baß.]

1. (Bindung durch gemeinsamen Ton oder Vorhalt): Beim Übergang von einer Tonart in die andere muß man einen Ton benutzen, der mit den Toniken beider Tonarten konsoniert. (Zum Beispiel entspricht die Terz von Es- der Quinte von C-dur). Fehlt ein solcher gemeinsamer Ton, müssen die beiden die Tonart vertretenden Akkorde durch einen Vorhalt verbunden werden.

2. (Bestätigung der Tonart durch die Dominante): Um die Zieltonart zu bestätigen, muß man ihre Quinte erreichen.

3. (Enharmonische Modulation): Die enharmonische Verwandlung von ♭ in ♯ und umgekehrt hilft die Modulationen in entfernte Tonarten vereinfachen.

4. (Bindung durch nicht gemeinsame Bewegung der Stimmen): Es ist besser, wenn sich die vier Stimmen nicht gleichzeitig, sondern zu ver-

Scarlattis Harmonik

schiedenen Zeiten bewegen. In jeglicher Fortschreitung findet die hauptsächliche Bewegung in den beiden Außenstimmen statt, zu welchen die Innenstimmen nur die Begleitung darstellen.

Soler illustriert diese Regeln mit Modulationsbeispielen aus allen Dur- und Molltonarten nach Es-dur und gibt analytische Kommentare dazu. Diese Beispiele sind alle in einem freien Klaviersatz geschrieben, in der Führung der Innenstimmen allerdings strenger und konsequenter als bei Scarlatti. Aber wie dieser schreckt Soler nicht vor gelegentlichen Oktavverdopplungen der Stimmen zurück. Im vierten Beispiel, der Modulation von f-moll nach Es-dur, kommen die typischen Scarlattischen Quint- und Oktavparallelen vor (Beispiel 51). Soler beschließt seine Demonstration mit acht modu-

Beispiel 51 Soler, S. 109, Beispiel 4

lierenden Klavierpräludien, die mit manchen Notationsmanierismen in Scarlattis Sonaten vieles gemein haben, zum Beispiel gleiche Verzierungszeichen und Angaben wie *Arbitri* für *ad libitum* und *deto solo* zur Bezeichnung eines Glissandos.

Solers Unterscheidung zwischen zeitweiliger und struktureller Modulation ist wichtig. Die Kunst dieser zeitweiligen Modulationen war den experimentierenden Chromatikern des 17. Jahrhunderts wohlbekannt, wenn sie auch nicht auf ein tonales Bezugssystem auf der Grundlage der gleichschwebenden Temperatur bezogen war. Solers Regeln und Beispiele illustrieren Scarlattis Verfahren, unmittelbar von einer Tonart eine andere zu erreichen, aber sie tragen wenig dazu bei, sein Modulationssystem als solches oder seine Auffassung von der tonalen Form zu erläutern.

Im Lichte der Solerschen Grundsätze lassen sich jedoch Scarlattis Modulationen in zwei Gruppen einteilen. Die eine bewegt sich glatt mittels diatonischer Stimmbewegung, gemeinsamer Töne, Vorhalte und enharmonischer Verwechslung, während die zweite abrupt von einer Tonart in die andere springt, meistens nach einer Pause. Die erste Gruppe gehört nach Solers Einteilung zu den zeitweiligen oder schnellen Modulationen, insofern sie mehr oder weniger begrenzt benutzt werden können und nicht vom tonalen Gleichgewicht des ganzen Stückes abhängen. Aber wird ihre Bedeutung gesteigert, so werden sie im gleichen Maße sowohl zu formbildenden Modulationen wie auch zu zeitweiligen Übergängen oder Ausschmückungen. Die sprungweisen Modulationen erklären sich nur im Lichte des allgemeinen tonartlichen Zusammenhanges, mit anderen Worten als strukturelle Modulationen, trotz der verkappten Glattheit, mit der sie oft vorbereitet werden. Beide Modulationsweisen dienen nicht nur zum Tonartwechsel, sondern sollen auch tonale Gegenströmungen bewirken und die aufgestellte Tonart mit absichtlichen harmonischen Infragestellungen und Unbestimmtheiten gleichsam gliedern. Sie zielen auf den daraus entspringenden Reiz. Ohne seine Modulationstechnik wäre Scarlattis Harmonik ausgesprochen matt.

Ausweichungen und formbildende Modulationen

Ich erwähne jetzt einige charakteristische Beispiele für Scarlattis Modulationen, allerdings nur im Lichte ihrer zeitweiligen und rhetorischen Bedeutung, nicht in Bezug auf ihre formale Funktion im gesamten Zusammenhang.

Beispiel 52 Parma XV 38 (Longo 396) K. 551
* Möglicherweise Irrtum eines Kopisten

Besonders reizvoll durch ihre Mehrdeutigkeit sind jene glatten, diatonisch modulierenden Passagen, die das Ohr mit jedem neuen Klangwechsel überraschen, obwohl der harmonische Ablauf wohlbekannte Wege nimmt oder auch gleich wieder zum Ausgangspunkt zurückkehrt. Solche Stellen sind wie elegante, geistreiche Pointen, voller Doppeldeutigkeiten, wie sie – leider viel zu selten – eine Tafelrunde oder eine ganze Gesellschaft in Bann halten können (Beispiel 52 und 53). Scarlatti hat kaum etwas poetisch so Anre-

Beispiel 53 Venedig X 5 (Longo 451) K. 422

gendes und Geheimnisvolles geschrieben wie die Modulationen in der Sonate Nr. 260 und die diatonischen Fortschreitungen in den Sonaten Nr. 518 und 420. Voller Entzücken verzichtet man gern für eine Weile auf jeglichen Orientierungssinn.

Manche seiner äußerst irreführenden Modulationen vereinigen glatte Stimmverkettung mit genereller Stimmversetzung. Man wird überrumpelt, ehe man es merkt (vgl. Sonaten Nr. 264 und 460).

Die sprungweisen Modulationen wirken oft vollkommen überraschend. Häufig geht ihnen eine mehrdeutige Pause voraus, die ebenso wichtig ist wie die Töne, die sie trennt. Diese Modulationen sind wie ausgefallene, paradoxe Fragestellungen, die sich erst hinterher erklären. In diesen abrupten Wechseln liegt oft ebensoviel Rhetorik wie formale Bedeutung. Ein Ausruf, eine Interjektion, ein plötzlicher unerwarteter Gedanke unterbrechen auf einmal den Gedankenfluß und fordern vom Sprecher und Zuhörer eine Erklärung (vgl. Beispiel 54; ebenso Sonaten Nr. 518 und 132).

Noch überraschender wirkt der plötzliche Sprung in der G-dur-Sonate Nr. 124, T. 82. Auf einen Abschluß in D-dur folgt eine Pause (T. 82), dann beginnt ein neuer Abschnitt ohne jede Vorbereitung in f-moll, was äußerst unerwartet klingt. Eigentlich ist dieses f-moll doch vorbereitet worden, nämlich durch einige g-moll-Andeutungen vorher, und der Bezug zum Stück wird in den folgenden Takten ganz deutlich (f-moll ist lediglich die Subdominante von c-moll, der Subdominante zu g-moll).

Besonders auffällig ist Scarlattis Technik, die Tonart durch eine stufenweise Rückung der Stimmen umzuwerfen, die sich dann aus dem tonalen Zusammenhang oder dem harmonischen Bezug erklärt. Man beachte den abrupten Sprung in der G-dur-Sonate Nr. 494 von G-dur (als Dominante von C-dur) nach As-dur bei T. 73 in Zusammenhang mit den langausgesponnenen Ganztonfortschreitungen von B über c-moll nach D-dur-moll, womit eine große Kadenz nach G-dur-moll vorbereitet werden soll (Beispiel 54).

Beispiel 54 Venedig XII 11 (Longo 287) K. 494

Die plötzlichen Sprünge umreißen oft Kadenzen, wie in Sonate Nr. 46. In Beispiel 55 klingt der Sprung von H-dur (als Dominante zu e-moll) nach C-dur einen Augenblick wie ein Trugschluß. Wenn man bei Beispiel 54 in der Pause einen stillschweigenden Wechsel von C-dur nach c-moll annimmt, könnte man den oben erwähnten Sprung von G nach As auch als einen Trugschluß ansehen (Beispiel 55).

Beispiel 55 Venedig IV 2 (Longo 308) K. 237

Steigende Rückungen bei dreifach wiederholten Motiven, wie in den Sonaten Nr. 261, 215 und 518, wirken besonders verblüffend. Diese Rückungen lassen sich häufig leicht als Übergänge (Sonate Nr. 261), als harmonische Sequenzen (Sonate Nr. 518), Akkordauslassung oder durch gemeinsame Töne (Nr. 47) erklären.

Für die Akkordauslassung vgl. Beispiel 54, wo die Auflösung in den C-dur-Akkord, dessen Grundton mit der Terz des folgenden As-dur den gemeinsamen Ton bilden würde, ausgelassen ist, wo jedoch die Fortschreitung trotzdem durch die Gegenbewegung der Außenstimmen verbunden wird.

Ein besonders geistreiches Beispiel für eine solche Rückung, wo ein dreimal wiederholtes Motiv jeweils eine Stufe nach oben versetzt wird, bietet die Sonate Nr. 268, T. 15–17. Das Motiv beginnt jedesmal auf derselben Stufe, aber endet jeweils um einen Ton höher.

Mit seiner technischen Virtuosität verbindet Scarlatti eine Virtuosität des Modulierens. Er blendet durch Glanz und Feuer des technischen Effekts und überrascht gleichzeitig durch unerwartete Wendungen und eine unerhört kühne Behandlung des tonalen Gleichgewichts.

Jedoch nur vom Ganzen der Gesamtstruktur her kann man völlig begreifen, wie Scarlatti seine ausgefallene Chromatik, seine gewagten enharmonischen Modulationen zu einem folgerichtigen Satz verschmilzt, der seine eigene Schöpfung ist und den er nur in seinen Sonaten verwendet.

XI. Die Zergliederung der Scarlatti-Sonate

Der vielfältige Organismus der Scarlatti-Sonate – Definition – Die Teile und ihre Funktionen. Die Crux – Die Eröffnung – Die Weiterführung – Der Übergang – Die Vor-Crux – Die Nach-Crux – Die Schlußgruppe – Die Zwischenschlußgruppe – Die Letzte Schlußgruppe – Die Exkursion – Die Wiederaufnahme – Die hauptsächlichen Formtypen – Die geschlossene Sonate – Die offene Sonate – Ausnahmeformen – Tonale Struktur – Die Behandlung des thematischen Materials und die drei Haupttraditionen – Das Ineinanderspiel der gestaltenden Kräfte.

Der vielfältige Organismus der Scarlatti-Sonate

Wenn es eines Beweises für die Vitalität der Scarlatti-Sonate bedürfte, so könnte hierzu nichts dienlicher sein als die Tatsache, daß ihre Form jeder klassischen Analyse oder Einordnung trotzt. Die Kräfte, welche Scarlattis Sonate formen, beeinflussen und bedingen sich gegenseitig in einem solchen Ausmaß, daß man kaum Regeln oder Kategorien aufstellen kann, die Scarlatti nicht bricht oder sprengt.

Nichts verrät uns, inwieweit sich Scarlatti der Grundprinzipien seiner Formen und ihrer Probleme bewußt war. Mit der Musiktheorie des frühen 18. Jahrhunderts war er gewiß vertraut, und Solers Traktat läßt vermuten, daß Scarlatti seine Modulationsneuerungen auch begründen und erläutern konnte. Denn bei all seiner Originalität war doch die neuerschlossene Harmonik kein unbekanntes Land mehr. Aber theoretische Abhandlungen über musikalische Form waren zu seiner Zeit selten und zum größten Teil verhältnismäßig unentwickelt. Es ist fraglich, ob Scarlatti sein Strukturverfahren erklären konnte oder wollte. Trotz der Konsequenz und Disziplin seines musikalischen Denkens ist Scarlatti einer der wenigst theoretischen Komponisten, die es je gab. Er gönnt sich keine der kleinen Pedanterien, die bei Werken viel größerer Komponisten zu entdecken sind. (Man betrachte zum Beispiel seine allgemeine Gleichgültigkeit gegenüber der notengetreuen Wiederholung seines thematischen Stoffes oder gegenüber gewissen optischen Konventionen der Stimmführung.) Möglicherweise entstand der wunderbare, einmalige Organismus seiner Sonaten einfach allmählich unter seinen Fingern, wie eine Pflanze, von deren Lebens- und Entwicklungsgesetzen der pflegende Gärtner kaum mehr als ein dunkle Ahnung besitzt.

Definition

Es gibt im Gesamtwerk Scarlattis keine Sonate, die man als ausgesprochen typisch bezeichnen könnte. Die Gliederung läßt sich nur dadurch einigermaßen anschaulich machen, daß man einen theoretisch fixierten Standpunkt annimmt, also ein Schema aufsetzt, von dem die Sonaten selbst alle abweichen. Nähme man dieses Schema wörtlich, wäre es nichts anderes als ein Rezept für die Nachahmung. Dieses Schema aber hat mit der einzelnen Sonate nicht mehr Ähnlichkeit als eine Schulfuge mit einer Bachschen Fuge oder eine Wachspuppe mit einem lebenden Menschen. Wenn man es aber recht betrachtet als eine künstliche Hilfskonstruktion aus einzelnen Aspekten der Wirklichkeit, so kann man mit seiner Hilfe durchaus das Wesen des Ganzen erläutern. Der künstliche Begriff von der Scarlatti-Sonate kann nicht erklären, was eine Scarlatti-Sonate ist, er kann aber zeigen helfen, was sie sein kann.

Wenn wir also auf den folgenden Seiten von der Scarlatti-Sonate schlechthin sprechen statt von einer besonderen, ist damit das künstliche Formschema gemeint, zu dem die einzelnen Sonaten Varianten und Ausnahmen bilden. Die wenigen grundsätzlichen Charakteristika, die für alle Sonaten gelten, können in der folgenden Definition so zusammengefaßt werden:

Die Scarlatti-Sonate ist ein Stück in zweiteiliger Form, das durch einen Doppelstrich geteilt ist. Die erste Hälfte stellt eine Grundtonart auf und bestätigt vor dem Doppelstrich in einer Reihe von Kadenzen eine Schlußtonart (Dominante, Parallele, in einigen Fällen die Dominantparallele). Die zweite Hälfte geht von dieser Schlußtonart aus, um schließlich mit einer Reihe Kadenzen die Haupttonart abschließend wieder zu bestätigen. Diese Kadenzen machen dabei von dem thematischen Material Gebrauch, das schon zur Bestätigung der Schlußtonart am Ende der ersten Sonatenhälfte benutzt wurde.

Die Teile und ihre Funktionen. Die Crux

Umfang und Behandlung des thematischen Materials ist in der Scarlatti-Sonate variabel; aber die thematische Gliederung entspricht ungefähr den tonalen Funktionen der einzelnen Teile, in die man das Stück gliedern kann. Das einzige Themenmaterial, das fast immer mehr oder weniger genau wiederholt wird, ist dasjenige, welches mit den Abschnitten am Ende beider Hälften verbunden ist, die die Schluß- (bzw. Haupt-)tonart bestätigen. Diese Art thematischer Behandlung ist fast allen Sonaten Scarlattis gemeinsam. Das thematische Material in den vorausgehenden Teilen wird endlos variiert.

Obgleich das thematische Material, das zu Anfang in der Haupttonart aufgestellt wird, den Charakter des Stückes bestimmen kann und vielleicht sogar die Hauptelemente der Thematik der ganzen Sonate enthält, braucht es nicht unbedingt später exakt oder auch nur andeutungsweise wieder aufgenommen zu werden. Deshalb kann man auch die erste Hälfte einer Scarlatti-Sonate nicht Exposition nennen, etwa im Sinne der klassischen Sonate, noch weniger im Sinne der Fuge. Wegen der nicht festzulegenden Freiheit des Sonatenanfangs kann man auch nicht die Methoden der Formanalyse benutzen, wie sie zu Recht oder Unrecht auf die klassische Sonate angewendet werden. (Mit der ›klassischen Sonate‹ meine ich hier die akademische und oft unzulängliche Vorstellung von der Sonate, die auf die unbegrenzte Phantasie eines Haydn, Mozart oder Beethoven nicht unbedingt Rücksicht nimmt.) Im Gegensatz zur üblichen klassischen Sonate sind hier die anfangs aufgestellten Themen nicht immer für den weiteren Verlauf verbindlich und werden (mit ganz wenigen unbedeutenden Ausnahmen) auch nicht in der Tonika als Reprise wiederholt. Man kann nicht von erstem oder zweitem Thema oder Haupt- und Nebenthema sprechen bei Scarlatti. Bedeutende und einprägsame Themen kommen oft nur einmal vor. Auch haben diese Themen keine feste Verbindung mit Tonartstufen, schon von einem Sonatenanfang auf der Tonika liegt der Ausgang nicht immer fest. Die Scarlatti-Sonate ähnelt der klassischen Sonate nur ungefähr in Bezug auf das zweite Thema und die Schlußthemen, mit anderen Worten: im Verlauf nach der endgültigen Aufstellung der Schlußtonart. Die folgende Aufstellung soll den Unterschied deutlich machen.

KLASSISCHE SONATE		SCARLATTI-SONATE
Exposition		*Erste Hälfte*
Erstes Thema, Erweiterungen und Übergänge	Haupttonart	Eröffnung, Mittelteil (Weiterführung, Übergang, Vor-Crux)
		(*Crux*)
Zweites Thema, Erweiterungen, Schlußgruppe(n)	Halbschluß	Bereich der Schlußtonart (Nach-Crux, Schlußgruppe, Zwischenschlußgruppe, Letzte Schlußgruppe)

Durchführung	Modulation	*Zweite Hälfte*
		Eröffnung (freigestellt)
		Exkursion
Reprise		Wiederaufnahme der
Erstes Thema		Vor-Crux (freibleibend)
Erweiterungen		oder auch des
		vorhergehenden Materials
		(*Crux*)
Zweites Thema,	Haupttonart	Wiederaufnahme des
Erweiterungen,		Schlußtonbereichs
Schlußgruppe(n)		(Nach-Crux,
		Schlußgruppe,
		Zwischenschlußgruppe,
		Letzte Schlußgruppe)

1 Da die Beispiele in diesem Kapitel meist meiner Anthologie von 60 Scarlatti-Sonaten entnommen sind, die ich zur Erläuterung dieses Buches getrennt veröffentlicht habe (G. Schirmer, New York), bezeichne ich sie mit den römischen Zahlen nach der Reihenfolge in meiner Ausgabe. Die entsprechenden Nummern nach Longos und meiner Zählung entnehme man dem Sonatenverzeichnis am Ende des II. Bandes.

2 Weitere Beispiele dafür: Sonate II (31, 121); III (34, 91); IV (18, 44); VIII (54, 122); X (65, 154); XIX (25, 65); XX (34, 115); XXI (32, 84); XXVII (13, 30); XXVIII (21, 55). In einigen dazwischenliegenden Sonaten hat das Konzept der Crux nur wenige Bedeutung. Es dient als Ausgangspunkt, um Scarlattis Unabhängigkeit von seinen eigenen Regeln zu beobachten.

Die klassische Sonate neigt zu einer dreiteiligen Form (Exposition, Durchführung, Reprise), auch wenn sie durch einen Doppelstrich zweigeteilt ist, während die Scarlatti-Sonate ein Gleichgewicht zwischen beiden Hälften aufrecht erhält, wenn sie auch nicht gleich lang sind. Das eigentliche Leben wohnt im Mittelteil der ersten Hälfte und deren Entsprechung in der zweiten Hälfte. In diesen Teilen herrscht oft die Energie, wie sie der Durchführung der klassischen Sonate innewohnt (XXXII) (1). Verhältnismäßig selten ist der Mittelteil der zweiten Hälfte im Vergleich zu dem der ersten so erweitert, daß er einer echten Durchführung ähnelt.

Man könnte sagen, daß die Höhepunkte der Scarlatti-Sonate dort liegen, wo in beiden Hälften die Spannung auf der Dominante kulminiert, bevor sie in der Schlußtonart ihre Auflösung findet. Alle dynamischen Möglichkeiten der harmonischen Modulation und der melodischen Erfindung werden aufgeboten, um diese letzte Auflösung vorzubereiten. Daher die langen Strecken ohne nennenswerte Modulationen, die Reihungen von Schlußthemen und Kadenzwiederholungen, die häufig das in den vorhergehenden Dominanten gespeicherte Kraftmoment wie ein Flugzeug auf dem Landestreifen auslaufen lassen.

Den Punkt in beiden Hälften, wo das thematische Material, das in ähnlicher Weise am Ende beider Hälften aufgestellt wird, mit der Erreichung der Schlußtonart zusammentrifft, habe ich die Crux genannt (vgl. I, T. 28 und 78; XLII, T. 30 und 106) (2). Die Crux ist eine ›anatomische Vorstellung‹, die für den Spieler oder Hörer keine unbedingte praktische Bedeutung hat, aber sie ermöglicht das folgende analytische System und erlaubt es, Merkmale herauszuarbeiten, die fast allen Scarlatti-Sonaten gemeinsam sind.

In beiden Hälften erscheint die Crux gerade dort – wie schon oben gesagt –, wo die Schlußtonart deutlich wird, sei es bei der Aufstellung ihrer Dominante (I, XIV) oder, seltener, bei einer vorläufigen Kadenz in die Schlußtonart (XIII, T. 78 und 165). In einigen wenigen Fällen folgt der Crux eine kurze Modulation (vgl. XXXVIII, T. 31 und 102 ff.), aber im allgemeinen bleibt die Schlußtonart nach der Crux unverändert.

Die parallele Wiederaufnahme des thematischen Materials am Ende beider Hälften geht zuweilen der Aufstellung der Schlußtonart voraus (I). Die Crux ist jedoch der Punkt, wo das wiederaufgenommene Material die Schlußtonart erreicht (I, T. 28 und 78). In den wenigen Fällen, wo die Schlußtonart erreicht wird, bevor das entsprechende thematische Material wieder aufgenommen wird, erscheint die Crux zu Anfang der entsprechenden Abschnitte (II, T. 31 und 121). Mit anderen Worten: die Lage der Crux hängt immer von zwei Faktoren ab, der Erreichung der Schlußtonart und der Bestätigung des thematischen Parallelismus zwischen beiden Hälften.

Die Crux kann durch eine deutlichere Unterbrechung (XIV) hervorgehoben oder durch kontinuierliche rhythmische Bewegung verdeckt werden (IV). Wenn man den Begriff der Crux als Ausgangspunkt nimmt, lassen sich die verschiedenen Glieder oder Teile der Scarlatti-Sonate theoretisch aufzeigen, wie das in der Aufstellung weiter oben geschehen ist. Ihre Umrisse sind nicht immer deutlich. Manche Teile heben sich mehr durch ihre harmonische Funktion ab als durch ihre thematische Eigenart (XXVII) oder gehen fast unmerklich ineinander über (IV). In Sonate 3 (I) finden sie sich alle in deutlich erkennbarer Form. Untersuchen wir zunächst einmal den Schluß der ersten Hälfte, von der Crux ab (T. 28).

Auf die Crux folgt das, was ich den Bereich der Schlußtonart nenne, der Teil, der sich fast ausschließlich mit der Aufstellung und Bestätigung der Schlußtonart beschäftigt (I, T. 28–48). Er entspricht ungefähr dem Teil der klassischen Sonate, der vom Beginn des zweiten Themas bis zum Ende der Exposition reicht. Dieser Schlußtonartsbereich moduliert bei Scarlatti selten, dient oft als statischer Hintergrund, als Aufhänger für die modulatorische Dynamik und das freie thematische Geschehen vor der Crux.

Dieser Teil setzt sich zusammen aus einem Glied oder bis zu vier Gliedern. Nie fehlt die Nach-Crux, der Teil, der unmittelbar auf die Crux folgt (I, T. 28–36). Dann kommt die Schlußgruppe, ein thematisch und harmonisch faßbarer Teil direkt nach der Nach-Crux (I, T. 36–44). Die Letzte Schlußgruppe ist der letzte erkennbare Teil, der auf die Schlußgruppe folgt, direkt vor dem Doppelstrich am Schluß der Hälfte (I, T. 46–48). Wenn zwischen der Schlußgruppe und der Letzten Schlußgruppe noch ein erkennbarer Teil liegt, nenne ich ihn die Zwischenschlußgruppe (I, T. 44–46). Er fehlt oft oder läßt sich vom Geschehen vorher und nachher nicht immer deutlich trennen (XIV).

Der eigentlich dynamische Teil der ersten Hälfte einer Scarlatti-Sonate findet sich in dem musikalischen Geschehen zwischen der Eröffnung (I, T. 1–3) und der Crux (I, T. 28). Ihn habe ich den Mittelteil genannt (I, T. 3–28). Er läßt sich nicht immer klar von der Eröffnung trennen, und die Funktion seiner Glieder ist auch nicht immer deutlich. Ich benutze den Begriff mehr, um die Modulationen anzudeuten, die zwischen Eröffnung und Crux liegen. Hier tritt die unerschöpfliche Vielfalt der Scarlatti-Sonate voll in Erscheinung, und unsere theoretische Aufgliederung wird hier am häufigsten in Frage gestellt oder einfach unmöglich.

Ein unerläßliches Glied dieses Teils der Sonate ist die Vor-Crux, der Teil, der unmittelbar vor der Crux liegt (I, T. 16–28). Manchmal folgt er direkt auf die Eröffnung (XLII, T. 9) oder läßt sich nur schwer von ihr trennen (XLIV).

Wenn sich unmittelbar vor der Vor-Crux ein Teil der Eröffnung unterscheiden läßt, nenne ich ihn Übergang (I, T. 11–16). Er ist der variabelste aller Sonatenteile, sowohl im Inhalt wie in seiner Funktion. Oft läßt er sich nicht von der Vor-Crux unterscheiden. Ich konnte keinen Namen finden, der der Vielfalt seiner Möglichkeiten entspricht. In den seltenen Fällen, wenn ein weiterer erkennbarer Teil zwischen der Eröffnung und dem Übergang liegt, nenne ich diesen die Weiterführung (I, T. 3–11). Dieser Terminus beschreibt gleichfalls nicht unbedingt seine Funktion.

Wie die Aufstellung auf der folgenden Seite zeigt, besteht die erste Hälfte der Sonate bei Scarlatti aus bis zu acht Gliedern.

Die Weiterführung und die Zwischenschlußgruppe können oft fehlen (XIV). Häufig sind Übergang (XXXVIII) oder Letzte Schlußgruppe (XXIX) nicht erkennbar. Das absolute Minimum an Gliedern weist Sonate 544 (LIX) auf: eine kombinierte Eröffnung und Vor-Crux, auf die die Nach-Crux folgt.

Die zweite Hälfte muß nicht unbedingt parallel zur ersten verlaufen. Nur die Glieder des Schlußtonartbereiches sind fast immer ähnlich in beiden Hälften, so daß Nach-Crux, Schlußgruppe, Zwischenschlußgruppe und Letzte Schlußgruppe der ersten Hälfte in der zweiten Hälfte in ungefähr derselben Form wiedererscheinen, in deren Schlußtonart transponiert. So ist der Bereich der Schlußtonart der zweiten Hälfte fast immer ein Teil der Wiederaufnahme.

DIE GLIEDER DER SCARLATTI-SONATE

Erste Hälfte	Sonate Nr. I	VII	XIV	XXIX	XXXVIII	XLII
Eröffnung (unerläßlich)	Takt 1	1	1	1	1	1
Weiterführung (möglich; sogar selten)	3					
Übergang (möglich)	11	17	11	9		
Vor-Crux (unerläßlich)	16	43	19	17	14	9
Nach-Crux (unerläßlich)	28	51	43	23	32	31
Schlußgruppe (unerläßlich, wenn überhaupt etwas auf die Nach-Crux folgt)	36	66	71	34	47	46
Zwischenschlußgruppe (möglich; recht selten)	44					
Letzte Schlußgruppe (möglich)	46	78	85		58	58

Die Wiederaufnahme umfaßt in gleicher Ordnung und ungefähr in gleicher Form das thematische Material, das am Ende der ersten Hälfte vor dem Doppelstrich verwendet wurde. Sie kann auch das Material einschließlich der Crux umfassen, mit anderen Worten: den Schlußtonartsbereich oder aber auch früheres Material. In den Fällen, wo die zweite Hälfte der Sonate eine mehr oder weniger symmetrische Ergänzung der ersten Hälfte darstellt, beginnt nach dem Doppelstrich eine annähernd genaue Wiederaufnahme, natürlich mit den nötigen modulatorischen Änderungen, die thematische Kontraktionen und Erweiterungen wie auch harmonische Veränderungen mit sich bringen (LVI). Der wiederaufgenommene Bereich der Schlußtonart entspricht ungefähr dem Teil der Reprise in einer klassischen Sonate, der mit dem zweiten Thema beginnt.

Noch freier und dynamischer in den Modulationen und unberechenbarer in der thematischen Behandlung als in der Mittelsektion der ersten Hälfte ist alles im entsprechenden Teil der zweiten. Er bildet das, was ich die Exkursion nenne (vgl. I, T. 48–78 als rudimentäre Form einer Exkursion). In entwickelterer Form ähnelt die Exkursion dem Durchführungsteil der klassischen Sonate (XV, XXVI, XXVIII). Wenn sie das Übergewicht über den entsprechenden Teil der ersten Hälfte erhält, moduliert die Exkursion im allgemeinen stärker und weiter, als es sonst in der Sonate geschieht (XIX,

Zergliederung der Scarlatti-Sonate

XX, XXV). Motiv- und Themenwahl ist völlig variabel. Es kann das ungefähr entsprechende Material der ersten Hälfte wieder aufgenommen werden (I); es kann aber auch verändert, umgekehrt oder paraphrasiert werden (XXVIII); oder neues thematisches Material wird benutzt, ausschließlich oder zuzüglich (XV, XXV).

Die beiden Hälften halten einander sowohl in einem statischen (strengen) als auch dynamischen (freien) Sinn das Gleichgewicht. Das statische Gleichgewicht wird durch die gemeinhin nicht modulierenden und thematisch strengen (wiederaufgenommenen) Schlußtonartsbereiche in beiden Hälften erreicht. Das dynamische Gleichgewicht und Widerspiel kommt aus den tonal aktiven und thematisch freien Modulationen der Mittelteile. Tonal gesehen ist die Dynamik einer Sonate umso größer, je mehr die Mittelteile beider Hälften aus dem Gleichgewicht geraten. Die Beziehung der Mittelteile beider Hälften zueinander ermöglicht es Scarlatti, die zweiteilige Form zum Träger einer schier unbegrenzten Vielfalt und Ausdruckselastizität zu machen.

Auf Grund der thematischen Struktur allein kann man Scarlattis Sonaten nicht analysieren. Der harmonische Bezug auf ein tonales Hauptzentrum ist der bestimmende Faktor in seiner Form. Trotz des großen Zusammenhalts, der dem thematischen Material seiner Sonaten innewohnt, ist der Hauptfaktor für die Bestimmung eines Teiles dessen harmonischer Bezug zur Sonate als Ganzem. Die Gliederung des thematischen Materials braucht nicht unbedingt mit der Gliederung der Sonate zusammenzufallen. Oft aber steht sie in einem Zusammenhang zur tonalen Struktur, sei es durch die Unterschiedlichkeit zwischen modulierendem und nicht-modulierendem Material oder durch das Kriterium, ob es im Bereich der Schlußtonart wieder aufgenommen wird oder nicht. Von Scarlattis Form nur im Sinne des thematischen Materials zu sprechen, ohne dessen Verhaftetsein mit dem Tonartaufbau zu berücksichtigen, wäre ebensolche Ketzerei, als ob man bei den Bachschen Fugen nur von reiner Linearität oder linearem Kontrapunkt reden wollte, ohne den harmonischen Zusammenhang zu erwähnen. Ebenso wie Bachs Fugen die Generalbaßharmonie nicht verleugnen können, sind Scarlattis Sonaten mit einem Sinn für tonale Bezüge durchdrungen.

Die Sicherheit seiner tonalen Struktur erlaubt ihm eine anscheinende Ungezwungenheit im Umgang mit dem thematischen Material. Man erwartet oft, daß ein bedeutendes Anfangsthema für den ganzen Satz wesentlich werden könnte, aber Scarlatti gibt es mit der Freigebigkeit eines verschwenderischen Fürsten auf. Diese Großzügigkeit, mit der er vorgeht, erweckt oft den Eindruck, als ob die Sonate vor den Augen und Ohren des

Zuhörers entsteht. Es scheint immer mehr Material da zu sein, als benötigt wird. Man schaut zu wie bei einem Maler: man weiß nie, welcher Pinsel und welche Farbe als nächstes drankommen. Erst gegen Ende weiß man ungefähr, was noch fehlt, um das Bild zu vollenden. Wenn man die erste Hälfte einer Sonate gehört hat, kann man stets erwarten, am Ende der zweiten Hälfte die Schlußmotive wieder zu hören. Was aber von den Übergangsmotiven und -themen wieder vorkommt und was davon einfach unter den Tisch fällt, läßt sich beim ersten Hören nicht voraussagen. Manchmal entwickelt er ein unerhörtes Thema nach dem anderen, läßt dann alles fallen und nimmt nur Bruchstücke wieder auf. Nur die Reihe der Schlußmotive vor dem Doppelstrich, mit denen die Schlußtonart bestätigt wird, taucht beim Abschluß in der Haupttonart wieder auf. In vielen Sonaten bleibt Scarlattis Verfahren nach dem Doppelstrich völlig unberechenbar. Manchmal greift er auf Motive aus der ersten Hälfte zurück, oder er geht in dem modulierenden Kreislauf weiter, den ich die Exkursion nenne, und überschüttet den Hörer mit immer neuen Einfällen, bis er zum triumphalen Schluß zurückkehrt.

Ich möchte noch einmal betonen, daß die Glieder, die ich als Bestandteile der Scarlatti-Sonate aufgestellt habe, nicht unbedingt den Einteilungen und Gliederungen entsprechen müssen, die ein sensibler Spieler beim Vortrag empfindet. Es sind anatomische Gliederungen, die ich um der Bequemlichkeit und der Genauigkeit willen bei der Analyse getroffen habe. Der Einstellungswechsel, der vor sich geht, wenn man nicht mehr schreibt, sondern zu spielen beginnt, entspricht der veränderten Einstellung des Malers, der seine anatomischen Studien abgeschlossen hat und sich dann nur noch mit den Ausdrucksmöglichkeiten des Körpers beschäftigt.

Wir wollen uns dennoch mit den allgemeinen Merkmalen befassen, durch die wir eine theoretische Vorstellung von den verschiedenen Teilen der Scarlatti-Sonate bekommen können. Die folgenden Seiten erinnern vielleicht an die persische Anekdote von dem Elefanten und dem Blinden, aber eine Einzeluntersuchung des Schwanzes, der Beine, des Rüssels usw. geben immer noch mehr Auskunft über den Elefanten als überhaupt keine Untersuchung.

Man sollte allerdings nicht vergessen, daß die Glieder des Mittelteils verschiedentlich ihre Merkmale und Funktionen je nach dem Gesamtzusammenhang der Sonate und entsprechend der Anzahl der vorhandenen Glieder austauschen können. Daher müssen die folgenden Ausführungen als Ergebnisse einer etwas willkürlichen Terminologie verstanden werden. Das gleiche gilt für die Glieder des Schlußtonartbereichs. Thematische Bezüge zwischen den Gliedern der Sonate sind unbegrenzt möglich. Oft kann man einen Teil vom anderen, wenn beide fast dasselbe Themenmaterial enthalten, nur durch die Differenzierung der Rolle unterscheiden, die sie im Ablauf und in der tonalen Struktur der Sonate spielen. Kein Teil vor der Crux der ersten Hälfte muß unbedingt ein zweites Mal vorkommen.

Die Eröffnung

Sie stellt die Haupttonart auf. Oft werden große, die Tonart festlegende Intervalle der Obertonreihe benutzt, wie Trompetensignale (XIII) oder Akkordbrechungen (XVII). Manchmal wird die Tonart auch durch Akkorde bestätigt (XLI). Gern werden auch Kadenzen (XV) oder in Acciaccaturen zusammengepreßte Kadenzelemente zur Aufstellung der Tonart verwendet (XXI). Am häufigsten beginnt die Eröffnung mit einer Stimme, der eine zweite imitierend folgt (LX).
Die Eröffnung kann vom darauffolgenden Teil durch eine deutliche Kadenz zur Tonika (XV) oder zur Dominante (XIII) unterschieden werden, oder sie kann direkt in das weitere modulatorische Material münden.
Das Eröffnungsthema kann markant und prägnant sein, aber auch nur nebensächlich, wenn es bloß die Tonart umreißen oder den Grundrhythmus in Bewegung setzen soll. Rhetorisch gesehen entspricht es den verschiedenen Abstufungen einer Anrede, von der feierlichen förmlichen Aufforderung zur Aufmerksamkeit über die üblichen Formeln bis zum legeren ›Was ich gerade sagen wollte...‹. Oft ist es nur die bescheidene Vorbereitung für eine drastische Überraschung im weiteren Verlauf. Es läßt noch keinen Schluß zu über die Rolle, die es für die Sonate spielen wird. Im allgemeinen kann man wohl sagen, daß ein tonartaufstellendes Thema, je statischer es wirkt, desto weniger zur Wiederaufnahme bestimmt wird, nicht einmal am Anfang der zweiten Hälfte.

Die Weiterführung

Von allen theoretischen Teilen, die man aufstellen kann, erscheint die Weiterführung am seltensten. Der Name soll auch keineswegs ihre Funktion bezeichnen, sondern lediglich ein erkennbares Geschehen, das (gelegentlich) zwischen der Eröffnung und dem Übergang liegt. Man kann die Existenz dieser Weiterführung sogar bestreiten, weil sie so häufig mit der Eröffnung oder dem Übergang unauflöslich verbunden ist, als Erweiterung oder Ergänzung der ersteren (I) oder zur letzteren überleitende Modulation (I, X, XXXII). Manchmal stellt sie auch eine vorläufige Dominante auf (VIII).

Der Übergang

Auch er ist völlig unbestimmbar. Bei der Vielfalt seiner Funktionen und seines Inhalts ist der Name auch hier eher irreführend. Er soll nur besagen, daß zwischen der Eröffnung oder Weiterführung und der folgenden Vor-Crux harmonisches oder thematisches Material liegt, das eine gewisse Selbständigkeit hat. Dies Material kann oft verschiedene Elemente enthalten, gern in dreiteiliger Form (VII, T. 17–42).

Die Vor-Crux

Sie unterscheidet sich vom Übergang darin, daß sie stets in die Dominante der Schlußtonart führt, während das Modulationsziel des Übergangs nicht immer von vornherein festlegbar ist. Die Vor-Crux kann mit einer Kadenz oder Halbkadenz schließen (XLII, 29–105; III), hat aber keineswegs immer kadenzierende Funktion. Ihre Aufgabe ist es vielmehr, die abschließende Kadenzierungsaktivität des Schlußtonartbereiches vorzubereiten.

Die Nach-Crux

Die Nach-Crux kadenziert immer in die Schlußtonart. Gelegentlich verzögert sie die Schlußwirkung durch den Wechsel von Dur nach Moll (VII, XIV) oder durch vorläufige Kadenzen und Trugschlüsse (XXVIII, XXXIII, XXXIV). Nur ausnahmsweise folgt der Nach-Crux eine (und dann nur kurze) Abweichung von der Schlußtonart (XXXVIII).
Das folgende Themenmaterial ist mit ihr oft so stark verbunden, daß es kaum zu trennen ist. Nach-Crux und Schlußgruppe können beide mit einer Kadenz aus demselben Material schließen (I, XIX). Ab und zu weist das, was ich als Nach-Crux ansehen möchte, dreiteilige Form auf (XL).

Die Schlußgruppe

Obwohl die Schlußgruppe stets in die Schlußtonart kadenziert, kann man sie theoretisch von der Nach-Crux dadurch unterscheiden, daß sie immer erst beginnt, nachdem die Schlußtonart erreicht ist, wogegen die Nach-Crux oft von der Schlußdominante ausgeht. Sonst haben die beiden Teile ungefähr dieselbe Kadenzfunktion (XXI, XLII). Das vermindert jedoch nicht die mögliche Vielfalt ihres thematischen Materials.

Die Zwischenschlußgruppe

Sie erscheint nur, wenn man sie als erkennbare Gruppe zwischen der Schlußgruppe und einer Letzten Schlußgruppe unterscheiden kann. Wie die Weiterführung ist ihre theoretische Existenz oft diskutabel, denn ihr Material kann meistens gut und gern den vorhergehenden oder folgenden Gliedern zugeschrieben werden (I).

Die Letzte Schlußgruppe

Die Letzte Schlußgruppe ist der letzte erkennbare Teil nach der Schlußgruppe (XIX, XLII). Wenn sie thematisch kaum zu unterscheiden ist, kann man sie als bloße Erweiterung des vorhergehenden Teils betrachten.
Auch in den selteneren Fällen, wenn die Letzte Schlußgruppe in der Wiederaufnahme anders ist als in der ersten Sonatenhälfte (LVII), gewinnt die Harmonik nichts neues. Die Kadenzfunktion bleibt ebenfalls dieselbe. An dieser Stelle wird die Schlußtonart nicht mehr in Frage gestellt wie manchmal in den Kodas klassischer Sonaten. Was bei Mozart oder Beethoven am Schluß einer Sonate geschehen kann, geschieht bei Scarlatti nur im Mittelteil.

Die Exkursion

Die Exkursion ist ein Teil in der zweiten Hälfte einer asymmetrischen Sonate zwischen dem Doppelstrich und der Crux. Es ist der Mittelteil der zweiten Hälfte. Streng genommen beginnt sie, wenn die Eröffnung ganz oder teilweise zu Beginn der zweiten Hälfte wiederholt wird, beim ersten Verlassen der Tonart. Die Exkursion ist immer modulierend und bringt im allgemeinen die entferntesten Modulationen, die in der ganzen Sonate vorkommen. Sie kann außerordentlich lang sein, manchmal aber auch nur aus einer einzigen Phrase bestehen (XLIX). Oft gibt eine modulierende Phrase in der Exkursion einer sonst geschlossenen, festen Tonalstruktur neue, überraschende Perspektiven (Sonate 551).
Manche Exkursionen beruhen gänzlich auf modulierenden Fortschreitungen und Orgelpunkten über stufenweise schreitenden Baßtönen, die oft zu den Kadenzbestätigungen des Schlußtonartbereichs kontrastieren (XXVI, XLIX, Sonate 409). Die Baßstimme der Exkursion in Sonate 190 bewegt sich nach anfänglichem Balancieren zwischen zwei Nebentönen diatonisch abwärts von der Dominante durch drei sich transponierende Oktaven zurück zur Dominante. Mit anderen Worten besteht der Baß der gesamten Exkursion außer je einem Takt zu Anfang und zu Ende aus einer dreioktavigen, abwärtsgehenden diatonischen Tonleiter. Die Modulationen erfordern allerdings einige Akzidentien. Manchmal geht die diatonische Bewegung des Basses mit verschiedener Geschwindigkeit vor sich, zum Beispiel in Sonate 253, T. 23–44, verändert sich die Baßbewegung: zu Beginn der Exkursion rückt der Baß um einen Ton je Takt, dann nur noch um einen Ton für je zwei Takte, dann für je sechs, fünf und schließlich vier Takte.

Die Wiederaufnahme

Die mehr oder weniger exakte Wiederaufnahme des motivischen Materials vom Schluß der ersten Sonatenhälfte beginnt allgemein mit der Vor-Crux (ganz oder teilweise) und wiederholt den ganzen Bereich der Schlußtonart (XXXIII, XLVI). Sie kann früheres Material berücksichtigen, aber dann ist aus Gründen notwendiger Modulationen die Wiederaufnahme mehr in einem thematischen Sinn gleichlaufend (I, XXXIV). Es gibt jedoch ein paar Sonaten mit erweiterter tonaler Struktur, in denen die Wiederaufnahme sehr früh einsetzt und mit fast exakter thematischer und harmonischer Parallelität durchgeführt wird (XXXIX).

Scarlatti verfällt bei der Wiederaufnahme nie pedantischer Wörtlichkeit. Oft wird das thematische Material ganz impressionistisch wiederholt. Die Figuration kann verändert werden, um sich der neuen Situation anzupassen oder um dem veränderten Cembaloklang bei Lagenwechsel Rechnung zu tragen. Oft wird das Material zusammengezogen oder erweitert oder mit neuen Figurationen durchsetzt. Die erste Aufstellung eines prägnanten Themas wie der geradezu ansteckenden spanischen Tanzmelodie nach der Crux in der ersten Hälfte der Sonate 125 kann dem Komponisten schon so ausreichend erscheinen, daß er sie in der Wiederaufnahme nur mehr wie eine liebe Erinnerung umschreibt. Wenn das Material nur ähnlich klingt, ist Scarlatti vollkommen zufrieden. Er würde nicht mit Gewalt wiederholen, was sich nicht selbst ganz natürlich wiederholt, ebensowenig wie Tiepolo eine Studie mit dem Lineal zeichnen würde. Wesentlich sind dem Komponisten in der Wiederaufnahme das tonale Gleichgewicht und eine annähernde thematische Ähnlichkeit.

Die hauptsächlichen Formtypen

Man kann viele Sonaten Scarlattis nach gemeinsamen Eigenschaften gruppieren, aber man kann sie unmöglich überzeugend nach Typen einordnen. Keine Sonate gleicht der anderen so sehr, daß man sie nach ihrem Gesamtcharakter in bestimmte Ordnungen zusammenfassen könnte. Ich habe alle Einteilungsmöglichkeiten außer der folgenden verworfen, die sich auf das relativ unbedeutende Kriterium gründet, ob das thematische Material zu Beginn der zweiten Hälfte dasselbe ist wie zu Anfang der ersten Hälfte.

Diese Einteilung habe ich beibehalten, weil sie in einer gewissen Weise die beiden theoretischen Extreme darstellt, zwischen denen sich die gesamte Entwicklung der Scarlatti-Sonate abspielt. Das erste Extrem ist der symmetrisch ausgeglichene Satz in zweiteiliger Form, wie bei allen Tanzsuiten, in denen beide Hälften das gleiche thematische Material in ungefähr derselben Reihenfolge verwenden. Von dort kommt die geschlossene Scarlatti-Sonate, wie ich sie nenne. Das andere theoretische Extrem ist die klassische Sonate. Zu ihr tendiert der asymmetrische Satz in zweiteiliger Form, den ich die offene Sonate nenne. Hier ist der erste Teil der zweiten Hälfte zu einer Exkursion oder Pseudo-Durchführung erweitert, die nicht unbedingt mit dem gleichen thematischen Eröffnungsmaterial der ersten Hälfte beginnen muß, aber der Schluß ist in beiden Hälften gleich. Alle Scarlatti-Sonaten liegen zwischen diesen beiden theoretischen Extremen.

Es darf als selbstverständlich gelten, daß Scarlatti weder bewußt noch unbewußt die klassische Sonatenform intendiert. (Die wenigen Beispiele zufälliger Wiederholung der Anfangsthemen in der Tonika weisen nicht in diese Richtung (XIX und Sonaten 159, 256 und 481).) Er wählte einen anderen Weg. Sein Erfindungsreichtum war überdies so groß, daß er durchaus imstande gewesen wäre, die klassische Sonatenform zu erfinden und dann wieder aufzugeben.

Obwohl Scarlattis Sonate mit der klassischen Sonate die Dynamik gemeinsam hat und zuweilen sogar auf deren Dreiteiligkeit hinweist, vermeidet sie doch den festen Begriff der Exposition und der Reprise in der Tonika, um einer flüssigeren und in vieler Hinsicht vielfältigeren Behandlung der Anfangsteile der Hälften willen, in welchen dennoch die wesentliche Gleichgewichtigkeit der zweiteiligen Form beibehalten wird, ganz gleich, wieviele einander widerstrebende Kräfte angesetzt werden. Die Scarlatti-Sonate bewahrt den Gegensatz zwischen der Einheit der Sonate und ihrer Zweiteilung, wogegen die klassische Sonate sich bemüht, diesen Konflikt teilweise in die drei verhältnismäßig unabhängigen Teile Exposition, Durchführung und Reprise aufzulösen.

Die geschlossene Sonate

Bei der geschlossenen Sonate beginnen beide Sonatenhälften mit dem gleichen thematischen Material. Sie können symmetrisch (I) oder asymmetrisch (XXXII) sein, je nach dem Ausmaß der Übereinstimmung beider Hälften in bezug auf Umfang und Folge ihres thematischen Materials. In der zweiten Hälfte einer asymmetrischen Sonate kann das thematische Material der ersten Hälfte erweitert oder zusammengezogen, paraphrasiert, ausgelassen oder in der Reihenfolge verändert werden, oder es kann neues Material dazutreten. Die asymmetrische Sonate enthält gewöhnlich eine – oft sogar ziemlich entwickelte – Exkursion. Die gänzlich symmetrische Sonate enthält keine Exkursion; die Wiederaufnahme kann, selbst wenn sie nicht ganz genau ist, die gesamte zweite Hälfte umfassen (VI). Wenn aber in der geschlossenen Sonate die thematische Symmetrie völlig aufgegeben wird, bleibt doch sozusagen die Erinnerung daran erhalten.

Die offene Sonate

Bei der offenen Sonate wird das thematische Material vom Anfang der ersten Hälfte nicht zu Anfang der zweiten Hälfte benutzt. Theoretisch gesehen ist eine offene Sonate stets asymmetrisch, und die Exkursion spielt eine größere Rolle als in der geschlossenen Sonate. In manchen offenen Sonaten (LVII) wird die tonale Dynamik über das Gesamt der Sonate verteilt, wogegen sie in der geschlossenen Sonate mehr innerhalb der ergänzenden Sonatenhälften bleibt.
Unter den offenen Sonaten kann man noch zwischen freien (XIII, XIX, XX, XXXVII, XLVI) und konzentrierten (XXVIII, XXXI, XLI) Sonaten unterscheiden. Die freie offene Sonate benutzt oft gänzlich neues Material in der Exkursion oder verquickt es mit dem Material der ersten Hälfte. Mit gewisser charakteristischer Freigebigkeit gibt sie gern das thematische Material der Eröffnung und des Übergangs hinterher auf. Die konzentrierte offene Sonate zeigt eine gewisse Sparsamkeit der Mittel und speist ihre Exkursion mit Material aus der ersten Sonatenhälfte. Außerdem ergibt diese Tendenz zur Ökonomie einen hohen Grad thematischer Beziehungen zwischen den einzelnen Gliedern.
Die offene Sonate tritt bei Scarlattis Kompositionen später auf als die geschlossene Sonate, und in gewisser Weise drückt sie die Tendenzen seiner späteren Entwicklung auch besser aus, aber trotz all seiner Experimente mit ihr gab er die geschlossene Form nie ganz auf. Sie bleibt neben der offenen Sonate durch sein ganzes Werk hindurch bestehen. Er erweitert die tonale Weite der geschlossenen Sonate über die früheren, recht einfachen Dominantbeziehungen hinaus, so daß die Bestandteile eines Stückes nicht nur durch Aneinanderreihung, sondern auch durch zunehmend kräftigere allseitige tonale Spannungen zusammengehalten werden. Mit dem Wachsen der tonalen Organisation erreicht das thematische Gleichgewicht zwischen den Sonatenhälften einen mehr dynamischen Charakter anstelle eines statischen, und die Crux und die sie umgebenden Spannungskulminationen werden bedeutender als in früheren Sonaten. In Zusammenhang damit ergibt sich ein stärkerer Sinn für die Eigenart und Funktion der Bestandteile der Sonate und die Neigung, mehr und mehr zwischen thematischem Material zu unterscheiden, das nur einmal erscheint, und dem, das wiederholt werden soll. Die Wiederaufnahme wird allgemein stabilisiert und mit den statischen

Teilen der Sonate in Verbindung gebracht. Im selben Maße, wie die Beziehung zwischen den beiden Sonatenteilen zunehmend eher die eines dynamischen Gleichgewichts als die einer symmetrischen Ergänzung oder Entsprechung im Sinne von Arsis und Thesis beim Lied oder Tanz wird, gewinnt die Exkursion an Bedeutung (XIX, XXVI). Mit dem Wachsen der Exkursion ergibt sich die Neigung, bestimmtes thematisches Material für eine Art von Pseudo-Durchführung zu wählen (XXXI, XXXII), aber zu gleicher Zeit wird auch die Einführung neuer Themen begünstigt (XXV, XXXVII). Das gilt besonders für die offene Sonate.

Die offene Form ist der natürliche Ausdruck eines größeren Sinns für tonale Beziehungen und für ein mehr dynamisches als statisches Gleichgewicht zwischen den Sonatenhälften. Die größere Vielfalt und Freiheit, mit der in der offenen Form die Themen vor der Crux der ersten Hälfte und in der Exkursion der zweiten Hälfte behandelt werden, verleiht der Crux eine größere Bedeutung und schafft einen deutlicheren Unterschied zwischen den dynamischen und statischen Sonatenteilen, mit anderen Worten: zwischen dem Mittelteil und dem Bereich der Schlußtonart.

Die offene Form taucht zuallererst in Sonate 19 auf, sie erreicht aber ihre volle Ausbildung erst in den späten Sonaten der Bände XIV und XV der Hs Venedig aus der ›glanzreichen Periode‹. Hier ist es besonders auffällig, wie die Themen der Eröffnung völlig aufgegeben werden, ein Verfahren, dem Scarlatti nie ganz untreu wird, wenn auch die späteren Sonaten die Neigung zeigen, das thematische Material der Eröffnung auch weiterhin in der Sonate zu benutzen. Überhaupt kann man kaum sagen, daß Eigentümlichkeiten der frühen offenen Sonaten aufgegeben werden. Dieselbe Entwicklung und denselben Reifeprozeß machen die geschlossenen Sonaten durch. Von der mittleren Periode ab (beginnend mit Venedig III) über die späten Sonaten tendieren manche offenen und geschlossenen Sonaten dahin, sich gegenseitig anzunähern, die offenen Sonaten nähern sich den konzentrierten Formen, und die geschlossenen Sonaten wollen sich erweitern. Je mehr die tonale Basis der Sonate der bestimmende Formfaktor wird, um so unbedeutender wird der Unterschied zwischen der offenen und der geschlossenen Form. Die erweiterte offene Sonate entsteht aus den Bedingungen, die die erweiterte geschlossene Form entstehen lassen, ebenso wie aus dem gleichen Grund in beiden Formen die Thematik konzentrierter wird.

Einerseits strafft und konzentriert Scarlatti die Form andauernd, auf der anderen Seite aber versucht er stetig, sie zu erweitern, aus den selbstgesetzten Grenzen auszubrechen.

Ausnahmeformen

Fast alle Cembalostücke Scarlattis stehen in zweiteiliger Form mit einem Doppelstrich in der Mitte. Ausnahmen sind ein paar frühe Stücke, die als einzelne Sätze mehrsätziger Sonaten bezeichnet sind (K. 82, 85 und Sätze aus K. 81, 88, 89, 90 und 91), die frühen Variationen (K. 61), die fünf Fugen (K. 30, 41, 58, 93 und 417), die beiden Orgelphantasien (K. 287, 288 – Longos Doppelstrich in K. 288 ist nicht authentisch) und die drei Rondos (K. 265, 284 und 351).

Einige wenige Sonaten, obwohl zweiteilig mit einem Doppelstrich in der Mitte, haben deutliche Tempo- und Themenwechsel, zum Beispiel die Pastorale (K. 513), die aus drei deutlich getrennten Teilen besteht und keine thematische Wiederholung kennt. In zwei Sonaten (K. 235 und 273) steht eine Pastorale anstelle der Exkursion. Bei der letzteren vollführen die *zampognari* einige ziemlich überraschende Modulationen. Sonate 282 in D-dur schiebt plötzlich ein d-moll-Menuett ein, ungefähr in der gleichen Weise, in welcher Mozart Menuette in die Schlußsätze einiger seiner Violin- und Klavierkonzerte stellt.

Bestimmte andere Sonaten folgen in den Schlußtonartbereichen nicht streng den Konventionen der Wiederholung thematischen Materials (K. 276, 277 und 298).

In den Sonaten 213 und 214 verwischen Veränderungen und Vorausnahmen des Materials der Schlußgruppe die Crux so sehr, daß es die Analyse eher kompliziert als vereinfacht, wenn man hier an den sonst so bequemen anatomischen Fiktionen festhalten wollte.

Ein paar Sonaten sind in ihrer Thematik oder in der Wiederholung von Teilen so reichhaltig, daß es zunächst schwierig erscheint, hier mit Hilfe des künstlichen Sonatenschemas analysieren zu wollen (X, XLV).

Sonate 460 (XLV) in C-dur ist eine der höchst erweiterten und höchst organisierten aller Scarlatti-Sonaten, nicht nur wegen ihres reichen thematischen Materials vor der Crux der ersten Hälfte, sondern auch wegen der vielen Wiederholungen. Sie erschließt sich jedoch einer plausiblen Analyse, wie aus der Tabelle auf der folgenden Seite zu ersehen ist.

Die zahlreichsten Abweichungen von meinem künstlichen Schema ergeben sich bei den Sonaten, in denen sich die Crux schwer lokalisieren läßt. In Fällen diffuser thematischer Organisation oder undeutlicher oder unregelmäßiger Wiederaufnahme kann es eine Sache verbissener Pedanterie werden, die Crux unbedingt suchen zu wollen (XI, XII). In vielen Sonaten müßte man sie zu früh ansetzen, als daß sie irgendeine Bedeutung haben könnte. Der thematische Parallelismus beider Hälften erscheint dann so früh,

SONATE 460 (XLV) IN C-DUR

Erste Hälfte		Zweite Hälfte	
Takt		Takt	
1–13	Eröffnung C–G		
14–26	Weiterführung c–a	95–99	Aus der Nach-Crux (oder Vor-Crux) G–a
26–30	Zwischenspiel a, A		
31–43	Eröffnung wiederholt D–A		
44–49	Übergang e–h	99–107	Übergang a
50–55	Übergang wiederholt cis	108–115	Übergang wiederholt h
56–59	Vor-Crux, Material für Nach-Crux E –		
60–63	– a		
63–67	a	115–119	Aus der Vor-Crux (oder Nach-Crux) e
		119–123	Aus dem Schluß der Weiterführung e–G
		123–127	Zwischenspiel G
67–73	G	127–131	Aus dem Schluß der Vor-Crux C, F
		132–137	Aus dem Schluß der Eröffnung G
73–85	Nach-Crux G	137–149	Nach-Crux C
85–94	Schluß G	149–158	Schluß C

oder die Schlußtonart wird so sehr antizipiert, daß die übliche Verbindung der thematischen Wiederaufnahme mit dem endgültigen Wiedereinsetzen der Schlußtonalität fast aufgehoben wird (VI, XLIX). In anderen Sonaten muß man sie ungewöhnlich spät ansetzen (XXXIX, L), weil Modulationen die endgültige Aufstellung der Schlußtonart hinauszögern oder weil die letzte Wiederaufnahme durch späte Einschübe verschoben wird.

Manchmal erweist sich das, was wie eine Crux aussieht, lediglich als Vorausnahme der eigentlichen Crux (XXXII, T. 53). In solchen Fällen könnten wir das eine ›falsche Crux‹ nennen. Gelegentlich bewerkstelligt es Scarlatti, solche falsche Crux auf denselben Ton in beiden Hälften zu stellen, indem die letzte gemeinsame Schlußtonalität erst später aufgestellt wird (XXXV, L).

Bei einer Anzahl straff gebauter Sonaten kann man die Crux fast nirgendwo lokalisieren. Der thematische Parallelismus wiederholten und wiederholbaren Materials in beiden Hälften setzt vor der letzten Aufstellung der Schlußtonart ein, und die Dominante der Schlußtonart wird zweimal erreicht (XXXV, T. 45 und 124, 61 und 138). Wir könnten hier von Sonaten mit einer Doppel-Crux sprechen; das Material zwischen den beiden Bestätigungen der Schlußdominante hat die Eigentümlichkeiten der Vor-Crux und der Nach-Crux. Es wird wie durch eine Vor-Crux vorbereitet und schließt dennoch auf der Dominante wie eine Vor-Crux selbst.

Ein anderer Fall einer Doppel-Crux findet sich in Sonate 260 (XXX, T. 46 und 77, 140 und 180), wo nicht nur eine Bestätigung der Schlußdominante, sondern auch die Kadenz in die Schlußtonart zweimal vorkommt. Sie sind durch ein modulierendes Zwischenspiel voneinander getrennt. (Dieses Zwischenspiel könnte man als modulierende Schlußgruppe erklären, die zwischen Nach-Crux und Zwischenschlußgruppe eingeschoben ist und in außergewöhnlicher Weise Teil an der Funktion hat, wie sie gewöhnlich Gliedern des Mittelteils vorbehalten ist).

Meine Anthologie, die dieses Buch ergänzt, ist reich an doppeldeutigen und exzeptionellen Formen. Ich kann hier nicht den Versuch machen, sie alle zu erörtern, aber der Leser wird in ihnen ein Gegenmittel finden gegen die Übersystematisierung, zu der meine theoretischen Verallgemeinerungen führen können. Sie beweisen aber ebensogut wie alle anderen Sonaten, daß die zweiteilige Form Scarlatti genügte oder besser: daß er aus ihr machen konnte, was er wollte.

Tonale Struktur

Die erkennbare Gliederung des thematischen Materials unterliegt der tonalen Kräfteverteilung, besonders in den späteren Sonaten, wo Scarlatti sich mehr und mehr mit dem Problem des tonalen Gleichgewichts beschäftigt. Im tonalen Bau läßt sich eine Stufung vom Einfachen zum Komplizierten feststellen:

1. Das denkbar einfachste Schema tonaler Struktur weist die merkwürdige kleine 16-taktige Sonate 431 in G-dur auf, die kürzeste und simpelste aller Scarlatti-Sonaten, die aus vier viertaktigen Phrasen besteht:

Tonika	:	Dominante
Dominante		Tonika

2. Dieses Grundschema wird in verschiedenem Grade in den *Essercizi* und in den Sonaten in einfacher zweiteiliger Form ohne oder mit nur rudimentärer Exkursion erweitert. Hier finden keine größeren Modulationen statt, alles beruht auf ausgeglichenen harmonischen Fortschreitungen (Sonate 2):

Tonika		Dominante
Modulation	:	Modulation
Dominante		Tonika

3. Die meisten dieser Art Sonaten und die, deren tonaler Bau nicht sehr erweitert ist, modulieren in der Exkursion der zweiten Hälfte stärker und in entferntere Tonarten, als das im Mittelteil der ersten Hälfte geschieht. Solche noch recht rudimentären Gestaltungen zeigen sich in Sonate 105 (XIV) in G-dur. Die erste Hälfte entfernt sich von der Haupttonart nicht weiter als bis zur Doppeldominante (A), während in der zweiten Hälfte h-moll (Dominantparallele) und a-moll (Subdominantparallele) erreicht werden. Der tonartlich entfernteste Akkord des ganzen Stückes ist sogar Fis-dur als Dominante der Dominantparallele.

Tonika		Dominante
Modulation	:	entferntere Modulationen
Dominante		Tonika

Die harmonische Gestalt einer Scarlatti-Sonate kann man außerdem auch mit den Begriffen der Dichte und Lockerheit beschreiben. Die Eröffnung steht manchmal, der Schluß immer im einfachsten, relativ locker gespannten Bezug der drei Akkorde I, IV, V. In den Mittelteilen (die daher auch den thematischen Charakter dieser Teile beeinflussen) der ersten Sonatenhälfte und zu Beginn der Exkursion oder Durchführung der zweiten Hälfte werden die Grundharmonien zusammengepreßt, modulieren schnell, überschlagen sich und werden durch diatonische Änderungen so abgewandelt, daß die Harmonik gewöhnlich deutlich dicker und intensiver ist als in den Schlußteilen.

4. Eine komplizierte Form des tonalen Baues findet sich in den Sonaten, in welchen die Mittelteile harmonisch sehr aktiv sind und entfernte Modulationen enthalten, die allerdings dennoch dem tonalen Gleichgewicht beider Sonatenhälften untergeordnet bleiben:

Bestätigung der Tonart		Ausgang von der Schlußtonart
Aufgabe der Tonart	:	Aufgabe der Tonart
Schlußtonart		Letzte Bestätigung der Haupttonart.

5. Ein neues Bauprinzip wird eingeführt, wenn die zweite Hälfte nicht mehr von der Schlußtonart der ersten Hälfte ausgeht, sondern unverzüglich in eine plötzliche, nicht vorherzusehende Modulation springt (XIX, XX, XXV, XXXIX). Das vergleichsweise statische Gleichgewicht zwischen den Hälften, der Gang T–D in der ersten und D–T in der zweiten wird regelrecht umgeworfen, die dynamischen Spannungen der tonalen Unausgeglichenheit werden auf die ganze Sonate übertragen. Es ist nun nicht länger

mehr möglich, wie noch bei den Sonaten, welche trotz der extremsten Modulationen zwischen den Hälften ausbalanciert waren, das modulatorische Geschehen zwischen den relativ statischen Anfangs- und Endteilen der Hälften einzufassen, wie zum Beispiel in Sonate 260 (XXX).

6. Wenn sich die tonale Unausgeglichenheit mehr auf den Anfang der Exkursion der zweiten Hälfte konzentriert, ergibt sich dazu ein Kontrast gegenüber der relativ statischen ersten Hälfte und der statischen Wiederaufnahme am Ende der zweiten Hälfte, wie in der klassischen Sonate. Aber die Scarlatti-Sonate zerfällt nie in eine ausgesprochen dreiteilige Form. Sie bewahrt den dynamischen Konflikt zwischen der angedeuteten dreiteiligen Form und der Zweiteiligkeit, die sich aus dem Doppelstrich ergibt, wenn auch die Bedeutung des Doppelstriches auf ein Mindestmaß beschränkt worden ist (XXV, LVII).

Die Sonaten, die in der ersten Hälfte in Dur oder Moll parallel schließen, haben von vornherein ein komplizierteres tonales Schema als die Grundfortschreitung:

    Tonika   Dominante
    Modulation : Modulation
    Dominante   Tonika

Ihnen steht gleich ein doppelter Kreis von Dominanten und Parallelen zur Verfügung, die einmal zur Haupttonart der Sonate und zum andern zu den Dur- oder Mollparallelen gehören. Vgl. zum Beispiel Sonaten 3, 7 und 16 (I, II, III), die vergleichsweise einfach sind. Um in der Sonate als Ganzem das Gleichgewicht zwischen den Dominanten der Haupttonart und denen der Parallelen zu wahren, muß die Sonate 3 in a-moll im Mittelteil viel ausführlicher sein als Sonate 16 in B-dur, die sich bloß mit den eigenen Dominanten und deren Mollvarianten zu befassen braucht.

In beiden Sonaten erweitert Scarlatti allerdings den tonalen Umkreis durch die Verwandlung des Dur in Moll. So benutzt Sonate 16 Mollvarianten für die Tonika, Dominante und Dominante der Dominante, und die Sonate 3 in a-moll verwendet sie für Dominante und deren Durparallele. Als Beispiel für ein Sonatenpaar, das auf F-dur und f-moll beruht, vgl. Sonate 106 und 107. (Sonate 107 beginnt in Dur und endet in Moll. Als Beispiel für eine Sonate, die in Moll beginnt und in Dur schließt, siehe Sonate 519 (LVIII).)

Der vergleichsweise nicht so häufige Gebrauch der Paralleltonart in Moll am Schluß vor dem Doppelstrich ergibt fast immer eine interessante Behandlung, und die Dur-Fassung des Schlußtonartbereichs bei der Wiederaufnahme wirkt wie eine Apotheose (LX).

Die wenigen Sonaten, deren erste Hälfte auf der Dominantparallele endet, erweitern die Möglichkeiten des tonalen Baues noch stärker. So z. B. Sonate 249 in B-dur. Nachdem in der Eröffnung die eigentliche Dominante aufgestellt ist (F-dur), geht Scarlatti in der Vor-Crux in die Tonikaparallele (g-moll) und dann nach A-dur, zur Dominante der Schlußtonart (d-moll, Dominantparallele von B-dur). Die Nach-Crux bleibt allerdings auf dieser Dominante und geht dann in die Schlußgruppe über, die nach d-moll kadenziert. Die Exkursion bleibt zum größten Teil in diesem Umkreis, bis die freie Erweiterung zur eigentlichen Dominante des Stückes (F-dur) zurückkehrt und die Wiederaufnahme in der Tonika vorbereitet. Mit anderen Worten: es handelt sich um eine Sonate in B-dur, deren Mittelteil um d-moll kreist.

Die Strukturbeziehung zwischen den Parallelen der Dur- und Mollvarianten ergibt nicht nur die doppelte Anzahl von Tonartbeziehungen, sondern einen konzentrischen Bezug, wie in Sonate 130. Obwohl sie in As-dur beginnt und schließt, basiert die Sonate größtenteils auf der Tonikaparallele f-moll. Die erste Hälfte schließt in c-moll, die Dominante von f-moll ist in Moll abgeändert worden, und die gesamte Wiederaufnahme steht in f-moll. Sie wird durch einen modulierenden Übergang erweitert, und die halbe Nach-Crux wird in As-dur paraphrasiert, wobei eine Erweiterung die Schlußkadenz verlängert. Die einzigen Teile der Sonate, die wirklich in As-dur stehen, sind die Eröffnung, der Beginn der zweiten Hälfte und der Schluß. Die nebenstehende Tabelle soll das verdeutlichen.

Das ist ein höchst ungewöhnliches Stück. Es weist die offene Form auf, und doch ist mit Ausnahme der Eröffnung, des Schlusses und der Exkursion der gesamte Mittelteil wie eine symmetrische geschlossene *Essercizio*-Form gebaut.

Ein anderes Stück, dessen erste Hälfte auf der Dominantparallele schließt und ein ungewöhnlich erweitertes tonales Schema aufweist, ist Sonate 518 (LVII) in F-dur. Das Gegenstück (LVIII) ist auf dem Wechsel zwischen Dur- und Molltonika aufgebaut. Als Resultat dieser doppelten Tonartbeziehung beruht der Gesamttonartenaufbau dieser zwei Sonaten auf 18 von 24 möglichen Dur- und Molltonarten. Von diesen achtzehn Tonarten werden einige allerdings nur ganz vorübergehend gestreift.

Selbstverständlich ist die tonale Anlage eines Sonatenpaares, dessen eine Sonate in Moll und die andere in Dur steht, von vornherein geeigneter für größere Erweiterungen als ein Paar, dessen beide Stücke in Dur oder Moll stehen. In Wirklichkeit allerdings kennt Scarlatti so viele Kunstgriffe, den Tonartenkreis eines Stückes zu erweitern, daß sich dieser Unterschied kaum auswirkt.

SONATE 130 IN AS-DUR

Takt		Takt
1–9 As-dur, Eröffnung, wird nicht wieder benutzt		
		47–59 As nach Es, Exkursion mit Material der Nach-Crux, frei erweitert
10–17 b-moll nach f-moll nach c-moll. Übergang	*entspricht*	60–67 es-moll nach b-moll nach f-moll. Übergang
18–26 c-moll zur Dominante G-dur. Vor-Crux	*entspricht*	68–76 f-moll zur Dominante C-dur, Vor-Crux
	X	
26–33 c-moll Nach-Crux	*entspricht*	76–83 f-moll Nach-Crux
33–39 c-moll Wiederholung des Vorangegangenen	*entspricht*	83–89 f-moll, Wiederholung des Vorangegangenen
40–46 c-moll, Erweiterung		89–96 f-moll nach As, Erweiterung und Modulation
		96–112 As. Erweiterung und Paraphrase der Nach-Crux.

Die Behandlung des thematischen Materials und die drei
Haupttraditionen

Die thematische Behandlung in der Scarlatti-Sonate läßt sich auf drei Hauptquellen zurückführen. Eine hängt mit der Tradition des verzierten Generalbaß-Satzes zusammen, wobei ein Grundgerüst harmonischer Fortschreitungen mit einem konsequent durchgeführten rhythmischen und motivischen Überbau ausgeschmückt wird. Unterteilungen, wie sie die Harmonie bestimmt, gelten zum großen Teil als selbstverständlich und werden nicht notwendig von Änderungen der rhythmischen oder melodischen Figuration begleitet. Dieses Verfahren spürt man oft in Variationen, von den Vorgängern Frescobaldis über Pasquini und Corelli, über Mozart und Brahms bis auf den heutigen Tag. Bei Scarlatti findet man es selten in reiner Form,

ausgenommen bis zu einem gewissen Maße in den einzigen überlieferten Variationen (Sonate 62). Gewisse Sonaten beruhen jedoch gänzlich auf einer rhythmischen Keimzelle (IX, XXVII). Bei anderen herrschen gewisse Grundintervalle vor (IV und V zum Beispiel stark das Sekundintervall). Sonate 367 (XXXVI) wird fast gänzlich vom Kontrast zwischen Tonleitern und Arpeggien beherrscht, und Sonate 421 (XLII) größtenteils von einer Figuration wiederholter Töne. Manchmal behalten die rhythmischen und motivischen Grundelemente ihre Herrschaft auch durchgängig über ein ganzes Stück hinweg, das sich deutlich in Abschnitte gliedert (XXVIII, XLV).
Die zweite Tradition ist die, getrennte Teile eines konzentrierten thematischen Materials miteinander zu kontrastieren (VI, XXII, XXXVIII). Das setzt dem Prinzip des Kontrastes das Prinzip der Einheit entgegen. Abgesehen von den mehr oder weniger thematisch eigenständigen Abschnitten kennt man in dieser Tradition auch eigene harmonische Glieder, die gewöhnlich durch Kadenzen abgesetzt werden. Die erste Tradition setzt melodische und rhythmische Figurationen über eine bestehende oder als selbstverständlich angenommene Harmonienfolge. Zur zweiten Tradition gehören Stücke in Tanzform oder Liedform, d.h. alles, was aus harmonischen Gliedern besteht. Die Abschnitte können wiederholt werden oder alternieren (I, VII, XXXIV, XLIX). Die ersten beiden Traditionen verschmelzen in der Scarlatti-Sonate, wenn deutlich getrennte thematische Abschnitte gemeinsame motivische oder rhythmische Eigenheiten aufweisen (XLI) oder wenn sie einander zitieren (I, XXVIII, XXXIV, XXXV). Die dritte Tradition läßt das melodische Material sich frei entfalten, wobei ein Thema spontan das andere zeugt, ursprünglich ohne jede Wiederholung. Das erinnert an gewisse Werke Merulos oder Frescobaldis, an das freie Schweifen in den Toccaten für Tasteninstrumente und in der Orgelphantasie. Ursprünglich erreichte diese Tradition den thematischen Zusammenhalt vielfach durch kanonische Führungen, imitierenden Stimmeneinsatz, Umkehrung und doppelten Kontrapunkt. In Scarlattis Sonate leben nur noch impressionistische Reste der streng kontrapunktischen Behandlung, wie sie noch in vielen seiner a-cappella-Kirchenwerke im Neo-Palestrina-Stil auftauchen. Diese Überbleibsel finden sich meist im imitierenden Einsatz der zwei Stimmen zu Anfang einer Sonate (XXXI) und im rudimentären doppelten Kontrapunkt, wenn melodisches Material zwischen den Stimmen ausgetauscht wird. Im allgemeinen differenziert Scarlatti das Material für die beiden Hände derartig, daß strenger und konsequenter Stimmtausch zwischen beiden Händen, abgesehen vom Spielen mit motivischen Fragmenten, äußerst selten ist. Er gibt sich gewöhnlich mit einer

klavieristischen Annäherung an den doppelten Kontrapunkt zufrieden. Gelegentlich wird eine Imitation über den Einsatz der zweiten Stimme hinaus beibehalten (LV), aber niemals im Sinne eines echten Fugato. Eine der Orgelphantasien (K. 287) hat allerdings, obwohl sie zum größten Teil zweistimmig ist, pseudo-tonale Eintritte auf der Tonika und auf der Dominante. Sonate 373, die die Überschrift ›Presto è fugato‹ trägt, ähnelt einem Fugato nur insoweit, als sie eine ungewöhnliche Anzahl kurzer imitierender Passagen enthält, die aber niemals in der Art echter ausgeführter linearer Kontrapunkte behandelt werden. Oft erklingen die Stimmen nur einzeln für sich allein. Beim imitierenden Anfang einiger Sonaten ist der Einsatz der zweiten Stimme unbegleitet (XXXVII). Umkehrungen sind selten streng, und außer in umgekehrten motivischen Figuren, Tonleitern und Arpeggien kommen sie meist nur am Anfang der beiden Sonatenhälften vor, wie bei der klassischen Gigue (V).
In Zusammenhang mit der dritten Tradition stehen die Sonaten, in denen durch die Abfolge der Gedanken eine allmähliche Stimmungsverwandlung entsteht. In ihnen scheint sich das thematische Material spontan zu entfalten, ein Thema erzeugt das andere, die Themen unterliegen weiterer Entwicklung, und das motivische Material verteilt sich auf Abschnitte, die sich oft nur wenig voneinander unterscheiden, so daß sie wie Vorausdeutungen kommender oder wie Reminiszenzen voraufgegangener Teile wirken (XII, XXXI, XLV, LII, LX).

Das Ineinanderspiel der gestaltenden Kräfte

In den späteren Scarlatti-Sonaten werden die Themen immer flüssiger und länger und neigen stärker zu echter Wechselwirkung und Entwicklung. Die Ähnlichkeit verschiedener Abschnitte beruht nicht mehr auf mechanisch herbeigeführter Gleichartigkeit auf Grund gewisser motivischer Automatismen oder statischer unveränderter Entlehnungen. Es hat eine Entwicklung stattgefunden von Einheit und Vielfalt zu Einheit in der Vielfalt.
Das eigentliche thematische Material der späteren Sonaten streift immer mehr die Art der continuo-Figurierung einer harmonischen Grundfortschreitung ab, sei sie auch noch so farbig und vielfältig. Es gewinnt stattdessen an linearer Fülle und Ausdruckskraft, Konzentration und Prägnanz der Kontur, an einer Art vokaler Tragkraft. Aber zu gleicher Zeit, da es an innerer Charakteristik gewinnt (was man nicht mit der vielfältigen und verblüffenden Wirkung früherer Figurationen verwechseln darf), fügt es sich irgendwie tiefer und elastischer in das Geschehen des Stückes als Ganzes ein. Das geschieht zum Teil, weil das Thema nicht so sehr an der Oberfläche liegt,

sondern tiefer in dem tonalen Gewebe verwurzelt ist; zum andern aber auch, weil irgendeine überall zum Vorschein kommende thematische Einheit oder Verknüpftheit weniger das Ergebnis gewählter, mehr oder minder automatisch laufender Figuration ist, sondern sich durch die mit stets wacher Phantasie geschaffene Ableitung und Entwicklung eines Themas aus einem anderen ergibt. (Das gilt natürlich auch für die frühen Sonaten und Phantasien, aber auf eine weniger disziplinierte und eloquente Art.) Die Fingerautomatik des Generalbaßspiels wird mehr und mehr von Expressivität durchdrungen.

Eine weitere Entwicklung zeigt sich in den Sonaten, in denen ein bestimmtes Themenmaterial in der Exkursion bevorzugt wird (XXXI, XXVIII). Gewisse Abschnitte sind besser für die Wiederholung geeignet als andere, ihre Wiederholung gewinnt größere Bedeutung über die des bloßen Gleichgewichts hinaus. Die thematische Behandlung von der Eröffnung der ersten Hälfte ab und die Zusammensetzung der Exkursion wird oft gänzlich unberechenbar (XXV, XXXVII, XLVI). Auf diese Weise gewinnt man den Eindruck, als ob Scarlatti die Sonate vor unseren Augen entstehen ließe. Das geschieht gewöhnlich, indem bestimmte Themen mit einem harmonischen und tonalen Zusammenhang und bestimmte Wiederholungsmöglichkeiten mit der tonalen Struktur gekoppelt werden. Die drei Traditionen der thematischen Behandlung verbinden sich mit der Harmonik und der tonalen Struktur und schaffen so im Ganzen das Prinzip, auf dem die Scarlatti-Sonate und die klassische Sonate beruhen. Die Form der Scarlatti-Sonate entsteht aus dem Zusammenwirken dieser keimhaften rhythmischen und motivischen Elemente, der harmonischen Abschnitte, thematischer Einheit und Gegensätzlichkeit, des Phrasenaufbaus und des tonalen Gleichgewichts, wobei alle diese Elemente sogar eine gewisse Eigenständigkeit bewahren. Die Dynamik der Scarlatti-Sonate entsteht aus dem Widerspiel dieser Kräfte, die jede in ihre eigene Richtung ziehen.

XII. Zur Aufführung der Scarlatti-Sonaten

Die Einstellung des Spielers – Scarlattis Text – Registrierung und Dynamik Tempo und Rhythmus – Phrasierung, Artikulation und Betonung – Scarlattis Ausdrucksskala

Die Einstellung des Spielers

Dieses Kapitel ist nicht für jene Pianisten bestimmt, die ihr Programm gern mit zwei oder drei Scarlatti-Sonaten beginnen – den bekanntesten natürlich. Glücklicherweise ist die Zeit fast vorbei, in der die Komponisten des 18. Jahrhunderts als leichte Vorspeise zu der eigentlichen › wirklich ausdrucksvollen ‹ Musik des 19. Jahrhunderts galten, wo man ein paar Scarlatti-Stücke oder – etwas kühner schon – einen kleinen Couperin, eine Mozart-Sonate oder eine Bachsche Orgelfuge als Appetitanreger und Fingerwärmer dem › eigentlichen ‹ Programm voranstellte. Wer zu spät kam, hatte jedenfalls nichts Wesentliches versäumt.

Diese Einstellung zur Musik des 18. Jahrhunderts, die so stark im vorigen Jahrhundert herrschte, wurde übrigens von den Anhängern der Moderne zu Beginn unseres Säkulums keineswegs aufgegeben. Durch die neue Vorstellung von der unüberbrückbaren Kluft zwischen dem 18. Jahrhundert und der Romantik zwängten sie die ältere Musik in ein noch engeren Korsett, in eine regelrechte Zwangsjacke. Zusammen mit dem neuen › Stilgefühl ‹ und wohl auch dadurch mitbedingt entstand die Anschauung von der › Stilechtheit ‹, die sich oft keinesfalls durch die vorgeblich historischen Begründungen stützen ließ. Die Musik des 18. Jahrhunderts sollte unbedingt rein und abstrakt sein, und das Menschliche wurde ihr nur in höchst begrenzter Form zugestanden. Besonders im Deutschland der Zwanziger Jahre betrachteten die Kreise, die eben noch in Wagner und Reger geschwelgt hatten, die › Expressivität ‹ und Elastizität bei der Aufführung › alter Musik ‹ mit derselben ängstlichen Faszination, mit der ein entwöhnter Trinker vor einem Glase Whisky steht. Für einen Cembalisten oder Scarlatti-Interpreten kann es keine vornehmere Aufgabe geben, als solche Leute in Angst und Schrekken zu versetzen.

Eine gewisse typisierende Routine läßt sich allerdings in gemischten Programmen nicht ganz vermeiden, auch bei Cembalokonzerten nicht. Keinem Komponisten, es sei denn, er ist sehr bekannt und berühmt, gibt man je die

Chance, sich als künstlerische Persönlichkeit mit der ganzen Reichweite seiner Ausdrucksmöglichkeiten darzubieten. Und so defilieren die verschiedenen Komponisten des 18. Jahrhunderts vor dem Publikum wie die herkömmlichen Typen der italienischen Komödie vorbei. Bach zieht ein langes Gesicht, Mozart spendet ein bißchen heiteres Rokoko mit Spitzen und Galanterie-Degen. Er läßt sich übrigens auch durch Couperin ersetzen. Der gute Papa Haydn zeigt mehr hausväterlichen Humor als Sensibilität, und Scarlatti spielt den Clown. Scarlattis Rolle als ein munterer Buffo hat sich schon so eingebürgert, daß man sich fragen möchte, ob er nicht schon zu Lebzeiten am spanischen Hofe in diese Rolle gedrängt worden war und ob nicht seine expressiveren Stücke sozusagen ›sub rosa‹ komponiert und hinter harmlose Verkleidungen wie Allegro, Andante und Presto versteckt wurden. Schon bei seinen zeitgenössischen Bewunderern hatte er ein besonderes Renommee für seine ›originellen und lustigen Grillen‹ *(original and happy freaks)*. Dieses Renommee ist anscheinend seitdem kaum wieder in Frage gestellt worden.

Die folgenden Bemerkungen zur Aufführung seiner Sonaten beruhen nun auf der Überzeugung, daß Scarlatti eine ganze künstlerische Persönlichkeit war und daß seine Musik den vollen Bereich menschlicher Ausdrucksfähigkeit umspannt. Dieser Bereich ist nicht notwendig so weit wie bei Komponisten von der Größenordnung eines Bach, Mozart oder Beethoven, aber er stellt musikalische Ansprüche, die der Spieler nur erfüllen kann, wenn er sein ganzes Vermögen an Gefühl, Phantasie und Erfahrung einsetzt. Dies ist keine Musik für Scharaden, trotz der Tricks und Kaprizen, von denen sie überquillt, oder für Ausdruckskarikaturen der Art, wie sie Marionetten gern anvertraut werden. Sie hat nichts Naives oder Primitives an sich.

Das soll aber wiederum nicht heißen, daß man Scarlattis Musik von außer her eine undisziplinierte Expressivität auferlegen sollte. Kein echtes künstlerisches Gefühl läßt sich zu Tode disziplinieren, wenn es in seinen eigenen Grenzen durch künstlerische Mittel gezügelt und gehalten wird und nicht durch pedantische Formeln und Gesetze. Die obigen Bemerkungen sollen nur besagen, daß man die Musik für sich selbst sprechen, daß man ihren eigenen Ausdrucksbereich ihr lassen sollte. All das klingt natürlich viel leichter, als es für den Interpreten in Wirklichkeit ist. Noten spielen heißt noch nicht die Musik sprechen lassen. Sie sich selbst ausdrücken lassen bedeutet, daß der Spieler sie verstehen muß, daß er sich mit ihr identifizieren kann, daß seine eigenen Möglichkeiten an Gefühl und Phantasie geschärft und erzogen, geprobt, überprüft und bis an ihre Grenzen vorgetrieben werden müssen, um das ausdrücken zu können, was in der Musik liegt und nicht nur in den Noten und äußerlichen Effekten. Im Falle älterer Musik heißt das, daß der Interpret ein gewisses Maß von Wissen und Geduld mit scheinbar pedantischen Einzelheiten mitbringen sollte, um die Intentionen des Komponisten und Proportion wie Sprache seines Stils darzustellen oder wenigstens nicht zu verfälschen. Um dem Musizierenden zu helfen, der Scarlattis Musik verstehen und interpretieren möchte, sind die Ausführungen dieses Buches zum größten Teil geschrieben.

Scarlattis Text

Scarlattis Text, wie er sich uns in den Handschriften von Venedig und Parma darbietet, gibt kaum mehr als das bloße Notenbild. Zu Anfang jeder Sonate steht allerdings fast immer eine Tempo-Angabe. Diese Tempobezeichnungen sind in dem Sonatenverzeichnis im Band II wiedergegeben. (Longo gibt zwar in seiner Ausgabe im allgemeinen auch diese originalen Bezeichnungen, er hat sie jedoch hin und wieder kommentarlos ergänzt oder ausgewechselt.) Der Fingersatz ist nicht bezeichnet, die Handschriften machen nur Angaben über die Verteilung der Hände und über Fingerwechsel bei langen Trillern oder schnell wiederholten Noten. Außer einem gelegentlichen Bogen bei schnellen Läufen, der mehr wie ein kalligraphischer Strich als eine Spielanweisung aussieht, finden sich keine Phrasierungszeichen. Staccatozeichen gibt es nur sehr selten. Abgesehen von ein paar in kleinen Noten ausgeschriebenen Verzierungen beschränken sich Scarlattis Verzierungszeichen auf Triller und Vorschläge. (Seine Ornamentik wird im Anhang IV ausführlich behandelt.) Das Arpeggio-Zeichen wird nie gebraucht, in ein paar ganz seltenen Fällen findet sich ein gebrochener Akkord in kleinen Noten ausgeschrieben. Außer einer rudimentären Echodynamik in den Sonaten 70, 73 und 88 und Bezeichnungen für Manualwechsel oder Registerwechsel in den Orgelstücken (Sonaten 287, 288 und 328) gibt es sonst keine dynamischen Zeichen in den Sonaten. Alles übrige bleibt dem musikalischen Zusammenhang, dem Geschmack und der Sensibilität des Spielers überlassen.
Einem Spieler, der an Longos Ausgabe gewöhnt ist, muß ein solcher Text sehr fernliegen. Die meisten modernen Ausgaben der Scarlatti-Sonaten erschweren überhaupt die Interpretation mehr, als daß sie sie erleichtern. Zum größten Teil verraten sie nur wenig Gefühl für seinen Stil und erstaunlich wenig Verständnis für sein harmonisches Vokabular. Die Logik und Konsequenz des eigentlichen Textes wird häufig durch unnötige ›Verbesserungen‹ (die oft gar nicht eigens bezeichnet werden, wie zum Beispiel in Longos

Ausgabe, wo viele kleine Änderungen ohne jede Anmerkung vorgenommen sind) vernichtet, und die Klarheit seines Notenbildes wird besonders durch Phrasierungsbögen und Verzierungsanweisungen beeinträchtigt.
Die Anthologie von sechzig Scarlatti-Sonaten, die ich zur Erläuterung dieses Buches herausgegeben habe, soll in gewissem Umfang diesem bedauerlichen Zustand abhelfen. Die dort gegebenen Lesarten stützen sich auf den Vergleich der Handschriften Venedig und Parma und bieten den bestmöglichen, verläßlichen Text. Editorische Zusätze sind bis ins kleinste genau bezeichnet und gerechtfertigt. Diese Auswahl soll nicht nur die Notwendigkeit einer neuen kritischen Gesamtausgabe deutlich machen, sondern auch dem Spieler, der keinen Zugang zu den Handschriften hat, zeigen, wie man wenigstens in gewissen Umrissen das originale Textbild aus Longos Ausgabe gewinnen kann.

Registrierung und Dynamik

In seinen späteren Sonaten gibt Scarlatti keinerlei Anhaltspunkte für die Dynamik. Die wenigen Zeichen für piano und forte, die in früheren Stücken vorkommen (Sonaten 70, 73, 88), beziehen sich meist ausschließlich auf Echowirkungen. In den Handschriften findet sich kein Wort über die Cembaloregistrierung. Das ist allerdings nicht überraschend, denn solche Anweisungen sind im ganzen 18. Jahrhundert höchst selten. Da die Cembali derartig unterschiedlich waren, hätte es durchaus vorkommen können, daß die Spieler Scarlattis Anweisungen sowieso je nach den zur Verfügung stehenden Instrumenten hätten abändern müssen. Dasselbe gilt auch für die Orgelregistrierung im 18. Jahrhundert, obwohl sich hier Anweisungen häufiger finden.
Scarlatti gibt auch keinen Hinweis in Bezug auf den Gebrauch zweier Manuale, selbst nicht in Stücken, die offensichtlich für ein zweimanualiges Instrument geschrieben sind. Dagegen ist er sehr deutlich und genau in den Orgelphantasien (Sonaten 287 und 288), ›*Per Organo da Camera con due Tastatura Flautato e Trombone*‹, wie die erste überschrieben ist in Hs Parma VII 17. In Venedig VII 3 (Sonate 328) finden sich Anweisungen für Registerwechsel von ›Org.°‹ zu ›Fl.°‹, was wahrscheinlich gleichzeitig auch Manualwechsel bedeutete. In diesem Stück können die wenigen fehlenden Anweisungen, seien sie versehentlich vergessen oder für selbstverständlich erachtet, leicht und ohne jeden Zweifel seinen Intentionen entsprechend ergänzt werden. Leider sind diese Angaben in Longos Ausgabe gänzlich unterdrückt worden. Sie verlangen phrasenweisen Farbwechsel und Echowirkungen. Obwohl musikalisch offenkundig, sind sie doch als konkrete

Beispiele für Scarlattis eigene Praxis so bedeutsam, daß ich sie im Anhang III D wiedergebe, damit der Leser sie in sein Exemplar der Longo-Ausgabe eintragen kann. Die Wechsel innerhalb eines Taktes sollen selbstverständlich bei den natürlichen Phrasenenden erfolgen.

Einige wenige ergänzende Beispiele für die Praxis des 18. Jahrhunderts finden sich in den recht ausgearbeiteten dynamischen Anweisungen, die Avison in der Ausgabe seiner Streicherbearbeitung verschiedener Scarlatti-Sonaten gibt. Gelegentlich kann man in Druckausgaben der Sonaten ähnliche Zeichen auch in einer Handschrift aus dem 18. Jahrhundert antreffen, wie zum Beispiel in meinem Exemplar von Roseingrave. Im ganzen jedoch sind wir auf die eigene Phantasie und das eigene Verständnis von Scarlattis Stil angewiesen und auf das, was man den Instrumenten entnehmen kann, die Scarlatti benutzte (vgl. Kapitel IX).

Von den Instrumenten her gesehen, die ihm zur Verfügung standen, waren seine dynamischen Variationsmöglichkeiten recht beschränkt. Er scheint sich im allgemeinen auf keine große Registerwahl zu verlassen. Die spanischen Cembali, für die die spätesten und bedeutendsten Sonaten wohl geschrieben sind, hatten ja überhaupt nur zwei Register, wahrscheinlich nur ein Manual und damit höchstens drei Tonfarben, nämlich die beiden Register für sich und zusammen. Wie ich in Kapitel IX schon ausgeführt habe, konnte man auf Scarlattis Instrumenten einen Registerwechsel vermutlich nur durch Wechsel des Manuals oder Betätigung der Handzüge vornehmen. Und zumeist waren diese Wechsel nur bei Pausen und Unterbrechungen möglich, wenn eine Hand frei war für die nötige Bewegung. Es gibt keinen Hinweis dafür, daß seine Cembali Pedalzüge hatten. Auf Instrumenten mit Handzügen konnte man durch Addition oder Subtraktion der Register kein Crescendo oder Diminuendo erzielen, während man mit beiden Händen spielte. Hier ließen sich nur kleine Veränderungen bewirken, die auf Anschlagswechsel und der Nuancierung durch legato und staccato beruhen.

Scarlatti wird wohl die Cembaloregister selbst wie folgt benutzt haben:

1. Ganze Sonaten, einheitlich in einer Farbe, mit einem Register oder einer Registerkombination.

2. Gleichzeitiger Gebrauch von zwei Manualen, im allgemeinen beide Soloregister, für zwei gleiche Stimmen oder für Solo und Begleitung.

3. Echodynamik bei Phrasenwiederholung, entweder forte-piano oder piano-forte. (Vgl. die Orgelphantasien K. 287, 288, auch die Sonaten 328, 70, 73 und 88).

4. Farbwechsel entsprechend klar abgesetzter musikalischer Glieder (zum Beispiel: die Orgelstücke K. 287, 288, 328, Avisons Streichorchester-

Bearbeitungen und handschriftliche Anmerkungen aus dem 18. Jahrhundert in meinem Exemplar der Roseingrave-Ausgabe). Diese Wechsel beruhen auf zwei Farben, die ungefähr dem Verhältnis Solo-Tutti oder dem Wechsel von voller Kombination auf dem Untermanual und Soloregister auf dem Obermanual entsprechen.

Scarlatti hat diese Beschränkungen seiner Instrumente weitgehend umgangen durch die Art, wie er schrieb, wie er seine Figurationen verteilte, wie er die Stimmen legte, durch den Kontrast hoher und tiefer Lagen und durch die verschiedenen Nuancierungen des Cembaloklangs, die er in die Musik hineinverwob. In den Kapiteln IX und X habe ich Beispiele für diese Klangmodifikationen besprochen. Mit diesen Mitteln nötigte Scarlatti dem Cembalo eine erstaunliche Klangvielfalt ab, die ganz unabhängig von der Anzahl der verfügbaren Register bleibt.

Seine ausgeschriebenen Nuancierungen dienen dazu, den Umriß eines Stückes zu verdeutlichen. Der Satz ist oft am dichtesten (d. h. lautesten) an den intensivsten Punkten des Stückes, ob es sich dabei nun lediglich um augenblickliche Akzente, entscheidende Modulationen oder bestimmte thematische Expositionen handelt, die die Tonart aufstellen oder bestätigen sollen. Seine Kadenzwiederholungen bewirken niemals eine allmähliche Klangsteigerung. Selten verstärkt er seine Kadenzen mit Akkorden, viel häufiger schließen sie in Unisoni oder in Arpeggien. Die stärksten Akkorde stehen meist in der Mitte des Stückes, gelegentlich auch zu Beginn, aber niemals am Ende. Die Vorstellung, eine Scarlatti-Sonate allmählich zum Höhepunkt kurz vorm Schluß steigern zu wollen, ist fast durchweg falsch. Die größte Intensität liegt weiter vorn, entweder unmittelbar vor oder nach der Aufstellung der Schlußtonart. Die Kadenzwiederholungen, die jede seiner Sonaten beschließen, sind immer nur Bestätigung, nicht Verstärkung des bisher Gesagten. Scarlattis Cembalofigurierung macht das überdies deutlich. Wir haben bereits auf ein für seine Absichten so deutliches Beispiel wie Sonate 44 verwiesen. Scarlatti muß ein Absinken der Intensität in den letzten fünf Takten vorm Schluß beider Hälften gewollt haben, denn es ist unmöglich, selbst wenn man das volle Instrument zu Hilfe nimmt, den tobenden fortissimo-Baßoktaven gleichzukommen, die unmittelbar vorhergehen. Es kann nicht oft genug betont werden, daß der Höhepunkt oder doch die größte Intensitätskonzentration der Scarlatti-Sonate immer mehr zur Mitte hin liegt und keineswegs zum Ende. Die Apotheose, in der manche Scarlatti-Sonate schließt, bricht immer vor dem Ende an. Jeder Versuch, den Höhepunkt bis zum eigentlichen Schluß hinauszuschieben, bedeutet unvermeidlich eine Verzerrung.

Es ist wohl zu beachten, daß akkordische Schreibweise bei Scarlatti nicht immer ein forte auf dem Cembalo bedeuten muß. Der Zusammenhang, in dem sie steht, darf nicht außer Acht gelassen werden. In offensichtlichen tutti-Stellen sind die Akkorde stets eine Klangverstärkung und verlangen oft die Kombination aller Register des Instruments (Sonaten 175, 516). Aber an Stellen, wo Akkorde eine kantable Solostimme begleiten, ist es klar, daß sie hier als Füllstimmen gebraucht werden, nicht zur Verstärkung, und daß sie auf einem leisen Soloregister gespielt werden sollen (Sonate 208). In manchen der spanischen Tanzstücke scheint das rauhe, dem Flamenco-Gesang ähnliche Cantabile eine leidenschaftliche allgemeine Verstärkung auch der Begleitakkorde zu verlangen (Sonaten 24 und 29). In Avisons Bearbeitungen und in den handschriftlichen Eintragungen in meinem Roseingrave-Exemplar sind jedoch verschiedene solcher Stellen mit piano bezeichnet. Ich möchte allerdings bezweifeln, ob diese Disposition Scarlattis Absichten entspricht. Ich sehe darin eher den Einfluß der weicheren Eigenart der englischen Cembali und den Unterschied zwischen spanischem Temperament und englischer mehr lyrischer Haltung. Die beiden Länder sind grundverschieden in ihrer Musikalität. Im einen ist Knoblauch das Grundgewürz der Küche und im anderen nicht.

Die dynamischen Anweisungen, die Longo in seiner Ausgabe gibt, sind auf dem Klavier wirkungsvoll und sind im Sinne der Dynamik des 19. Jahrhunderts, die die ›chiaroscuro‹-Effekte sehr liebte, keineswegs unmusikalisch; sie haben jedoch mit Scarlattis Praxis nichts zu tun und zerreißen meist rücksichtslos die ganze Struktur. Man kann diese Dynamik nicht rigoros genug ignorieren. Der Spieler, der sich seine eigene Dynamik erarbeitet, wird vielleicht manche Übereinstimmung mit Longo feststellen können, aber das sollte sich doch aus der eigenen Initiative ergeben und nicht durch Imitation. Longos Angaben verraten oft eine große Musikalität, die aber doch durch Auffassungen des 19. Jahrhunderts so verzerrt wird, daß er Scarlattis Stil oftmals Gewalt antut.

Auf modernen Cembali, wo Pedale schnelle Farbwechsel ermöglichen, besteht die Gefahr, daß Scarlattis Cembalosatz in seiner Wirkung eher vermindert als vergrößert wird durch äußerliche Effekte, welche die innermusikalische Vielfalt durch äußere Abwechslung ersticken. Das gilt besonders für die Stücke mit durchgängiger rhythmischer Bewegung ohne deutlich abgesetzte thematische Kontraste (Sonaten 18 und 260). Auch die Phrasenwiederholungen kommen meist besser heraus, wenn man sie in derselben Farbe spielt und nur durch Phrasierung und Anschlag differenziert, nicht aber durch Echodynamik. Manchmal kann man durch die Echodynamik ein Stück deutlicher herausarbeiten, aber meistens wird Kontinuität und Intensität des Ganzen nur zerstört (Sonate 517). Im allgemeinen sind es die Stücke mit größter thematischer Kontrastierung, rhetorischen Pausen und gegensätzlichen Phrasen, die am meisten von den verstärkten Farbeffekten und großen forte-piano-Gegensätzlichkeiten profitieren (Sonaten 46, 215, 420 und 518).

Es ist selbstverständlich, daß der Spieler die formale Symmetrie der Scarlatti-Sonate bei der Dynamik und Registrierung immer im Auge behalten muß. Registerwechsel zwischen den Hälften einer symmetrischen Sonate, wenn sie nicht von der Thematik her bedingt sind, verraten doch bei aller äußerlichen Vielfalt, die sie dem Klang verleihen und dem Hörer bieten können, nur, daß der Spieler unfähig ist, eine Reihe langer Phrasen durchzuhalten und die Form des ganzen Stückes zu begreifen und darzustellen.

Scarlattis Cembalosatz ist so eng aufs Cembalo bezogen, daß man immer diese enge Verbindung zum Cembaloklang bedenken muß, wenn man die Sonaten auf dem modernen Klavier spielt. Trotz des Nuancenreichtums und seiner großen dynamischen Skala verringert das moderne Klavier Scarlattis Farbkontraste eher, als daß es sie erhöht. Das Klavier bringt in äußerst zufriedenstellender Weise alles heraus, was kantabel ist, was expressiv vokal deklamiert, aber es neigt dazu, viele von Scarlattis stärksten tutti-Wirkungen, Lagenkontrasten und Gegenüberstellungen von Akkorden und Acciaccaturen mit der vorherrschenden Zweistimmigkeit, zu einer allgemeinen Farbuniformität zu reduzieren.

Bei aller Biegsamkeit und Vielfalt des Scarlattischen Cembaloklangs beruht seine Farbpalette doch auf einem resistenten Instrument, einem vergleichsweise starren Klangkörper oder auf übergangslosen Klangebenen. Die Starre des eigentlichen Klanghintergrunds wird oft gänzlich verdeckt durch den brillanten, phantasiereichen Satz, aber wenn dieser Hintergrund zu elastisch wird, wie bei manchen Instrumenten, die fast unbegrenzte Nuancierungsmöglichkeiten besitzen, wie zum Beispiel Klavier oder Clavichord, kann Scarlattis gesamte Klangproportion ins Wanken geraten. Vollstimmige Stellen verlieren ihre Gegensätzlichkeit zur zweistimmigen Satzweise, Akkorde verlieren leicht ihren Aplomb, und sonore Partien werden unter Umständen zu einem Wispern gedämpft. Die dynamischen Möglichkeiten werden für jede Klangart derart erweitert, daß bestimmte Figuren ihre ursprünglichen Charakteristika aus dem spezifischen Klang des Instruments verlieren. Ähnlich erging es übrigens Mozarts Klaviermusik, als sie auf das moderne Instrument übertragen wurde. Auch das Ventilhorn des modernen Orchesters hat bei all seinen dazugewonnenen Möglichkeiten viel von seinem eigentümlichen Charakter und der Bedeutung verloren, die das Naturhorn für Mozart hatte. Überdies besaßen bestimmte Klavierfigurationen für den erfahrenen Cembalisten des 18. Jahrhunderts eine feststehende Bedeutung als Solo-Effekt oder Tutti-Effekt, die sich auf dem modernen Klavier heute nicht mehr so unmittelbar verraten. Die Addition von Tönen oder Zügen ist auf dem Cembalo verhältnismäßig objektiv. Auf dem Klavier dagegen werden piano- und forte-Grade in höherem Maße subjektiv. Alles klingt leicht wie Solo-Musik.

Was allerdings eine nicht vom modernen Instrument beeinflußte Wiedergabe auf dem Klavier ermöglichen kann, ist eine Aufmerksamkeit auf die Eigenheiten, die nicht direkt mit dem Instrumentklang zusammenhängen, auf die musikalischen Ausdruckselemente, die jedem Medium eignen und die ich in den folgenden Abschnitten über Rhythmus und Phrasierung erörtern werde. Gerade den Pianisten mit feinem Sinn für die spezifisch musikalischen Werte, für Linie, Rhythmus und harmonische Struktur, gelingt es am besten, Scarlatti auf dem Piano klingen zu lassen, auch wenn sie nur wenig mit dem Cembalo vertraut sind. Obwohl Scarlatti ein Cembalokomponist par excellence ist, obwohl fast seine gesamte Tastenmusik für die spezifischen Eigentümlichkeiten des Kielflügels geschrieben wurde, läßt sich alles, was außer den Klangwirkungen zur Darstellung seiner Musik erforderlich ist, auf beinahe jedes Instrument übertragen.

Ich habe weiter oben gesagt, daß Scarlattis Cembalofarbe weitgehend auf diesem klanglich beschränkten oder unnachgiebigen Medium beruht. Das zeigt sich besonders deutlich in den Stücken, die durchgängig eine einheitliche instrumentale Farbe verlangen. Hier würden häufige oder übermäßige farbliche und dynamische Wechsel nur die Kontraste und Nuancen vernichten, die Scarlatti in die Musik hineinkomponiert hat. Es gibt sehr viele Stücke, die allein mit einem Register oder einer Registerkombination gespielt werden müssen, oder, auf dem Klavier, mit einer beschränkten Farbigkeit (Sonaten 18, 54, 208, 260, 544 und 545 zum Beispiel). Ihre Deklamation darf nur durch Phrasierung oder höchstens durch dynamische Nuancierungen erhöht werden, die so vorsichtig gehandhabt werden müssen, daß sie kaum zu hören sind, sei es nun durch die Pedalzüge beim Cembalo oder durch die Dynamik auf dem Klavier.

Für eine ganze Sonate eine Tonfarbe beizubehalten, hat nicht nur den Vorteil, daß einzelne Abschnitte deutlicher hervortreten und nicht in einer oberflächlichen Buntheit untergehen, sondern daß man bei mehreren Stücken die einzelne Komposition besser hervorheben und gegen andere Werke absetzen kann.

In Stücken, die offensichtlich durchgängig für zwei Tonfarben, seien es Solo und Begleitung oder zwei Solostimmen, konzipiert sind, sind Registerwechsel oder große dynamische Schwankungen tunlichst zu vermeiden (Sonaten 208 und 544). Sie würden die Klangproportionen vernichten und die Ausdrucksintensität eher schwächen als konzentrieren. Geschickte Phrasierung und eine feine Ausnutzung rhythmischer Freiheiten ergeben eine weit konzentriertere Interpretation, als bloße Farbveränderungen das vermögen.

Im Gegensatz dazu stehen wiederum Stücke, die so radikale Stimmungsumschwünge enthalten und derartig dramatisch konzipierte Gegensätze, daß man hier kaum mehr übertreiben kann (Sonaten 209, 215, 490, 518). In diesen Stücken darf man durchaus mit Berechtigung alle Möglichkeiten der Cembaloregistrierung oder der Klavierdynamik bis zum letzten ausnützen, auch wenn das über Scarlattis Möglichkeiten hinausgehen sollte, ohne Gefahr zu laufen, dadurch seine dramatischen und expressiven Intentionen zu verfälschen. (Scarlattis Ausdrucksskala überschreitet weit die Möglichkeiten jedes Instruments. Nur wenn diese Ausdrucksskala in Gefahr gerät, verfälscht zu werden, muß man sich wieder auf Scarlattis eigenes Instrument besinnen.) Außer diesen Stücken mit heftigen Kontrasten gibt es viele Sonaten mit allmählichem Stimmungswechsel, die große Farbvielfalt verlangen (Sonaten 263, 264, 259). Manche kann man durchaus auch nur in einer Farbe spielen, aber oft lassen sich Mittel finden, um Scarlattis beabsichtigte Stimmungen deutlicher herauszuarbeiten, ohne sie dabei notwendigerweise zu übertreiben oder die Proportionen des ganzen Stückes durcheinanderzubringen.

Man muß ständig an zweierlei denken: einmal daran, wie Scarlatti selber auf seinen Instrumenten die klanglichen Verhältnisse gehandhabt hätte. Und andererseits muß man sorgsam die Mittel abwägen, die Scarlatti nicht zur Verfügung standen und die doch dazu dienen können, musikalische oder expressive Intentionen darzustellen, die nach Scarlattis Absicht nicht auf die bloßen Möglichkeiten eines Instruments beschränkt bleiben sollten. In diesem Punkt scheint es angebracht, die akustischen Verhältnisse bei einer Aufführung zu berücksichtigen. Wenn man in einem kleinen Raum spielt, kann ein Stück viel bescheidener behandelt werden als in einem großen Saal. Seine Schönheiten zeigen sich viel eher, sie brauchen nicht durch den Spieler hervorgehoben zu werden. Eigenheiten, die in großen Sälen verloren gehen würden, müssen jedoch durch eine gewisse Übertreibung ausgeglichen werden, um in den Ohren der Zuhörer das darzustellen, was der Komponist erreichen wollte. Ich bin mir vollkommen bewußt, daß ich gelegentlich

Cembaloregistrierungen verwende, an die Scarlatti nicht einmal im Traum gedacht hätte. Aber diese Abweichungen von Scarlattis Mitteln und Möglichkeiten sind stets bewußt angewandt und dadurch gerechtfertigt. Wenn sich der Spieler nicht darüber im klaren ist, wie weit er sich von Scarlattis Praxis entfernt, verfälscht er letzten Endes Mittel und Zweck.

Im Kapitel über Scarlattis Cembalo habe ich schon angedeutet, daß seine Musik, wie fast alle Tastenmusik des 18. Jahrhunderts, auf der Vorstellung: Solo - Tutti aufgebaut ist. Das erklärt sich zum großen Teil aus der Eigenart des Cembalos, aus der Möglichkeit der Soloregister und der Registerkombinationen; auf der anderen Seite jedoch spiegelt sich darin auch eine Orchestervorstellung, die sich fast der gesamten Tastenmusik des 18. Jahrhunderts aufprägte.

Bei vielen Scarlatti-Sonaten läßt sich feststellen, ob sie im Sinne eines Solo-Instruments oder des massierten Instrumentklangs geschrieben sind oder ob Kontraste zwischen Solo und Tutti bestehen. Die Sonaten 208, 308 und 544 zum Beispiel stellen zweifellos ein Soloinstrument mit Begleitung dar. Sonaten 18, 427 und 517 sind reine Tutti-Stücke. Solo und Tutti alternieren in Sonaten 209 und 96. In Sonate 119 gibt es wiederum unmerkliche Übergänge von kleineren zu größeren Klangmassierungen. Einige Stücke, so die Sonaten 52 und 545, kann man entweder als reine Solo- oder auch als reine Tutti-Stücke aufführen.

Diese geheime Orchestrierung des Cembaloklangs ist bei Scarlatti fast immer vorherrschend. Es gibt da unendliche Möglichkeiten des Wechsels zwischen einzelnen Solo-Instrumenten, für den Wechsel der Farbigkeit in der Begleitung, für das Alternieren der Instrumentengruppen verschiedener Größen und Farben – kurz, alle Mittel des klassischen Orchesters des 18. Jahrhunderts werden gebraucht: Streicher, Holzbläser, Blechbläser und Schlaginstrumente, ebenso wie Kastagnetten, Mandolinen und Gitarren der mittelmeerischen Volksmusik.

Es braucht wohl kaum betont zu werden, daß diese latente Instrumentation dem Hörer wie dem Komponisten alle Freiheit läßt. Musikalische Ideen und Figurationen lassen sich in verschiedenster Weise behandeln, sie lassen dem Spieler alle Freiheit je nach Geschmack und Phantasie: Solo oder Tutti, Streicher oder Bläser, Wechsel innerhalb der Instrumentenkombinationen. Man kann viele Stücke gänzlich verschieden instrumentieren. Scarlattis inhärente Orchestrierung bildet genau den Gegenpol zu der tatsächlichen Begrenztheit des Cembalos, das nur die Auswahl zwischen zwei Soloregistern und einer dritten Farbnuance bot, die sich aus der Kombination beider ergibt.

Eine doppelte Einstellung zur Cembalofarbe – und ihrem Äquivalent auf dem modernen Klavier – ist äußerst dienlich für die Interpretation der Scarlatti-Sonaten. Einerseits verlockt die Beschränkung auf drei Farbwerte oder auch nur zwei, Solo und Tutti oder Forte und Piano, zu einem höchst wünschenswerten Sinn für Sparsamkeit der Mittel, indem man begrenzte Mittel zur Erreichung der größten Wirkung einsetzt, indem man die Farbe in den Dienst des Formenbaues stellt, wie es geschehen muß, wenn Farbwechsel für Abschnitte oder ganze Stücke vorbehalten bleiben müssen. Das zwingt den Spieler, sich mehr auf die weit wirksameren Mittel der Phrasierung und der rhythmischen Betonung zu stützen, um die eigentliche Intensität des Stückes darzustellen.

Andererseits ist nichts fataler, als wenn sich die musikalische Phantasie auf zwei oder drei Farbnuancen oder überhaupt auf das Instrument, das man gerade benutzt, begrenzen soll. Wie wir bereits ausgeführt haben, steckt Scarlattis Cembalomusik voller Farbeffekte, die nicht vom Cembalo herkommen. Wer Scarlatti spielt, muß bei aller Begrenztheit seines Instruments immer bereit sein, im Sinne einer latenten Orchestrierung zu denken, an die Stimme, an die Klänge der spanischen Volksmusik, an die nicht streng musikalischen oder offen außermusikalischen Klangeffekte, von denen ich in Verbindung mit den Anregungen des täglichen Lebens sprach, die halb verdeckt oder bis zur Unkenntlichkeit verändert hinter vielen seiner Kompositionen stehen. Scarlattis Cembalo bleibt immer dasselbe Instrument und ist doch ständig auf dem Sprunge, sich in ein anderes Instrument zu verwandeln. Man darf es niemals wörtlich nehmen.

Tempo und Rhythmus

Scarlattis Tempobezeichnungen sind begrenzt. Im allgemeinen beschränken sie sich einfach auf Ausdrücke wie: Allegro, Presto oder Andante, gelegentlich Allegretto, Vivo oder Vivace. Manchmal benutzt er auch die Wörter Moderato oder Cantabile für sich oder zur näheren Bestimmung. Superlative wie Allegrissimo oder Prestissimo sind selten, noch seltener Ausdrücke wie Veloce oder Con velocità. Es gibt nur ein Adagio (Sonate 109). Ab und zu begegnen Warnungen wie Non Presto oder Ma non tanto oder auch Zusätze wie Molto, Presto quanto sia possibile, Allegro assai, Comodo oder Con spirito. Sonate 373 trägt die Überschrift Presto è fugato, vielleicht als Anspielung auf die Allabreve-Vorzeichnung, die im allgemeinen einem ernsteren Stil gilt. Longo hat diese Bezeichnungen zum größten Teil beibehalten oder doch Änderungen vermerkt. Gelegentlich allerdings ändert er sie ohne jeden Hinweis. So hat er zum Beispiel in der F-dur-Pastorale

(K. 446) das Allegrissimo der Handschrift Venedig stillschweigend in ein Allegro umgewandelt. Tempowechsel innerhalb der Sonaten ist meistens von Scarlatti selber angezeigt, zuweilen allerdings auch nur von Longo. Die Tempobezeichnungen variieren nur manchmal geringfügig zwischen den Handschriften Venedig und Parma. So ist zum Beispiel Sonate 113 in der Hs Venedig mit Allegro und in der Hs Parma mit Vivo bezeichnet. (Longo überschreibt sie kommentarlos mit Allegrissimo.)
Scarlattis Tempobezeichnungen haben anscheinend nur wenig mit dem eigentlichen Tempo des Stückes zu tun; sie dienen mehr zur Andeutung des rhythmischen Charakters. Seine Stücke werden im allgemeinen viel zu schnell genommen. Presto braucht sich zum Beispiel nicht notwendig auf das Tempo zu beziehen. Es soll auch nie eine pseudo-virtuose Zurschaustellung reiner Fingerfertigkeit bedeuten. Man interpretiert es dagegen besser als ›lebhaft und munter‹, ein Zeitmaß, das rasch auf geistreiche Nuancen und blitzschnelle Ausdruckswechsel reagieren läßt. Scarlatti ist zwar ein rasanter Tastenvirtuose, aber den Einfällen seiner Klaviertechnik und der Lebhaftigkeit seines Grundschlags stehen die vokale Linie, die harmonische Nuance und das scharf gemeißelte rhythmische Detail entgegen, an die der Spieler denken muß, wenn er das Tempo wählt.
Seine Allegros und Andantes nähern sich oftmals im Tempo einander. Wenn man ein Tempo berücksichtigt, das den vollen Ausdruck der rhythmischen Einzelheiten und des melodischen und harmonischen Inhalts gestattet, sind bestimmte Scarlattische Allegros kaum schneller als manche seiner Andantes. Die Allegros haben gewöhnlich schnelleren Harmoniewechsel als die Andantes. Ein Andante im Dreiviertel-Takt wechselt zum Beispiel oft nur pro Takt die Harmonie (Sonate 132).
Scarlattis Sätze werden meist vom Atem oder von der Tanzphrase bedingt. Die Allegro-Sätze stehen fast immer unter dem Einfluß der Tanzphrase, aber der japsende Rhythmus bruchstückhafter, wiederholter Phrasen kommt vom Atem. Sehr viele Andantes und die mit Cantabile bezeichneten Sätze haben einen ausgeglichenen, schwebenden Rhythmus, der durch den langen Atem an Intensität gewinnt. Sie beinhalten gar nicht so sehr körperliche Bewegung, sondern mehr eine fast zeitlose Räumlichkeit. Manchmal wirken sie eher wie unmerklich fortschreitende Prozessionsgesänge (Sonaten 238 und 380), deren Bestimmtheit jedoch die Zuschauer in Atem hält. Oft sind es wiederholte Seufzerfiguren, die einem langsamen Satz Belebung bringen. Dann wieder schreiten sie mit konzentrierter Intensität, wie eine auf Beute schleichende Katze, und steigern dadurch zu einer fast unerträglichen Vorahnung des unvermeidlichen Ausbruchs (Sonate 490).

Wir haben alle, besonders die Jungen unter uns, den Fehler begangen, Scarlatti zu schnell zu spielen. Es ist ja auch außerdem unter Musikern eine bekannte Tatsache, daß ein Allegro oder Presto dem Zuhörer immer schneller erscheint als dem Spieler. Kürzlich hörte ich zum ersten Mal eine Schallplatte, die ich vor zehn Jahren mit einer Scarlatti-Sonate bespielt hatte. Alles war der erregenden Zurschaustellung einer brillanten Virtuosität aufgeopfert. Alles, was diese Sonate von Dutzend anderen hätte abheben und unterscheiden können, war unter den Tisch gefallen. Ich kann nicht leugnen, daß es erregend war, aber in einer so oberflächlichen Weise, wie man sie beinahe nur billigster Musik antun dürfte, so daß es unnötig erscheinen mußte, gute Musik solch einem Zweck aufzuopfern.

Die Wahl des Tempos, die der Spieler zu treffen hat, hängt in nahezu gleichem Maße ab von der melodischen Deklamation der schnellsten Töne und von der zugrundeliegenden Harmonie. Manch schnelles Stück beruht auf einer langsameren Bewegung der harmonischen Grundfortschreitungen, die bei Orchestermusik vom Generalbaßspieler akzentuiert und geleitet würde. In Wirklichkeit muß man bei fast allen Tempi an mehr als nur ein einziges Zeitmaß denken. Der Grundschlag hat in praxi nur sehr wenig zu tun mit der Wahl und Beibehaltung eines Tempos. Er wird vielmehr durch das Verhalten der Töne geschaffen und erhalten. Die schnelle Tarantella-Bewegung in Sonate 54, die Achtelbewegung im Zwölfachteltakt bedeuten für sich allein nichts, wenn man sie nicht in Beziehung setzt zu den langsameren Harmoniefortschreitungen und den Fundamentbässen, die sich je zwei oder vier pro Takt bewegen. Ein Tempo, das ausschließlich im Sinne schneller Töne aufgefaßt wird, verliert leicht jede Möglichkeit zu rhythmischer Freiheit im einzelnen und wird steif und treibend, gleich, ob ein solcher Charakter erwünscht ist oder nicht. Auf der anderen Seite vermindert ein Tempo, das nur im Sinne der vergleichsweise langsamen Harmoniefortschreitungen aufgefaßt wird, die Artikulation der melodischen Passagen und die Deklamation der Auftakte. Aber im wesentlichen liegen die das Tempo bestimmenden Faktoren nicht an der Oberfläche des Notenbildes; sie sind abhängig von der Einsicht des Spielers in das harmonische Gewebe und davon, daß er die zugrundeliegenden rhythmischen Strömungen erfaßt und die wichtigsten von ihnen auswählt und durch Betonung hervorhebt.

Den Solisten mangelt zu häufig die Vorstellung der rhythmischen Orchesterpolyphonie, der gemeinsamen musikalischen Empfindungen der einzelnen Spieler, die dabei oft an ihre eigene Bewegung gebunden bleiben, wie zum Beispiel die Kontrabässe gegen die Violinen oder die Hörner im

Gegensatz zu Flöten und Oboen. Sie verfallen dann leicht in den Fehler eines Dirigenten, der nur mit dem Taktstock dirigiert, ohne jedes Gefühl dafür, aus der rhythmischen Vielfalt jeder einzelnen Orchesterstimme das Ganze des musikalischen Gewebes zu schaffen.

Zu Scarlattis wirksamsten rhythmischen Effekten gehört das Kunstmittel, über einem zugrunde liegenden unveränderlichen Grundschlag die Bewegung anzuziehen oder zu verlangsamen. Er macht das entweder mit Hilfe der schnelleren oder langsameren harmonischen Bewegung oder durch den Wechsel der Notenwerte. Ein einfaches Beispiel bietet Sonate 491, wo nach einem Satz mit gemischten Achteln und Sechzehnteln plötzlich alles in laufende Sechzehntel übergeht. Wer je einen spanischen Tänzer gehört hat (ich sage absichtlich: gehört!), wird sich an die atemberaubende Wirkung erinnern, die sich ergibt, wenn nach einer langsamen Bewegung plötzlich Kastagnetten losbrechen oder wenn eine laufende schnelle Bewegung plötzlich durch wiederholte bestimmte Fußstampfer zum Halten kommt oder wenn ein schneller Dreiertakt durch einen plötzlichen Umschlag in den langsameren Zweier abgebremst wird. Kein Wunder, daß die Kirche gegen solche Rhythmen immer mißtrauisch war!

Weniger auffallend, aber ebenso wirksam ist der Wechsel in der harmonischen Bewegung (Sonaten 18, 517), sind die daraus entstehenden Kontraste zwischen Fundamentbewegung und Ruhe, zwischen dem Schweben über einem festen Punkt und der Bewegung von einer Harmonie zur anderen.

Eines seiner – und zugleich auch des spanischen Tanzes im allgemeinen – großartigsten Mittel ist die Gegenüberstellung von Zweier- und Dreier-

Beispiel 1 Venedig XIII 8 (Longo 408) K. 521

takten. In einfachster Form wird zum Beispiel ein Dreiachteltakt ab und zu in der Hälfte geteilt, so daß Gruppen von drei Sechzehnteln Gegenrhythmen schaffen gegen die normale Zweiergruppierung. Eine besonders charakteristische Form des Schwankens zwischen zwei und drei bei Scarlatti ist der Gebrauch von Synkopen, die einem Dreiachteltakt plötzlich einen Drei-

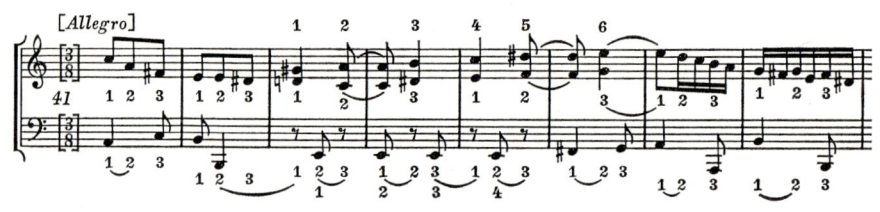

Beispiel 2 Venedig XIII 19 (Longo 223) K. 532

vierteltakt aufzwingen (Beispiel 1 und 2). Die Dreiergruppierung der drei Achtel des Dreiachteltakts wird der Zweier-Unterteilung des Dreivierteltaktes gegenübergestellt. Nur selten betont Scarlatti solche Taktwechsel durch den Wechsel der Vorzeichnung von $^3/_8$ zu $^3/_4$ (Sonaten 315 und 419).
Sonate 537 bietet ein wirklich erstaunliches Beispiel für gegensätzliche und verschobene Rhythmen. Über einem festen Dreiviertel-Grundschlag wird die rechte Hand plötzlich in Allabrevetakt versetzt, während die linke auch in Allabreve übergeht, aber um ein Viertel früher!
Wenn man bei solchen Stellen diese rhythmischen Wechsel als bloße Synkopierungen des Grundschlags spielen wollte, könnte man die gesamte rhythmische Polyphonie vernichten, die dem Ganzen so viel Fülle verleiht. Die einzelnen Stimmen müssen in ihrer eigenen Bewegung gespielt werden, um den Kontrast der unregelmäßigen Phrasenformen zu erhöhen. In Beispiel 1 und 2 habe ich Zahlen eingesetzt, um eine Zählweise vorzuschlagen, die die Phrasengestalt gut herausbringt, und in Beispiel 3 Klammern, um die sich überschneidenden, kontrastierenden Metren zu kennzeichnen.
Der Gegensatz zwischen dem regelmäßigen Grundschlag und seiner plötzlichen Verschiebung kann unerhört aufregend wirken. In den unerwarteten kanonenschußartigen Akkordexplosionen, die die laufenden Sechzehntel der Sonate 427 unterbrechen, spiele ich die Akkorde gern genau im Tempo, trenne sie aber vom Vorhergehenden und Folgenden durch eine kleine Luftpause ab, die groß genug ist, um die Grundbewegung außer Kraft zu setzen, so daß sie gleichsam durch den Schock wie ins Taumeln gerät. Wenn die erste Pause oder die Akkorde durch das leichteste Retardieren auch nur etwas vorbereitet werden, ist die ganze Wirkung verloren. Das abwärtsgerichtete Arpeggio am Schluß beider Hälften sollte diese unnachgiebige

Beispiel 3 Venedig XIII 24 (Longo 293) K. 537

Sechzehntelbewegung bis zum Ende beibehalten. Wenn es am Ende des Taktes mit rücksichtsloser Exaktheit abgeschnitten wird, klingt es wie ein Meteor, der in die Dunkelheit rast.

Von größter Wirkung ist auch ein anderes Mittel: die plötzliche totenstille Pause, der leere Takt, der durch eine Fermate noch verlängert wird (Sonate 46). Oft hängt nicht nur der ganze Lauf der rhythmischen Bewegung in der Luft, sondern das gesamte tonale Gleichgewicht wird in Frage gestellt. Der Satz setzt sich plötzlich in einer weit entfernten Tonart fort.

In den meisten Fällen muß diese unvermutete Ruhepause deutlich vom Kontext abgesetzt werden (Sonate 115). Man wäre häufig versucht, diese Fermate durch ein Zögern oder Verlangsamen im vorhergehenden Takt vorzubereiten, was jedoch den erregenden Kontrast zwischen Takt und Freiheit zunichte machen würde.

Scarlatti ist dem Taktstrich nie sklavisch untertan. In der unerschöpflichen Vielfalt seiner rhythmischen Phrasen zeigt sich noch die an a-cappella-Messesätzen früher worbene Disziplin in der Führung selbständiger Stimmen, die auch nicht vom Taktstrich profitieren. Scarlattis Grundschlag ist oft der bloße Ausgangspunkt für die unwiderstehliche rhythmische Energie, die durch die selbständigen Bewegungen der einzelnen Stimmen entsteht. Die Abstufungen und Kontraste der Notenwerte schaffen die rhythmische Polyphonie seiner Werke. Neben dem Reichtum seiner harmonischen Sprache ist es besonders die Vielfalt seiner Rhythmen, die Scarlattis Cembalomusik weit über die Werke eines Alberti, Galuppi und der anderen Italiener des 18. Jahrhunderts heraushebt.

Beim Spielen muß man stets gewärtig sein, die Taktstriche zu übersehen, in manchen Stücken durchwegs, in anderen nur zeitweilig. Auf jeden Fall werden sie dort, wo sie nötig sind, ob sie nun ausgeschrieben sind oder nicht, schon durch die harmonische Bewegung und die Verteilung der quantitativen rhythmischen Werte zum Ausdruck gebracht. Ein sehr gutes Beispiel für den störenden Taktstrich findet sich in Sonate 263. Den melodischen Figuren in der Eröffnung muß man ihren eigenen unregelmäßigen Rhythmus lassen, wenigstens bis T. 12-16, wo die harmonische Bewegung eine deutlich erkennbare metrische Gestalt anzunehmen beginnt.

Was mehr als alles andere den Eindruck der Ordnung und Exaktheit gibt, ist nicht die bloße mechanische Vollkommenheit, sondern die überzeugende und unvermeidlich wirkende Anordnung der Elemente in ihrem Zusammenhang. Daher beruht das eigentliche und zugleich beste rhythmische Spiel nicht auf der Regelmäßigkeit des Metrums und auf der Deutlichkeit der Notenwertbeziehungen, sondern auch auf der Behandlung der rhythmischen Gruppen, die sich aus der unregelmäßigen Notenkombination ergeben. Wenn man über die technischen Anfänge hinaus ist und gelernt hat, im Takt zu spielen, ist das Abzählen des Metrums oft die Ursache für zutiefst unrhythmisches Spiel. Die Musikalität, die durch wichtigere Elemente in Anspruch genommen wird, die sie vielleicht noch nicht vollkommen zu koordinieren vermag, kann nur durch künstliche Mittel einen stetigen Grundschlag beibehalten und läuft so dauernd Gefahr, aus dem Takt zu geraten. Sobald die zugehörigen musikalischen Elemente vollkommen koordiniert sind, ist das Problem des Tempos oder des Grundschlags verschwunden. Man muß an rhythmische Blöcke denken, an unteilbare rhythmische Einheiten oder Impulse, die sich aus der Organisation der Notenwerte ergeben. Dann werden die Beziehungen der harmonischen und melodischen Werte auf die rhythmische Struktur völlig deutlich. Wiederholt habe ich bei Schülern mit einem ausgesprochen entwickelten rhythmischen Gefühl die Erfahrung gemacht, daß sie wegen schlechter mechanischer Angewohnheiten oder wegen musikalischer Mißverständnisse aus dem Takt fallen und daß der Versuch, dies durch rein metrische Mittel wieder zu korrigieren, zu noch schlechteren Resultaten führt. Sie haben diese Schwierigkeiten erst dann bewältigen können, wenn sie in rhythmischen Einheiten denken lernten. Diese Erfahrung habe ich ganz besonders bei den Sonaten 18, 29 und 46 machen können.

Der Schlag erhält seine Bedeutung nur aus dem, was ihm vorangeht und was ihm folgt, durch die kontrastierenden Tempi, die ihn umgeben, und durch die Unregelmäßigkeiten, denen er unterworfen wird. Ein stetiger, unerbittlicher Schlag kann eine enorme Ausdruckskraft gewinnen, teils durch den Widerstand, den er auf widerstehende Kräfte ausübt, teils aber auch durch die Spannungen, die sich ergeben durch den Kontrast zwischen dem regelmäßigen Grundschlag und der unregelmäßigen musikalischen Phrase. Die Unregelmäßigkeit kann häufig nur gegen die zugrundeliegende Regelmäßigkeit ihre volle Wirkung erreichen. Aus diesem Grunde klingt manches sonst sehr sensible Spiel so zusammenhanglos und lasch, wenn der regelmäßige Grundschlag fehlt. Zu starke Betonung der metrischen Regelmäßigkeit kann andererseits den Spieler wiederum unempfindlich machen für momentane rhythmische Verschiebungen oder eine Deklamation, die gegen den Grundschlag verläuft. Das soll übrigens nicht im mindesten nach einer Verteidigung des taktfreien Spiels klingen. Ganz im Gegenteil, die zugrundeliegenden Bewegungsproportionen sind streng im Auge zu behalten, auch wenn sie überschritten werden, und eine absolut klare Beziehung zwischen den fundamentalen Notenwerten ist unbedingt vonnöten. Der Grad an mathematischer Genauigkeit, der den geschriebenen Noten zugeteilt werden muß, hängt weitgehend von den metrischen Einheiten ab, die den rhythmischen Charakter des Stückes bestimmen. In schnellen Sätzen ist zum Beispiel für die kleinen Notenwerte ein hoher Genauigkeitsgrad wünschenswert, also für Achtel und Sechzehntel, die als Schlageinheiten eine selbständige Funktion haben, wodurch die zugrundeliegenden langsameren Einheiten keineswegs verschleiert werden. In langsamen Sätzen ist dagegen mathematische Präzision bei schnellen Noten häufig nicht nur unliebsam, sondern dem Charakter des Stückes geradezu abträglich. Eine Bewegung in langsamem Dreivierteltakt zum Beispiel läuft Gefahr, in zwölf Sechzehntel auseinanderzufallen oder ein Satz in C in acht Achtel. In solchen Fällen kann ein absichtliches Verwischen der rhythmischen Verhältnisse bei den schnelleren Noten nur nützlich sein, um Klarheit und das Vorherrschen der grundlegenden langsameren Werte zu gewährleisten.

Es darf auch nicht vergessen werden, daß das Ohr kein unbedingt mathematisches Instrument ist. Was für das Ohr bedeutsam ist, läßt sich nicht notwendig mit dem Metronom messen: wichtig ist, was geordnet und genau klingt. Wie das Auge kann man das Ohr ständig täuschen. So wie visuelle Eindrücke dauernd korrigiert werden müssen, damit sie den gewünschten Effekt aufs Auge erzielen, wie man gerade Linien leicht krümmen muß, damit sie dem Auge als gerade erscheinen, so ist es auch bei Gehörseindrücken, die von veränderlichen musikalischen Elementen und von akustischen Wirkungen abhängig sind und häufig dem menschlichen Ohr angepaßt werden müssen. Das Ohr verlangt keine buchstäbliche

Genauigkeit, ebensowenig wie das Auge geometrische Exaktheit. Es verlangt den Eindruck einer ständigen, unveränderlichen Proportion und Dimension, auch wenn das häufig nicht der physikalischen Wirklichkeit entsprechen sollte.

Nehmen wir zum Beispiel Sonate 29. Die ganze Eröffnung bewegt sich bis zur Mitte von T. 6 in einem Impuls laufender Sechzehntel. Es spielt keine Rolle, ob nach den ersten Tönen rhythmisch alles ganz exakt eingehalten wird. Man kann es sogar am besten etwas dehnen. Die nächste rhythmische Periode reicht vom T. 6 bis T. 16, beruht jedoch nicht auf einem abtaktigen Rhythmus. Zu Beginn basiert sie auf einem auftaktigen Rhythmus der Sechzehntel am Ende von T. 6 und T. 7 gegen den in T. 8 beginnenden abtaktigen Rhythmus. Bei T. 11 beschleunigt er sich zu einem Auftakt von drei Sechzehnteln in der rechten Hand gegen einen Abtakt in der linken, der sich zunächst in Synkopen (T. 11-12) und dann in regulären Vierteln bewegt, darauf T. 15-16 in laufende Sechzehntel übergeht und auf der ersten Achtel der letzten Zählzeit zum Halt kommt, gleich, ob das auftaktige Achtel der folgenden Phrase zur rechten Zeit angeschlagen wird oder nicht. Als Vorsichtsmaßnahme gegen das, was in der Zwischenzeit hätte passieren können, werfen wir noch einen Blick auf das Fis der dritten Zählzeit in Takt 11. Falls es einen Akzent erhielt, hat es vermutlich das ganze rhythmische Gleichgewicht umgeworfen. Es ist das Ende der vorausgehenden Stelle, nicht der Beginn der nächsten, und beruht auf einer entspannenden Harmonie. Die folgenden Takte beziehen im Gegenteil dazu ihre rhythmische Energie aus den Synkopierungen auf den abtaktigen Vierteln der linken Hand dieses und des folgenden Taktes.

Bis hierher und auch für den weiteren Verlauf ist das starre Zählen des Grundschlags von geringer Bedeutung, ja sogar eher schädlich. Die Pausen zwischen den Phrasen kann man ruhig verlängern, solange in den rhythmisch aktiven Stellen das Verhältnis der Bewegung in Vierteln und Halben deutlich und erkennbar beibehalten bleibt. Ein metronomisch exaktes Durchzählen des ganzen Stückes, wodurch alle Pausen zwangsweise ihre genaue Dauer erhielten, wäre dem Stück im ganzen eher abträglich und würde im Sinne des Tanzes die natürlichen Vorbereitungspausen für Gesten und Richtungswechsel vernichten. Das soll natürlich nicht heißen, daß es nicht Stücke gibt, bei denen ein gleichmäßiger Schlag nicht nur wirksam, sondern sogar obligatorisch ist. Aber in allen Fällen ist der menschliche Körper und nicht die Maschine entscheidend für die Bewertung des Rhythmus. Schlechter Rhythmus läßt sich nur durch eine erhöhte Koordination des Körpers und seiner Sensibilität wirklich korrigieren und nicht durch die Auferlegung einer mechanischen Norm, die in Amerika, ähnlich wie das Auto, jeglichen körperlichen Sinn für Bewegung auszurotten droht.

Die kantable Phrase T. 16 bis T. 21 ist ein sehr gutes Beispiel für die notwendige rhythmische Unabhängigkeit der Hände. Die rechte Hand deklamiert ihre seufzenden und japsenden Rhythmen, die auf den beiden Figuren ♪♫♩ und ♪♪♪♩ beruhen, mit reichlichen rhetorischen Pausen, während die linke anscheinend eine unerbittliche Achtelbewegung durchhält. Ich sage: anscheinend, weil die linke Hand das Gewicht auf die abtaktigen Achtel legen muß, wenn der rechten Hand eine gewisse Freiheit erhalten bleiben soll, damit sie nicht dazu getrieben wird, ohne jede Gliederungsmöglichkeit ein rhythmisches Fragment an das andere zu drängen. Durch das unmerkliche Verzögern wird der Schwung vom ersten zum zweiten Achtel, der sonst die rechte Hand unweigerlich mitziehen würde und ihr keine Freiheit ließe, verringert. Wenn man die korrekte Phrasierung und den Anschein der Stabilität wahrt, spielt es keine Rolle, ob nun die rechte Hand immer genau mit allen Achteln der linken zusammenfällt. Und unter Ausnutzung des Klangunterschieds zwischen den Händen durch verschiedenen Anschlag kann man der rechten Hand alle Freiheiten einer Sopranstimme gegen ein Orchester verleihen. (Vergleiche Longos Ausgabe, die die Phrasierung an dieser Stelle völlig lähmt.)

Im Lichte dieser Ausführungen betrachtet lassen sich die übrigen Aufteilungen des rhythmischen Impulses leicht im weiteren Verlauf der Sonate feststellen, nämlich T. 21, 23, 25, 29, 34, 43 usw. Man muß nur beachten, daß die rhythmische Stabilität der Takte 25–29 auf der Gegenüberstellung der Auftaktfigur, die in der melodischen Kontur der linken Hand liegt, gegen den Abtakt der rechten beruht. Eine versehentliche Betonung des Abtaktes durch die linke Hand kann den ganzen Rhythmus umwerfen. Was das gesamte Stück zunichte machen kann, ist ein abtaktiger Rhythmus, dem kein Auftakt entgegensteht. Um keinen Preis darf zum Beispiel das zweite Achtel in der Figur der linken Hand T. 44–45 betont werden! Es muß noch von dem Impuls des Auftakts zehren. Um es überdies noch gegen die Sechzehntelbewegung abzuheben, sollte man es von dem vorhergehenden Achtel absetzen. (Der Leser, der diese Ausführungen anhand der Longo-Ausgabe verfolgt, wird eine verständliche Schwierigkeit erleben, denn Longos Phrasierung beruht fast gänzlich auf der Schwelldynamik und nicht auf rhythmischer Artikulation.) Und noch etwas: es sollte ganz klar sein, daß das Presto, womit Scarlatti dieses Stück bezeichnet, kein schwindelerregendes Tempo bedeutet. Ein Tempo von MM ♩ = 120 reicht völlig aus, um die Deklamation und die Farbigkeit herauszubringen.

Hand in Hand mit der Bedeutungslosigkeit des Taktstrichs bei Scarlatti geht die rhythmische Unabhängigkeit der einzelnen Stimmen, die Freiheit, mit der sie sich verschränken und ausgleichen, gelegentlich zusammenfallen und wieder trennen und mit der sie einander beeinflussen. Auf dieser Unabhängigkeit und gegenseitigen Beeinflussung beruht Scarlattis rhythmische Polyphonie (vgl. Sonate 263). Selbst in den Tanzstücken, die auf regelmäßigen, treibenden Grundschlägen beruhen, sind gleichzeitige Akzente in beiden Stimmen häufig höchst abträglich. In Sonate 421 T. 31 ff. können willkürliche Akzente in beiden Händen auf den ersten Zählzeiten die Stelle restlos zunichte machen (Beispiel 4). Ein Impuls genügt, um den Sopran A für alle weiteren Wiederholungen in Bewegung zu setzen; die taktweise Bewegung der Harmonie ist so deutlich und der Akzent der drei gleichzeitigen Töne auf der ersten Zählzeit so stark, daß die Stelle einen synkopierenden Ausgleich benötigt, den die zweite Zählzeit in der linken Hand liefert. Das Ganze sollte klingen, als ob es von vier verschiedenen Orchestergruppen gespielt würde, die alle ihrem eigenen Rhythmus folgen.

Beispiel 4

Das bloße Zusammenfallen ist schon stark genug und bedarf keiner weiteren Akzentuierung. Es genügt, den Bässen die Sonorität von Posaunen oder schweren Tuben einer Blaskapelle zu geben, gegen die Abtaktigkeit der Klarinetten oder anderer Instrumente mittlerer Tonlage, während die Flöten und Oboen darüber ihren eigenen Weg gehen. Im Schlußthema, das voller Gegenrhythmen steckt, sollte die Deklamation der beiden Stimmen kaum je zusammenfallen.
Scarlattis Musik ist fast immer reich an Synkopen, die manchmal nur Gegenakzente schaffen und dann wieder rhythmische Verschiebungen herbeiführen. Sie enthält aber noch ebensoviel Synkopen, die sich im Notenbild nicht zeigen, die sich aber aus dem melodischen Umriß, den Aufspaltungen einer Stimme und aus den Beziehungen von schnellen gegen langsame Noten ergeben. Sonate 105 zum Beispiel zeigt – abgesehen von der imitierenden Eröffnung – auf den ersten Blick ein Notenbild, das den Eindruck eines vorherrschend homophonen Satzes macht (was Longos

Phrasierung unglücklicherweise auch noch unterstützt). Aber wie so manche andere Sonate enthält auch diese den ganzen Reichtum rhythmischer Polyphonie, dessen ein spanischer Tanz nur fähig ist. Fast nirgends in diesem Stück sollten die Akzente beider Stimmen zusammenfallen, der Taktstrich hat auch hier keine weitere Funktion, als daß er das Grundmetrum anzeigt, das sich ohnehin aus dem Netzwerk der Gegenakzente zwischen den beiden Stimmen ergibt. Die Akzente und Ausbrüche rhythmischer Intensität in diesem Stück sind gänzlich bedingt durch die melodischen Umrisse und durch den Wechsel der Notenwerte und der Harmonie (vgl. den folgenden Abschnitt über Phrasierung, Artikulation und Betonung).

Bei der Bewegung Sechzehntel gegen Achtel sollten sich bei den unbetonten Sechzehnteln synkopische Gegenakzente ergeben, besonders, wenn es sich um dissonante Durchgangsnoten handelt. T. 19–20 findet zum Beispiel in jeder Hand ein Ausbruch rhythmischer Kraft statt, der zwei Takte anhält. Aber er fällt in beiden Händen um ein Sechzehntel auseinander. In T. 11 und bei ähnlichen Stellen bildet die zweite Achtelnote im Baß ein rhythmisches Crescendo, das mit der Achtelbewegung begonnen hat. Die rechte Hand darüber muß melodisch gespielt werden, als langer Auftakt, um die rhythmische Vielfalt der Phrase herauszuarbeiten. In Stellen wie der, die T. 27 beginnt, sollte die linke Hand ihren Weg unerschütterlich verfolgen, ohne von der rechten Hand Notiz zu nehmen. Sie phrasiert selbständig von T. 27 bis T. 42, während die rechte Hand alle nur möglichen Gegenakzente einführt, ähnlich den Gesten eines Tänzers gegen den stetigen Puls des Schlagzeugs.

Nichts könnte fataler sein beim Schlußthema, das T. 71 beginnt, als im Baß auf der ersten Zählzeit zu betonen(1). Ein rhythmischer Impuls bewegt sich von den Achteln in T. 71 zu der längeren Note T. 76 und von dort von den Achteln desselben Taktes bis T. 83. Gegen diesen Baß stellen die melodischen Richtungswechsel der rechten Hand alle nur denkbaren Synkopierungen und Gegenakzente auf. Aber nirgends in der ganzen Stelle liegt ein Akzent gleichzeitig in beiden Händen.

Phrasierung, Artikulation und Betonung

Scarlattis originale Bindebogen und Staccato-Zeichen sind so selten, daß sie keine Rolle spielen. Ein paar finden sich in *Essercizio* 16, Venedig XIV 4, 40, 45, 46, 54–56, Venedig X 9 und Venedig XI 18, um nur ganz wenige Beispiele zu nennen. Die Angaben in Venedig XV 4 und 5 sind besonders vollständig. Staccatozeichen gibt es in Venedig X 1 und 3. In Longos Ausgabe ist von diesen originalen Zeichen kaum etwas übriggeblieben.

1 Die Taktnumerierung bezieht sich hier auf meine Ausgabe, nicht auf Longos. Zwischen T. 60 und 61 in Longos Ausgabe fehlen drei Takte (entsprechend seinen Takten 49–51).

Longos eigene Phrasierung kann man nur ablehnen. Trotz mancher guten Eigenschaften ist sie oft sehr problematisch und tut der klaren melodischen Artikulation und rhythmischen Vitalität häufig Gewalt an. Sie verrät jedoch eine echte Musikalität, die allerdings nur um so gefährlicher ist, als sie den Spieler die Fehlerhaftigkeit übersehen läßt. Die einzige Möglichkeit, Scarlatti vernünftig und sensibel zu spielen, ist die, wenigstens in der Vorstellung alle Zusätze des Herausgebers zu tilgen und eine eigene Phrasierung auszuarbeiten. Man sollte jedoch dabei von dem langen Bogen immer nur im Sinne der Vokalmusik Gebrauch machen, wo er nur steht, wenn mehrere Töne über einer Silbe zusammengefaßt werden sollen, oder aber im Sinne der Bogenführung beim Streicher. Der lange Bogen als Zeichen der melodischen Untergliederung oder Phrasenlänge wird nämlich zu leicht mit einem dauernden Legato verwechselt, das alle Deklamation zerstört. Es besteht dabei die Gefahr, daß alle Laute zu Vokalen reduziert werden, unter Verzicht auf Konsonanten. Für den Spieler, der musikalische Gliederung und Tongruppierung visuell bezeichnen möchte, ist der Gebrauch von Kommas und rechteckigen Klammern weit empfehlenswerter.

Unter Phrasierung verstehe ich, beim Spiel zusammenzufassen, was zusammengehört, und zu trennen, was nicht zusammengehört. Es ist also eine Parallele zum Zusammenschluß von Wörtern zu Satzgliedern und von Bewegungen zu Gesten; es ist die Gliederung dieser Phrasen, dieser Satzglieder und Sätze, die Kunst syntaktisch richtiger und rhetorisch sprechender Deklamation, die Kunst der Bewegung, die durch Gegenbewegung oder Ruhe im Gleichgewicht gehalten wird, die Kunst der Spannung im Ausgleich zur Auflösung. Untrennbar von guter Phrasierung ist die Artikulation der melodischen Intervalle und Umrisse und die Artikulation von Skala und Kontrast der rhythmischen Werte. Sie entspricht der deutlichen Aussprache und korrekten Betonung der Wörter und der Vokale und Konsonanten ihrer Silben. Weiterhin geht Hand in Hand mit guter Phrasierung die richtige harmonische Betonung, die Beziehung der Konsonanzen auf die Dissonanzen und die Stufenleiter der vertikalen Spannungsmöglichkeiten im Zusammenhang des Kontextes.

Gute Phrasierung wird grundsätzlich von der inneren Musikalität des Stückes bestimmt. Die Launen und Variationen der Interpretation sind dagegen nur von sekundärer Bedeutung. Die Phrasierungen der Herausgeber verwischen meist diesen Unterschied zwischen eigentlicher und willkürlicher Phrasierung und verführen dadurch mehr als sie helfen. Legato und Staccato sind keine absoluten Werte; sie sind lediglich Mittel und nicht Zweck der Artikulation und Phrasierung.

Die Grade und Abstufungen von Legato und Staccato unterliegen einer ständigen Anpassung an die instrumentalen oder akustischen Bedingungen. Das überkurze Staccato, mit dem die Pianisten meistens ans Cembalo herangehen, läßt keine Möglichkeit mehr für die beredten und sonoren Nuancierungen der Klangdauer auf diesem Instrument. Ich will jetzt keinesfalls auf die unendlichen Nuancierungsmöglichkeiten eingehen; auch sollen die Mittel unerörtert bleiben, mit denen man auf einem nicht weiterklingenden Instrument wie dem Cembalo oder dem Klavier die Beziehung zwischen langen und kurzen Tönen beeinflussen kann, so daß die Töne manchmal weiterzuklingen scheinen und einen weiterklingenden Satz vortäuschen. Ich will lediglich Legato und Staccato im Sinne der musikalischen Artikulation und Phrasierung zur Sprache bringen als Mittel, die melodischen, harmonischen und rhythmischen Elemente der Musik voll hervorzuheben.

Es gibt Komponisten, die so vollständige Anweisungen über Anschlagsart und Phrasierung gemacht haben, daß die bloße Beachtung des Textes schon ein vergleichsweise hohes Aufführungsniveau gewährleistet. Ich denke da besonders an bestimmte Werke von Mozart, an fast alle Werke von Chopin und Hindemith, wenn sie in einem unverfälschten Text vorliegen. Wegen der spärlichen Anweisungen, die er gibt, gehört Scarlatti, übrigens ebenso wie Bach, nicht dazu. Sein Notenbild muß nicht nur respektiert, es muß auch vom Spieler ergänzt werden. Ich habe nicht die Absicht, in den folgenden Ausführungen eine historische Rekonstruktion der Scarlattischen Phrasierung zu versuchen, sondern ich möchte den Leser mit meiner eigenen Methode bekannt machen, wie ich Scarlattis fehlende Angaben ergänze. Dabei werden gewisse Grundprinzipien zur Sprache kommen, die für fast alle Musik schlechthin gelten.

Was sind denn die Ausdruckswerte von Legato und Staccato? Vokal gesehen, entspricht das Legato der nicht unterbrochenen Dauer eines Vokalklangs, während das Staccato in mancher Beziehung der momentanen Untergliederung eines Selbstlautes durch einen Konsonanten entspricht. Im Sinne der Gestik entspricht Legato einer kontinuierlichen Bewegung, während Staccato in seinen verschiedenen Abarten eine Bewegung andeutet, deren Ausführung aber der Phantasie des Tänzers überlassen bleibt. Daher die häufigen Staccato-Auftakte. Alles was Energiespeicherung und Entladung bedeutet, wird durch ein Staccato angedeutet. Es heißt zu einem bestimmten Punkt zu gelangen, ohne den Weg kontinuierlich vorzuschreiben. Daher der sinnvolle Gebrauch des détaché bei der Begleitung von Tänzern und bei der Ensemble-Musik, um Freiheit als auch Genauigkeit zu erreichen.

Alle musikalische Phrasierung entstammt entweder dem Vokalen oder der tänzerischen Gestik. Aber in der Instrumentalmusik tritt die zugrundeliegende vokale Phrase oder die fundamentale rhythmische Geste nicht immer im Notenbild zutage wegen der darüberliegenden Verzierungen, die sich nicht notengetreu von der Stimme ausführen lassen, oder wegen rhythmischer Einzelheiten, die der Hauptgeste untergeordnet sind. Zuweilen muß man eine melodische Linie wörtlich im Sinne ihrer Notation verstehen. Die einzelnen Stimmen der geistlichen Musik des 16. Jahrhunderts sind zum Beispiel immer wörtlich im Sinne der Stimme zu lesen und zu interpretieren, wogegen in ihren instrumentalen Gegenstücken die vokale Linie oft einer nicht gänzlich vokalen Verzierung unterworfen wird. Manchmal muß man eine Nebenfigur oder eine schnelle Passage als bloße Verzierung eines Grundintervalls oder als eine Art Klangverwischung lesen, in der rhythmische und melodische Einzelheiten im großen Ganzen der Passage verschwinden. Häufig ereignen sich vokale und rhythmische Deklamationen gleichzeitig auf verschiedenen Ebenen. Eine Stelle, die eine Grundeinheit oder die Verzierung eines Grundschritts darstellt, kann als solche aufgefaßt werden, ohne die vokale Betonung der einzelnen Intervalle oder die rhythmische Aktivität der Nebenfiguren zu schmälern.

Betrachten wir doch für einen Augenblick die melodische Linie, die wörtlich zu nehmen ist, d.h. so, als ob die Stimme jede Einzelheit der Notation darstellen sollte. Um eine melodische Linie auf einem Tasteninstrument ausdrucksvoll wiederzugeben, ist es nicht notwendig, die Tasten genau und automatisch wie bei einem Knopfdruck anzuschlagen, eine für jeden Ton. Oder darauf zu achten, daß ein angenehmer Klang dabei entsteht. Was eine melodische Linie zum Leben erweckt, ist die phantasievolle Darstellung oder Verdeutlichung dessen, was die Stimme tun müßte, ideal gesprochen: die Darstellung der Linie. Das Problem ist: wie komme ich von einer Note zur nächsten? Und zwar nicht durch Druck auf den richtigen Knopf nach Zeit, Tonhöhe und Reihenfolge. Mit anderen Worten: es geht um die vokale Deklamation der Intervalle; darin liegt die Ausdruckskraft einer Melodie.

Auf einem Tasteninstrument sind für die Ausführung alle Intervalle gleich schwer oder gleich leicht zu erreichen, wenn man von Sprüngen, Handversetzungen, ungewöhnlichen Dehnungen oder Fingerkombinationen absieht. Für die Stimme sind Melodieschritte etwas ganz anderes als Melodiesprünge. Jedes Intervall hat seinen eigenen Charakter je nach dem Gefühl der Anspannung bei der Hervorbringung. Eine Sekunde singt sich anders als eine Quarte, eine Quinte anders als eine Sexte.

Aufsteigen ist etwas anderes als Absteigen, und Töne, die einen melodischen Richtungswechsel umschreiben, klingen anders als in einer Richtung verlaufende Tonfolgen. Die wesentliche Ausdrucksqualität eines melodischen Intervalls liegt nicht in den Tönen, sondern in dem Raum zwischen den Tönen, in der Art, wie man von einem Ton zum anderen gelangt. Die Vorstellung, die Musikalität liege in den Tönen selbst und nicht im Übergang von einem Ton zum anderen, ist der Sündenfall der Tasteninstrumentspieler. Die Verwendung des Klaviers beim Gesangsunterricht ist der Hauptgrund für das viele unmusikalische und unreine Singen, das man heute hören kann. Dabei liegt es nicht am Klavier, daß es diesen katastrophalen Einfluß auf die Sänger ausübt. Es wird nur falsch verwendet.

Ohne jetzt auf Einzelheiten oder theoretische Erklärungen einzugehen, kann ich nur sagen, daß ich immer eine sensible und ausdrucksvolle vokale Deklamation aus meinen Schülern herausgeholt habe, wenn sie sich erst einmal darum bemüht hatten, die einfache Regel zu erfassen: sing und höre deinem Spiel immer genau zu! Benutze deine Finger als Verlängerungen der Stimmbänder, nicht als automatische Hämmerchen. Sobald diese Regel einmal begriffen ist, gewinnt jedes Intervall auf der starren und vergleichsweise leblosen Klaviatur dieses Instruments, das manchmal mehr wie eine Maschine wirkt, sei es nun Cembalo, Klavier oder Orgel, seine eigene Tonfarbe und seinen eigenen Tonwert in Beziehung zur Phrase, die es aufbauen soll.

Bei solch vokaler Behandlung der melodischen Intervalle zeigt sich ganz deutlich, daß schrittweise sich bewegende Noten eher legato gespielt werden sollten als Sprünge und daß sprunghafte Unterbrechungen einer schrittweisen Linie, die sonst durch keine anderen rhythmischen oder harmonischen Eigenheiten ausgezeichnet sind, höchstwahrscheinlich *détaché* aufgefaßt werden sollten.

Untersuchen wir doch einmal den Einfluß des Rhythmus auf eine melodische Linie, die wörtlich genommen werden soll. Unter Rhythmus verstehe ich hier die Skala von quantitativen Werten, von langen und kurzen Noten, ihren Abstufungen und mathematischen Verhältnissen, und nicht etwa Metrum oder Grundschlag. Der primäre Einfluß des Rhythmus auf die melodische Linie ereignet sich im Wechsel der Werte von lang zu kurz oder von kurz zu lang. Noten desselben rhythmischen Wertes, wenn sie nicht auf andere Weise aus dem Zusammenhang gelöst worden sind, sollen zuerst zusammengefaßt werden. Übertragen in die Begriffswelt der Gestik, wo jede Note wörtlich zu nehmen ist, d.h. durch eine Bewegung dargestellt werden muß, erfordern schnelle Töne größere Anstrengung als langsame. Langsame Töne bedeuten schnellen gegenüber oft Ruhe. Wenn der einzelne

Ton nicht in einer Einheit aufgeht, verlangen schnelle Töne ein höheres Intensitätsniveau. Die rhythmisch wichtigen Punkte in jeder Melodie stehen zwischen einer langen langsamen Note und einer kürzeren schnelleren: ♩·♪♪ oder einer Reihe schnellerer Töne; und dort, wo eine langsamere Bewegung auf schnelle Noten folgt, wo nämlich die Ruhe durch einen einzigen langsamen Ton dargestellt wird: ♪♪♩. Weiter auch beim Wechsel des Bewegungsverhältnisses, bei dem zweiten Ton in einer Gruppe langsamer Töne, die auf schnellere folgen: ♩♩♩♩ ♩♪♪♩. (Offenbar zeigt sich der Bewegungswechsel noch nicht bei der ersten langsamen Note einer solchen Stelle.)

In Bezug auf den Grundschlag, sei er nun kontinuierlich oder nur temporär, sind die Töne einer Melodie aktiv oder inaktiv. In einem Zweier-Rhythmus, oder auch bloß in einer Gruppe von zwei Tönen, ist der zweite der aktive Ton, da ja der erste Ton allein machtlos ist, um die Beziehung zu verdeutlichen. In einem Dreier-Rhythmus sind der zweite und der dritte Ton rhythmisch am aktivsten. Das ganze Geheimnis des Ensemble-Spiels, der Einhaltung des Tempos oder der unmerklichen Tempoänderungen liegt in der Behandlung der Töne auf schwacher Zählzeit, auf der zweiten und dritten Zählzeit im Vierertakt oder in deren Unterteilungen, und in der zweiten und dritten Zählzeit im Dreiertakt und in den Durchgangsnoten, kurz, in allem, was nicht auf die Hauptzählzeit kommt. Der Schlag selbst ist machtlos, er wirkt erst hinterher. Ein Dirigent, der ein Tempo nur mit Hilfe der Hauptzählzeit aufnimmt oder korrigiert, gibt lediglich primitive metronomische Andeutungen des Tempos, das zu erfassen man bestenfalls eine kurze Zeit benötigt. Wer einen Tempowechsel oder eine Tempokorrektur nicht nur durch die Hauptzählzeiten vorbereitet, kann das Tempo jederzeit direkt und elastisch beherrschen. So wie die Töne selbst nur Bedeutung haben in Bezug auf die Intervalle, die zwischen ihnen liegen, so gewinnt der Schlag nur durch das Bedeutung, was vor und hinter ihm liegt. Wenn zum Beispiel das Tempo eines Allegros in einem Bachschen Konzert ins Schwimmen gerät, liegt das Geheimnis, das Tempo zu retten, nicht in den Hauptzählzeiten, sondern in den Achteln, die den Vierviertelschlag unterteilen.

Wenn wir einen Augenblick zum Rhythmus zurückkehren, stellen wir fest, daß Töne einer Melodie, wenn sie nicht anderweitig gegliedert sind, sich von selbst zu bestimmten unteilbaren Einheiten gruppieren. Diese Einheiten stellen ungebrochene oder nicht unterbrochene rhythmische Impulse dar. Ein rhythmischer Impuls, der sonst nicht weiter bestimmt wird, genügt, um eine Reihe gleichwertiger Töne in Bewegung zu setzen: ♪♪♪♪, oder eine Reihe von Tönen, die von schneller Bewegung in langsame übergehen: ♩♩♩♩𝅝. Immer, wenn schnelle Bewegung auf langsame oder auf Pausen folgt, wird ein neuer rhythmischer Impuls erforderlich: ♩ ♩ ♩♩♩♩. (Dieser neue Impuls kann dem größeren Zusammenhang derart untergeordnet sein, daß er unbemerkt vorübergeht.) Die Untergliederung der rhythmischen Einheiten fällt daher hauptsächlich auf den Wechsel von langsamer zu schneller Bewegung.

Häufig stehen sich die Untergliederungen der melodischen Kontur oder des rhythmischen Impulses entgegen. Dann wieder wirken sie zusammen. Auf diesen Untergliederungen und auf diesen rhythmischen und melodischen Einheiten, die dadurch umrissen werden, beruht jegliche kluge Artikulation und Phrasierung. Wenn man die Grundprinzipien dieser Unterteilung einmal begriffen hat, sind Longos lange Bogen ein für allemal unnötig.

Bisher habe ich größtenteils von melodischen Konturen gesprochen, die wörtlich interpretiert werden sollen, d.h. so als ob jeder einzelne Ton in der Vorstellung von der Stimme und durch eine entsprechende körperliche Bewegung ausgeführt werden müßte. Es gibt allerdings viele Tongruppen, die zu Einheiten oder Klängen zusammengefaßt oder verschmolzen werden. Das gilt besonders für die schnellen tonleiterartigen Figuren und arpeggienartigen Melodien, welche sich meist als Verzierung einer einzigen Hauptnote oder Harmonie herausstellen und nur wie ein einzelner Ton behandelt werden müssen. Viele Instrumentalfiguren oder stark verzierte Passagen sind auf einfache Töne gegründet, die genau so interpretiert werden müssen wie eine wörtliche vokale Linie. Von primärer Bedeutung sind in solchen Passagen der Fundamentalbaß und die einfache Harmoniefortschreitung, die ihn bestimmt. Häufig ist das führende melodische Element einer Passage der dazugehörige Baß. Eine der sichersten Methoden, einem nicht vertrauten oder rätselhaften Stück auf die Spur zu kommen, ist es, den Baß zu singen. Figuren, die man vielleicht nur zum Teil begriffen hat, ordnen sich darüber genau an den richtigen Platz und erklären sich dadurch von selbst.

Im Gegensatz zu den kleinen unteilbaren rhythmischen und melodischen Einheiten sind die Phrasen, die sich aus ihnen zusammensetzen, gewöhnlich von einander abgesetzt. Wenn sie sich überschneiden, sind sie an diesem Überschneidungspunkt bezeichnet und zwar entweder durch eine relative Ruhe in der Harmonie oder durch einen Drehpunkt oder eine Pause in der rhythmischen Gestik oder durch ein imaginäres Atemholen im vokalen Sinn. Alle melodischen Phrasen sind im eigentlichen Sinne vokal. Auch wenn sie eine Atemlänge überschreiten, basieren sie doch auf einer ideellen Ausdehnung dieser Atemspanne. Alle vokalen Phrasen, die nicht nur Bruchstücke sind, beginnen mit der Ausdehnung der Lungen und ereignen sich während des Anhaltens oder des Ausatmens eines einzigen Atemzuges. Der sensible Instrumentalist wird von der gleichen Ökonomie wie der Sänger geleitet und bestimmt, der Verteilung von Ausdehnung und Zusammenziehung, von Anspannung und Lockerung des Zwerchfells. (Vgl. als charakteristisch für die Atemphrase Sonate 185.)

Oftmals gewinnt die tänzerische Phrase Oberhand über die Atemphrase. Mehr noch als bei dem imaginären Vokalgefühl kann eine instrumentale Phrase durch die Kontinuität der Geste oder durch den Wechsel der Richtung oder des Charakters der Bewegung bestimmt werden. Die imaginäre Choreographie der Scarlatti-Sonate kann nicht übertrieben werden. Viele von den Sonaten, besonders die spanischen Tanzstücke, werden weit mehr von dem Gefühl körperlicher Bewegung beherrscht als vom Vokalen. Scarlattis vokales Gefühl ist am stärksten in seinen italienisch beeinflußten Werken. Noch in der heutigen italienischen Volksmusik kann man deutlich beobachten, daß die Italiener einen vergleichsweise begrenzten rhythmischen Sinn haben und daß die Stimme bei ihnen den Vorrang einnimmt, wogegen die Spanier von allen europäischen Völkern den ausgeprägtesten Sinn für den Rhythmus entwickelt haben. Dieser Unterschied zeigt sich nicht nur in der Musik, sondern ist auch besonders auffällig in der gesprochenen Sprache, im persönlichen Gebaren und in der Tanzgestik dieser beiden Nationen.

Scarlatti ist ein vollendeter Meister im Phrasenaufbau, er zieht die größten Wirkungen aus Reihungen, Zusammenziehungen und Erweiterungen von Phrasen verschiedener Länge und durch die Einschiebung unregelmäßiger Phrasen, gleich, ob sie nun vom Tänzerischen oder vom Vokalen bestimmt werden. Selbst in den Stücken mit rigoros unveränderlichem Schlag kann sich nichts fataler auswirken als ein starres Zählen, das nur die Taktzeiten berücksichtigt und nicht die Phrasenlängen, die den Schlag schaffen helfen und ihm Leben und Bedeutung verleihen. Sobald man die Anfangsgründe hinter sich hat und im Takt spielen kann, sollte alles Zählen mehr im Sinne eines Tänzers geschehen, nach Atempausen oder Gesten, ganz gleich, wie unregelmäßig und merkwürdig das zunächst auch erscheinen mag.

Die bei Scarlatti so häufigen zwei- und dreifachen Phrasenwiederholungen sind für das Zählen oft ein Problem. Trotz der vielen Beispiele, die wir aus dem 18. Jahrhundert und aus Scarlattis eigenen Werken haben, gefährdet nichts mehr die rhythmische Struktur oder die Kontinuität mancher seiner Stücke als die rücksichtslose Trennung wiederholter Phrasen oder die übermäßige Anwendung der Echodynamik. Diese Wiederholungen sollen bei ihm oft gar nicht abgetrennt oder für sich gezählt werden. Manche zweitaktige wiederholte Phrase gewinnt erst, wenn man sie nicht: eins zwei, eins zwei zählt, sondern: eins zwei drei vier. Der dritte Takt einer viertaktigen Phrase klingt – was Atem und Gestik angeht – ganz anders als der erste Takt einer wiederholten zweitaktigen Phrase. Selbst seine dreifachen Wiederholungen gewinnen häufig, wenn man sie als AAA zusammenfaßt, statt sie in ein ABA aufzuteilen. Werden wiederholte Phrasen in einzelne Glieder aufgelöst, so verlieren sie oft ihre Kontrastmöglichkeit gegenüber Phrasen, die wirklich nur einmal vorkommen. Phrasenwiederholungen durch Echowirkungen beleben zu wollen, ergibt oft gerade den entgegengesetzten Effekt. Drei und vier in einer viertaktigen Phrase klingen unweigerlich anders als eins und zwei, weil sie im Ablauf des Atems oder der Geste eine andere Situation einnehmen. Das weiß jeder Tänzer, aber nicht jeder Tasteninstrumentenspieler, der nur zu oft mit seinem Klavierstuhl verwachsen ist, in der Vorstellung sowohl als in der physischen Wirklichkeit.

Die richtige Betonung der Grundharmonie ist für jedes mehr als einstimmige Stück die Grundbedingung für die gute Phrasierung. Nebenbei sei noch bemerkt, daß viele unfreiwilligen Temposchwankungen oder Schwierigkeiten im Zusammenspiel nicht von der unnatürlichen Deklamation der Melodieschritte oder des Rhythmus kommen, sondern aus der falschen harmonischen Betonung. Das Fortschreiten von Konsonanz zu Dissonanz und von Dissonanz zu Konsonanz liegt der melodischen und rhythmischen Struktur jeder harmonisch bedingten Phrase zugrunde und beherrscht sie. Jegliche vertikale Harmonie läßt sich im Sinne einer Skala harmonischer Spannungsintensität von Dissonanz zu Konsonanz auffassen, ob sie sich nun zu größerer Spannung hinbewegt oder vor ihr wegstrebt, wobei diese Gegebenheiten noch durch Vorhalte, Wechsel- und Durchgangsnoten modifiziert werden können. Zwei verschiedene vertikale Klangkombinationen, gleich welcher Dauer oder Bedeutung, haben niemals die gleiche Spannungsintensität. Die Aufstellung einer theoretischen Spannungsskala ist für die Praxis unnötig und wegen der dauernden Modifizierung der harmonischen Werte durch den Zusammenhang, in dem sie stehen, sogar gefährlich. Aber das Ohr, wenn man es richtig benutzt und nicht durch sinnlose Vorurteile oder Gewohnheiten vergewaltigt, kann immer eine verläßliche Einstufung vornehmen. So wie ich es mit Schülern bei der melodischen Betonung erlebt habe, ging es auch hier: sobald der Schüler erst einmal wirklich hinhörte, sobald er bereit war, alle unmusikalischen Automatismen über Bord zu werfen, die sich durch die Starrheit des

Instruments, durch mangelhafte musikalische Auffassung und durch die Gebote eines künstlichen und nicht genugsam reagierenden technischen Mechanismus einschleichen, gelang es rasch, ohne spezifische Anweisungen oder theoretische Analysen von meiner Seite, eine vollendete und sensible harmonische Betonung zu erreichen. Wahre Musikalität ist kein Geheimnis und nichts Okkultes: es ist etwas, das allen Menschen im Innersten gemeinsam ist. Es genügt völlig, das Ohr zu schärfen und die leeren Zwangsvorstellungen der Gewohnheit oder der mechanischen Diktate des Instruments aufzugeben. Es genügt, die Intensität einer Harmonie mit einer anderen zu vergleichen, sich zu fragen, welche von zwei oder drei oder mehr Harmonien die intensivere oder intensivste ist, zuerst für sich allein und dann in Bezug auf die möglichen Modifikationen, die der Zusammenhang mit sich bringt.

Das Zentrum der physischen Reaktion für diese Spannungen und Auflösungen der Harmonien ist das Sonnengeflecht. Es wirkt wie ein unendlich empfindlicher Seismograph, der all die unzähligen möglichen Betonungen und Variationen des harmonischen Zusammenhangs registriert und darauf reagiert. Deshalb muß auch jeder, der singt und auf alle Stimmen einer harmonischen Fortschreitung lauscht, unweigerlich deren richtige Betonung entdecken, rein körperlich und nicht unbedingt vom Verstand her das Wesen sensitiver Intervalle, sich auflösender Dissonanzen, den Zug der Dissonanzen oder des Vorhaltes gegen andere Stimmen erspüren. Das Sonnengeflecht kann, im Gegensatz zur Stimme allein, eine Vielzahl von Stimmen und Gegenströmungen zur gleichen Zeit erfassen. Es ist die Voraussetzung für polyphones Spiel. Der Verstand allein hat wenig zu tun mit der Entwicklung eines polyphon hörenden Ohres oder mit der Fähigkeit, selbständig ablaufende Stimmen zu erfassen und ihr In-, Mit- und Gegeneinander zu spüren. Jede Klaviertechnik hat unzulänglichen musikalischen Wert, solange sie nicht begreiflich macht, daß die Hände nicht nur Verlängerung des Körpers sind, sondern mehr noch, eine Verlängerung der beherrschenden Mitte, des Sonnengeflechts. Die empfindlichste Methode, den Händen die Sensibilität der Stimme und des Sonnengeflechts zu übertragen, besteht darin, in ihnen beim Spiel ein Gefühl für das ständige Fluktuieren von Spannung und Lösung im harmonischen, rhythmischen und melodischen Phrasenablauf zu entwickeln. Eine so entwickelte Hand kann eine Phrase von sich aus formen, indem sie sich mit der Musik spannt und löst. Sie kann jegliches Geschehen aus der musikalischen Struktur heraus gliedern. Keine musikalische Phrase bleibt auf einem unveränderlichen Spannungsniveau. Abgesehen von Augenblicken völliger Ruhe, bewegt sich alles auf Spannung zu oder von ihr weg, der Spannung steht immer die Auflösung entgegen. Das richtige Spielen und Darstellen dieser Spannungen und Auflösungen läßt alle musikalischen und technischen Probleme und deren Bewältigung eins werden. Deshalb ist die Vorstellung von der völlig lockeren Hand, wenn man sie bis ins letzte wörtlich nimmt, mehr als gefährlich. Glücklicherweise spielen nicht alle so locker, wie sie immer verlangen. Was sie in Wirklichkeit meinen, ist ein richtiger wirksamer Ausgleich zwischen Spannung und Lösung. Aber leider hat die Vorstellung der ›Entspannung‹ eine ganze Schule von Interpreten ins Leben gerufen, bei denen die Hand relativ untätig und gefühllos bleibt, wo die unvermeidlich eintretende Empfindungsstumpfheit und der Mangel an Intensität teilweise durch oberflächliche und künstliche Klangwirkungen wettgemacht werden soll, durch Orgelregistrierungen, Klavierpedaltechnik und durch den Kontrast einer Reihe schöner Tonqualitäten. Das ganze Geheimnis wirklich musikalischen Spiels auf Tasteninstrumenten liegt nicht in der Entspannung, sondern in der richtigen und wirksamen Verteilung von Spannung und Lösung.

Die vertikale Betonung der Harmonien im Ganzen spielt bei Scarlatti eine geringere Rolle als bei Bach und Mozart, hauptsächlich wegen der Lockerheit der vertikalen Struktur und der horizontalen Verknüpfungen, die ich bereits im Kapitel über Scarlattis Harmonik angedeutet habe. Von größter Wichtigkeit für die Scarlatti-Interpretation ist das Gefühl für die Tonalität, für das Fortschreiten der Modulationen, für die sensitiven Töne, die den Wendepunkt der harmonischen Betonung in Bezug auf die neugewonnene Tonalität darstellen. Was Tonika in einer Tonart ist, kann zum Beispiel in der neuen Funktion als Dominante einer anderen Tonart eine gänzlich andere Betonung erfordern. Ein D-dur-Akkord in einer G-dur-Sonate von Scarlatti hat in der Eröffnung eine völlig andere Bedeutung als kurz vorm Doppelstrich. Ebenso ist ein G-dur-Akkord plötzlich nicht mehr der Ruhepunkt der Tonika, sondern eine subdominantische Spannung in einer D-dur-Kadenz. Bei mancher Scarlatti-Sonate kann man die ganze Eröffnung verfälschen, indem man fälschlich eine anscheinende Tonika als eine echte interpretiert, wenn das Ganze bereits zu einer anderen Tonart moduliert hat. (Das gilt natürlich auch für die Aufstellung mancher Bachschen Fuge.) Manchmal wird vielleicht die tonale Funktion eines Akkords bewußt doppeldeutig gelassen, auch wenn die eigentliche Modulation noch gar nicht stattgefunden hat, wie bei der ersten Fermate in Sonate 115 in c-moll, wo G-dur weder Tonika noch Dominante ist, sondern zwischen beiden hängt. (Vgl. auch Sonate 57 und 124.)

Die Wirkung mancher allmählichen oder mehrdeutigen Modulation bei Scarlatti hängt an jenen Noten, die eine neue Tonart einführen oder vorbereiten, an jenen Vorzeichen, die eine neue Tonart bezeichnen oder auflösen. Die harmonische Betonung ist bei Scarlatti viel wichtiger in Bezug auf den tonalen Zusammenhang des Stückes als im Sinne einer Spannungsskala vertikaler Konsonanzen und Dissonanzen. Viele Scarlatti-Stücke, denen eine harmonische Vielfalt anscheinend mangelt, deren Modulationen nur recht bescheiden sind und deren Gleichgewicht übermäßig symmetrisch zu sein scheint, gewinnen plötzlich Leben, wenn man jede Einzelheit in Beziehung setzt zur tonalen Struktur des Ganzen. Dann bewegen sich die einfachen Funktionen Tonika, Subdominante und Dominante des ersten Teils zur dominantischen oder sonstigen Schlußtonart, die zur Sonate als Ganzem in einer gewissen Spannung steht. Und die zweite Hälfte, die sich zur Grundtonart des Stückes zurückbewegt, selbst wenn sie dasselbe melodische Material und dieselben harmonischen Fortschreitungen wiederholt, klingt anders, in gewissem Maße neu, in Bezug auf ihre Funktion im weiteren Sinn. Manche Scarlatti-Sonate kann beim Spiel voll und großartig klingen oder auch nur klein und trivial, je nach dem Vermögen des Spielers, die tonale Organisation zu erfassen. Auch hier sind Longos dynamische Zeichen, ebenso wie die anderer Editionen, wertlos. Es gibt außer dem Ohr und der Musikalität des Vortragenden kein wirkliches Hilfsmittel, und das sollten die Herausgeber ›praktischer Ausgaben‹ endlich einmal begreifen. Was zum Vortrag einer Scarlatti-Sonate unumgänglich notwendig ist, ist vielmehr ein unfehlbarer, ständig wacher Sinn für das Stück im Ganzen.

Über die Betonung dissonanter Durchgangsnoten, Wechselnoten und harmoniefremder Töne im allgemeinen muß hier noch ein Wort gesagt werden, weil sie oftmals Rhythmus und Tempo mitbestimmen. Eine konsonante Durchgangsnote neigt dazu, rhythmisch inaktiv zu sein. Sie läuft mehr oder weniger automatisch weiter, sie stützt nichts. Wenn Töne auf schwacher Zeit stehen und dissonant sind, kann man oft etwas darauf verweilen auf Kosten der folgenden Konsonanz, ohne daß die rhythmische Kontinuität merklich gestört wird. Das sind die Töne par excellence, auf denen das *tempo rubato* beruht, das nicht anderweitig durch die melodische Linie oder den Wechsel rhythmischer Werte gerechtfertigt wird. Auf dissonante harmoniefremde Töne läßt sich ein ganzes Gewebe von Synkopen und rhythmischen Gegenakzenten zwischen den Stimmen aufbauen. Zum Beispiel bei Sechzehnteln, die sich gegen Achtel bewegen, kann man die Sechzehntel auf schwacher Zählzeit zum Aufbau eines Gegengewichts, einer Gegenwirkung gegen die Bewegung der Achtel benutzen. Häufig ist in diesen laufenden Stellen, besonders wo betonte Durchgangstöne vorkommen, die Frage starker oder schwacher Zählzeit der anderen, ob Konsonanz oder Dissonanz, untergeordnet. Die unregelmäßig fallenden Dissonanzen können benutzt werden, um einen unregelmäßigen Oberflächenrhythmus zu erreichen, der der rhythmischen Grundstruktur Farbigkeit und Abwechslung verleiht.

In diesem Zusammenhang müssen die *notes inégales* der französischen Musik erwähnt werden, die Praxis, die zweite und vierte Note usw. in einer Gruppe kurzer schrittweiser Töne kürzer als die erste und dritte usw. zu spielen, also die Gruppe ♪♪♪♪ mehr wie ♪.♪♪.♪ auszuführen. Diese Technik nannten die Franzosen ›pointer les croches‹ oder ›doubles croches‹ usw., je nachdem. Fast jedes französische Lehrbuch des 18. Jahrhunderts kommt darauf zu sprechen (vgl. zum Beispiel St.-Lambert, *Les Principes du Clavecin*. Als Zusammenstellung mit Zitaten aus den Haupttraktaten vgl. Arger, *Les Agréments et le Rhythme*, und Borrel, *Interprétation de la Musique Française*). Alle diese Abhandlungen versuchen dieser Technik vom Metrum her gerecht zu werden. Die moderne bewußte Erneuerung dieser Praxis neigt jedoch zu einer unerträglich wirkenden Zweiergruppierung der Töne, wodurch alle echte Phrasierung vernichtet wird. Meine persönliche Erklärung für diese Praxis ist die, daß es sich um einen mehr oder weniger unbewußten Vorgang handelt, daß diese Technik zu einem gewissen Grad von den sensiblen Musikern aller Schulen und Zeiten angewandt wurde, trotz der Behauptungen mancher französischer Theoretiker (vgl. Couperin, *L'Art de Toucher le Clavecin*), dieser Stil sei spezifisch französisch und die Italiener teilten nicht die französische Sitte, Noten, die ungleichmäßig gespielt werden sollten, gleichmäßig zu schreiben.

Nach meiner Meinung wird diese Praxis der *notes inégales* nur insofern vom Metrum bedingt, als dadurch die schwachen Zählzeiten als aktiv behandelt werden im Gegensatz zu den passiven starken Zählzeiten, wie ich weiter oben dargestellt habe. Als weitere Erklärung möchte ich anführen, daß die *notes inégales* zum großen Teil bedingt werden durch die melodischen Linien und vor allem durch ihre Funktion als dissonante Durchgangstöne. Wenn ihre Ungleichmäßigkeit abgestuft wird nach dem Grad der Dissonanz oder Konsonanz, die sie in Bezug auf die Hauptharmonie oder die anderen Stimmen darstellen, verschwindet die unangenehme Zweiergruppierung, und der größere Zusammenhang der Phrase wird flexibel, ohne verzerrt zu werden. Mit anderen Worten, die Traktate des 18. Jahrhunderts tragen dieser Praxis wie auch vieler anderer Praktiken nur unzureichend Rechnung, indem sie alles vom Metrum her erklären wollen.

So gesehen ist die französische Theorie gar nicht so weit entfernt von der Behandlung der schwachen Zählzeiten bei kleinen Notenwerten und von der Behandlung dissonanter Durchgangstöne, wie ich sie für Scarlatti empfehle.

Mit dissonanten Durchgangstönen und Wechselnoten wird oft das musikalische Äquivalent eines Schwelltones auf Instrumenten erreicht, die von sich aus keines an- und abschwellenden Tones fähig sind. Der Zusammenstoß intensiviert momentan die Grundharmonie wie ein Crescendo und sinkt dann in die Konsonanz zurück wie ein Diminuendo. Das geschieht häufig gegen Töne, die sich sonst in Ruhe befinden, und läßt sie scheinbar anschwellen ähnlich wie die ausgehaltenen Töne der Stimme. Aus diesem Grund wird die Ausdruckskraft einer dreitönigen Wechseltonfigur (zum Beispiel c-h-c oder c-d-c) vermindert, wenn man den ersten oder den Hauptton betont, während die Akzentuierung des zweiten oder dissonanten Tones, besonders in mittlerem oder langsamem Tempo, die Wirkung erhöhen würde. Diese schlechte Betonung und dieses Verfehlen des Ausdruckswerts der Durchgangs- und Wechseltöne ist besonders häufig bei den Schulen, die den Hauptakzent auf die ersten und starken Zählzeiten legen und alles übersehen, was diese Zählzeiten vorbereitet oder ihnen folgt. Man kann nicht deutlich genug hervorheben, daß in langsamen Sätzen alle Flexibilität und Freiheit auf diesen Tönen beruht, daß es die ausgleichende Behandlung dieser Töne ist, die verhindert, daß ein schnelles Tempo ins Rasen gerät und ein langsames Tempo ins Schleppen. Die meisten Tempoprobleme wurzeln ja nicht im Tempo selbst. Verfehlte Tempi lassen sich meist auf fehlerhafte Phrasierung zurückführen. Je sensibler ein Musiker ist, desto eher kann eine einzige fehlerhafte Phrasierung oder Betonung das rhythmische Gleichgewicht einer Phrase, ja des ganzen Stückes umwerfen. Die Argumente der Musiker im Hinblick auf Tempofragen haben meistens gar nichts mit dem Tempo zu tun. Sie entspringen aus Mißverständnissen oder Betonungsunterschieden der Grundintervalle. Sobald die grundlegende Betonung unbewußt entdeckt oder gemeinsam erkannt ist, fallen Tempofragen nicht mehr ins Gewicht. Der einzige Weg, ein Tempo beim Unterricht oder beim Zusammenspiel mit einem Orchester zu korrigieren, ist nicht ein Metronom oder ein rücksichtslos starrer Taktschlag. Sondern es gilt, den Ursachen der Unstimmigkeit auf den Grund zu kommen. Bei einem Schüler, der keine Schwierigkeiten in der physischen Koordinierung mehr hat und technisch genügend fortgeschritten ist, kann man Tempofragen häufig lösen, ohne das Wort Tempo überhaupt zu erwähnen oder ohne zu irgendwelchen Zählmethoden Zuflucht nehmen zu müssen.

Von größter Wichtigkeit für die Einhaltung des Tempos, für das Rubato und das Ritardando ist es, die Verzahnung der rhythmischen Impulse von einer Stimme zu anderen zu erfassen. Die meisten Ritardandi werden zu spät angesetzt und sollen dann durch dynamische Mittel überzeugen. Auf Instrumenten, die nur sehr begrenzte dynamische Möglichkeiten haben, ist es um so notwendiger, alle Ritardandi und Tempoänderungen in die musikalische Grundstruktur zu verlagern. Wenn sie musikalisch nicht stimmen, kann man sie auch von außen her nicht überzeugend gestalten. Auf Instrumenten, denen größere dynamische Variationsmöglichkeiten fehlen, wirkt die Tempoänderung bei einer Reihe rhythmisch gleichwertiger Töne nie überzeugend, wenn sie nicht von der melodischen Linie und vom harmonischen Zusammenhang her gerechtfertigt wird. Töne gleichen rhythmischen Wertes, die nicht anderweitig durch den melodischen Verlauf bestimmt werden, lassen sich in Tempo und Dauer auf diesen Instrumenten nur in bezug auf die ihnen innewohnende Funktion von Konsonanz und Dissonanz wirksam verändern. Bei einer rhythmisch gleichmäßigen Folge von Tönen sind es die Dissonanzen, bei denen man die Verlangsamung des Tempos ansetzen muß. Handelt es sich um Töne verschiedenen rhythmischen Wertes, so wird man Temposchwankungen am wirksamsten an den Punkten ansetzen, an denen unteilbare rhythmische Einheiten beginnen. Diese Punkte finden sich in den Unterbrechungen der diatonischen Bewegung und beim Wechsel rhythmischer Werte von lang zu kurz. Ein Rubato, eine Tempoänderung, ein letztes Ritardando beruhen unter Umständen auf der Initiative, die mehrere Takte vorher eingesetzt hat, ehe das Resultat spürbar wird. In Zusammenhang mit den Ritardandi bei Schlußkadenzen muß weiter bemerkt werden, daß die meisten solcher Ritardandi oft zu spät unternommen werden in Bezug auf die harmonische Verkettung. Außerdem lassen sie oft die Spannung der Dominante fallen, mit anderen Worten, ehe die entspannende Tonika erreicht wird. Harmonisch gesprochen beginnen alle Kadenzritardandi, die nicht durch die Dynamik ausgeglichen werden können, schon bei dem letzten abteilbaren harmonischen Glied, also zu Beginn der Akkordkette, die die Kadenz einleitet. Bei einer Fortschreitung I_3 IV V I zum Beispiel ist es zu spät, nach I_3 noch irgendwelche Änderungen vornehmen zu wollen. Wenn die Fortschreitung geändert wird zu I_3 II_5^6 V I, kann man immer noch auf der dissonanten sixte ajoutée verweilen und erst dann die Spannung zurücknehmen.

Im Lichte der vorstehenden Grundprinzipien von Phrasierung, Artikulation und Betonung wollen wir jetzt noch ein paar praktische Kunstmittel erwägen, durch die der Spieler eines Tasteninstruments Legato- und Staccatomöglichkeiten in seinen Dienst stellen kann. Das Haltepedal des Klaviers kann Scarlattis Musik ungeheuren Schaden zufügen. Selbst bei Arpeggien und Alberti-Bässen hat Scarlatti seine Figurationen meist im Sinne von Linien konzipiert, als instrumentale Melodien und nicht als verschwommene harmonische Ausfüllungen. Er will keine dicken Farben auftragen. Wenn man Scarlatti spielt, sollte das Pedal nur benutzt werden, um die Farbigkeit zu erhöhen und zu variieren, und nicht, um Töne zu halten, die man mit den Fingern nicht halten kann. Sonst läuft man Gefahr, eine konfuse Einheitlichkeit anstelle der Farbigkeit zu setzen, die Scarlatti in seine Musik hineinkomponiert hat. (Es gelingt nur wenigen Spielern, die Farbigkeit eines Stückes herauszuarbeiten, weil sie meist zu voreingenommen sind durch irrelevante Vorstellungen über die Tonschönheit und durch das Auftragen farbiger äußerer Effekte – nur zu häufig mit dem Pedal!)

Selbst die Figuren, die man auf dem Cembalo mit der Hand halten kann, klingen oft besser, wenn man sie linear spielt. Ihr melodischer Umriß gibt mehr Farbigkeit als eine verschwommene Harmonie. In der Cembaloliteratur jedoch besaß der Spieler von jeher die Freiheit, gebrochene Harmonien in einer Hand nach Belieben liegen zu lassen, ohne daß das in der Notation immer angezeigt wurde. In einem Stück wie Sonate 260 ist das äußerste an überklingendem Legato, auch bei den diatonischen Stellen, empfehlenswert. In Venedig XIII 13 (K. 526) hat Scarlatti das überklingende Legato in einer zweistimmigen Stelle in gebrochenen Harmonien beim ersten Auftreten ausgeschrieben, bei der Wiederholung jedoch schreibt er es in einfacherer zweistimmiger Notierung und überläßt es dem Spieler, wie beim ersten Mal überzubinden (Beispiel 5).

Ein höchst wirksames Mittel, feine Farbnuancierungen aus einem Tasteninstrument herauszuholen, sei es nun Cembalo, Klavier oder Orgel, um das Relief kleiner harmonischer Einzelheiten innerhalb der Linien herauszu-

Beispiel 5 Venedig XIII 13 (Longo 456) K. 526

arbeiten, ist das Überschneiden nicht nur einzelner Töne, die die Harmonik umreißen, sondern ganzer diatonischer Stellen. Crescendo- und Diminuendo-Effekte können auf Cembalo und Orgel erzielt werden, wenn man einen Ton mit seinem diatonischen Nebenton einen Augenblick lang zusammenklingen läßt. Ein merkliches Crescendo ergibt sich, wenn mitten in einer Tonleiter anstelle des bisherigen Legato oder Staccato benachbarte Töne ineinander überklingen. Besonders auf dem Cembalo kann man das klangliche Überschneiden verwenden, um den scharfen Anschlag eines Tones durch den weiterklingenden vorhergehenden Ton zu überdecken. Ich lasse oft eine Dissonanz einen Moment lang in eine Auflösung überklingen, um den Anschlag des zweiten Tones zu verdecken und dadurch gleichzeitig ein scheinbares Diminuendo zu erzielen.

Man kann durch das Überklingen der Töne bei Skalen die zugrundeliegende Harmonie betonen. So verweile ich zum Beispiel bei einer C-dur-Tonleiter, die in Bezug auf einen C-dur-Dreiklang gespielt wird, vielleicht auf allen harmoniefremden Tönen je nach dem Dissonanzgrad, den sie zum Dreiklang bilden, ob nun der eigentliche Dreiklang wirklich erklingt oder nicht. Das D erscheint als Sekunddissonanz zum C (wenn ich eine modale Leiter in d-moll spiele, würde ich das D in Beziehung setzen zum folgenden E); das F in Beziehung zum E, aber mit einer vergleichsweise kleinen Betonung, weil es leicht subdominantisch klingt; dasselbe gilt für A in Bezug auf G. Das H als Leitton zu C würde ich am stärksten herausheben.

Für diese Art farbiger Ausarbeitung ist Scarlattis zweistimmiger Satz besonders empfänglich. Man kann auf diese Weise – weit mehr als mit Akkordausfüllungen oder mit dem Haltepedal auf dem Klavier – die Harmonik in Scarlattis musikalischen Linien verdeutlichen und ihr den Anschein der Fülle und Vielfalt verleihen, den sie nicht besitzt, spielte man sie wörtlich als bloße Linien. (Das gilt übrigens auch für Bachs zweistimmige Inventionen.)

Eines der hauptsächlichsten Ausdrucksmittel auf Cembalo oder Orgel – nämlich die Akzentuierung oder Betonung – läßt sich dadurch erzielen, daß man vor dem Anschlag des Tones eine kleine Pause einschiebt. Innerhalb mancher Stellen, die, vokal betrachtet, unteilbare melodische Einheiten bilden, kann man doch Dissonanzen in Bezug auf den Zusammenhang hervorheben, indem man sie direkt vorher absetzt. Viele dissonante Durchgangstöne, die mit der Stimme oder auf dem Streichinstrument mit einem leichten Anschwellen hervorgehoben werden, gewinnen ihren vollen Ausdruckswert auf Cembalo und Orgel (ganz gegen die theoretische musikalische

Logik), wenn man sie absetzt. Ein durchgezogenes Legato neigt dazu, den Einsatz des folgenden Tones, der vielleicht betont werden müßte, zu verdecken. Als eine der Hauptregeln für Cembalo und Orgel gilt daher, Töne, die man nicht hervorheben will, klanglich zu überschneiden, und Töne, die eine besondere Akzentuierung erfordern, abzusetzen. Wenn zum Beispiel Achtel gegen Sechzehntel gesetzt sind, müssen manche Sechzehntel auf schwacher Zeit, die sonst auf dem Cembalo vom vorhergehenden Sechzehntel und dem begleitenden Achtel verdeckt würden ♫, durch sinnvolles Absetzen verdeutlicht werden ♫ ♫, usw. So gibt es viele Stellen bei Scarlatti, bei denen eine melodische Sechzehntelfigur in der rechten Hand gänzlich von den begleitenden Akkorden der Linken verdeckt werden kann. Die Lösung ist, das Absetzen der wiederholten Akkorde zu reduzieren, sodaß ein Akkord das Anschlagen des darauffolgenden leicht verdeckt, und solche Elemente, die betont werden sollen, wie Dissonanzen, Gegenakzente und Töne auf schwachem Taktteil, durch vorheriges Absetzen hervorzuheben. Umgekehrt ist es auf der Orgel, wenn solche Stellen auf einem Manual gespielt werden müssen. Dort müssen die Melodietöne länger ausgehalten werden, um gehört zu werden, und die Akkorde müssen abgesetzt werden, damit sie nicht alles übrige mit ihrem Weiterklingen verdecken.

Scarlattis Ausdrucksskala

Zu Anfang dieses Kapitels sprach ich von der Routinevorstellung, der Scarlatti so häufig unterworfen wird. Ich habe mich dieser Routine selbst schuldig gemacht. Jahrelang hielt ich die Scarlatti-Sonaten für außerordentlich brillant und frappierend. Ich wußte, daß einige davon ihren größten Effekt zum Abschluß eines Cembalo-Konzerts erzielen würden, aber ich war der Meinung, daß ein Zuviel von ihrer unerhörten Brillanz ermüdend wirke: man könnte ihrer überdrüssig werden. In alten Notizen zu diesem Buch entdeckte ich sogar eine Bemerkung, die Haltung zu Scarlatti sei immer Veränderungen unterworfen, sie könne nie so kontinuierlich bleiben wie die dauernde Verehrung, die Mozart und Beethoven genießen. Nichts könnte falscher sein. Die ausbündige Brillanz mancher Sonaten war zwar auf die Dauer tatsächlich ermüdend, aber das kam daher, weil ich sie – wie die meisten Scarlatti-Interpreten – fast nur als virtuose Kunststücke auffaßte. Ich sah relativ wenig von dem, was in dieser Musik verborgen liegt. Während der vielen Jahre, die ich mich mit diesem Buch beschäftigt habe, hat sich meine Einstellung gewandelt. Das hing teilweise sowohl mit der eingehenden Beschäftigung mit seiner Musik und ihrem Hintergrund, mit meinem Aufenthalt in Spanien und vielleicht auch mit einem inneren Reifeprozeß zusammen. Wenn ich beim Studium seiner Musik die gesamten Sonaten mehrmals in chronologischer Reihenfolge durchging, indem ich meinen Kommentar niederschrieb und wieder revidierte, habe ich mich bemüht, alles zu verstehen, was mir bis dahin entgangen war, alles zu begreifen, was keinen Sinn ergeben wollte oder zuerst ein absprechendes Urteil provozierte. Nach meiner Spanienreise und während ich den biographischen Teil vollendete, bereitete ich vierzig oder fünfzig Sonaten vor im Lichte dessen, was ich gelernt hatte und noch lernte. Das Ergebnis war eine Entdeckung. Aber nicht mehr die Entdeckung einer unbändigen Virtuosität, der frappierenden, aber doch ephemeren ›happy freaks‹. Ich entdeckte vielmehr eine unerschöpfliche Ausdrucksvielfalt in dieser Musik, die den gesamten Umfang einer ganzen künstlerischen Persönlichkeit umgreift. Der Leser kann sich im besten Fall nur eine bescheidene Vorstellung machen von den Tagen, Wochen und Monaten, die ich mit Scarlatti verbracht habe. Am Ende dieser Zeit kam ich, ehrlich gestanden, trotz aller Arbeit an diesem Buch, nie wieder zu einem Sättigungspunkt, ich wurde nie wieder seiner Musik überdrüssig. Nach all der Zeit voller Mühe und Arbeit war ich stets von neuem überrascht, geblendet und entzückt von Scarlattis Musik. In mir ging eine Entwicklung vor sich, wie ich sie jedem meiner Leser wünschen möchte. Von dem seit dem 18. Jahrhundert herrschenden Scarlatti-Bild gelangte ich zu dem Standpunkt, den jede Seite dieses Buches widerspiegelt. Ich setze diese Bemerkungen in ein Kapitel über die Aufführung seiner Musik, weil Scarlatti so klingt, wie er gespielt wird. Früher hörte ich ihn, auch mit meinem inneren Ohr, so, wie ich früher seine Musik auch zu spielen pflegte und wie sie fast überall gespielt wird. Jetzt höre ich Scarlatti vollkommen anders, weil ich mich bemühe, in die Interpretation etwas von dem zu legen, was mir beim Schreiben dieses Buches klar wurde. Mit der Wiederherstellung der paarweisen Anordnung, mit dem Versuch, die innewohnende Ausdruckskraft aus jedem einzelnen Stück herauszuarbeiten, anstatt ihm von außen her Formeln aufzuoktroyieren, ist mir bewußt geworden, daß es durchaus möglich ist, ein ganzes Programm mit Scarlatti-Sonaten zu spielen, ohne in Gleichförmigkeit zu verfallen oder zu künstlichen Mitteln Zuflucht suchen zu müssen, um den Eindruck der Vielfalt zu erzeugen.

Etwas anderes noch möchte ich gern mit diesem Buch und mit meinem Spiel beweisen: daß man nämlich den Verstand benutzen kann, ohne dadurch an Gefühls- und Ausdrucksvermögen zu verlieren. Ich hoffe gezeigt zu haben, was immer wieder bewiesen und stets wieder vergessen wird: daß nämlich harte Arbeit und Wissen niemals schaden können, ja daß sie um so nötiger sind, je höher entwickelt die Gesellschaft ist, in der man lebt. Es läge mir daran, demonstriert zu haben, daß man sich nicht nur mit einer völlig starren analytischen und technischen Betrachtungsweise der Musik nähern kann, sondern auch gleichzeitig mit einer warmen, phantasievollen, ja sogar romantischen Aufgeschlossenheit, um so über Syntax und wörtliche Bedeutung hinauszukommen. Um sich demütig und furchtlos im Reich des Unerklärlichen zu bewegen.

Abbildungsverzeichnis

Titelbild Domenico Scarlatti
Gemälde von Domingo Antonio de Velasco

Abb. 1 Neapel 16
Gemälde von Antonio Jolli

Abb. 2 Alessandro Scarlatti 19
Gemälde von einem unbekannten Meister

Abb. 3 Italienisches Cembalo 28

Abb. 4 Antonio Vivaldi 36
Federzeichnung von Pier Leone Ghezzi

Abb. 5 Francesco Gasparini 38
Federzeichnung von Pier Leone Ghezzi

Abb. 6 Kardinal Ottoboni 53

Abb. 7 Arcangelo Corelli 55
Titelbild zu: XII Solos for a Violin ..., Opera Quinta ... London, I Walsh

Abb. 8 Filippo Juvarra 62
Federzeichnung von Pier Leone Ghezzi

Abb. 9 Szenenentwurf ›Park oder offener Garten‹ für *Tetide in Sciro*, II. Akt, 7. Szene; oder ›Hain beim Tempel der Diana‹, für *Ifigenia in Tauri*, I. Akt (?) 64

Abb. 10 Szenenentwurf ›Großes Heerlager am Strande‹, für *Ifigenia in Aulide*, II. Akt (?) 65

Abb. 11 Szenenentwurf ›Landschaft mit Bäumen und Ruinen‹, für *L'Orlando*, II. Akt, 6. Szene (?) 66

Abb. 12 Autograph: Ouvertüre zu *Tolomeo*, zweiter Satz und Anfang des dritten 68

Abb. 13 Szenenentwurf ›Berglandschaft und Küste‹ für *Tetide in Sciro*, I. Akt, 1. Szene (?) 70

Abb. 14 Szenenentwurf ›Gebüsch, mit Durchblick auf den Hafen von Aulis mit ankernden Kriegsschiffen und einer Trireme am Ufer‹, für *Ifigenia in Aulide*, III. Akt (?) 71

Abb. 15 Szenenentwurf ›Aussicht auf den Tempel von Pan und Cupido‹, für *Amor d'un'Ombra*, I. Akt (?) 72

Abb. 16 Der Petersplatz in Rom 77
Stich von Giuseppe Vasi

Abb. 17 Et incarnatus aus der Messe in g-moll 78

Abb. 18 Autograph: Tenorstimme des Miserere in g-moll, erste Seite 80

Abb. 19 Die jährlich im August überflutete Piazza Navona in Rom 83
Stich von Giuseppe Vasi

Abb. 20 und 21 Autographen von Domenico Scarlatti 86

Abb. 22 und 23 Autographen von Domenico Scarlatti 88

Abb. 24 Johann V. 92
Gemälde eines unbekannten Meisters

Abb. 25 Maria Barbara de Braganza 97
Verlobungsporträt von Domenico Duprá

Abb. 26 Fernando VI. als Knabe 103
Gemälde von Jean Ranc

Abb. 27 Philipp V. und die königliche Familie 112
Gemälde von L. M. van Loo

Abb. 28 Der Tritonenbrunnen in Aranjuez 114
Gemälde von Velázquez

Abb. 29 Der Escorial 117
Gemälde von Michel-Ange Houasse

Abb. 30 Farinelli in einer Frauenrolle, Rom 1724 121
Federzeichnung von Pier Leone Ghezzi

Abb. 31 Farinelli 122
Stich von Wagner nach einem Gemälde von Jacobo Amiconi

Abb. 32 Titelbild zu Scarlattis *Essercizi* 130
nach einem Entwurf von Jacopo Amiconi

Abb. 33 Domenico Scarlatti 133
Lithographie von Alfred Lemoine

Abb. 34 Fernando VI., Maria Barbara und der spanische Hof im Jahre 1752 140
Stich von Joseph Flipart nach einem Gemälde von Jacopo Amiconi

Abb. 35   Farinelli, im Hintergrund die Flotte von Aranjuez   145
Gemälde von Jacopo Amiconi

Abb. 36   Domenico Scarlatti (?)   148
Stich von Joseph Flipart nach einem Gemälde von Jacopo Amiconi. Ausschnitt aus Abb. 34

Abb. 37   Handschreiben von Scarlatti an den Herzog von Huescar, den späteren zwölften Herzog von Alba 152

Abb. 38   Die Kirche von San Norberto in Madrid   161
Stich von Sanz nach Gomez

Abb. 39   Scarlattis Haus (?), Madrid, Calle de Leganitos No. 35, inzwischen abgerissen 162

Abb. 40   Eine Seite aus Scarlattis *Essercizi*   188

Abb. 41   Erster Teil der Sonate 208 aus der Handschrift Venedig III 3   197

Abb. 42   Zweiter Teil der Sonate 208 aus der Handschrift Parma IV 1   198

Abb. 43   Titelblatt zu Scarlattis *Essercizi*   210

Abb. 44   Die Hornisten des venezianischen Gesandten   230
Federzeichnung von Pier Leone Ghezzi

Abb. 45   Gitarrenspieler   234
Bildteppich-Karton von Goya

Inhaltsverzeichnis des Ersten Bandes

Vorwort 7

Zur deutschen Ausgabe 12

Zu den Verweisungen 13

I. Der Nestling 15
Neapel – Geburt – Die Familie Scarlatti – Die Konservatorien – Alessandro als Lehrer – Domenicos erste Anstellung – Politische Unsicherheit – Erste Reise – Rom – Florenz und Ferdinando de' Medici Cristoforis Instrumente – Domenicos erste Opern – Abschied von Neapel

II. Der junge Adler 33
Alessandros Brief – Venedig – Musik und Maskenfeste – Die Konservatorien – Gasparini – Die Venezianische Oper – Erster Bericht über Domenicos Cembalospiel – Roseingrave – Freundschaft mit Händel

III. Römisches Erbe 47
Königin Christine und ihr Kreis – Kardinal Ottoboni – Pasquini – Corelli – Arcadia – Maria Casimira von Polen – Capeci, Juvarra und Domenicos Opern

IV. Kirche und Theater 75
Der Vatikan – Die portugiesische Botschaft – Römische Theater und Domenicos letzte Opern – Emanzipation – Die angebliche Londoner Reise – Abschied

V. Das Patriarchat von Lissabon 91
Lissabon – Johann V. – Die königliche Kapelle – Maria Barbara – Don Antonio – Seixas – Alessandros Tod – Domenicos Heirat – Königliche Hochzeiten

VI. Spanische Gegensätze 106
Sevilla – Philipp V. und Isabel Farnese – Fernando und Maria Barbara – Aranjuez, La Granja, Escorial – Madrid – Juvarra und der königliche Palast – Farinellis Ankunft – Oper in Madrid – Scarlattis Ritterwürde – Essercizi per Gravicembalo – Scarlattis Bildnis – Tod der Catalina Scarlatti – Tod Philipps V.

VII. Die Herrschaft der Melomanen 137
Thronbesteigung Fernandos und Maria Barbaras – Scarlatti und Farinelli – Schloßoper – Embarquements in Aranjuez – Cembalo-Sonaten – Scarlattis zweite Ehe und Familie – Amiconis Porträt – Der einzige von Scarlatti erhaltene Brief – Die königliche Kapelle – Soler – Scarlattis Ansehen außerhalb Spaniens – Vorboten des Endes – Scarlattis Testament und Tod – Tod Maria Barbaras und Fernandos VI. – Neues Regime und Farinellis Abreise – Die Nachwelt

VIII. Die Königlichen Sonaten 168
Die Handschriften – Die verschollenen Autographen – Die Bezeichnung Sonate – Die paarweise Anordnung – Die Chronologie der Sonaten – Frühe Werke, Scarlattis Klavierstil in historischer Sicht – Die frühesten Stücke – Die Fugen – Frühe Sonaten – Die Essercizi – Die »glanzreiche« Periode und die leichten Stücke – Die mittlere Periode – Die späten Sonaten

IX. Scarlattis Cembalo 205

Die Instrumente der Königin und die Farinellis – Rückschlüsse auf Scarlattis Cembalo – Das frühe Hammerklavier – Scarlattis Orgelmusik – Scarlattis Cembalospiel – Seine Klaviertechnik – Der Cembaloklang und sein Verhältnis zu Orgel, Gitarre und Orchester – Nuancierung des Cembaloklangs – Nachahmung anderer Instrumente – Der Einfluß der spanischen Gitarre

X. Scarlattis Harmonik 237

Die Konsequenz seiner Harmonik – Rückführung der Harmonie auf die drei Grundakkorde – Umkehrung und Grundbaß – Die übrigen Akkorde; Eigenheiten in der Behandlung der Septakkorde – Kadenzierende und diatonische Akkordfortschreitungen – Vertikale Klangspannungen – Wesentliche Eigenheiten des Scarlattischen Verfahrens: Stimmauslassungen und -einfügungen, Stimmversetzung, Akkordauslassung, wirkliche und angedeutete Orgelpunkte – Übereinandergestellte Akkorde – Zusammenziehungen und Erweiterungen – Longos ›Verbesserungen‹ und Scarlattis Absichten – Die gleichschwebende Temperatur und das Tonartensystem – Solers Modulationsregeln – Ausweichungen und formbildende Modulationen

XI. Die Zergliederung der Scarlatti-Sonate 277

Der vielfältige Organismus der Scarlatti-Sonate – Definition – Die Teile und ihre Funktionen. Die Crux – Die Eröffnung – Die Weiterführung – Der Übergang – Die Vor-Crux – Die Nach-Crux – Die Schlußgruppe – Die Zwischenschlußgruppe – Die Letzte Schlußgruppe – Die Exkursion – Die Wiederaufnahme – Die hauptsächlichen Formtypen – Die geschlossene Sonate – Die offene Sonate – Ausnahmeformen – Tonale Struktur – Die Behandlung des thematischen Materials und die drei Haupttraditionen – Das Ineinanderspiel der gestaltenden Kräfte

XII. Zur Aufführung der Scarlatti-Sonaten 303

Die Einstellung des Spielers – Scarlattis Text – Registrierung und Dynamik – Tempo und Rhythmus – Phrasierung, Artikulation und Betonung – Scarlattis Ausdrucksskala

Inhaltsverzeichnis des Zweiten Bandes

I. Die Familie Scarlatti 7

II. Dokumente über Domenico Scarlatti
und seine Nachkommen in chronologischer Ordnung 13

III. Dokumente über Instrumente 45

IV. Die Ornamentik bei Scarlatti 50

V. Tastenmusik 85

VI. Vokalmusik 102

VII. Verschiedene zweifelhafte und unterschobene Werke 117

Literatur 121

Verzeichnis der Scarlatti-Sonaten in annähernd zeitlicher Reihenfolge,
mit Angabe der wichtigsten Quellen 131

Konkordanz der Longo- und Kirkpatrick-Nummern 221

Verzeichnis der Scarlatti-Sonaten nach Ton- und Taktarten geordnet 225

Register für Band 1 und Band 2 229